SÉRGIO CARDOSO

SERVIÇO SOCIAL DO COMÉRCIO
Administração Regional no Estado de São Paulo

Presidente do Conselho Regional
Abram Szajman
Diretor Regional
Luiz Deoclecio Massaro Galina

Conselho Editorial
Carla Bertucci Barbieri
Jackson Andrade de Matos
Marta Raquel Colabone
Ricardo Gentil
Rosana Paulo da Cunha

Edições Sesc São Paulo
Gerente Iã Paulo Ribeiro
Gerente Adjunto Francis Manzoni
Editorial Clívia Ramiro
Assistente: Maria Elaine Andreoti
Coordenação Gráfica Fabio Pinotti
Assistente: Ricardo Kawazu

SÉRGIO CARDOSO:
ser e
não ser

jamil dias

edições sesc

© Jamil Dias, 2024
© Edições Sesc São Paulo, 2024
Todos os direitos reservados

Edição de texto Alvaro Machado
Preparação Elba Elisa Oliveira
Revisão Tatiana Allegro e Mario Tommaso Pugliese Filho
Projeto gráfico, capa e diagramação Tereza Bettinardi
Assistente de design Guilherme Mohr
Foto da capa Acervo Nydia Licia-Sérgio Cardoso (NL-SC)
Fotógrafo Carlos Moskovics
Foto p. 3 (rosto) *Tragédia em Nova York*
Acervo Nydia Licia-Sérgio Cardoso (NL-SC)

Agradecemos a Sylvia Cardoso Leão pelo
acesso e cessão das imagens que pertencem ao
acervo pessoal Nydia Licia-Sérgio Cardoso (NL-SC).

Dados Internacionais de Catalogação na Publicação (CIP)

D5431s   Dias, Jamil

　　Sérgio Cardoso: ser e não ser / Jamil Dias. – São Paulo:
Edições Sesc São Paulo, 2024. – 368 p. il.: fotografias.

　　Bibliografia
　　Índice onomástico
　　ISBN: 978-85-9493-303-4

　　1. Teatro. 2. Arte dramática brasileira. 3. Sérgio Cardoso.
4. Ator de teatro. 5. Obra teatral. 6. Ator de televisão.
7. Obra televisiva. 8. Biografia. 9. Teatro Bela Vista.
I. Título. II. Subtítulo. III. Cardoso, Sérgio.

                                            CDD 792

Elaborada por Maria Delcina Feitosa CRB/8-6187

Edições Sesc São Paulo
Rua Serra da Bocaina, 570 – 11º andar
03174-000 – São Paulo SP Brasil
Tel.: 55 11 2607-9400
edicoes@sescsp.org.br
sescsp.org.br/edicoes
f X ◎ ▶ /edicoessescsp

*Este livro é dedicado a
Sylvia Cardoso Leão,
cuja colaboração foi essencial
para o seu desenvolvimento.*

11	**Para saudar a memória de um artista singular**
	Luiz Deoclecio Massaro Galina
13	**Prefácio** Elizabeth Ribeiro Azevedo
17	**Introdução**
20	**1: ORIGENS DE UMA VOCAÇÃO**
25	A descoberta do mundo
29	O Teatro do Estudante do Brasil
39	O Teatro dos Doze
52	**2: APRIMORAMENTO ARTÍSTICO (1949-1952)**
55	A estreia no TBC
58	*Entre quatro paredes*
62	Namoro e noivado
63	*Os filhos de Eduardo*
64	*A ronda dos malandros*
66	O casamento de Nydia e Sérgio
67	*A importância de ser Prudente*
69	*O anjo de pedra*
70	Teatro das Segundas-feiras
71	Enfim o apartamento
73	*Do mundo nada se leva*
74	*O inventor do cavalo*
75	*Seis personagens à procura de um autor*
78	*Convite ao baile*
81	*Arsênico e alfazema*
82	*Ralé*
84	*Harvey*
87	*Diálogo de surdos*
88	Remontagem de *O mentiroso*
88	*Inimigos íntimos*
89	*Antígone* em dose dupla
90	O nascimento de Sylvia Luisa
91	*Vá com Deus*

116 **3: A BUSCA DE UM ESPAÇO MAIOR (1953)**
117 A Companhia Dramática Nacional
118 O regresso ao Rio de Janeiro
123 *A falecida*
126 *A raposa e as uvas*
129 *Canção dentro do pão*
134 Companhia Dramática Nacional em excursão
138 *A ceia dos cardeais*

146 **4: O GRANDE SALTO (1954-1956)**
148 A descoberta
149 O batizado de Sylvinha
150 Atuar em televisão
151 O IV Centenário e *Leonor de Mendonça*
152 *A filha de Yorio*
154 Mais prêmios e algumas idiossincrasias
155 A Companhia Nydia Licia-Sérgio Cardoso
156 *Lampião*
162 *Sinhá Moça chorou*
163 A construção do Teatro Bela Vista
167 A preparação do novo *Hamlet* (1955-1956)

176 **5: UM HOMEM DE TEATRO EM SEUS DOMÍNIOS (1956-1960)**
178 *Hamlet*, 1956
182 *Dificuldades econômicas da nova companhia*
186 *Quando as paredes falam*
189 *A raposa e as uvas*
190 *O comício*
194 *Chá e simpatia*
196 *Henrique IV*
199 *Três anjos sem asas*
202 *O casamento suspeitoso*
203 *Uma cama para três*
204 *Vestido de noiva*
207 *Amor sem despedida*

208   Julgamento de Hamlet
209   Excursão ao Rio de Janeiro
211   A necessidade de uma nova residência
211   *Nu com violino*
213   *Grande Teatro Mercedes Benz*
213   *Trio*
214   *Sexy*
217   Cansaço, problemas e desencontros
218   *O soldado Tanaka*

248   **6: ANOS DE CRISE (1960-1964)**
250   A batalha judicial
251   Companhia Sérgio Cardoso no Rio de Janeiro
254   O primeiro encontro com Nydia após o desquite
256   *Calígula* na Universidade da Bahia
259   Companhia Morineau
259   Teatro Cacilda Becker
262   Período difícil
264   Conturbações de 1963
266   1964
271   A despedida dos palcos

282   **7: A CONQUISTA DE NOVOS PÚBLICOS (1964-1972)**
283   *O sorriso de Helena*
285   *O cara suja*
287   *O preço de uma vida*
291   *Calúnia*
292   *Somos todos irmãos*
292   *O anjo e o vagabundo*
293   *Paixão proibida*
294   O acidente automobilístico
294   Enfim o cinema
295   *O santo mestiço*
296   *Antônio Maria*
299   Recepção para a rainha

300 *A cabana do Pai Tomás*
304 *Os herdeiros*
304 *Pigmaleão 70*
307 *A próxima atração*
308 Episódio *Bandeira 2*
311 *Casos Especiais*
312 *O primeiro amor*

326 EPÍLOGO
327 A morte súbita
333 A substituição de Sérgio Cardoso
334 Sobre aquele momento da carreira
335 Boato macabro

340 Prêmios e títulos
342 Produção artística
352 Índice onomástico
362 Referências bibliográficas
365 Depoentes
367 Sobre o autor

para saudar a memória de um artista singular

Luiz Deoclecio Massaro Galina
Diretor do Sesc São Paulo

Vem do filósofo Paul Ricoeur a máxima segundo a qual "contamos histórias porque as vidas humanas precisam e merecem ser contadas". Em se tratando da escrita biográfica, seja o personagem um notável, seja um anônimo, a linguagem tem o poder de enunciar singularidades, colocando em perspectiva o espaço e o tempo dessas experiências no mundo. Além disso, ao reunir fontes e vozes diversificadas para relatar essas vidas, articulando sentidos, a narrativa assume uma importante função memorial.

Foi a percepção de um certo silêncio sobre a história de Sérgio Cardoso (1925-1972) que levou o professor, pesquisador e diretor teatral Jamil Dias a empreender este estudo. A biografia *Sérgio Cardoso: ser e não ser* perfaz o arco temporal entre a infância do artista, em Belém do Pará, até o momento de sua morte, aos 47 anos, de forma quase mítica, no auge da popularidade como ator e celebridade televisiva. Ao mesmo tempo, o autor localiza o contexto histórico, político e cultural que o viu ascender nacionalmente, fazendo uma saudação necessária à memória desse artista que também se destacou como diretor, cenógrafo e empresário, com presença no teatro, no cinema e na televisão.

Sérgio Cardoso foi considerado "o maior ator de sua geração" pelo lendário Procópio Ferreira. Para a atriz e cantora Bibi Ferreira, que o dirigiu muitas vezes, era um "deus do Teatro". O crítico Sábato Magaldi percebeu nele "o intérprete de estatura trágica que faltava ao teatro brasileiro contemporâneo". Também foi reconhecido como um mestre por vários atores e atrizes que o viram em cena ou foram dirigidos por ele. Além disso, na década de 1950, antes mesmo de fazer sucesso na televisão, seu nome batizava companhias de teatro amador Brasil afora.

Essa trajetória não se apresenta dissociada de rupturas ocorridas no teatro brasileiro, na primeira metade do século XX. A geração de Sérgio, a mesma de Cacilda Becker, significou o novo em relação a tradições do século XIX, como as revistas e as comédias de costumes, e se viu ultrapassada quando do advento da cena de cunho político e social – como a do Teatro de Arena. Mas é interessante notar que, ainda assim, Sérgio Cardoso permaneceu reverenciado, sobretudo pela característica principal como ator, de ser um intérprete profundo dos sentimentos, afeito a uma representação baseada em caracterizações realistas, acentuadas pela dicção marcante. Nesse aspecto, ele introjetou a figura do angustiado príncipe Hamlet, uma de suas mais reiteradas e lembradas performances da obra de Shakespeare, de onde decorre o monólogo ao qual alude o título deste livro. Essas atuações, em especial, levaram novamente Procópio Ferreira a exaltá-lo, afirmando que "Shakespeare escreveu tudo para o Sérgio Cardoso".

A biografia, sem deixar de apontar as contradições do personagem, molda o perfil de um homem obstinado pela profissão, reconhecendo sua contribuição às artes cênicas do país. Ao lado de Nydia Licia, sua companheira por muitos anos, criou a Companhia Nydia Licia-Sérgio Cardoso, fundou o Teatro Bela Vista (atual Teatro Sérgio Cardoso) e buscou valorizar o repertório dramático nacional – foi sob sua direção e atuação que *A falecida*, de Nelson Rodrigues, estreou em 1953, com a Companhia Dramática Nacional (CDN). Também foi entusiasta das iniciativas de democratização do acesso do público ao teatro, com a redução do preço dos ingressos, e de formação de público infantil, o que era raro, com a oferta de repertórios apropriados.

Finalmente, esta obra, ao acender as luzes para a figura de Sérgio Cardoso, ilumina outros artistas singulares. A começar por Nydia Licia, uma das principais fontes para a pesquisa, além de Berta Zemel, Carlos Zara, Leonardo Villar, Paulo Autran e Sérgio Britto. Essas vozes, ao colaborarem para a criação do personagem narrado, reafirmam, de forma categórica, o axioma sobre o imperioso dever de lembrar as histórias de vida.

Com este título, as Edições Sesc prosseguem a publicação de biografias de artistas fundamentais para a cultura brasileira, como Ruth Escobar, Sérgio Mamberti, Antonio Abujamra, Antunes Filho, Gianni Ratto e Fernanda Montenegro – estes na área teatral. Além da transversalidade com os eixos programáticos do Sesc São Paulo, as obras contemplam pesquisas com diferentes aportes metodológicos, oferecendo ao público oportunidades de leitura de amplo espectro e aos pesquisadores, um manancial para novos estudos.

prefácio

Elizabeth Ribeiro Azevedo
Professora sênior livre-docente na Escola
de Comunicações e Artes da Universidade
de São Paulo (ECA-USP)

Um prodígio! Este é o termo que pode resumir a trajetória artística de Sérgio Cardoso apresentada por Jamil Dias, que, de forma clara e agradável, se desdobra diante do leitor como uma sequência de enormes desafios, pontuada por dificuldades com a recepção do público e, às vezes, da crítica, e por retumbantes sucessos.

Nascido no Pará, Sérgio passou sua primeira infância entre Lisboa e a Amazônia, mas depois sua família transferiu-se, em meados da década de 1930, para o Rio de Janeiro, após uma breve estada em São Paulo. Desde muito jovem aproximou-se do teatro. Nas escolas religiosas onde estudou, dirigidas por beneditinos ou jesuítas, sempre participava das encenações organizadas. Não admira que tenha se decidido por seguir como ator, mesmo tendo planejado abraçar outra carreira. Aquela não era uma escolha óbvia para um rapaz de classe média. Aliás, nunca foi, ou é. Assim mesmo, ele não hesitou, ainda que naquele momento o teatro brasileiro fosse outro, muito menos sofisticado e diversificado do que o que conhecemos hoje.

Já este primeiro passo foi diverso do que se costumava ver nas histórias dos atores profissionais da época. Apesar de ter começado como amador (uma das portas de entrada para o palco) – lembremos aqui o maravilhoso texto do dramaturgo Arthur Azevedo, *O mambembe* –, o que nos anos 1930 e 1940 estava mudando era o tipo de amadorismo. Os grupos formados por estudantes, sobretudo universitários, vinham se destacando com novas propostas de encenação, inclusive valorizando uma nova figura na estrutura espetacular: o diretor.

Foi assim, acercando-se desse novo caminho que se abria para a cena nacional, que Sérgio começou a traçar seu destino. Mas já nesse momento, seu caminho mostrava-se excepcional. O que dizer de alguém que estreia em *Romeu e Julieta* de Shakespeare e, pouco depois, encarna Hamlet, na primeira montagem brasileira desde 1843!? E, mais do que isso, encontra imediato reconhecimento e sucesso? Uma ovação extraordinária, como nos conta Jamil. Um prodígio!

Por outro lado, o que mais um jovem ator poderia ambicionar depois disso? Poderia parecer que não haveria outros desafios da mesma envergadura. Mas não foi bem assim.

O que a obra de Dias nos mostra sobre Sérgio, bem como sobre toda sua geração, é a luta pela construção de um novo, um outro, teatro brasileiro. Incrível desafio esse. E quais os recursos para isso? Poucos e incertos. De fato, a edificação desse novo teatro, o teatro moderno brasileiro, foi um ato de vontade de poucos – aliás, como sempre ocorreu, em toda nossa história teatral, quando se quer que alguma coisa mude.

A narrativa apresentada por Dias vai seguindo por altos e baixos essa aventura. E, além disso, incorpora a chegada de um novo veículo, a TV, que veio concorrer com o palco e, ao mesmo tempo, abrir uma nova frente de trabalho desafiadora para os atores. Isso sem mencionar o cinema, que, igualmente, tentava se estruturar.

A formação de Sérgio, assim como de toda a sua geração, não parecia suficiente para dar conta de todos esses desafios. Ele e seus contemporâneos foram impelidos a se formar ao mesmo tempo que precisavam lidar com as novas formas de dramaturgia, de interpretação e de encenação, de diferentes técnicas para diferentes veículos, sem referências próximas em que pudessem se apoiar. Um verdadeiro salto no escuro.

Depois de seu sucesso com *Hamlet* e da tentativa de formar um grupo autônomo no Rio, o Teatro dos Doze, Sérgio veio para São Paulo participar do movimento de renovação – ou, antes, de criação – de um verdadeiro teatro paulistano, filiando-se ao Teatro Brasileiro de Comédia, o TBC, capitaneado por Franco Zampari. Nesse momento, ocupou o posto de primeiro ator da companhia, ombreando-se à mítica Cacilda Becker. Ambos protagonizaram os maiores sucessos do primeiro período do grupo.

Após uma breve estada carioca, de 1953 a 1954, na qual participou como ator e um dos diretores da Cia. Dramática Nacional – uma das raras formações de companhia oficial bancada pelo Estado –, Sérgio voltou a São Paulo. A partir de 1954, em companhia da atriz Nydia Licia, então sua esposa, colocou-se um novo desafio: tornar-se empresário. Juntos compraram o antigo Teatro Espéria, transformando-o no Bela Vista (hoje Teatro Sérgio Cardoso) e propuseram um repertório com ênfase na moderna dramaturgia brasileira, ainda que esta não estivesse consolidada. Jamil Dias nos mostra nessa passagem um ator que transbordava seus limites e procurava novos desafios, sobretudo como diretor. Entretanto, os planos não se deram como previsto. Diretor, empresário, ator; uma sobrecarga para qualquer um, agravada por uma estrutura física, e mesmo psicológica, frágil – ao longo de toda sua carreira, o humor de Sérgio sempre foi um desafio a mais para si próprio e para os que o cercavam.

E não foi diferente quando, a contragosto, Sérgio foi alçado a estrela maior da mídia da grande massa, a TV. O sucesso foi enorme, mas sua satisfação com sua situação de artista nem tanto. A própria TV precisava se inventar e, para isso, foi buscar inspiração no teatro. Foram vários os espetáculos de teleteatro, os casos especiais e as novelas, ainda no seu formato de traduções de dramalhões desavergonhados. Um aprendizado extenuante para todos os envolvidos. A saúde de Sérgio não aguentou. Apesar dos alertas, não abandonou suas atividades. Tornou-se uma chama que se consumiu em pouco tempo, após ter iluminado novos caminhos.

Fosse apenas por esse relato, o livro de Dias já seria valioso. Sua pesquisa com documentos e depoimentos é extensa e confiável. Em 1990, ele já tinha apresentado uma tese sobre a carreira de Sérgio – *A trajetória de um homem de teatro* – na Escola de Comunicações e Artes da USP (ECA-USP). O texto de agora se amplia e diversifica com novos dados, novas entrevistas e mais informações. A bibliografia do teatro brasileiro, tão carente de biografias, sai enriquecida com ele.

Mas vale destacar que a trajetória de Sérgio não se fez no vazio. Ela esteve mergulhada no contexto das décadas de 1950 a 1970, período no qual o Brasil e a cultura nacional passaram por mudanças fundamentais. Veja-se, por exemplo, a relação das companhias TBC, Teatro Bela Vista, Teatro Maria Della Costa e outras mais, mesmo as oficiais, com as políticas de apoio à cultura. Sérgio e outros artistas viam-se dependentes de uma política sem consistência e sem consciência por parte do Estado, nem mesmo como estratégia de diferentes governos. Estiveram submetidos ao voluntarismo pessoal dos governantes, do quem gosta de quem.

É emblemático, por exemplo, o episódio do "incentivo" oferecido pelo governador de São Paulo, Lucas Nogueira Garcez, em 1954, que se revelou uma enorme dor de cabeça: artistas estavam obrigados a pleitear apoios sucessivos, sobretudo os grupos que se propunham a estabelecer novas formas dramáticas e espetaculares. Como manter-se fiel aos projetos artísticos, aos seus ideais? Como não cair nas receitas do "velho teatro" que tanto combatiam? Conseguiram? Só em parte. Mas essa parcela realizada do que foi almejado idealmente mudou, no longo prazo, o teatro brasileiro. Não foi pouca coisa. Foi prodigioso!

introdução

Por que relembrar a vida e a carreira de Sérgio Cardoso? Qual a importância dessa tarefa neste momento, mais de cinquenta anos após sua morte?

Em primeiro lugar, este livro retoma e aprofunda a pesquisa de minha dissertação de mestrado concluída em 1990, com o título de *Sérgio Cardoso: a trajetória de um homem de teatro*, apresentada ao Departamento de Artes Cênicas da Escola de Comunicações e Artes da Universidade de São Paulo (ECA-USP), cuidadosamente orientada pela saudosa professora doutora Célia Berrettini.

Mais de três décadas depois, um telefonema de Sylvia Cardoso Leão, filha de Sérgio, surpreendeu-me pela maneira emotiva como se referiu ao meu trabalho e às lembranças pessoais despertadas durante a sua leitura. Convidou-me para ir à sua casa – a mesma casa em que eu entrevistara várias vezes sua mãe, Nydia Licia. Em nosso encontro, cercado de cuidados, pois ainda estávamos em plena pandemia da covid-19, falou sobre seu projeto de promover uma série de atividades para preservar a memória de seus pais e me perguntou se teria interesse em publicar minha dissertação de mestrado como parte dessa iniciativa. Respondi que gostaria muito, mas que, após o seu primeiro contato, relera minha dissertação e não me reconhecera mais como autor daquele texto. Claro, tinha praticamente a metade da minha idade atual quando concluí o mestrado. Além disso, durante essas três décadas, tivera acesso a muitas informações novas e seria preciso agregá-las ao trabalho, acrescentando mais humanidade ao texto, livrando-o também das amarras impostas a um trabalho acadêmico. Concordamos em muitos aspectos, o que fez com que a conversa fluísse de forma muito positiva. Ao final, ela solicitou minha permissão para encaminhar uma cópia da dissertação a uma editora de peso. Passados três meses, às vésperas do Natal, recebi um *e-mail* das Edições Sesc São Paulo comunicando que a proposta de publicação havia sido aprovada. Daí em diante, foram dois anos de muito trabalho para transformar completamente aquela dissertação de mestrado neste livro.

Voltando às perguntas iniciais, durante a década de 1940, quando emergiu o ideal de um "teatro brasileiro moderno", o país foi brindado com uma brilhante geração de atores, jovens que iniciavam suas carreiras em meio às novas ideias de respeito ao texto, à noção de conjunto e à concepção do diretor, bem como de apuro técnico e cultural das produções. Uma geração de grandes nomes que iluminaria nossos palcos por décadas. Dentre eles, destacava-se um jovem que aos 22 anos teve a mais assombrosa estreia de que se tem notícia no teatro brasileiro: Sérgio Cardoso. Daí em diante, e numa velocidade espantosa, foi estabelecendo uma carreira digna de respeito e de registro. Esta é a primeira justificativa para este livro: a inexistência de um registro e de uma reflexão sobre a trajetória desse grande ator, examinando sua evolução, bem como as condições em que ela se deu, primeiro nos palcos e depois na televisão. Preencher essa lacuna é um dos nossos objetivos. Essa tarefa se mostra ainda mais importante na medida em que a figura de Sérgio vem sofrendo um apagamento progressivo. Um exemplo disso é o surgimento cada vez mais frequente de artigos que têm como tema os atores egressos do TBC que simplesmente deixam de mencionar Sérgio Cardoso – alguém que ocupou a posição de primeiro ator desse memorável conjunto. Outro exemplo é a omissão do papel de Sérgio Cardoso ao se falar sobre a história da telenovela no Brasil. É muito importante cultivar a memória dos nossos maiores representantes, não só pelo muito de saboroso que há, de fato, nas suas histórias, mas sobretudo pelo caráter exemplar de suas trajetórias, pela grandiosidade de seus propósitos, pela magnitude dos obstáculos enfrentados e pela humanidade que os torna ainda mais próximos de todos nós.

Contar a história de Sérgio Cardoso não foi uma tarefa simples; no entanto, foi sempre fascinante e desafiadora. Acompanhar o seu percurso de jovem nascido em uma família burguesa e conservadora. Ver o surgimento de uma vocação artística indomável, contrariando as expectativas familiares e os seus próprios desejos de acomodação. Investigar e registrar o passo a passo que o levou à consagração pela crítica e pelas multidões de espectadores atônitos, logo no trabalho de estreia. Depois, como primeiro ator da mais prestigiosa companhia teatral do seu tempo, ele foi burilando pacientemente (ou não) a sua técnica, construindo uma imagem de ator respeitado, estabelecendo uma parceria – com Nydia Licia – fundamental em sua vida artística, e enfrentando angustiadamente o descaso com que foi tratado. Chegou até a rejeitar a segurança de uma estrutura invejável e atirar-se à aventura de montar novas companhias, encarando toda sorte de revezes. Aos 31 anos de idade, teve o seu próprio teatro e encabeçou uma companhia sob sua inteira responsabilidade. Aos 35 anos, mergulhou numa profunda crise pessoal e profissional, passando por um período de absoluta desorientação e desesperança. Foi para a televisão aos 39 anos e, contrariando todas as probabilidades, sofrendo o desprezo da gente de teatro, transformou-se num grande astro das telenovelas. Oito anos mais tarde, foi vitimado por um ataque cardíaco, e morreu aos 47 anos. Como se não bastassem a velocidade e a intensidade com que viveu, após a sua morte ainda deu origem a uma verdadeira lenda urbana. De mau gosto, é verdade, porém coerente com a sofreguidão em que transcorreu sua existência. Uma jornada comparável à de um herói mítico, conforme a descrição de Joseph Campbell.

Multitalentoso, contraditório, amargurado, brilhante, lidando com paradoxos bastante palpáveis, ele não pode ser esquecido, em razão de tudo o que fez e porque sua história pode servir de reflexão às novas gerações.

Espero ter sido fiel, ainda que muitas vezes crítico, à figura gigantesca de Sérgio Cardoso e à sua história.

1:

— **Esse menino vai acabar artista!**

Frase, misto de brincadeira e inquietação familiar, várias vezes repetida a respeito do filho mais novo do casal Maria Esther da Fonseca Mattos Cardoso e Francisco da Silva Mattos Cardoso.

origens de uma vocação

Sérgio da Fonseca Mattos Cardoso nasceu em 23 de março de 1925, na cidade de Belém, uma capital que vivia então o melancólico final do ciclo da borracha: o período de extraordinário desenvolvimento, de 1890 a 1920, no qual fora, ao lado de Manaus, uma das cidades mais desenvolvidas do país. Era uma cidade que reunia forte tradição lusitana, atestada por muitos edifícios decorados por azulejos portugueses, a par de sólida herança indígena, muito presente no imaginário e nos costumes de toda a sua população. Tendo por fundo essa cidade e os anos finais da República Velha, encontrava-se estabelecida a família de Sérgio, uma família de classe média tradicional, profundamente católica e apegada a valores igualmente tradicionais, encabeçada pelo patriarca Francisco, cidadão português, gerente do Banco Nacional Ultramarino e perfeito exemplo de provedor e figura paterna, envolto em aura de respeito e de temor quase religioso, cerimonial.

Para dar uma ideia de como era o pai – que, aos olhos dele, ainda menino, passava os dias num lugar misterioso, retornando ao lar sempre no final da tarde, cercado de cuidados e temores reverenciais –, Sérgio contava um episódio familiar: certa vez, um parente de Portugal hospedou-se na casa dos Cardoso e, durante o jantar, teceu alguns comentários inconvenientes a respeito da sopa que estava sendo servida. Todos os olhares voltaram-se imediatamente para o pai, sentado à cabeceira da mesa. Mal contendo a ira, Francisco ordenou ao hóspede que se retirasse imediatamente para o seu quarto, e este realmente levantou-se e se retirou, diante dos olhares assustados da família, sem ousar afrontar o dono da casa. Tal era o domínio da figura paterna sobre os pequenos rituais do cotidiano.

Dirigindo o dia a dia da casa e da família estava a figura da mãe, Esther, abnegada, sempre presente e cuidadosa, mas também imbuída de forte autoridade. E, completando o núcleo familiar, os filhos do casal: além de Sérgio, havia dois irmãos mais velhos – Manoelina e Mário. Temos aí a representação de uma sólida situação familiar: enquanto a história política do país passava por um período de transformações, o exemplo, os afetos e a estrutura da família pareciam imutáveis. Sérgio Cardoso nasceu e foi educado nesse universo familiar rígido e ao mesmo tempo amoroso.

Todavia, a família logo deixou Belém do Pará, mais especificamente quando o pequeno Sérgio mal completara um ano de idade. Uma vez que o pai ocupava posição de destaque em um banco estatal português, a carreira profissional o levava a mudar-se várias vezes de cidade, quando não de estado ou de país. Dessa vez, transferido para Lisboa, levou consigo toda a família.

Um ano depois, em 1927, nova transferência levou-os de volta ao Brasil, e para Manaus, onde a família permaneceu até 1930. É possível imaginar quantas experiências sensoriais são possíveis para uma criança, ainda que protegida pelo escudo familiar, vivendo a circunstância de estar sob a influência direta da floresta amazônica e da cultura dos povos indígenas. Mas esse novo período amazônico chegou ao fim quando ele contava 5 anos de idade e o pai foi novamente transferido para Portugal. Portanto, toda a primeira infância de Sérgio, período fundamental para o desenvolvimento da criança, foi vivida entre Portugal e as duas maiores cidades da Amazônia brasileira. Sendo Portugal de então dominado por um extremo conservadorismo político e social, a austeridade era considerada a virtude por excelência, e os valores e dogmas da religião católica eram incontestáveis.

Aproximadamente nessa época, a família já notava os primeiros sinais de uma habilidade histriônica, que, ao lado de um temperamento paradoxalmente introvertido, diferenciavam o filho caçula de seu irmão Mário. Este era um tipo mais esportivo, que gostava de jogar futebol e de caçar, constituindo motivo de orgulho para o pai. No dia a dia, Sérgio revelava-se uma criança mais frágil e contemplativa, apesar das eventuais explosões de temperamento. No entanto, a descoberta de uma nova brincadeira, em companhia da irmã Manoelina, representou uma espécie de desabrochar para o menino: com uma caixa de papelão, montaram um teatro de fantoches, com o qual passaram a fazer apresentações para os primos e crianças da mesma faixa etária. Pouco tempo depois, Sérgio apaixonou-se pela grandiosidade da ópera e tentou, com determinação, transportá-la para as limitadas possibilidades do seu teatro de papelão. Mas essa determinação não foi suficiente para conquistar seu público, que não aceitou nem a *Tosca*, nem *Madame Butterfly*. A tentativa foi um fracasso. Todavia, se a ópera de papelão não agradava, as imitações de pessoas conhecidas, artistas de cinema e cantores do rádio eram um grande sucesso nas reuniões familiares. Seu cavalo de batalha era uma caricatura de Carmen Miranda interpretando a marchinha carnavalesca "Taí (Pra você gostar de mim)" – o primeiro grande sucesso da cantora, lançado para o Carnaval de 1930, mas que se tornou *hit* por décadas.

As andanças da família, acompanhando as transferências do pai por diferentes filiais do banco, continuavam: após uma segunda estada, um pouco mais longa, em Lisboa, a família retornou ao Brasil e instalou-se no Rio de Janeiro, à época a capital do país. Encontraram a cidade transformada, pois a Velha República havia sido derrubada pela chamada Revolução de 1930, liderada por Getúlio Vargas, que se instalara no poder com propósitos pretensamente liberais, porém a caminhar a passos largos para um regime de força. Alheio às lutas políticas, Sérgio foi matriculado na primeira de uma série de escolas católicas, nas quais se daria sua formação: no conceituado Ginásio de São Bento (hoje Colégio de São Bento), um estabelecimento de ensino mantido e dirigido por frades beneditinos, no centro da capital federal. Fundado em

1858, tivera entre seus alunos mais destacados o poeta parnasiano Coelho Neto e o jurista Clóvis Beviláqua. Ali, Sérgio permaneceu até o segundo ano do curso ginasial (hoje equivalente ao sétimo ano do ensino fundamental). Logo depois foi transferido para o igualmente tradicional Colégio Santo Inácio, no bairro de Botafogo, onde a família residia. E foi nesse colégio que tomou parte numa representação escolar, aos 12 anos de idade. A peça, uma "fábula moralizante", tinha por título *O segredo de uma confissão*, ou *Vítima do dever*, e era dirigida pelo padre Moutinho. Apesar de seu papel secundário, de um simples escrivão, parece ter se destacado, pois no ano seguinte, em nova representação escolar, *Quem deu o pontapé?* (provavelmente outra fábula educativa), sob os cuidados do mesmo padre, ascendeu ao primeiro escalão do elenco. Dessa vez, interpretava um farmacêutico e, para a realização desse trabalho, buscou inspiração nos trejeitos do comediante de cinema Groucho Marx. Em 1939, sempre sob a direção do mesmo professor, interpretou o patriarca bíblico Abraão no drama religioso *Satã*. Essas três primeiras experiências teatrais, por mais limitadas que fossem, tiveram papel importante por despertar em Sérgio o prazer de preparar e apresentar um espetáculo.

No ano seguinte, 1940, tendo a família mudado para São Paulo, Sérgio concluiu o curso ginasial no Ginásio de São Bento. Desde 1903, a escola, hoje Colégio de São Bento, está localizada no centro histórico da cidade, anexa ao Mosteiro de São Bento. Ali, além de ser bom aluno nas disciplinas de ciências humanas, surpreendentemente participou da equipe de natação, o que lhe valeu algumas medalhas no campo esportivo.

Durante o período em que foi aluno do colégio paulistano, Sérgio continuou a participar de espetáculos teatrais. Tomou parte numa montagem intitulada *Os holandeses no Brasil*, com texto do padre José Solari, apresentada na noite de 6 de setembro, por ocasião de uma homenagem ao reitor da instituição. Como registra o *Annuario do Gymnasio de São Bento*, a "peça patriótica" foi dirigida por um ex-aluno da instituição, o advogado Rubens Padin, que, curiosamente, viria a ser sacerdote e, anos mais tarde, bispo, sob o nome de Dom Cândido Padin. Outra curiosidade, que o mesmo *Annuario* menciona, é a presença da figura do ponto; responsável por acompanhar todo o texto, atuava como auxiliar imprescindível no teatro da época, socorrendo os jovens atores em seus lapsos de memória ao dizer ou "soprar" as falas, com voz clara e ao mesmo tempo discreta. Coube a Sérgio Cardoso o papel do traidor português Sebastião de Carvalho. Não há nenhum testemunho que possa nos dar uma ideia da sua atuação. Pode-se supor que, a exemplo dos atores profissionais daquele tempo, ele tenha utilizado sotaque lisboeta, o que, para ele, não representaria grande dificuldade, dado seu histórico de vida. O certo é que seu desempenho foi suficiente para chamar a atenção dos professores e influenciar a sua posterior escolha como orador da turma. Havia uma espécie de tradição na escola, de que o orador da turma de formandos deveria ser um aluno que ali houvesse cursado todas as séries, isto é, um veterano. Entretanto, Sérgio foi escolhido por suas qualidades, mesmo sendo um novato com apenas um ano de escola.

A festa de formatura aconteceu na noite de 5 de dezembro de 1940, no Salão de Actos do Gymnasio, conforme a ortografia da época. O discurso proferido por Sérgio, presumivelmente escrito ou diretamente influenciado por um dos seus mestres, desfiava os previsíveis louvores à educação e aos educadores, além de instar os jovens formandos a perseverarem nos "justos caminhos". Tudo num estilo caracterizado pela retórica mais bombástica. O discurso continha, ainda, parágrafos que traçavam um quadro dantesco dos conflitos humanos, claramente motivados pela Segunda Guerra Mundial que ensanguentava a Europa. Em determinada passagem, que soa quase como uma autoprofecia, diz que são "64 destinos, 64 jovens que mais tarde, contribuindo com o pouco que lhes é muito, empenhar-se-ão na luta para maior esplendor das artes e das *sciências* brasileiras". Com toda a certeza, ao menos um entre aqueles 64 jovens viria a contribuir, e muito, para o esplendor das artes cênicas do país.

O discurso do paraninfo, José dos Santos Rodrigues, provavelmente uma respeitável figura para aquela comunidade, constituiu outro destaque da noite, sendo muito significativo por revelar de modo claro a situação política daquele momento – o que ele faz ao fundir despudoradamente as noções de "governo" e "nacionalidade" e ao afirmar que "ser brasileiro é ser o Estado Novo com toda a energia e potencialidade de seus filhos". Bastaria esse pequeno recorte para lembrar que o país vivia em pleno período ditatorial, sob o comando férreo de Getúlio Vargas. Porém, o mesmo discurso apresenta, mais adiante, uma definição do "ser brasileiro" bastante aplicável a Sérgio Cardoso, quando diz que ser brasileiro "é ser ao mesmo tempo *portuguez* e brasileiro; ser Ararigboia e Estácio e Mem de Sá". Como já dito, por sua formação e circunstâncias de vida, Sérgio impregnou-se de um caráter mestiço, indígena e português, que marcaria tanto seus gostos pessoais como seu trabalho de ator.

Voltando aos tempos do Sérgio estudante, é importante sublinhar sua passagem por várias escolas mantidas por ordens religiosas católicas (beneditinas e jesuítas), que inclusive estimularam seu gosto pela representação. A forte presença e a importância do pensamento católico na formação de seu caráter e em sua visão de mundo seriam constantes. Muitas de suas atitudes posteriores, em relação a valores morais ou a padrões de conduta, aparentemente contraditórias ou inexplicáveis, tornam-se plausíveis à luz de uma sólida formação religiosa. Aliás, a preferência por escolas católicas não era exclusividade da família de Sérgio. O poder e a força do catolicismo remontavam aos tempos do Império. Ao chegar ao poder, Getúlio Vargas teve de negociar longamente com a Igreja Católica para implementar seu programa de ensino público e laico. Do acordo estabelecido entre o governo e a Igreja resultaram recuos de ambos os lados. A influência da Igreja continuava enorme nos currículos, bastando mencionar sua força no do recém-criado Ministério da Educação e Saúde Pública, que era decisiva, e o estabelecimento da disciplina de religião nas escolas públicas, cujos professores eram majoritariamente membros de ordens católicas. Portanto, o Brasil encontrava-se ainda distante de ser um Estado completamente laico.

No ano seguinte ao de sua formatura no Ginásio de São Bento, Sérgio retornou com a família ao Rio de Janeiro, onde foi matriculado no Colégio Anglo-Americano – única exceção secular em seu currículo de estudante. Coincidentemente ou não, houve um hiato em suas atividades teatrais nos anos em que ali estudou. Nesse período do curso colegial (equivalente ao atual ensino médio), fase da adolescência propriamente dita e de grandes transformações físicas e psicológicas, o teatro parecia ausente de sua vida, e a energia extracurricular foi direcionada para a natação. Dedicou-se com afinco a esse esporte, conquistando uma série de medalhas pela equipe da Associação Cristã de Moços, de Botafogo.

A descoberta do mundo

Em 1944, aos 19 anos, chegado o momento de buscar uma carreira respeitável, uma ocupação para a vida adulta, sua escolha recaiu sobre a advocacia, que, naquela época, parecia a opção natural para os jovens de boas famílias que tinham tendência para as ciências humanas. Assim, Sérgio matriculou-se no curso de direito da Pontifícia Universidade Católica do Rio de Janeiro. Segundo ele, foi com a pretensão de posteriormente ingressar na carreira diplomática, o que, além de significar prestígio social e segurança, ajustava-se perfeitamente às expectativas familiares.

À mesma época, começou a trabalhar como desenhista – outra de suas habilidades artísticas – numa grande empresa publicitária, a Sidney Ross Company: grande impulsionadora da propaganda no Brasil, anunciando de medicamentos leves de grande consumo a cosméticos bem conhecidos. Para se ter ideia de sua importância, basta dizer que ela investia maciçamente nas emissoras de rádio e foi a primeira patrocinadora de uma novela: *Em busca da felicidade*, em 1941, na Rádio Nacional do Rio de Janeiro. Nessa empresa, Sérgio dedicou-se à criação de rótulos e ilustrações.

Com tantas atividades simultâneas, a vida de Sérgio abriu-se gradualmente para um mundo bem mais amplo que o do ambiente familiar, iniciando-se um tempo de descobertas e novas amizades. Em meados da década de 1940, o convívio com a juventude universitária, sedenta por cultura, arte e novas ideias, levou-o a uma ciranda de atividades e, em especial, a tornar-se espectador frequente de teatro. Na verdade, ele era apenas mais um exemplo entre tantos jovens daquela geração que, mesmo vivendo sob as restrições de um regime autoritário como o Estado Novo, eram beneficiados pela atuação do ministro da Educação, Gustavo Capanema, que diligentemente cooptava os maiores talentos da arte e da cultura nacionais distribuindo verbas, ainda que parcas, e, no caso específico do teatro, subvencionando espetáculos, companhias e grupos por meio do Serviço Nacional do Teatro (SNT), criado em 1937. Essa atuação, combinada a outras causas e motivações, fez com que o movimento artístico se multiplicasse como nunca, provocando um grande interesse em toda uma nova geração.

Assim, o jovem Sérgio tinha, no Rio de Janeiro, uma grande cartela de atrações à sua disposição, entre as quais figuram referências históricas, a exemplo da montagem de *Vestido de noiva*, de Nelson Rodrigues, pelo grupo Os Comediantes, encenada por Ziembinski em 1943. Ao mesmo tempo, tinha acesso às grandes revistas feéricas de Walter Pinto e de seus seguidores, com elencos estelares e exibição de vedetes, luzes, cores, música, ricos figurinos e cenários esplendorosos, além das comédias com grandes intérpretes da época: Dulcina de Moraes, Procópio Ferreira, Jayme Costa e Eva Todor. Essa variedade de ofertas cênicas e o convívio com outros jovens entusiasmados por atividades culturais e artísticas conduziram Sérgio de volta aos palcos. Junto a seu amigo Sérgio Britto, então estudante de medicina, aproximou-se de um grupo: o Teatro Universitário (TU).

Com sede no edifício da União Nacional dos Estudantes (UNE), na praia do Flamengo, esse grupo representou um curso prático de teatro para muitos jovens que mais tarde ingressariam no profissionalismo, como Nathalia Timberg, Nicette Bruno, Vanda Lacerda, Fernando Torres e tantos outros. O grupo era coordenado por Jerusa Camões, presidente do Diretório Acadêmico da Escola Nacional de Música, que gostava muito de teatro e reunia em torno de si um grupo de estudantes com o objetivo de organizar espetáculos, porém sem maiores preocupações de ordem estética. O TU era um ambiente perfeito para reunir uma turma alegre; e o teatro era mais o resultado do prazer de estarem juntos. Não havia no TU uma proposta de revolucionar o teatro brasileiro. Eram jovens a misturar os prazeres da convivência em grupo e o teatro, o que eventualmente provocava alguns problemas com suas famílias. Elas temiam que seus filhos levassem muito a sério essas atividades e desenvolvessem o "micróbio do teatro". Como aconteceu em vários casos...

Quando os dois amigos Sérgios ingressaram no TU, estava sendo montada a tragédia *Romeu e Julieta*, de Shakespeare, sob os cuidados da ensaiadora e atriz portuguesa Esther Leão, a quem Sérgio iria se referir carinhosamente, anos mais tarde, em entrevista ao jornal *Correio Paulistano*[1]: "Como a quase totalidade dos jovens atores do Brasil, devo a dona Esther Leão esse aprendizado tão útil para os que começam". Para entender melhor o aprendizado a que se referia, é preciso recorrer a depoimentos de outros integrantes do TU. A atriz Vanda Lacerda, por exemplo, bastante crítica, classifica o trabalho da ensaiadora como um exemplo da "escola portuguesa": "O diretor dizia o que era a peça, dava a deixa e tratava o ator como um autômato".[2] Já para Sérgio Britto, companheiro dessa primeira incursão pelo universo teatral propriamente dito, dona Esther era professora competente, mas sem cultura teatral notável; alguém que ensinava de acordo com sua experiência e intuição, dando orientações bem práticas, tais como: "Levanta esse braço, menino!", "anda pra lá com passos largos" etc. Portanto, o aprendizado a que Sérgio se referia dizia respeito a uma espécie de iniciação a toda uma gama de truques e recursos consagrados pela prática – "macetes" em linguagem teatral –, anteriores às modernas teorias sobre o trabalho do ator, ou mesmo alheios às teorias de qualquer época; elementos do seu artesanato muito mais que de sua arte, mas de eficácia inúmeras vezes comprovada.

No Teatro Universitário já se podiam notar certas características que marcavam o envolvimento do jovem Sérgio: a sua grande capacidade de imaginação, a surpreendente fé cênica e, ao mesmo tempo, a fragilidade e uma certa dificuldade para estabelecer os limites entre o jogo teatral e a realidade. Sérgio Britto contou um episódio ilustrativo dessa situação: "[...] ensaiávamos um duelo, tínhamos um professor de esgrima e, num desses ensaios, a ponta da minha espada tocou a testa do Sérgio. Ele desmaiou, foi um susto, mas graças a Deus não era nada".[3] E acrescenta uma informação muito importante: "Sérgio era frágil, depois me falou de um possível sopro no coração. Eu o levei à Santa Casa, onde tinha aula de clínica médica, e meus professores o examinaram a meu pedido. Confirmaram o sopro no coração e avisaram que podia ser perigoso...". Mas a vida reclama a atenção com seus múltiplos chamados, e não se falou mais sobre o assunto.

1   "Minha carreira é assim...", *Correio Paulistano*, São Paulo, 8 ago. 1954, n.p.
2   "Depoimento de Vanda Lacerda", *Dionysos*, Teatro do Estudante/Teatro Universitário, Rio de Janeiro, Ministério da Educação e Cultura/DAC – Funarte/Serviço Nacional de Teatro, set. 1978, n. 23, p. 86.
3   Sérgio Britto, *O teatro & eu: memórias*, Rio de Janeiro: Tinta Negra, 2010.

O espetáculo que resultou das pragmáticas instruções de Esther Leão àquele grupo de jovens inexperientes foi apresentado apenas duas vezes, no Theatro Municipal do Rio de Janeiro: em 21 de novembro de 1945, às 21h, e no dia seguinte, em vesperal. Os poucos jornalistas que escreveram a respeito elogiaram o resultado de um modo geral, considerando-o bastante meritório para um grupo amador. Em artigo publicado no *Jornal do Brasil*, aconselhava-se à equipe "escolher no ano próximo um trabalho mais simples, e sem mudanças de cenário; *Romeu e Julieta*, tendo começado às 21 horas, só terminou quando o relógio marcava quase duas horas".[4] Convenhamos que um espetáculo com quase cinco horas de duração era incomum para os padrões do teatro brasileiro, e esse fato foi atribuído ao grande número de mudanças de cenários: 22 ao todo, cada uma acarretando uma interrupção. Já no *Diário de Notícias*,[5] outro jornalista, além de lamentar tantas quebras no fluxo da representação, comentava o luxo dos figurinos e "o realismo da encenação, com um carneiro, pombas e cavalos participando, e só o carneiro, aliás, emitindo uns balidos muito razoáveis, mas que comprometem a gravidade da cena". Além de registrar tais excessos, o mesmo artigo trazia, ainda, restrições à maneira como Sérgio interpretou o personagem Teobaldo, classificando-a de afetada. Nove anos depois, já como ator de sucesso, Sérgio rebateria a crítica, declarando que considerava animadora a sua estreia, pois o ar de afetação, que a tantos desagradara, tinha sido deliberadamente procurado, e que ainda considerava aquela a melhor linha para o impetuoso espadachim, primo de Julieta. Essa mesma característica – a afetação – seria muitas vezes apontada no futuro, por seus críticos, como uma tendência no trabalho do ator, pronta a reaparecer todas as vezes que uma direção mais segura não o guiasse.

É difícil falar de características pessoais de um intérprete, sobretudo quando ele ainda está em processo de definição de sua vocação, mas há em livro o registro de uma conversa entre o jornalista Simon Khoury e Vanda Lacerda, na qual ela narra um incidente na estreia de *Romeu e Julieta*. Segundo a atriz, Sérgio, com medo de ser pisoteado por um cavalo, alterara sua marcação em determinada cena, após o momento em que Teobaldo era morto em duelo com Romeu. Com a mudança, ficara um pouco além da linha da cortina, que teria de ser fechada ao final da cena. Para tranquilizá-lo, ela aproveitou o momento em que se debruçava sobre ele, chorando, para avisá-lo que não haveria problema algum, pois o contrarregra viria segurando a cortina e o contornaria, de modo a não o deixar de fora

---

4   Augusto Maurício, "Municipal", *Jornal do Brasil*, Rio de Janeiro, 23 nov. 1945, p. 11.
5   R. L., "*Romeu e Julieta* pelo Teatro Universitário", *Diário de Notícias*, Rio de Janeiro, 23 nov. 1945, p. 3.

da cena. No entanto, quando Sérgio ouviu o sinal da cortina, a soar apenas no palco, assustou-se e deu um pulo, esquecendo que o personagem estava morto, o que provocou enorme gargalhada da plateia – motivo pelo qual o jornalista observou que "Sérgio era muito vaidoso, deve ter ficado fulo da vida". Vanda acrescenta ter sabido mais tarde que o ator havia declarado ter sido ela quem o fizera "ressuscitar", provocando um clima desagradável entre eles. Um claro exemplo dos muitos incidentes infelizes, apesar de risíveis, registrados de sobra no cotidiano da atividade teatral, sobretudo pela forma algo improvisada como muitas vezes é exercida entre os que atuam. No entanto, acontecimentos e observações como esses somam-se até constituírem a imagem de um ator, formada pelos colegas de elenco. No caso, foi apenas um incidente pitoresco, mas seus desdobramentos acabaram contribuindo para construir a imagem de Sérgio como um ator que já no seu início de carreira pecava pela vaidade.

Após a breve temporada no Theatro Municipal, as atividades do Teatro Universitário tiveram de adaptar-se à nova situação política, em consequência da queda de Getúlio Vargas e do fim do Estado Novo, que arrastou consigo Gustavo Capanema – após uma permanência de onze anos à frente do Ministério da Educação e Saúde Pública –, e com ele todo um programa de apoio às atividades artísticas, num tempo em que as verbas públicas constituíam o principal sustentáculo de grupos como o TU.

Não obstante, *Romeu e Julieta* marcou, ao mesmo tempo, a estreia de Sérgio Cardoso fora do ambiente escolar e o final de uma etapa: aquela em que o teatro aparecia apenas como atividade esporádica, mero passatempo para um jovem ainda sem responsabilidades profissionais muito definidas. A pouca repercussão de seu trabalho no TU não fazia prever que aquele estudante de direito pudesse abandonar seus vagos planos de ingressar na carreira diplomática e optasse pela insegura e fascinante carreira teatral.

O Teatro do Estudante do Brasil

No espectro do movimento teatral carioca da década de 1940, o Teatro do Estudante do Brasil (TEB) também era formado por estudantes universitários, mas tinha objetivos culturais bem mais definidos. Pretendia ser uma força renovadora do teatro brasileiro, em contraponto ao teatro apresentado pelas grandes estrelas da época, como Dulcina, Procópio, Jayme e outros, que viviam do faturamento das bilheterias e dobravam-se aos gostos do seu público. À frente dessa iniciativa estava o diplomata e incansável animador cultural Paschoal Carlos Magno, uma das figuras-chave do movimento cultural do período.

Segundo a versão difundida pelo próprio ator, seu ingresso no Teatro do Estudante deu-se por mero acaso. Como tantos outros jovens amantes do teatro ou simples interessados em atividades culturais, Sérgio compareceu às palestras promovidas por Paschoal na Casa do Estudante, onde a jornalista inglesa Claude Vincent falava sobre personagens de Shakespeare. Durante essas palestras, Sérgio teve várias oportunidades de avistar Paschoal. Após muita hesitação, o tímido estudante de direito acabou por criar coragem e dirigir-se ao sempre muito ocupado criador do Teatro do Estudante; segundo narrativa do próprio Sérgio:

> – Doutor Paschoal...
> – O que é, meu filho?
> – Eu queria falar com o senhor...
> – Pode falar.
> – É que eu...
> – Você o quê, meu filho?
> – Eu queria... Eu gostaria... Bem, eu tinha vontade de seguir carreira...
> A inibição me impediu de acrescentar "diplomática". Era para ele me orientar nos austeros corredores do Itamaraty...
> Paschoal pousou sua mão amiga no meu ombro e arrematou a conversa:
> – Então apareça dia tal, às tantas horas, no Teatro do Estudante.
> Confesso que na hora não atinei bem o que tinha a ver o Itamaraty com o Teatro do Estudante. Só mais tarde vim a saber que para ele, Paschoal, carreira só existe uma – a teatral.[6]

Essa versão do ingresso de Sérgio Cardoso no TEB integrou-se rapidamente ao vasto anedotário que cercou sua carreira, reforçando-lhe a aura de ator predestinado. Curiosamente, em depoimento para este livro, Nydia Licia – ex-esposa de Sérgio e sabidamente pessoa mais objetiva – confirmou a versão. O mesmo fez o escritor Raimundo Magalhães Júnior, que, de maneira ainda mais emocionada, referiu-se ao episódio em artigo publicado na revista *Manchete* por ocasião da morte do ator. Entretanto, em entrevista à revista *Amiga* (edição especial sobre o ator, de 1972), Sérgio contava a mesma história, alterando porém um dado fundamental: teria realmente procurado Paschoal Carlos Magno, mas para falar-lhe de seu interesse em dedicar-se ao teatro. Para aumentar a suspeita de romantização na primeira versão, há o fato de que, além de ser inveterado espectador de teatro e de haver integrado o Teatro Universitário, Sérgio já tentara anteriormente conseguir um papel de protagonista numa montagem do TEB, em 1942. A própria diretora, Maria

---

6   "Depoimento de Sérgio Cardoso", *Dionysos, op. cit.*, p. 94.

Jacintha, recordou que havia ficado sem galã para a comédia *Como quiseres*, de Shakespeare, e precisava de um rapaz bonito e forte. Lembrava-se de que Cardoso rondava o TEB, pretendendo o primeiro papel da peça, mas, como ele era franzino, ela desconversara até ele desistir. Diante dessas informações contraditórias, pode-se especular várias possibilidades, não excludentes entre si. De um lado, Sérgio pertenceu a uma época em que se cultivava um quê de mítico em torno da personalidade e da carreira de um grande ator. Assim, muitas narrativas sobre seu passado contêm boas doses de "embelezamento" da realidade. De outro lado, é possível imaginar os complexos caminhos percorridos pelo pensamento de um jovem de 22 anos, introvertido e sonhador, saído de uma família de valores bastante rígidos, cursando o último ano da faculdade de direito e, de certa forma, apegado ao projeto de vir a ser um diplomata, o que certamente encheria os pais de orgulho. Ao mesmo tempo, pode-se imaginar a ebulição provocada pelas experiências teatrais e pela dificuldade de confessar a si mesmo o que realmente desejava.

Após aquela primeira conversa na Casa do Estudante, Paschoal Carlos Magno convenceu Sérgio a inscrever-se no concurso para a escolha do intérprete que protagonizaria a muito acalentada montagem de *Hamlet* a ser produzida pelo TEB.

Para o concurso, inscreveram-se 82 candidatos, e a seleção pública aconteceu no auditório da Casa do Estudante, diante de um júri composto de 18 membros – intelectuais de renome e personalidades ligadas ao teatro e ao universo cultural, como Cecília Meireles, Dinah Silveira de Queiroz e Claude Vincent –, presidido por Paschoal Carlos Magno. Nos bastidores, em meio à nervosa expectativa, comentava-se abertamente que um determinado candidato era o favorito: Luís Linhares, que vinha de uma bem-sucedida participação na peça *Salomé*, de Oscar Wilde, na Escola Dramática Municipal (hoje Escola de Teatro Martins Penna), na qual estudava, e que ouvira do próprio Paschoal, num repente de incontido entusiasmo, que ele era o ator talhado para o Hamlet, tendo sido convidado a participar, juntamente com alguns colegas do curso, da próxima montagem do TEB. Alheio a essa atmosfera, Sérgio se preparara, juntamente com Sérgio Britto, estudando e ensaiando com afinco o texto para o concurso. Na hora marcada, os candidatos começaram a se apresentar diante do júri. O teste consistia numa leitura interpretada do monólogo "Ser ou não ser...". Os candidatos seguiam, um após outro, até que dezenas já haviam se apresentado, e alguns, de forma lamentável. Um certo desânimo aparecia no humor de alguns jurados quando chegou a vez de aquele jovem magro, de aspecto tímido e formal, usando pesados óculos de grau, mostrar a sua versão do mais célebre monólogo do teatro ocidental. Ele levantou-se de sua cadeira em mangas de camisa, tirou os óculos de lentes grossas, deixando que a plateia percebesse seu olhar perturbador. Sua voz envolveu os presentes e fez-se o milagre: durante alguns minutos, todos o acompanharam num silêncio total, com surpresa e admiração. Quando ele terminou, a multidão concentrada no pequeno auditório explodiu em entusiástico aplauso. Pouco mais tarde, após breve reunião, o júri anunciava sua decisão: Sérgio Cardoso era o escolhido. No texto que escreveu pouco antes de sua morte, ele tentou evocar algumas lembranças do que sentiu naqueles momentos: "Então já não foi só espanto. Foi surpresa, medo, alegria, dúvida, tudo misturado. Eu passara no teste e ganhara o papel do protagonista, o próprio Hamlet, príncipe da Dinamarca, um dos personagens mais complexos de quantos já foram criados".[7]

É provável que todos os conflitos interiores que ele experimentava tenham se acirrado muito a partir daí, à medida que as pressões objetivas e subjetivas aumentavam com a enorme divulgação gerada a partir do processo de ensaios e com a aproximação da estreia.

Os preparativos para a montagem envolveram diversas frentes. Os estudos preliminares, a preparação teórica do elenco e todo o trabalho de análise da peça ficaram a cargo da jornalista inglesa Claude Vincent, cuja vinda para o Brasil fora apoiada, em grande medida, por Paschoal Carlos Magno, e que depois passara a escrever crítica teatral no jornal carioca *Tribuna da Imprensa*. Para dirigir a sonhada montagem de *Hamlet*, foi convidado Wolfgang Hoffmann Harnisch, diretor e dramaturgo alemão estabelecido no Rio de Janeiro a partir de 1938, quando a situação em seu país, com a ascensão dos nazistas ao poder, tornara-se difícil para um homem da cultura. Ex-diretor do Seminário Dramático de Berlim, notabilizara-se nos tempos de juventude por sua participação em várias montagens de *Hamlet* em teatros da Europa Central, além de haver trabalhado com o grande produtor e diretor austríaco Max Reinhardt. Desde sua chegada ao Brasil, não tivera nenhum contato mais direto com nosso teatro. Sua descoberta deveu-se a um feliz acaso: Paschoal examinava, no Itamaraty, um processo sem qualquer relação com as artes cênicas, quando se deparou com o currículo do artista alemão e ficou bastante impressionado. Passo seguinte, procurou-o, sendo que não demorou a convencê-lo, apesar das dificuldades com a língua portuguesa, a dirigir aquele grupo de jovens e despreparados atores. A responsabilidade era imensa: tratava-se da segunda montagem brasileira de *Hamlet*. A rigor, tratava-se da primeira versão brasileira da peça de Shakespeare, já que o cultuado ator João Caetano, em sua produção de 1843, utilizara uma adaptação francesa feita por Jean-François Ducis.

[7] Sérgio Cardoso, *Sérgio Cardoso em prosa e verso*, texto mimeografado, Rio de Janeiro, 1972, p. 2.

A tarefa era colossal, considerando-se a inexperiência do elenco e a escassez de meios, que apenas o gênio promocional e arregimentador de Paschoal poderia superar. Foram oito meses de ensaios diários, durante a semana no período noturno – já que boa parte do elenco trabalhava durante o dia, como o próprio Sérgio – e nos fins de semana em período integral. No mês de julho de 1947, foi organizada a Concentração do Teatro do Estudante, a exemplo de iniciativa semelhante do celebrado diretor e pedagogo teatral Jacques Copeau, na França. Paschoal reuniu, em regime de internato, dezenas de jovens numa grande casa no bairro da Tijuca, para uma espécie de convivência conjugada com curso intensivo de teatro. O contingente de jovens era formado pelos elencos de *Hamlet*, de *A Castro* e de outras montagens do TEB, e a programação era composta de aulas na parte da manhã, ensaios à tarde e palestras e debates à noite. Isso tudo somado a uma disciplinada divisão de tarefas domésticas e à descontraída convivência entre os jovens e seus mestres, quase todos igualmente em regime de internato. Havia ainda a publicação de uma coluna nas páginas do *Correio da Manhã*, intitulada "Diário da Concentração", na qual os próprios participantes narravam, em tom divertido, os seus múltiplos afazeres.

Apenas como observação, no material de divulgação da Concentração constava, entre os futuros espetáculos do TEB, uma montagem de *Antígona*, de Sófocles, a ser dirigida por Hans Sachs, com figurinos desenhados por Sérgio Cardoso – informação indicativa de que, em pouco tempo, os múltiplos talentos de Sérgio começavam a conquistar espaço. Essa montagem, como tantos outros planos, acabou não acontecendo.

Todavia, toda essa movimentação e publicidade rendeu também uma irada polêmica, por meio dos jornais, entre Paschoal Carlos Magno e o veterano ator Jayme Costa, uma das grandes estrelas dos palcos brasileiros da época. Este, colocando-se como representante do *establishment* teatral, reclamava do espaço concedido pela imprensa a um grupo de novatos, ao mesmo tempo que fustigava as pretensões renovadoras do TEB. Em defesa de seus pupilos, Paschoal criticava a situação modorrenta e viciada do teatro feito pelos grandes nomes, com perspectivas apenas de sua própria sobrevivência. É claro que essa polêmica serviu para aumentar a curiosidade em relação ao espetáculo em preparação.

Porém, a despeito da intensa campanha promocional e do entusiasmo dos que acompanhavam os ensaios, pairava ainda certo ceticismo quanto às possibilidades reais de aquele jovem de temperamento introspectivo e aparência frágil levar a bom termo uma tarefa tão gigantesca, tida como desafiadora até para atores mais experimentados. O crítico e historiador Décio de Almeida Prado lembrava que Cacilda Becker (lançada igualmente pelo TEB, em 1941), tantas vezes certeira em sua intuição, estivera no Rio, na época dos ensaios de *Hamlet*, e voltara a São Paulo com a impressão de que Sérgio, apesar de todas as louvações de Paschoal Carlos Magno, não seria capaz de arcar física ou dramaticamente com o peso do papel.

Sobre o clima dos ensaios, Sérgio Britto escreveu, em sua autobiografia, que havia um certo limite, que era imposto quer pelo temperamento, quer pela cultura germânica do diretor Harnisch.[8] E este mostrava-se inteiramente dedicado aos ensaios, mas bem menos afetivo do que esperava o seu jovem elenco. Também Claude Vincent testemunhou que, sobretudo com Sérgio, o diretor trabalhava incansavelmente no sentido de exteriorizar com gestos e movimentações, no melhor estilo romântico alemão, os traços físicos, visíveis, de Hamlet. Insistia em amplificar-lhe a voz – o que costuma ser um problema para atores iniciantes –, criando gestualidades, desde os menores movimentos dos dedos até os maiores gestos, acrobáticos, que com o ardor físico preencheriam os contornos da complexa psicologia do personagem.

Em meio a ensaios cada vez mais intensos e exigentes, Sérgio Cardoso completou o curso de direito, ainda sonhando com disputados postos diplomáticos. A cerimônia de entrega do diploma aconteceu no auditório do Ministério da Educação. No entanto, considerando a maneira como ele vinha se aproximando, gradativa e sinuosamente, do teatro, criando inclusive uma intrincada rede de explicações e justificativas para cada passo dado no sentido de um maior comprometimento com esse universo, pode-se supor que, inconscientemente, Sérgio já fizera sua escolha. A opção devia parecer inaceitável não apenas para sua família, mas principalmente para sua própria consciência de bom moço da alta classe média, que até ali trilhara laboriosamente os certeiros caminhos que o levariam a uma existência estável e segura, nos mais desejáveis parâmetros de uma sociedade com um quadro de valores claramente estabelecido. E atores, apesar de eventualmente festejados em público, não pareciam exatamente o tipo de gente aceita nos ambientes onde imperavam os "bons princípios". O fato é que, apenas três semanas após sua formatura, no dia 6 de janeiro de 1948, no velho Teatro Fênix do Rio de Janeiro, acontecia a estreia de *Hamlet*, que mudaria o rumo de sua vida.

A verdadeira ofensiva publicitária orquestrada por Paschoal Carlos Magno dera resultado: os mais de 800 lugares do teatro estavam ocupados, e entre os espectadores encontravam-se representantes dos principais órgãos de imprensa, além de personalidades da vida cultural e correspondentes estrangeiros. Havia também, é verdade, uma palpável animosidade por

---

8   Sérgio Britto, ***O teatro & eu: memórias***, op. cit., p. 55-6.

parte de uma boa parcela da gente de teatro, que via com indisfarçável antipatia as ideias daqueles pretensiosos amadores, bem como a grande atenção a eles concedida.

Estreias quase nunca são tranquilas, e essa não figura entre as exceções. Além do nervosismo habitual, agravado pelo peso da expectativa despertada, um incidente quase estragou a grande noite: uma parte dos figurinos demorou a chegar, e os atores, em absoluto desespero, tiveram de vestir trajes de antigas produções do TEB. Quando a cortina já se abria, e o figurinista Pernambuco de Oliveira já recebia cuidados médicos, chegaram os figurinos restantes, o que levou a uma inusitada e veloz troca de roupas. Superado o incidente, as luzes da plateia foram apagadas, e a orquestra, organizada e regida pelo maestro Walter Schultz Portoalegre, principiou a tocar. A música executada ao vivo, e especialmente composta pelo próprio maestro, contribuiu para conferir ao espetáculo rara grandiosidade. E, de fato, logo após o primeiro monólogo de Hamlet – "Oh, se esta carne rude derretesse/ E se desvanecesse em fino orvalho!..." (Ato I, Cena 2) –, vieram os primeiros e calorosos aplausos, que, a partir daí, interromperam várias vezes a ação.

A montagem de Harnisch não se caracterizava pela contenção britânica, tão desejável aos olhos dos bem-pensantes da época; ao contrário, como conta Sérgio Britto, integrante do elenco, tratava-se de uma montagem tremendamente romântica, repleta de gritos e lágrimas, mas também um trabalho coerente e muito forte.

O palco era ocupado por uma grande escadaria, ou por três planos interligados por lances de escadas, por onde Hamlet movimentava-se incessantemente. O texto era sublinhado pela música incidental do maestro Portoalegre. Nessa atmosfera exaltada, todos esses elementos, chocantes e excessivos segundo alguns, conjugavam-se perfeitamente para dar apoio e sustentação a um elenco que a maioria dos críticos considerou fraco, e que certamente não teria condições de adotar uma linha de montagem mais sóbria e reflexiva. Já a linha conferida pela direção ao protagonista, profundamente alemã, e derivada da visão goethiana, que concebe o príncipe da Dinamarca como um ser amável, puro e nobre – prestou-se perfeitamente para projetar o surpreendente, mas ainda imaturo, talento de Sérgio Cardoso. O resultado foi um envolvimento impressionante da plateia.

Em artigo publicado no *Correio da Manhã*, Paschoal Carlos Magno descreveu, no calor da emoção, o final da estreia de *Hamlet*:

> **Quando a cortina rolou sobre a última cena [...], a plateia que superlotava o Fênix prorrompeu numa ovação extraordinária. Intérpretes e diretor aclamados delirantemente. A cortina**

> abria-se e fechava-se. Tantos eram os vivas, palmas, chamados pelos artistas, que por fim a cortina ficou descerrada para um espetáculo novo: de uma plateia inteira, de pé, que aplaudia sem fatigar-se os artistas que lhe sorriam do palco iluminado.[9]

E foi justamente esse texto que, além de grande repercussão, provocou a ira de atores consagrados.

A polêmica começou pela abertura do artigo: "O maior ator do Brasil tem vinte e dois anos e chama-se Sérgio Cardoso". Claro que uma afirmação como essa, num jornal importante, constituía provocação para os grandes astros do teatro carioca. Especialmente para Jayme Costa, conhecido por seu temperamento explosivo. Resultado: mais uma polêmica através dos jornais.

Para além do título, o artigo esparramava-se em elogios à atuação de Sérgio:

> [...] consagrara-se, em quatro horas de espetáculo, o maior ator do Brasil. Não há no teatro brasileiro quem, como esse quase adolescente, possua suas qualidades de memória, sensibilidade, máscara, voz, voz linda, rica, plástica. Admirável sua agilidade; admirável sua presença de espírito de aproveitar todas as situações para delas arrancar efeitos de mão, olhos, corpo, como se não lhe bastasse a voz para comunicar seus pensamentos, mas que também precisa de cada músculo para transmitir a riqueza de sua vida interior. [...] É ele o ator que o Brasil estava à espera.

Os astros veteranos, porém, não foram os únicos atingidos, negativamente, por essa torrente de elogios. Efeitos ainda maiores foram despertados no espírito do jovem ator homenageado. Já durante os ensaios, o comportamento de Sérgio criava algumas situações difíceis. Às vezes trancava-se no camarim, dizendo que não ia mais ensaiar, que não queria mais fazer a peça; outras vezes passava mal e dizia achar que morreria se fizesse a peça. Em muitas dessas vezes, coube ao amigo Sérgio Britto acalmá-lo e trazê-lo de volta aos ensaios. Segundo Britto, era preciso muita habilidade para convencê-lo a ensaiar e, às vezes, até ameaçar telefonar para o pai dele contando que estava criando problemas. Por tudo isso, na véspera da estreia, Hoffmann Harnisch disse a Britto que sem ele a estreia não aconteceria. Dessa maneira, com todos esses indícios de instabilidade emocional somados à imaturidade natural dos

---

9 Paschoal Carlos Magno, "*Hamlet*, pelo Teatro do Estudante, no Fênix", *Correio da Manhã*, Rio de Janeiro, 8 jan. 1948, p. 13.

22 anos, o excesso de elogios não lhe fez bem, seja criando uma necessidade de voltar a atingir, ou ultrapassar, tal nível de aprovação, seja incentivando certas tendências ao estrelismo.

Independentemente dessas particularidades, o Teatro Fênix permaneceu lotado durante cinquenta dias. A seguir, a peça foi transferida para uma sala maior, o Teatro República, onde ficou mais vinte dias, uma façanha para a época. O espetáculo transformara-se na coqueluche da cidade: a plateia prorrompia em gritos à simples entrada em cena de Sérgio Cardoso e lhe atirava flores, algo comparável ao delírio causado por cantores populares. Fernanda Montenegro, pouco mais jovem que ele, sentiu-se impactada pela sua atuação: "[...] era um ator cheio de vida, energia, magia, força. Representava de uma maneira instintiva, incontida, deslavada, arrebatadora".[10] A pesquisadora de teatro Maria Thereza Vargas confessou ter assistido várias vezes ao espetáculo, e isso era bastante comum.[11] Aparentemente, foi como se aquela vasta porção da juventude universitária, que havia voltado seu interesse e seu entusiasmo para o teatro, houvesse encontrado no jovem ator a mais completa representação de seu ideal estético. Maria Thereza conta, ainda, que Sérgio não se assemelhava em nada aos grandes atores de então: seres artificiais e exóticos. Ao contrário, ele parecia extremamente próximo, alguém como os outros jovens universitários da plateia; e essa identificação teria sido uma das razões do êxito estrondoso de *Hamlet*, sem desconsiderar o peso indutor da maciça campanha da imprensa. Talvez seja essa uma definição bastante precisa, em sua singeleza, do que vem a ser o carisma de um ator: a extraordinária capacidade de conquistar todas as atenções, imantando as emoções de cada espectador.

Duas qualidades pareciam destacar-se de maneira especial no trabalho de Sérgio: o domínio corporal – agilidade, leveza, elegância de movimentos – e a beleza da voz. A extrema movimentação exigida pelo encenador ressaltava a primeira dessas qualidades, apesar de Sérgio, sendo muito míope, estar subindo e descendo escadarias praticamente às cegas, e com uma espada à mão. De outro lado, os belos monólogos shakespearianos ofereciam-lhe um vasto campo para exercitar a riqueza de suas modulações vocais. Tratava-se, evidentemente, de uma interpretação visceral, repleta de inigualável vigor juvenil e tropical, conforme testemunho do crítico Sábato Magaldi.

É provável que a grande campanha promovida pelos jornais tenha ajudado a mobilizar a opinião pública em favor do espetáculo e daquele jovem Hamlet. Mas é também provável que o caráter acentuadamente sentimental

---

10 Fernanda Montenegro, "Depoimento de Fernanda Montenegro", *Amiga*, Rio de Janeiro, 8 mar. 1978.

11 Maria Thereza Vargas, Depoimento concedido ao autor, São Paulo, 23 abr. 1987.

e espetacular, tanto da montagem quanto da interpretação de Sérgio, tenha atingido em cheio a sensibilidade daquelas plateias.

Do elenco de *Hamlet* faziam parte também Ambrósio Fregolente (Espectro e Osric), Sérgio Britto (Cláudio), Maria Fernanda (Ofélia), Wilson Grey (Laertes) e Nilson Penna (segundo comediante). Assim como Sérgio, todos se transformariam em profissionais das artes cênicas. Quando surgiu a possibilidade de uma temporada paulista, Carolina Sotto Mayor, que interpretava a rainha Gertrudes, foi substituída por Bárbara Heliodora, que, anos mais tarde, seria uma famosa crítica de teatro e especialista em Shakespeare. Aliás, a passagem de Bárbara Heliodora pelo espetáculo foi bem curta: no terceiro dia em São Paulo, ela se descobriu grávida. Coube a Sérgio Cardoso e a Sérgio Britto procurarem Cacilda Becker e convencerem-na a interpretar Gertrudes durante a temporada paulista. O fato de terem sido os dois jovens atores a fazer isso é bastante significativo da importância que assumiam na estrutura do grupo.

Em São Paulo, precedido pelos ecos do sucesso da temporada carioca, o êxito se repetiu, com o espetáculo estreando no Theatro Municipal no dia 12 de maio e lá realizando mais quatorze apresentações. Uma delas foi dedicada exclusivamente a estudantes secundaristas e, segundo consta, foi a primeira vez que o vetusto teatro abriu suas portas a uma plateia de adolescentes. Houve ainda breves passagens por Santos e Campinas, cidades onde o público também acorreu em grande número.

A súbita consagração por parte do público e a inusitada atenção da imprensa atraíram também uma certa má vontade em relação ao comportamento de Sérgio, que contribuiu para disseminar, em pouco tempo, um vasto anedotário a seu respeito, ou pelo menos uma ampliação dos fatos reais: que ele desmaiava muitas vezes nos agradecimentos finais, procurando absorver todas as atenções; que era dado aos mais diversos achaques antes de entrar em cena; e outras idiossincrasias resultantes do êxito súbito e precoce.

Ainda assim, o valor de Sérgio parecia falar mais alto, pois foi logo convidado pelo SNT a participar de um evento comemorativo por ocasião do centenário da morte de Martins Pena, ao lado de grandes nomes da velha geração. A peça escolhida foi *A família e a festa na roça*, e a direção ficou a cargo de Dulcina de Moraes, sendo os cenários e os figurinos criados por Santa Rosa. Ao interpretar Inácio José, um dos caipiras litigantes, teve a primeira oportunidade de contracenar com alguns dos grandes nomes da época, como Procópio Ferreira, Olga Navarro, Rodolfo Mayer, Bibi Ferreira, Silveira Sampaio, Aimée, Sadi Cabral, Palmeirim Silva e Dulcina, entre outros, além de alguns atores em processo de afirmação, como Abdias do Nascimento, Ruth de Souza e Nilson Penna. Perguntada sobre um possível choque de temperamentos num elenco desse porte, Dulcina respondeu: "Temperamentos? E nós lá tínhamos tempo para fazer vir à tona temperamentos? Não dava, querido. Não dava!". O espetáculo aconteceu no Teatro Ginástico, apesar de Martins Pena merecer o Theatro Municipal... Todos os artistas aceitaram participar gratuitamente da homenagem ao "pai da comédia brasileira". E, segundo Bibi Ferreira, Sérgio, apesar das limitações do papel, mostrou-se à altura de seus colegas veteranos.

Contudo, foi o sucesso alcançado com *Hamlet* o fator determinante da mudança completa dos planos de Sérgio para seu futuro: "Eu sempre quisera ser ator. Tinha agora a prova de que podia ser ator. Não demorei muito para chegar à conclusão de que devia ser ator...".[12] Essa declaração contradiz frontalmente outras afirmações registradas anteriormente, no sentido de que teria chegado ao teatro por mera obra do acaso. Vem, ao contrário, corroborar a tese de que, ao menos inconscientemente, ele já optara pela carreira artística, e a surpreendente repercussão de seu trabalho propiciou o desvendamento de sua verdadeira vocação.

Contar à família a decisão de abdicar da carreira de advogado, e da sonhada trajetória na diplomacia, para trilhar uma imponderável carreira artística não foi uma das tarefas mais fáceis de enfrentar. Manoelina, sua irmã, revelou que foi uma luta tremenda: a mãe reagiu fortemente e não queria permitir de modo algum o que lhe parecia a maior das loucuras; o pai viu desabarem ali todas as suas esperanças para o futuro do filho. Ao que Sérgio respondia: "Se me tirarem dessa vida, eu morro. Será a minha morte".[13] O teatro brasileiro aplaudiria essa dramática certeza.

O Teatro dos Doze

Por esse tempo, Paschoal Carlos Magno acenava com a possibilidade de criar uma companhia profissional, reunindo os melhores entre os membros do TEB. Nessa nova empresa, os primeiros papéis deveriam ser permanentemente trocados, em rodízio, para evitar os males do estrelismo. Isso não deixa de ser curioso, já que o TEB foi muitas vezes acusado de estimular justamente o estrelismo de seus primeiros atores, por meio de compactas campanhas publicitárias em torno de seus nomes, e Sérgio foi bem um exemplo disso. Em relação ao repertório, seria uma continuação da linha desenvolvida pelo TEB, compreendendo textos clássicos, porém de duvidoso retorno comercial. Para manter essa nova companhia, Paschoal

---

12   Sérgio Cardoso, *Sérgio Cardoso em prosa e verso*, op. cit., p. 4.
13   Manoelina Cardoso Delamare, Depoimento concedido ao autor, Rio de Janeiro, 3 mar. 1989.

pretendia conseguir apoio de alguns mecenas. Mas o tempo ia passando, e nada indicava que sua nova ideia se concretizaria. Os integrantes que iriam compô-la, tendo à frente Sérgio Cardoso, entusiasmados pelo sucesso de *Hamlet*, já haviam abandonado seus antigos empregos e não podiam esperar indefinidamente. Assim, Sérgio decidiu descartar a ideia da companhia comandada por Paschoal para criar, apressadamente, com alguns atores do período amador – Sérgio Britto, Jaime Barcelos, Luís Linhares, Elísio de Albuquerque, Carlos Couto, Zilah Maria, Beyla Genauer e outros –, o Teatro dos Doze, sua própria solução.

A nova companhia pretendia dar sequência ao movimento renovador empreendido por conjuntos amadores do Rio e de São Paulo, movimento que tentava se alastrar pelo profissionalismo com a preocupação de modificar completamente a estética dominante nos palcos brasileiros. A um teatro centrado no carisma e no histrionismo de uma estrela contrapunha-se a valorização do espetáculo como um todo, harmoniosamente ordenado por um diretor. Para substituir um repertório digestivo e empobrecido, propunha-se atualizá-lo em relação à história do teatro universal e aos anseios de um público mais sofisticado e mais bem informado. Nesse sentido, pretendiam retomar a trilha aberta pelo grupo Os Comediantes, esfacelada após uma heroica tentativa de profissionalização. Essa tomada de posição mostra que o sucesso, longe de fazer com que Sérgio se tornasse apenas um ator frívolo, deslumbrado ante as homenagens que lhe eram prestadas, despertara-lhe força empreendedora para tentar concretizar novos caminhos. Quase nada parecia restar do rapazola que participara dos alegres e descompromissados encontros do TU, bem como do jovem hesitante que se aproximara de Paschoal Carlos Magno. A única acusação que lhe poderia ser imputada nessa fase seria a de excessiva ingenuidade, por acreditar que os louvores conquistados seriam suficientes para abrir caminho à grande empreitada a que se lançava naquele momento.

O Teatro dos Doze teve um início auspicioso ao conseguir que o SNT lhe concedesse o Teatro Ginástico. Desse modo, no dia 6 de janeiro de 1949, exatamente um ano após a triunfal estreia do TEB, a nova companhia deu início à sua primeira temporada com uma remontagem de *Hamlet*, novamente sob a direção de Hoffmann Harnisch, o que é compreensível. Ao encenador alemão e ao italiano Ruggero Jacobbi coube a direção artística do conjunto. Mais uma prova da seriedade com que Sérgio e seus colegas encaravam o novo projeto, pois haviam procurado dois nomes cheios de experiência e conhecimentos para orientá-los.

Essa primeira montagem não se diferenciava muito daquela realizada pelo TEB. Era, certamente, mais despojada, já que não podiam dar-se ao luxo de contar com uma orquestra, nem mesmo com um elenco tão numeroso quanto o do grupo amador. A própria sala de espetáculos não possuía a suntuosidade do Theatro Municipal ou do Teatro Fênix. Mas, para Sérgio, significava também sua estreia como cenógrafo e figurinista. O espaço concebido por Sérgio combinava plataformas de diversas alturas e cortinados, para compor assim um suporte neutro e polivalente. Já os figurinos eram apenas convencionais. Essa montagem, porém, não resultou em trabalho muito significativo, pois, além da proximidade com a versão anterior, as difíceis condições econômicas do grupo e a evidente inexperiência limitaram sua criação. Contudo, *Hamlet* cumpriu com dignidade a função de apresentar a nova companhia.

Logo a seguir, o Teatro dos Doze montou *Arlequim, servidor de dois amos*, de Carlo Goldoni, sob a direção de Ruggero Jacobbi. O espetáculo foi sucesso de público e de crítica, reafirmando o talento de Sérgio Cardoso, agora num papel cômico: o do próprio Arlequim. Surgia mais uma faceta de seu trabalho interpretativo, ou seja: a incrível habilidade para compor personagens transbordantes de graça poética, com especial noção de desenho gestual, aliada a um *timing* perfeito. Mas, enquanto o ator crescia, o aprendiz de empresário começava a receber duras lições de realidade: apesar do sucesso, as dívidas começavam a crescer. De qualquer modo, essa montagem tornou-se o grande destaque da primeira temporada do Teatro dos Doze.

Em razão dessa estranha lógica, tão peculiar ao teatro, que faz com que um êxito de bilheteria seja incapaz de significar desafogo financeiro, o Teatro dos Doze foi obrigado a retroceder em relação a seus planos mais ambiciosos, desistindo de sua programada montagem de *Os salteadores*, de Friedrich Schiller, a ser dirigida por Harnisch. Este, diante da impossibilidade de pôr em prática um repertório que o motivava, foi pouco a pouco se distanciando da equipe, e, tempos depois, regressou discretamente à Alemanha, com a família.

A terceira montagem do Teatro dos Doze foi *Tragédia em New York*, de Maxwell Anderson, com direção de Jacobbi. A escolha desse drama, revelando o submundo de Nova York, dos gângsteres, não foi muito coerente com a linha das demais peças selecionadas para a temporada. Era a primeira vez que a companhia montava uma peça contemporânea. Também era a primeira vez que Sérgio interpretava um personagem moderno, mais despojado e bem aquém das possibilidades poéticas de Hamlet e de Arlequim. A experiência não foi bem-sucedida, e a fraca acolhida do público agravou a situação financeira da empresa.

Além dessas três obras, o grupo apresentava simultaneamente uma peça destinada ao público infantil: *Simbita e o dragão*, de Lucia Benedetti. Simbita era o apelido caseiro de Sérgio quando criança; logo, como o próprio título indica, o texto fora escrito especialmente para o ator. E, à guisa de registro, convém lembrar que ele também foi o responsável pela criação dos cenários e figurinos. Essa montagem pode ser vista como parte daquilo que a autora chamou de "a festa inaugural" do teatro infantil contemporâneo. Da mesma forma que para outras grandes figuras da cena brasileira – como Henriette Morineau, Cacilda Becker e Sérgio Britto, que por essa época chegaram a atuar para o público infantil –, essa foi, para Sérgio, uma experiência isolada e sem continuidade. Com efeito, após a verdadeira febre de produção teatral infantil que sucedeu o inesperado êxito de *O casaco encantado,* em 1948 – montagem pioneira do texto de Lucia Benedetti, dirigida e interpretada por Mme. Morineau –, os atores de maior prestígio afastaram-se do gênero.

Quanto ao Teatro dos Doze, após o fracasso de *Tragédia em New York,* estava assoberbado de dívidas. Mas ainda ocorreu a seus intrépidos integrantes uma esperança de recuperação: viajar com seu repertório. Com essa finalidade, foi solicitada verba de apoio ao SNT. Antes, porém, que esse montante pudesse dar novo alento ao grupo, receberam uma notícia inesperada: o próprio SNT suspendera a concessão do Teatro Ginástico, cedendo-o a uma companhia do ator e diretor Raul Roulien. Foi o golpe de misericórdia. Sem condições de prosseguir seu trabalho, a companhia dissolveu-se, de nada lhe valendo os inúmeros elogios da crítica carioca, que a considerou o principal acontecimento da temporada de 1949. Em 28 de outubro, uma carta foi encaminhada aos jornais comunicando que a companhia decidira não prosseguir suas apresentações até a quitação de suas dívidas. Encerrava-se, assim, de maneira tristemente irônica, uma etapa da carreira de Sérgio Cardoso: glorificado pela crítica e aplaudido com entusiasmo pelo público, ele iniciara o duro aprendizado das dificuldades que cercam o fascinante universo teatral, e experimentava a dor de assistir, impotente, à não concretização de um grande plano por falta de condições materiais.

Mais uma vez, as lembranças de Sérgio Britto vêm acrescentar uma dimensão humana e particular a uma situação tão difícil. Ele nos conta de um lado sombrio e doentio presente em Sérgio Cardoso. Por essa época, encontraram-se no Teatro Ginástico, onde estavam amontoados os cenários e figurinos do Teatro dos Doze, e Sérgio Cardoso foi logo dizendo: "Eu me envenenei. Está vendo esta cicatriz? Eu me cortei e coloquei curare...". E tombou sem completar a frase. Britto o amparou e, durante cerca de meia hora, tentou convencê-lo de que não havia veneno no seu corpo, ao passo que o ouvia falar de morte, de que nada mais tinha sentido, até enfim conseguir levá-lo à Cinelândia para um lanche e a conversa tomar outros rumos.

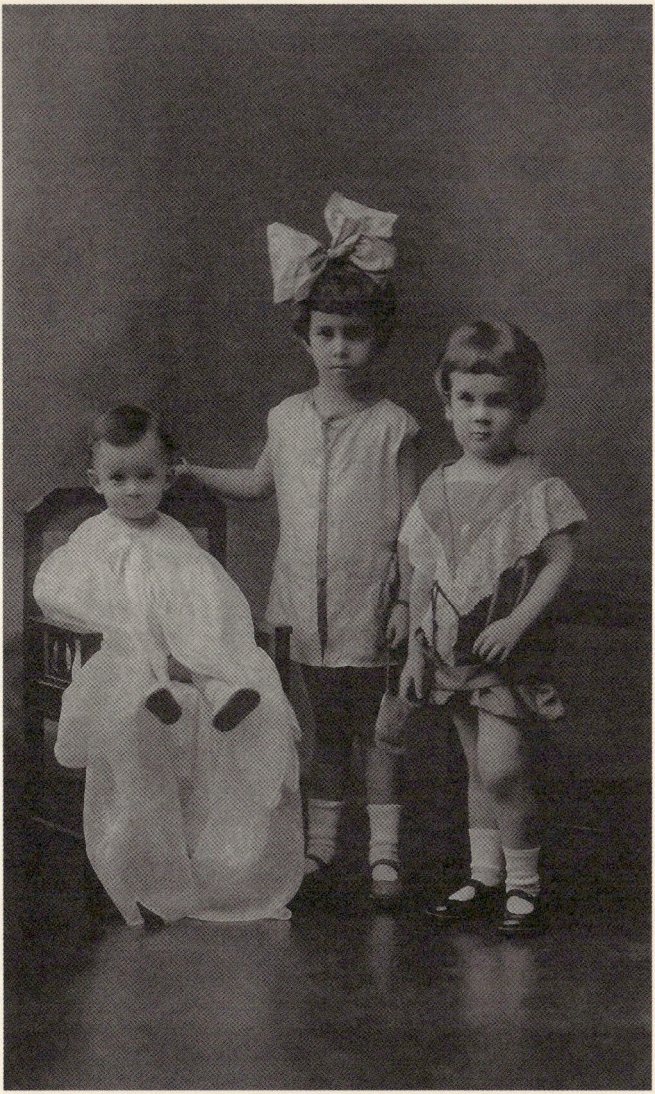

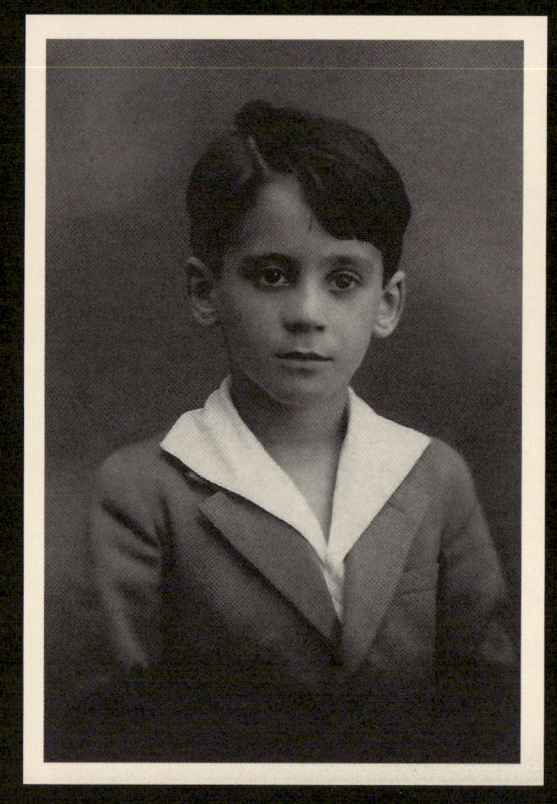

Sérgio na primeira infância, 1933.
Acervo NL-SC.

**Sérgio e o irmão Mário,
vestindo uniforme de gala
do Colégio de São Bento.
Rio de Janeiro, maio de
1935.** Acervo NL-SC.

Sérgio (abaixado) com os irmãos e o cunhado Ademaro. Acervo NL-SC.

Sérgio, formando de Direito da PUC Rio de Janeiro, dezembro de 1947. Acervo NL-SC. Fotógrafo: G. Pezzi.

Hamlet. **TEB**, Rio de Janeiro, **1948**. Acervo NL-SC.

Com Maria Fernanda em *Hamlet*.
TEB, Rio de Janeiro, 1948.
Acervo NL-SC.

Com Cacilda Becker em
Hamlet. TEB, temporada
em São Paulo, 1948.
Acervo NL-SC.

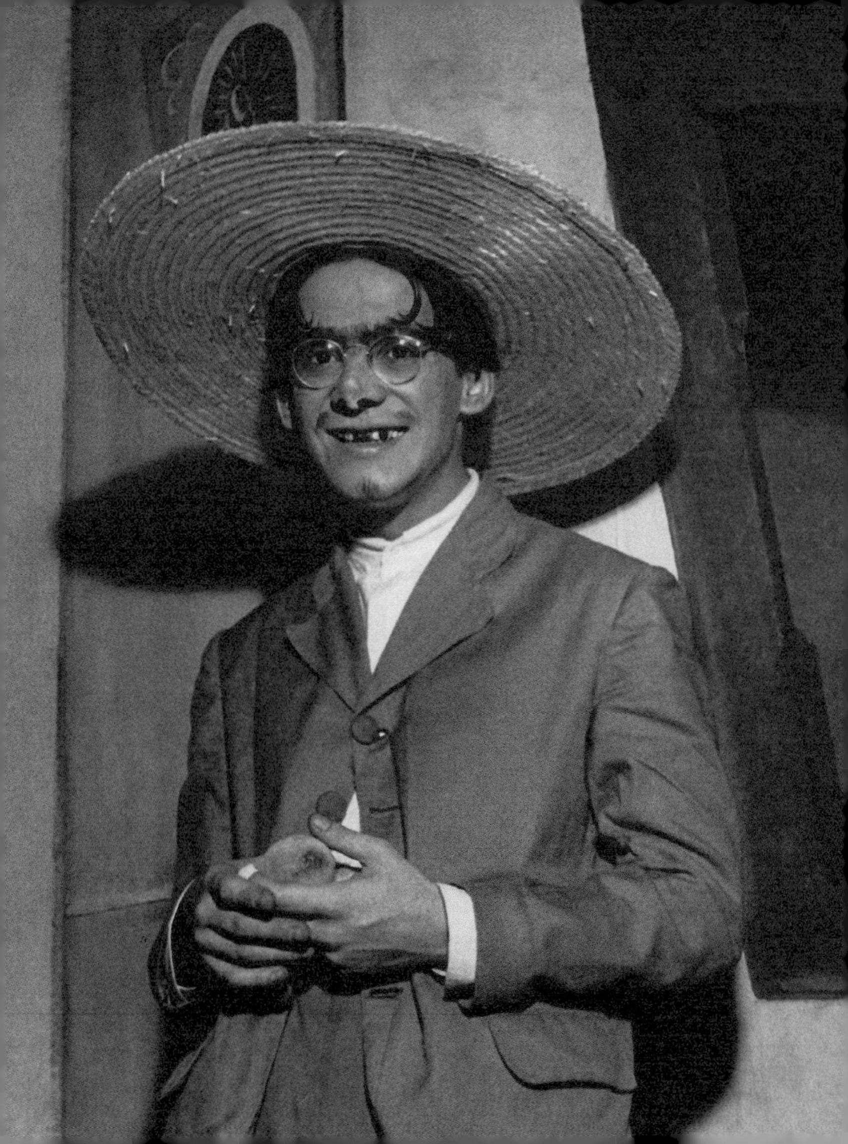

Com Rejane Ribeiro em *Arlequim servidor de dois amos*. Teatro dos Doze, Rio de Janeiro, **1948**. Funarte/Centro de Documentação e Pesquisa.

2: aprimoramento artístico (1949-1952)

Um primeiro fracasso, ainda que doloroso, não tem o poder de destruir uma vocação verdadeira. Assim, o final inglório da primeira tentativa de criar uma companhia teatral não teve força para afastar Sérgio Cardoso do caminho de sua arte. E pode até mesmo ser considerado um saudável contraponto ao sucesso extraordinário que alcançara em *Hamlet*, mostrando-lhe o reverso de sua atividade, em que as dificuldades mais cruéis podem suceder o coro de elogios. De mais a mais, o fiasco do Teatro dos Doze fora apenas financeiro, deixando intocado o prestígio artístico de seu ator principal.

Com o encerramento das atividades do Teatro do Doze, Sérgio recebeu várias propostas de trabalho – um claro sinal da boa posição que conquistara em apenas um ano de carreira. Mas todas essas propostas tinham componentes que lhe lembravam as aventuras mais recentes. Até que surgiu um convite completamente distinto: abandonar o Rio de Janeiro e ir para São Paulo, cidade então muito distante do Rio em termos de movimento cultural e de projeção artística. Por outro lado, tratava-se do convite de um homem de negócios com posição de destaque na fechada alta sociedade paulista e nas Indústrias Matarazzo: Franco Zampari. A proposta era para integrar a recém-criada companhia profissional do Teatro Brasileiro de Comédia (TBC), projeto que começava a ganhar corpo e se propunha a concretizar os sonhos acalentados pelos grupos amadores de São Paulo e do Rio de Janeiro, sonhos que significavam atualizar o teatro brasileiro em relação às novas estéticas europeias. Mais que isso, a proposta incluía um contrato válido por dois anos, numa estrutura teatral inédita no Brasil, e com previsão de ter a questão das dívidas do Teatro dos Doze solucionada. Para isso, propunha-se que os débitos fossem quitados por Franco Zampari e esse valor fosse posteriormente descontado, em parcelas mensais, do salário de Sérgio. Ainda que amedrontado com a perspectiva de abandonar a família e viver sozinho numa outra cidade, nosso jovem ator aceitou-a.

Para deixá-lo mais entusiasmado, seu primeiro trabalho no TBC seria uma peça de Carlo Goldoni, um dos mais importantes dramaturgos europeus do século XVIII, cuja obra em boa parte refletia o legado da *Commedia dell'Arte* para o desenvolvimento de uma dramaturgia mais consistente. E essa peça seria encenada por um mestre que já o dirigira no Teatro dos Doze: Ruggero Jacobbi. Pouco tempo depois, Sérgio foi buscar o texto no Teatro Copacabana, onde estava sendo exibida a peça *À margem da vida*, de Tennessee Williams, pelo Grupo de Teatro Experimental – um dos grupos amadores paulistas que lutaram pela modernização do teatro brasileiro –, pois Nydia Licia, uma das atrizes do espetáculo, fora encarregada por Adolfo Celi, diretor artístico do TBC, de entregá-lo ao ator.

Se, do ponto de vista prático, a assinatura do contrato fora plenamente justificável, do ponto de vista emocional, Sérgio sentia certa mágoa em relação ao ambiente teatral carioca e ao círculo de pessoas que frequentava. Isso fica claro no seguinte trecho de uma carta enviada por ele, alguns meses depois, já de São Paulo, à amiga Ruth de Souza:

> **Posso ver o Rio, daqui, como ele é. Acredite que a visão não é das mais bonitas. Esse pessoal todo que vai e vem, se engalfinhando, se acotovelando, se mordendo para conseguir um lugar ao sol. Essas noites de Cinelândia, de "Amarelinho" e "Vermelhinho", Copacabana e Leblon... [...] com gente que fala e ri e que só vai depois falar e rir com outros mais além. Essa beleza toda nos cercando e nos atando as mãos e os pés.**[14]

Na carta, ele ainda comparava a situação que lhe causara dor e desencanto com o que encontrou em São Paulo:

> **Aqui é diferente. Tudo é calmo, previsto, estudado e calculado. Pode-se estudar, assistir a conferências, trabalhar sem coisa alguma que nos atrapalhe. Agora mesmo estou na sala de ensaios, num rápido intervalo. [...] nós apenas ensaiamos, pois cinco dezenas de pessoas estão lá fora cuidando de tudo [...]**

Mas como era a nova cidade que Sérgio estava descobrindo? Em seu livro *Eu vivi o TBC*, de 2007, Nydia Licia oferece uma vívida descrição de um final de tarde no centro de São Paulo na década de 1940: as ruas Sete de Abril, Marconi e Barão de Itapetininga eram cobertas por trilhos de bonde; um bondinho aberto passava em direção à praça da República, rumo ao bairro de Higienópolis, onde ela morava; vitrines exibiam a última moda; das duas confeitarias da área vinham sons suaves de piano ou de um trio de cordas; senhoras elegantes, de chapéu e luvas, seguiam rumo às suas casas ou aos movimentados cinemas do centro; homens de terno e gravata, obrigatoriamente com chapéu na cabeça, paravam nos bares para um aperitivo ou uma conversa com amigos. Uma cidade que, em dez anos, passara de 570 mil para 1,3 milhão de habitantes, mas que continuava encantadoramente provinciana e discreta, com sua garoa fria.

14   Sérgio Cardoso, Carta a Ruth de Souza, São Paulo, 26 mar. 1950.

A estreia no TBC

No mês de setembro de 1949, Sérgio já estava instalado em São Paulo, tendo deixado para trás a família, os amigos e toda a atmosfera em que se dera sua verdadeira iniciação teatral.

Assim que chegou a São Paulo, pôs-se imediatamente a trabalhar. Foram 22 dias de intensos ensaios, com ele trazendo para o TBC um estilo de interpretação que destoava, a princípio, da maneira de atuar cultivada por seus novos colegas de palco. Esta última valorizava a naturalidade, a discrição, sendo muito contida – contida até demais –, enquanto Sérgio era totalmente impulsivo, teatral e histriônico, qualidades que o levaram ao TBC, mas que por certo não o ajudaram muito na sua integração a um grupo de atores que se conheciam de longa data, vindos de grupos amadores paulistanos, e que partilhavam outros valores. Somem-se a isso a extrema timidez de Sérgio e a sua paradoxal consagração em *Hamlet*.

A estreia do ator no TBC aconteceu no dia 23 de novembro, interpretando o protagonista, Lélio, de *O mentiroso*, de Goldoni, sob a direção de Ruggero Jacobbi. E, pode-se dizer, foi uma belíssima estreia na nova cidade. Os depoimentos são unânimes em apontar o espetáculo não só como um dos mais primorosos da trajetória do TBC, mas também como um dos melhores da carreira de Sérgio. Para se ter ideia do encantamento causado pelo espetáculo, vale citar a crônica publicada pelo poeta Guilherme de Almeida no *Diário de São Paulo*:

> O arrepio da campainha elétrica... A gente entra apressada...
> As portas de pano *grenat* que se fecham nas costas do público...
> As luzes que se extinguem na sala... O pano de boca verde
> limão que se acende... Um silêncio e uma imobilidade... Pronto!
> Alguém comprimiu o botão: e salta a tampa da *boîte à surprise*.
> Mas não é uma caixinha de surpresa qualquer. [...] É uma caixa
> de surpresa manipulada por um grande mágico [...] que dela
> extrai, infindavelmente, as mais lindas e variadas coisas. Porque
> não se pode compreender, senão por virtude de passes de mágica,
> que possa caber no palco pequeno, sem altura e sem fundo do
> teatro da rua Major Diogo, toda aquela múltipla e maravilhosa
> encenação [...][15]

As palavras do poeta e cronista permitem não só resgatar a atmosfera da sala, mas também sentir o gosto europeizante, e mais especificamente francês, das

---

15 Guilherme de Almeida, "Boîte à suprise", *Diário de São Paulo*, 30 nov. 1949, p. 7.

elites da época. Mais adiante, em seu entusiasmo, ele descreve a reação do público: "ainda não se viu a recatada e parcimoniosa plateia de São Paulo (ah, a tradicional secura paulistana!) erguer-se, magnetizada, estrondar, frenética, na verdadeira ovação com que coroou, na noite da estreia, cada mutação cênica e cada *rideau* do fantástico espetáculo".

Foi uma estreia altamente promissora no geral e, em especial, para Sérgio. Sobretudo porque, acima dos elogios aos cenários – com dois palcos giratórios – e figurinos de Aldo Calvo, ao ótimo rendimento do conjunto dos atores, à surpreendente encenação de Jacobbi, acima de todos esses fatores, o destaque maior foi concedido à interpretação de Sérgio Cardoso, por concretizar toda a leveza, a graça e a poesia requeridas pelo universo goldoniano.

Aliás, nessa interpretação, podia-se confirmar um dos traços característicos da personalidade artística de Sérgio: um natural e raro sentido de estilo, podendo-se mesmo falar de uma tendência para um teatro mais poético, ou seja, era um ator muito mais talhado para a exuberância e a elaboração formal do teatro clássico do que para o despojamento do realismo moderno. Bastaria esse traço para garantir-lhe um lugar à parte na galeria dos atores brasileiros. Assim, ao escolher essa encantadora mescla de "máscaras" e de retratos autênticos – excelente amostra do trabalho de resgate e superação da *Commedia dell'Arte* –, o TBC ofereceu a Sérgio o espaço mais propício à sua estreia na casa. Nesse segundo contato com a obra de Goldoni, novamente sob a orientação de Jacobbi e cercado por impecáveis cuidados de produção, além de contar com uma tranquilidade financeira, o ator pôde exercitar os múltiplos recursos de sua voz extraordinariamente plástica e de sua elegância de movimentos. À extrema discrição cuidadosamente cultivada pelos atores paulistas (até a chegada dos diretores italianos) o trabalho de Sérgio contrapunha a forma acabada daquela exuberante, ainda que refinada, teatralidade, que seria um dos traços marcantes do trabalho dos diretores italianos trazidos pelo TBC. Essa faceta pode ser atribuída tanto a uma característica inata do ator quanto aos seus trabalhos anteriores com Hoffmann Harnish – fortemente marcado por um romantismo tardio – e com o próprio Jacobbi.

A estreia garantiu-lhe automaticamente o posto de primeiro ator da companhia, que manteria de maneira indisputada nos primeiros tempos, revezando-se com Cacilda Becker na tarefa de encabeçar as montagens do TBC.

Comumente diz-se que uma das características de nossa época é a vertiginosa velocidade com que os fatos se sucedem. No entanto, ainda hoje parece assombrosa a rapidez dos eventos naquele período do teatro brasileiro. No caso específico de Sérgio Cardoso, em apenas um ano, e aos 24 anos de idade, ele montou uma companhia; realizou com ela uma série de espetáculos de alto nível, a partir de ambiciosas escolhas de textos; planejou uma excursão nacional, que só não chegou a acontecer devido à eterna morosidade dos poderes públicos; enfrentou os dissabores de uma falência; conseguiu uma solução para as dívidas resultantes de sua primeira tentativa de autonomia empresarial; trocou o Rio de Janeiro por São Paulo; e ainda teve fôlego para construir uma de suas mais elogiadas interpretações ao estrear no TBC. É certo que, numa etapa anterior, as montagens seriam ainda mais numerosas, mas há que se considerar as gritantes diferenças entre o velho teatro brasileiro e este, o novo, ao qual Sérgio estava ligado. Até a grande reviravolta dos anos 1940, os espetáculos obedeciam a fórmulas imutáveis, que iam desde a distribuição de papéis de acordo com uma tipologia cristalizada – em que um ator interpretava sempre o mesmo tipo de personagem – até a utilização da figura do "ponto", que dispensava os atores da sempre árdua tarefa de memorizar o texto. Já no período que marca a grande renovação, esse comportamento foi drasticamente mudado, e é o que confere um caráter espantoso à referida atividade. Imbuídos de tantas preocupações de aperfeiçoamento técnico e artístico, os homens e as mulheres que se atiraram à tarefa de construir o novo teatro brasileiro, entre eles Sérgio Cardoso, realizaram um feito titânico ao conseguir produzir tanto em tão pouco tempo.

O mentiroso era apresentado onze vezes por semana: uma sessão às terças, quartas e sextas-feiras; duas sessões às quintas; três aos sábados e domingos, sempre com boa afluência de público.

Uma entrevista de Sérgio Cardoso nos dá conta de suas entusiásticas impressões a respeito do TBC, no final de 1949: "Nesses dois anos de teatro, vi tanta coisa que digo, sem medo de errar, que o TBC é, no momento, a única coisa séria no teatro do Brasil. Único lugar onde se pode pensar, estudar, planejar e apresentar um trabalho honesto".[16]

Acrescentando, certamente baseado em sua própria experiência: "Aqui é que se pode ver o esforço sobre-humano que fazem algumas companhias profissionais, que lutam sozinhas, desamparadas, sem o apoio e assistência que temos aqui". Mais que um desabafo pessoal, pode-se detectar nas palavras do ator o diagnóstico de um dos problemas cruciais do teatro brasileiro, justamente um dos que viriam a afetar sua carreira de forma decisiva, isto é, a necessidade de os próprios artistas lutarem pela sobrevivência empresarial de seu projetos, sem apoios sistemáticos, seja dos poderes públicos, seja da iniciativa privada, o que leva muitas vezes a uma batalha inglória, cujo resultado – previsível – costuma ser a exaustão prematura de grandes talentos e a perda de projetos muitas vezes essenciais ao desenvolvimento da atividade teatral.

16   **Mattos Pacheco**, "Ronda", *Diário de São Paulo*.

Mas, naquele momento, Sérgio percebia a enorme vantagem de poder dedicar-se por inteiro ao trabalho artístico, contando com uma sólida organização a lhe dar suporte: "Naturalmente, estou satisfeitíssimo no TBC. Tenho meus ideais e encontrei os meios e o ambiente para lutar por eles". Vivendo um primeiro momento de absoluto encantamento com a companhia à qual passara a pertencer, seus planos não poderiam ser mais róseos: "Ficarei aqui em definitivo, se for possível. Enquanto isso, estudarei muito. [...] Mais tarde, pretendo fazer uma viagem de estudos. Uns meses na França. Se possível, estudando teatro na companhia de Jouvet". Curiosamente, ao ser perguntado sobre a peça que mais gostaria de representar, respondeu que queria retornar, uma terceira vez, a *Hamlet*. Acrescentou que, em dez anos, gostaria de fazer *Édipo Rei* e, dentro de quarenta anos, *Rei Lear*, o que não deixa dúvidas quanto à sua vocação de ator clássico.

Ainda na mesma entrevista, falou a respeito das expectativas para seu futuro mais imediato e mostrou-se ansioso: "Inicialmente, trabalhar pela primeira vez com Adolfo Celi, que dirigirá a próxima peça. Depois, voltar a ter Cacilda Becker como companheira de trabalho. Finalmente, representar uma peça moderna".

Entre quatro paredes

O motivo dessa ansiedade era a montagem de *Entre quatro paredes*, do filósofo e dramaturgo Jean-Paul Sartre, cujas obras e opiniões ocupavam uma posição de destaque nas polêmicas intelectuais da época. A peça foi especialmente traduzida pelo poeta Guilherme de Almeida para abrir a temporada de 1950 do TBC, num inusitado programa duplo, juntamente com *O pedido de casamento*, de Anton Tchekhov. Assim, Sérgio pôde passar da leve atmosfera de *O mentiroso* para o sufocante inferno sartreano, e deste, imediatamente, para a farsa de Tchekhov. Não poderia haver nada mais estimulante para um ator de sua categoria. Quanto a voltar a trabalhar com Cacilda, ele referia-se ao fato de a atriz ter interpretado a rainha Gertrudes por um curto espaço de tempo, durante a temporada do TEB em São Paulo.

A montagem de *Entre quatro paredes* causou sensação desde o início dos ensaios: Celi, também diretor artístico do TBC, trancou-se com o trio de intérpretes, Sérgio Cardoso, Cacilda Becker e Nydia Licia, mais o assistente Ruy Affonso, além de Fredi Kleemann, o fotógrafo oficial da companhia, não permitindo a presença de mais ninguém durante os trabalhos. Como se já não bastasse o tom blasfemo do texto – para os anos 1950 –, havia ainda o mistério dos ensaios a portas fechadas. A própria equipe do TBC, tantas vezes definida como uma grande família, remoía-se de curiosidade. No entanto, a preocupação de Celi era obter o máximo de entrosamento e desinibição do elenco e, para isso, considerara uma boa estratégia isolar os atores. Mais um motivo para manter Sérgio à margem do grupinho de atores da casa...

A peça traz uma lésbica suicida, um traidor covarde e uma infanticida fútil (interpretados respectivamente por Cacilda, Sérgio e Nydia) condenados a permanecer juntos e a se atormentar mutuamente por toda a eternidade. Uma forma muito clara de ilustrar a ideia sartreana de que "o inferno são os outros".

Os ensaios tiveram início no final de dezembro e foram exaustivos: tinham hora para começar, mas não para terminar. No decorrer dos ensaios, os atores foram levados a representar seus personagens de diferentes formas. Por exemplo, representá-los como se fossem mudos, valorizando totalmente a linguagem corporal, e – recurso que viria a se generalizar anos mais tarde – como se fossem animais: Cacilda como uma cobra, Sérgio como um rato e Nydia como uma gata. Em suma, faziam nada mais nada menos do que aquilo que se convencionou chamar de "laboratórios". E Celi era um diretor com muita habilidade para criar uma boa atmosfera de trabalho e envolver toda a equipe. Passaram o Natal e o Ano-Novo ensaiando, com direito a uma breve pausa para festejar a chegada de 1950 no Nick Bar, anexo ao teatro. Com todo esse empenho, a peça ficou pronta em um mês. Só então, no ensaio geral, foi permitida a presença dos demais atores da companhia e de alguns familiares. A violência do espetáculo e o intenso contato físico entre os atores surpreenderam a todos.

Após o ensaio geral, Sérgio e Nydia foram assistir tranquilamente a uma aula de Ruggero Jacobbi sobre teatro moderno, no Museu de Arte Moderna de São Paulo (MAM-SP). Mas a tranquilidade durou pouco: uma ligação telefônica do TBC os convocou a voltar com urgência, pois *Entre quatro paredes* havia sido proibida pela censura, e a diretoria da Sociedade Brasileira de Comédia conseguira marcar um ensaio especial, naquela mesma noite, para que as autoridades pudessem examinar o próprio espetáculo.

Por volta de meia-noite, o elenco preparou-se para a apresentação ao censor e a alguns representantes do Gabinete de Investigações da Secretaria de Segurança e do Serviço de Diversões Públicas, além dos diretores da Sociedade Brasileira de Comédia. Nem é preciso dizer quão nervosos estavam os atores e a equipe do espetáculo. Antes do ensaio começar, Cacilda e Sérgio se dirigiram à ribalta e declararam ser católicos praticantes e terem recebido autorização de seus confessores para realizar o trabalho. Tudo isso porque a proibição era resultado de pressões da Arquidiocese de São Paulo, que até mesmo publicara nos jornais um comunicado afirmando que a peça pretendia "ensinar e pregar, em plena luz do dia, a prostituição da família e da juventude brasileiras". É possível imaginar como Sérgio viveu toda essa situação: tendo vindo de um ambiente familiar extremamente religioso e sido sempre muito católico, via-se então envolvido em uma atividade condenada pela Igreja. Mas a arte teve peso bem maior.

Com muita tensão, a apresentação especial aconteceu. Ao final, um silêncio pesado; os censores se entreolharam e... aplaudiram. A peça foi liberada para maiores de 18 anos.

A estreia deu-se em 24 de janeiro de 1950, apesar da oposição tanto da Igreja Católica quanto do Partido Comunista – que também atacava a peça por exprimir ideias da filosofia existencialista, "altamente condenáveis" por mostrar o ser humano como incapaz de integrar-se em coletividade. No entanto, a polêmica funcionou como divulgação, gerando uma grande curiosidade do público. E tanto escândalo acabou por reverter em benefício do TBC, que atingiu um novo recorde de bilheteria: *Entre quatro paredes* permaneceu nove semanas em cartaz, com a casa absolutamente lotada.

Para além de todo o escândalo, o espetáculo marcou também o primeiro encontro de três gigantes do teatro brasileiro: Sérgio, Cacilda e Celi. Nydia Licia fala do grande duelo de interpretação travado entre Sérgio e Cacilda:

> **O páreo era duro. Ambos tinham talento e vitalidade muito grandes. Acho que Cacilda levava vantagem quando conseguia impor seu raciocínio, que era mais frio, mais adulto. Sérgio era uma criança [...] Em *Huis clos* [*Entre quatro paredes*] ela o venceu. Ganhou por ter interpretado mais lucidamente o seu papel.[17]**

O confronto com um antagonista de igual ou superior estatura, se não fornece alimento fácil ao ego de um ator, certamente reforça-lhe a têmpera e lhe dá parâmetros para crescer. Também nesse sentido, o TBC teve papel fundamental na formação de Sérgio Cardoso.

O encontro com Adolfo Celi foi igualmente importante. Como Sérgio, Celi era o que se costuma chamar de "um homem de teatro". Porém, este tinha a seu favor uma formação muito mais consistente, pois vinha da célebre Accademia Teatrale de Roma, dirigida por Silvio D'Amico, além de haver convivido desde sempre com uma sólida tradição teatral. Como bom italiano, Celi tinha o gosto pela teatralidade, e apaixonou-se pelo trabalho de Sérgio, por sua capacidade de transformar qualquer fala num instante de alta poesia dramática, por sua fantástica carga emocional. E Celi não atuava só como encenador, mas ia além, preocupando-se com a formação dos atores. Por certo, Sérgio tirou partido desses fatores, atingindo, sob a orientação segura de Celi, alguns dos mais inspirados momentos de sua carreira.

---

17   **Nydia Licia, Depoimento ao autor, São Paulo, 19 jul. 1986.**

Nydia Licia lembra-se de sua dificuldade em contracenar com Sérgio, pois, além de ser ainda atriz iniciante, via-se frente a frente com um ator que dava a impressão de não apenas representar, mas de viver o personagem até as últimas consequências, chegando mesmo à violência física.

Como a montagem de *Entre quatro paredes* durava apenas uma hora, outra peça, também sob a direção de Adolfo Celi, completava o programa: *O pedido de casamento*, peça em um ato escrita por Anton Tchekhov em 1889 – uma divertida comédia satirizando o casamento nas classes privilegiadas da sociedade russa do século XIX. Sérgio interpretava o pai da noiva, um viúvo e grande proprietário de terras chamado Tchubukov. Cacilda era a noiva, e Waldemar Wey completava o elenco interpretando o noivo.

Vários motivos foram levantados para explicar tão inusitada combinação de atmosferas: desde a simples necessidade de completar a duração convencionada na época para um espetáculo até a provável intenção de suavizar o impacto do texto sartreano, passando pelo desejo da companhia de consolidar sua posição com mais um texto de autor consagrado.

Entre as duas peças havia um intervalo; nele, Sérgio tinha de tirar a maquiagem de Garcin, personagem da primeira peça, e fazer uma outra, inclusive com a colocação de apliques (bigodes, cavanhaque e sobrancelhas), além de uma prótese de nariz mais largo. Contrariando a imagem de ator trágico, ele adorava interpretar papéis caricatos. Para viver o pai da noiva em *O pedido de casamento*, criou um personagem cheio de tiques e muito engraçado. O amigo Sérgio Britto não hesitava em colocar esse velho pai entre as melhores criações de Sérgio Cardoso. Lamentavelmente, essa peça foi vista apenas como um alívio cômico após o violento embate de ideias e emoções de *Entre quatro paredes*.

Com o tempo, o esforço físico exigido pela dupla tarefa revelou-se demasiado para a frágil condição física de Cacilda: afinal, ela havia tido um filho poucos meses antes. Além disso, Celi alegou que seria melhor reduzir a duração do intervalo entre as duas peças, necessário para a troca de maquiagem dos atores. Por último, achou mais conveniente substituir não somente a atriz, mas os dois atores. Cacilda ficou aliviada, mas Sérgio sentiu muito a perda de um papel que tinha tanto prazer em interpretar. Ossos do ofício... O par foi substituído por Ruy Affonso e Célia Biar.

Muito feliz com o sucesso de *Entre quatro paredes*, Franco Zampari deu uma festa em sua casa no Jardim América, em homenagem ao trio de atores, para a qual convidou a nata da sociedade paulista. Na verdade, a festa era uma comemoração do seu sucesso como empresário teatral. A noite corria muito animada; e lá pela 1h da madrugada, com os convidados já bem alegres pela bebida consumida, Zampari teve a "brilhante" ideia de que fosse apresentado um trecho da peça... Os presentes, claro, não estavam exatamente no clima para enfrentar o drama de Sartre. Mas os três atores, no mínimo constrangidos, reuniram-se num canto para escolher qual cena apresentar naquelas condições difíceis. Enquanto isso, Zampari providenciava que sofás, poltronas e o restante do mobiliário fossem afastados, abrindo assim espaço para a exibição dos "seus atores" – um episódio com sabor de outras eras...

Namoro e noivado

Durante os ensaios e a temporada de *Entre quatro paredes*, Sérgio e Nydia ficaram mais próximos, tanto por estarem partilhando uma experiência de trabalho mais exacerbada, que exigia maior intimidade física e psicológica, quanto pela descoberta de afinidades. Jantavam juntos no Nick Bar e, após o espetáculo, ele a acompanhava até sua casa, à pé. Conversavam sobre interesses comuns, como teatro, música, poesia e esporte. Claro que essa intimidade não passava desapercebida no pequeno mundo dos atores do TBC, gerando os cochichos e mexericos de praxe. Ela se sentia lisonjeada pelo interesse dele. Afinal, Sérgio não era das figuras mais acessíveis e parecia importar-se somente com o trabalho. Mas ele, além de um ator extraordinário, era muito inteligente, gentil e culto. A camaradagem entre eles fluía com naturalidade.

Um dia, Nydia o convidou para almoçar com sua família, na rua Sergipe, no bairro de Higienópolis. Na data e hora combinadas, ele apareceu carregando um vaso de orquídeas para dona Alice Pincherle, mãe de Nydia, cativando-a por completo, já que um dos passatempos dela era justamente cuidar de sua coleção de orquídeas. Dona Alice era uma cantora lírica e se tornaria uma prestigiada professora de técnica vocal. Ao saber, durante a conversa, que o visitante gostava de ópera, sentou-se ao piano e perguntou se ele gostaria de ouvir Nydia cantar. Uma daquelas situações ao mesmo tempo encantadoras e desconfortáveis. Claro que ele respondeu afirmativamente. Então Nydia cantou uma ária da escrava Liù, de *Turandot*. Mal sabia ela que essa era a ópera de que Sérgio mais gostava. A própria Nydia acreditava que foi nesse dia que Sérgio começou a pensar em casamento.

E, de fato, a camaradagem transformou-se em namoro, culminando no período em que eles foram passar uns dias na praia, com amigos. Ao chegarem, a maré já havia subido, e o táxi não podia mais transitar pela faixa de areia. Então tiveram de caminhar cerca de dois quilômetros até a casa, com Sérgio levando as malas na cabeça... Nesses poucos dias, puderam conviver mais intensamente e, ao voltarem a São Paulo, Sérgio foi direto falar com o pai de Nydia, pedindo-lhe formalmente a mão de sua filha. Ficaram noivos durante os ensaios da peça seguinte, para alegria de Cacilda e Ruggero Jacobbi, que eram os que mais torciam pelo casamento. O noivado foi comemorado no Nick Bar, que era praticamente uma extensão do TBC, conectado diretamente por uma porta lateral. Devido a essa ligação com o teatro, o Nick Bar tornou-se um grande sucesso, reunindo artistas, intelectuais e gente de sociedade, além de servir refeições aos atores entre as sessões.

Os filhos de Eduardo

Após a temporada de uma peça polêmica, de cunho mais cultural, era a vez de montar alguma coisa leve e divertida, para simplesmente agradar o público. Assim veio a montagem seguinte, *Os filhos de Eduardo*, de Marc-Gilbert Sauvajon, em que Jacobbi assinou a direção conjuntamente com Cacilda. O texto mostra a vida de Denise, mulher que se diz viúva de um inglês, mas que, ao aproximar-se o casamento de dois de seus três filhos, é obrigada a confessar que cada um deles é filho de um homem diferente, sendo necessário reencontrar os três pais para evitar uma catástrofe. A partir daí, acontecem situações cada vez mais hilariantes.

Cacilda interpretava a mãe; os filhos eram interpretados por Nydia, Ruy Affonso e Fredi Kleemann; e os pais, por Waldemar Wey, Maurício Barroso e Sérgio Cardoso.

No papel de um pianista polonês megalomaníaco chamado Jan Lastarezko, Sérgio aproveitou para criar mais um tipo especial, com nariz postiço de massa, comprido e pontudo. Nessa peça mostrava uma das mais decantadas – e discutidas – facetas de seu talento: o de ator de composição, um tipo de ator que compõe minuciosamente o aspecto exterior de seus personagens. Várias vezes já foi dito que ele não era um ator stanislavskiano, o que significa que seu trabalho era baseado apenas na técnica de caracterização, isto é, na requintada elaboração de gestos, postura, tiques, bem como na fala peculiar de um personagem. Isso em detrimento de um processo de construção que partisse do interior para o exterior, que era tido como mais profundo e sublime. Assim, ao reprovarem no trabalho de Sérgio o fato de ele atribuir tanta importância aos achados físicos, esses mesmos críticos e detratores viam-se obrigados a fazer a desconcertante ressalva de que, "apesar disso", seus trabalhos deixavam transparecer uma profunda vivência emocional. Felizmente, a arte, como a vida, insiste em escapar a rígidos enquadramentos.

A propósito do cuidado de Sérgio com a caracterização, Nydia conta, em seu livro de memórias *Ninguém se livra de seus fantasmas*, um episódio acontecido durante a temporada de *Os filhos de Eduardo*: certa noite, Sérgio (Jan), ao atravessar a cena para beijar a mão da atriz Marina Freire (Madame Duchemin), tropeçou no tapete e perdeu o equilíbrio, caindo sobre a mão que ela lhe estendia. Com isso, o nariz de massa que ele usava perdeu a forma, espalhando-se pelo seu rosto. O espetáculo parou porque a plateia ria desbragadamente do acidente, e mesmo os demais atores tentavam em vão reprimir o riso, enquanto Sérgio procurava desesperadamente devolver a forma original ao nariz empastelado – acidentes possíveis no teatro...

Apesar de significativo, o papel confiado a Sérgio era secundário na trama. E o trabalho do ator acabou por criar certo desequilíbrio cênico, pois ele dominava quase todas as cenas das quais participava, mesmo que coubesse a seu personagem apenas um discreto segundo plano. Como resultado, o tipo do pianista Lastarezko ficou carregado em demasia e forçado dentro do conjunto. Mas esse é o tipo de dificuldade enfrentada quando se tem um ator, por temperamento e por talento, com vocação para o protagonismo, característica que contrariava a política adotada pela companhia, de revezamento dos atores nos papéis principais e secundários. Além do mais, esse tipo de discussão, feliz ou infelizmente, parece interessar apenas a um pequeno grupo de iniciados. O fato é que o espetáculo foi um grande sucesso de público, batendo recordes de bilheteria e colocando-se entre os dez maiores êxitos comerciais do TBC.

A ronda dos malandros

A montagem de *A ronda dos malandros*, de John Gay, sob a direção de Ruggero Jacobbi, coincidiu com os preparativos para o casamento de Nydia e Sérgio. Isso já bastaria para sinalizar que foi um período um tanto tumultuado. Mas as polêmicas da temporada foram bem além dessa motivação tão particular.

Após a montagem "à moda da casa" de *Os filhos de Eduardo*, veio a vez de Ruggero Jacobbi dirigir um texto de sua escolha. E poucas vezes o peculiar sentido de alternância no repertório do TBC foi exercido com tal amplitude. A peça escolhida, uma *ballad opera* escrita em 1728, em Londres, tem por tema a corrupção em todos os níveis da sociedade, e seus personagens são bandidos e prostitutas. Tudo isso apresentado com um humor ácido e corrosivo. A obra serviu de inspiração para Bertolt Brecht escrever *A ópera dos três vinténs*, em 1928, e também para Chico Buarque de Holanda criar *A ópera do malandro*, em 1978. Numa entrevista concedida em 1981, Jacobbi confessou que pretendia montar a peça de Brecht, mas, como tinha certeza de que a censura da época não permitiria, decidiu-se por fazer o caminho inverso, retornando ao texto de John Gay e submetendo-o a uma releitura. O ponto de partida para a construção do espetáculo foi uma adaptação assinada pelo ator Maurício Barroso, pela então esposa de Ruggero Jacobbi, Carla Civelli, e pelo próprio diretor. A adaptação inclui trechos de um poema de Cruz e Sousa, "Litania dos pobres", publicado em 1900. Mas o TBC não era o local mais adequado, nem o momento o mais propício, para tal desafio.

Em suas memórias, Nydia comenta que, na ocasião, os atores estavam totalmente "perdidos", e que Jacobbi precisava de mais tempo para concretizar suas ideias. A três dias da estreia, ainda não havia sido marcada uma cena do segundo ato na qual Sérgio, interpretando o anti-herói amoral MacHeath, faria uma pequena coreografia com Nydia (Lucy, uma das esposas de MacHeath). Isso deixou Sérgio tão furioso que ele acabou explodindo durante um ensaio e ameaçou abandonar tudo, diante dos olhares atônitos dos outros atores. Procurando resolver a situação, Nydia lembrou-se da professora de dança Chinita Ullman, da Escola de Arte Dramática (EAD), e, apesar de ser quase meia-noite, telefonou para ela, pedindo ajuda para marcar a coreografia. Ullman atendeu de boa vontade, dizendo que fossem à casa dela. Horas depois, saíram de lá com a coreografia pronta e Sérgio mais tranquilo.

A peça em si estava bem distante dos ideais de pureza da arte, tão caros aos renovadores do teatro brasileiro das décadas de 1930 e 1940, de quem o TBC era herdeiro direto; e, mais ainda, por sua ideologia, agradava muito pouco aos diretores da Sociedade Brasileira de Comédia, a mantenedora do TBC. No dia 17 de maio de 1950, o espetáculo estreou, mas em meio a um clima interno hostil. Ficou em cartaz por duas semanas, com 19 apresentações, e foi visto por 5.586 pessoas (média de 294 espectadores por sessão), sendo sumariamente retirado por Franco Zampari. Sentindo-se desrespeitado, Jacobbi demitiu-se.

Zilah Vergueiro, Nydia e Paulo Autran foram unânimes em afirmar que o espetáculo não era do agrado da direção da casa, assim como não agradava aos intérpretes e os frequentadores do TBC, fosse por motivos estéticos ou ideológicos. Atribuíram o aparente sucesso de público à curiosidade diante do intempestivo anúncio de sua retirada de cena e também ao clima polêmico criado. Paulo Autran, que não integrava o elenco, comentou que o espetáculo não funcionava e que foi detestado pelo público que assistiu às primeiras récitas

Mas como era, exatamente, o espetáculo? Segundo Zilah Vergueiro (integrante do elenco), a proposta do encenador era muito boa e inovadora para a época: trabalhar a partir de desenhos de histórias em quadrinhos e utilizar um gênero bastante característico da música norte-americana, o *bebop*. Porém, como tantas vezes acontece no teatro, teria havido um grande abismo entre a ideia e a sua concretização. Ainda segundo a atriz, o espetáculo reunia uma série de elementos positivos, tais como a originalidade da concepção e um grande elenco, mas não dava certo, constituindo-se num equívoco generalizado. Nydia seguiu pela mesma trilha, mas, corroborando a tese da inadequação ideológica da peça à casa, confirmou o choque da diretoria diante do espetáculo.

No arquivo do Centro de Estudos Nacional de Artes Cênicas (Cenacen), no Rio de Janeiro, pode ser encontrado um exemplar do programa do espetáculo, que pertencia ao acervo da antiga biblioteca da Escola de Arte Dramática e que, por um desses mistérios brasileiros, não se encontra na biblioteca da Escola de Comunicações e Artes da Universidade de São Paulo (ECA-USP), onde teoricamente estaria o acervo montado pelo criador da escola, Alfredo Mesquita, e por seus colaboradores. Ao exemplar, encontra-se anexa uma folha de papel, contendo avaliações críticas sintéticas (provavelmente com intenções didáticas). Dessas anotações, destacam-se as seguintes:

> Peça – excelente.
> Adaptação – péssima.
> Direção – nula, desleixada (Talvez a ideia inicial fosse boa. Falhou.)
> Cenografia – ruim
> Figurinos – ruim
> Sérgio Cardoso – horrível, deslocado.

É possível que as observações sejam de autoria do próprio Alfredo Mesquita, então diretor da EAD, e que seu caráter informal (por ser dirigido apenas a um público interno) tenha permitido tal contundência.

O casamento de Nydia e Sérgio

Uma vez que no TBC trabalhava-se incansavelmente durante o dia e a noite, foi em 29 de maio, uma segunda-feira – portanto a folga semanal da companhia –, que aconteceu o casamento de Sérgio Cardoso e Nydia Licia, em meio à crise interna gerada pela montagem de *A ronda dos malandros*.

A cerimônia civil realizou-se no saguão do TBC, pela manhã, com a mesa do juiz colocada no alto da escada que dava acesso à plateia. Os padrinhos da noiva foram o casal de mecenas Yolanda Penteado e Ciccillo Matarazzo; e os do noivo, Ruggero Jacobbi e Carla Civelli. Os pais de Sérgio vieram especialmente do Rio de Janeiro, sendo que, para o pai, ainda inconformado com a ida do filho para o teatro, o casamento com uma boa moça já era um consolo. Além das duas famílias, estavam presentes amigos, atores, toda a equipe técnica do teatro, fotógrafos e jornalistas. A recepção foi oferecida por Franco Zampari, no mesmo local. Em seguida, os noivos foram para o Parque Balneário Hotel, em Santos, onde tiveram uma lua de mel de exatamente 24 horas.

Algum tempo depois, por insistência de Sérgio, uma outra cerimônia foi realizada na sacristia da igreja de São Francisco, num providencial arranjo de Clóvis Garcia – crítico teatral e um dos padrinhos –, já que Nydia Licia era judia e não pretendia se converter ao catolicismo.

Sérgio e Nydia continuaram a trabalhar muito, mas sempre que podiam iam assistir às outras companhias teatrais. Assistiam aos espetáculos de Bibi Ferreira, Henriette Morineau, Jayme Costa, Procópio Ferreira, Dulcina de Moraes, Eva Todor, Alda Garrido e de outros elencos vindos do Rio de Janeiro, que constituíam o grosso da produção teatral da época. Mas esse hábito não era bem-visto por Celi e Cacilda. No caso de Celi, porque o trabalho apresentado por essas companhias não lhe interessava. E, no caso de Cacilda, por não admitir que colegas do TBC, teatro que amava mais do que tudo, apreciassem um tipo de espetáculo que, para ela, devia ser combatido. Um exemplo desse choque de posições aconteceu numa noite de junho de 1950, em que Nydia e Sérgio foram assistir à revista *Escândalos 1950*, estrelada por Bibi e Jardel Filho, no Teatro Santana. Depois do espetáculo, antes de irem para casa, passaram no infalível Nick Bar. Lá encontraram Cacilda e Celi à sua espera. Eles disseram que precisavam conversar com Nydia e Sérgio, levando-os para o apartamento de Celi. Lá chegando, deram início a uma preleção sobre posições estéticas, sobre o que era e o que não era correto apreciar, Celi adotando um ar meio irônico e Cacilda vibrante, como sempre, ao defender o seu ponto de vista. A situação quase desandou: Sérgio não admitia que interferissem em sua vida privada e respondeu que tinha suas opiniões e as defendia abertamente; e, além de tudo, nutria um respeito muito grande pelos atores de outra geração. No caso de Bibi Ferreira, ela tecnicamente pertencia à mesma geração deles, mas, por ter tido a carreira orientada inicialmente por seu pai – Procópio Ferreira – e desenvolver um repertório e formas de trabalho mais identificados com o velho teatro brasileiro, era tida como representante de outra geração. Felizmente, após esse embate, a conversa difícil acabou bem, com uma boa macarronada.

A importância de ser Prudente

No dia seguinte ao casamento, às duas da tarde, tiveram início os ensaios de *A importância de ser Prudente*, de Oscar Wilde – o que diz muito sobre o regime de trabalho no TBC e sobre a entrega dos atores.

Um problema aconteceu já na distribuição dos papéis, e é importante mencioná-lo para que não se pense que apenas Sérgio tinha seus repentes de estrelismo. Dessa vez, o incidente foi provocado por Cacilda Becker, que se rebelou porque não queria, de jeito nenhum, fazer o papel da velha dama Lady Bracknell. Alegou que já tinha interpretado uma velha em *Arsênico e alfazema*, uma lésbica em *Entre quatro paredes* e uma mãe em *Os filhos de Eduardo*. Por tudo isso, arrogava o direito de fazer o papel da mocinha, Gwendolen. Mas Zampari e o diretor da peça – o recém-chegado da Itália Luciano Salce – não se deixaram convencer e contra-argumentaram que Lady Bracknell era o primeiro papel feminino, cabendo a ela interpretá-lo. O papel da mocinha ficou com Nydia Licia (que mal pôde disfarçar sua satisfação). A Sérgio coube o papel de John (Jack) Worthing, um dândi inglês do século XIX, esnobe e superficialmente melancólico.

Enquanto isso, na vida pessoal, Sérgio estava deslumbrado com o casamento, com a parceria crescente de Nydia e com a calorosa recepção de sua nova família. O casal havia alugado um apartamento em construção, praticamente em frente ao TBC, que ainda demoraria algum tempo para ficar pronto. Nesse ínterim, permanecia instalado na casa dos pais de Nydia. De um lado, a situação era um pouco estranha: ficar hospedado por meses na casa de outra família – ainda que esta se esforçasse para tornar a situação o mais confortável possível. É certo que os dois passavam a maior parte do tempo no teatro, mas era como se, mesmo casados, estivessem sob constante observação, sem privacidade e, ainda, não tivessem conquistado a independência de adultos. De outro lado, esse período de convivência permitiu a Sérgio conhecer melhor os sogros e desenvolver uma sólida amizade com eles.

A importância de ser Prudente estreou no dia 4 de julho de 1950. Apesar da produção cuidadosa, nos padrões do TBC, a montagem não foi marcante na trajetória do teatro: nem a crítica gastou muito espaço comentando-a, nem o espetáculo conseguiu despertar entusiasmo por parte do público. Talvez porque, como escreveu Décio de Almeida Prado, ao prefaciar uma edição desse mesmo texto, "as comédias de Oscar Wilde só podem ser representadas com perfeição por atores ingleses: os de outros países não possuem, no mesmo grau, a capacidade de combinar o formalismo e a displicência, o artifício e a naturalidade". Para Nydia Licia, o elenco em geral e Sérgio Cardoso, em particular, estavam muito afetados, e Cacilda Becker não vencera totalmente seu desgosto em fazer o papel de Lady Bracknell.

A peça de Oscar Wilde teve 58 apresentações e um público de menos de 12 mil espectadores, com uma média de um pouco mais de 200 pessoas por sessão. Nada excepcional na trajetória do TBC.

No final da temporada, o diretor Luciano Salce autorizou o elenco a fazer o "enterro da peça". Embora fosse um hábito comum na Itália, era uma novidade absoluta no TBC, tão rigoroso formalmente, no respeito ao texto e na exatidão dos espetáculos. Um "enterro" consistia em rechear a última apresentação de uma peça com improvisos, cacos e brincadeiras para surpreender o elenco, provocando reações inusitadas dos atores. Quanto à plateia, esperava-se que também se divertisse ante os imprevistos enfrentados pelos intérpretes. Os atores do TBC não estavam habituados a improvisar. Como mexer no texto estava fora de cogitação, limitaram-se a pequenas ações, tais como encher de tijolos a maleta de mão que um ator devia carregar ou colocar uma barba postiça dentro da xícara de chá que uma atriz devia tomar. Frente a essas e outras situações, o elenco tentava inutilmente reprimir o riso. Sérgio, por exemplo, mordia o canto da boca, tentando ficar sério. No dia seguinte, um artigo de jornal chamaria os atores de irresponsáveis e os acusaria de desrespeitar o público.

O anjo de pedra

Apesar das repetidas afirmações de que a companhia não possuía estrelas diferenciadas, o TBC, durante o período inicial, utilizou ao longo de alguns meses a estratégia de alternar Sérgio Cardoso e Cacilda Becker nos papéis principais. Assim, como em *A importância de ser Prudente* Cacilda tivera um papel secundário, apesar de excelente, e Sérgio, a primeira posição, no espetáculo seguinte os papéis se inverteram.

O anjo de pedra, de Tennessee Williams, foi um dos grandes triunfos da carreira de Cacilda e uma das mais exemplares montagens do TBC. Sérgio Cardoso aparecia apenas na última cena da peça, como o caixeiro-viajante que é seduzido pela protagonista, Alma Winemiller. Além do papel minúsculo, Sérgio Cardoso atuou, pela primeira vez, como assistente do diretor Luciano Salce, posição que seria de grande importância em seu aprendizado teatral.

No pouco tempo livre de que dispunham, Sérgio e Nydia mantinham uma intensa programação cultural, frequentando teatros, cinemas, palestras e exposições, além de uma agitada vida social. O jovem casal caíra no gosto dos anfitriões e promotores de festas da cidade. Eram convidados frequentes, por exemplo, nas reuniões realizadas na residência do arquiteto Gregori Warchavchik, na Vila Mariana – que mais tarde seria tombada pelo Condephaat e conhecida como "Casa Modernista" –, e na residência do pintor Lasar Segall, onde hoje está instalado o museu que leva o seu nome. Em ambas aconteciam recepções em homenagem a artistas estrangeiros de passagem por São Paulo.

Certo dia, resolveram ir a uma cartomante. Entre as várias previsões reveladas na leitura das cartas, uma em especial impressionou-os: ela disse que, em pouco tempo, chegaria um viajante da Europa e que ele os convidaria para acompanhá-lo ao seu país, o que seria muito bom para a carreira de ambos. Saíram de lá impressionados, mas achando a previsão impossível de se concretizar. Alguns dias depois, Sérgio leu nos jornais a notícia da vinda ao Brasil da Companhia Francesa de Comédia Madeleine Renaud-Jean-Louis Barrault. A notícia deixou-o na maior excitação, pensando na possibilidade de um contato direto com os dois. Até que finalmente a companhia chegou ao Rio de Janeiro, onde apresentaram um belo repertório clássico. Após a temporada carioca, a trupe francesa rumou de trem para São Paulo. Sérgio, Nydia e Luciano Salce foram recebê-los na chamada Estação do Norte, no Brás. Logo no primeiro contato, Barrault disse que iria apresentar *Hamlet* no Theatro Municipal e que os cariocas haviam falado muito da interpretação de Sérgio. Revelou que ficara muito curioso e que gostaria de assistir pelo menos a uma cena da peça. Lisonjeado, Sérgio se propôs a atendê-lo e, saindo dali, escolheu os trechos que mostraria. Nydia teve de decorar rapidamente a "cena das medalhas" do segundo ato, para contracenar com ele. E assim, numa tarde, representaram a cena para o casal francês e grande parte da companhia, no *foyer* do Theatro Municipal. Ao final, Barrault, impressionado com o talento de Sérgio, disse que deveriam ir para a França, onde estudariam sob a sua supervisão, podendo acompanhar ensaios de seus espetáculos e ser apresentados ao ambiente teatral de Paris. Não é difícil imaginar a felicidade de Sérgio com tudo isso. Por incrível que pareça, a previsão da cartomante estava se realizando...

Logo no dia seguinte, Sérgio e Nydia foram falar com Franco Zampari, contando com a sua felicidade diante da possibilidade que se abria. Queriam a liberação dos contratos, para que pudessem aceitar o convite. Qual não foi a surpresa de ambos quando viram a reação de Zampari, que ficou furioso. Como bom empresário, disse que não os liberaria, que tinha pagado as dívidas do Teatro dos Doze e que, se rompessem o contrato, cobraria tudo de uma vez, acrescentando ainda que nunca mais trabalhariam em teatro no Brasil. Arrasados, Sérgio e Nydia abandonaram a ideia de ir a Paris com Barrault. Foi uma enorme decepção para os dois, principalmente para ele.

Barrault ainda chegou a comentar o acontecido numa reunião na casa de Yolanda Penteado, madrinha de casamento do casal. Ela logo se propôs a liquidar a referida dívida e patrocinar a viagem dos dois à França. Ficaram comovidos com o gesto, mas não aceitaram, porque isso colocaria Ciccillo Matarazzo, marido de Yolanda, em péssima situação, tendo que escolher entre acatar a generosidade da esposa e trair seu velho amigo Zampari, que jamais o perdoaria. Com isso, continuaram no TBC, mas Sérgio nunca se conformou...

Teatro das Segundas-feiras

Como se ainda fosse necessária alguma prova adicional do empenho daquele grupo de artistas reunidos no TBC, menos de um mês após a estreia de *Anjo de pedra*, no dia 4 de setembro de 1950, a única folga da Companhia passou a ser utilizada para o "Teatro das Segundas-feiras", idealizado por Guilherme de Almeida e Luciano Salce com a finalidade de constituir um espaço para apresentar peças de interesse artístico, mas que pareciam arriscadas do ponto de vista comercial. O primeiro programa do "Teatro das Segundas-feiras" compreendia três peças, todas sob a direção do polonês Zbigniew Ziembinski, recém-integrado ao TBC: *O homem da flor na boca*, de Luigi Pirandello (protagonizada por Sérgio Cardoso); *Lembranças de Berta*, de Tennessee Williams; e *O banquete*, de Lucia Benedetti. Sérgio, além de ator, atuava novamente como assistente de direção, aproximando-se assim, mais e mais, de uma função que só mais tarde chegaria a exercer plenamente. O programa foi apresentado apenas quatro vezes, para salas sempre lotadas, e com destaque para Sérgio na peça de Pirandello.

O homem da flor na boca mostra um indivíduo que se encontra numa situação-limite e que, por isso, apega-se às coisas prosaicas do cotidiano – excelente material para o virtuosismo de Sérgio. Sobre o trabalho com Ziembinski, o ator declarou: "Suas ideias eram em tudo e por tudo diferentes das que outros diretores me haviam ensinado". Esclarecendo essa declaração, Nydia Licia comenta que o estilo de Ziembinski era absolutamente gongórico, sem o cerebralismo, a frieza e a ironia de Pirandello. Apesar disso, a crítica especializada recebeu com elogios a intensidade dramática obtida pelo encenador.

Já *Lembranças de Berta* gira em torno de uma prostituta agonizante, num quarto de prostíbulo miserável, no sul dos Estados Unidos. Sérgio notou a dificuldade de Nydia em visualizar a personagem. Então decidiu levá-la para dar uma volta de carro na antiga zona de meretrício de São Paulo. Naquele período – durante o Estado Novo e até o final de 1953 –, a prostituição era confinada pelo governo num pequeno território do bairro do Bom Retiro, paralelo à movimentada rua José Paulino, ao lado do paredão a sustentar a linha ferroviária. Como assistente de direção, a decisão de Sérgio de fazer com que Nydia visse um pouco da situação real das prostitutas macilentas, recostadas nos batentes das portas ou por trás das treliças das janelas, tentando atrair os homens que passavam por aqueles espaços sórdidos, foi fundamental para ajudá-la na criação da personagem.

Enfim o apartamento

Após uma longa espera, o apartamento que haviam alugado estava pronto; ficava no último andar de um prédio novo, na rua Major Diogo, quase em frente ao TBC. Felizes por terem finalmente o seu cantinho, Sérgio e Nydia começaram a transportar os móveis antigos que tinham ganhado de presente dos pais dela e tudo o que haviam comprado: roupas, livros, discos e o mundo de coisas que compõe um novo lar. No pouco tempo livre de que dispunham, foram ajeitando as coisas cuidadosamente, como peças de um enorme quebra-cabeça. Certo dia, quando ainda restavam muitas caixas empilhadas pelos cômodos – e nem sempre tinham facilidade para localizar alguma coisa –, subitamente a caixa d'água do prédio transbordou, alagando todo o apartamento e tornando ainda mais caótica a situação.

Mas havia a vista, belíssima, da janela da sala, que incluía todo o vale do Anhangabaú, numa época em que a paisagem do bairro da Bela Vista ainda fazia justiça ao nome, não havendo edifícios para atrapalhar a visão. Mais tarde, ao longo dos cerca de dez anos em que ali ficariam instalados, veriam esse panorama modificar-se pouco a pouco, com prédios e mais prédios ocupando as ruas, até formarem uma muralha de concreto.

O apartamento tinha uma cozinha ampla e ensolarada, com uma parede toda coberta de armários embutidos. Nydia e Sérgio colocaram ali algumas das utilidades domésticas que haviam recebido como presente de casamento: vasos de flores, compoteiras, uma dúzia de xícaras para café, jogos de copos, o serviço de mesa – oferecido por Zampari – e muitas outras coisas. Dona Alice, a mãe de Nydia, anotara num caderno tudo o que haviam recebido, e de quem, mas Sérgio, num momento de mau humor, atirou o caderno no incinerador do prédio. Havia também dois abajures de pé, de *design* exclusivo, presentes dos arquitetos Rino Levi e Gregori Warchavchik, que sempre foram os prediletos de Nydia e que a acompanharam por toda a vida.

O que eles não tinham era uma geladeira. Só puderam comprá-la meses depois, após o sucesso de *Seis personagens à procura de um autor*, quando Zampari presenteou os atores principais com um cheque extra no valor equivalente a atuais 5 mil reais.

Joe Kantor, o proprietário do Nick Bar, presenteou o casal com um liquidificador; e, ao usá-lo pela primeira vez, para fazer uma vitamina de frutas, Sérgio provocou uma lambança inacreditável, com pedaços de maçã, banana e abacate, somados ao suco de várias laranjas, voando para todos os lados e espirrando nas paredes, no chão, por toda parte...

Morar tão próximo ao TBC, onde passavam boa parte do tempo, facilitava muito a vida. Nos primeiros tempos, quase não saíam das redondezas, e o apartamento transformou-se num local de confraternização entre os atores vindos do Rio de Janeiro e os do TBC. Nydia, que, ao se casar, mal sabia fazer um chá ou ovos mexidos, aprendeu rapidamente a cozinhar vários pratos, estando assim sempre preparada para receber visitas.

As reuniões eram sempre informais, bem ao estilo da classe teatral; e muitas vezes os convidados ocupavam a cozinha, preparando pratos de sua especialidade. Uma noite, por exemplo, o ator Procópio Ferreira fez um picadinho com agrião, enquanto o grande cômico Oscarito caprichava no molho da salada. A especialidade de Maurício Barroso eram as bebidas, enquanto a de Rubens de Falco era o café, cujo ingrediente secreto era uma colherinha de chocolate em pó. Sérgio gostava de oferecer especialidades do norte do país, como batidas de cupuaçu, cuidadosamente curtidas durante semanas.

Outra personalidade que os visitava sempre que ia a São Paulo era a crítica teatral Claude Vincent, de *A Tribuna da Imprensa*, jornal de Carlos Lacerda; ela era muito apegada a Sérgio desde os tempos do Teatro do Estudante, e muito sensível a qualquer comentário um pouco mais ácido: bastava uma frase infeliz para levá-la às lágrimas.

Dessa forma, o apartamento da rua Major Diogo logo tornou-se parte do circuito paralelo à vida teatral da cidade.

Do mundo nada se leva

Durante os meses de setembro e outubro de 1950, o elenco do TBC ensaiou uma comédia norte-americana extremamente eficaz: *Do mundo nada se leva*, de George Kaufman e Moss Hart.

Como costuma acontecer, a distribuição dos personagens provocou fortes reações. Numa peça com uma exótica galeria de tipos, causou surpresa a escolha de Sérgio para interpretar o jovem galã Tony Kirby – papel que, no filme dirigido por Frank Capra em 1938, coubera a James Stewart. E a reação dele foi imediata: num primeiro momento, ficou fora de si, acreditando que pretendiam prejudicá-lo, e não queria de forma alguma aceitar o papel indicado. Preferia interpretar o bailarino russo, o que lhe daria oportunidade de criar mais um tipo cômico. Mas Adolfo Celi e Cacilda Becker insistiram na necessidade de que ele, para o bem de sua carreira, saísse de sua faixa habitual de atuação – de sua rede de segurança – e se dispusesse a interpretar papéis mais modernos, que pedissem um estilo de interpretação mais simples. Foi muito difícil convencê-lo. Ensaiava contrariado, e o personagem não acontecia. Sérgio odiava fazer o galãzinho moderno, e foi tal o seu bloqueio criativo que, a poucos dias da estreia, Nydia precisou conversar longamente com ele em casa. A muito custo, conseguiu que entendesse a importância de sair-se bem no papel que lhe coubera. Mais ainda, disse a ele que quem representava, com êxito, Shakespeare e Goldoni não podia ser derrotado por Kaufman e Hart. Para ajudá-lo, começaram a "bater" a peça juntos, pacientemente, até ele se acostumar a representar com pequenas ações bem simples, como ter uma garrafa de Coca-Cola na mão, um andar mais descuidado, uma voz mais natural. Isso o levou a sair-se razoavelmente bem.

Cacilda, que faria uma ponta na peça, participou apenas do primeiro ensaio; e dava sinais de tal esgotamento que Zampari mandou-a para o Hotel Toriba, em Campos do Jordão, para um descanso antes de enfrentar um papel muito difícil na peça *Pega Fogo*, que seria um dos maiores sucessos de sua carreira.

Sérgio declararia mais tarde a um jornal paulistano que, a despeito da insignificância da peça, o papel que lhe coubera havia sido de grande utilidade para sua carreira. Como ele estava habituado a fazer personagens "de época" ou que permitiam maior estilização, foi muito útil ter de enfrentar um papel que o obrigava a ser extremamente simples, impedindo-o de usar qualquer um dos recursos de que costumava lançar mão.

De qualquer forma, não se pode dizer que um personagem tão anódino tenha acrescentado algo de relevante à sua carreira. Além disso, é bastante discutível a disseminada crença de que um grande ator deve ser igualmente hábil em todo tipo de personagem, ou em qualquer gênero teatral.

O inventor do cavalo

Oito peças em um ano já seria um feito considerável. No entanto, no início de dezembro, Sérgio ainda teve oportunidade de estrear um novo trabalho. Tratava-se de um novo programa triplo no Teatro das Segundas-feiras: *Rachel*, de Lourival Gomes Machado; *Pega Fogo*, do francês Jules Renard; e *O inventor do cavalo*, do dramaturgo e crítico italiano Achille Campanile.

O sucesso extraordinário de *Pega Fogo* acabou por ofuscar *O inventor do cavalo*. Porém, esta pode ser considerada uma das melhores comédias montadas pelo TBC, sob a direção de Salce. A peça é uma devastadora paródia das academias e do provincianismo cultural. Nela, o inventor explica a sua nova invenção e apresenta, por meio de desenhos, o progresso do animal até atingir o estágio futuro de ter quatro patas, sendo muito aplaudido pelos demais acadêmicos. Num dado momento, ouve-se o tropel da cavalaria passando diante das janelas e, profundamente surpresos, todos percebem que o cavalo já existe...

Ao comentar a atuação de Sérgio, que interpretava o Poeta Maledetto, Paulo Autran assinalou que a sua criação era fantástica:

Ele se caracterizava com a cara do Dante, com as roupas do Dante, fazia uma maquiagem muito pesada, punha uma massa em volta do olho e, pendurada nessa massa, tinha uma lágrima, que era uma pérola. E, de vez em quando, ele tirava a lágrima, limpava e tornava a colocar no ganchinho.[18]

A essa descrição da composição de Sérgio, Nydia acrescenta alguns outros detalhes: "Usou maquiagem esverdeada, nariz postiço. O efeito era hilariante".

Além do alto grau de elaboração utilizado em sua atuação, concebeu também para esse espetáculo uma cenografia bastante criativa, levando em conta duas limitações básicas: uma, de ordem econômica – o espetáculo seria apresentado apenas uma vez por semana, portanto não poderia exigir um alto investimento; e outra, de ordem prática – seria incluído num programa triplo, logo o cenário deveria ser facilmente montado, pois a substituição contava apenas com o tempo de um pequeno intervalo após o final de *Pega Fogo*.

Apesar disso, e evitando qualquer realismo ao caracterizar o salão nobre da academia onde se desenrolava a ação, Sérgio acumulou sobre o palco uma grande quantidade de elementos simbólicos, todos vinculados aos chavões do saber e do conhecimento: cabeças coroadas de louros, pousadas sobre colunas gregas; um painel representando as musas; estantes rudimentarmente

---

18 Paulo Autran, Depoimento concedido ao autor, São Paulo, 8 dez. 1988.

esboçadas em telão, carregadas de circunspectos volumes; uma faixa com um dístico latino; uma mesa de conferências; alguns móveis de estilo tão elaborado quanto duvidoso. Tudo isso coberto de teias de aranha. E chegava ao requinte de trazer os rostos dos membros do elenco caricaturizados nas estátuas. Um cenário nada realista e que exprimia muito bem o caráter burlesco da montagem.

Apesar de suas muitas qualidades, o espetáculo parece ter agradado somente ao público da estreia, recebendo fria acolhida nas demais apresentações. Um jornalista, ao escrever na revista *Anhembi*, insinuou que apenas uma pequena faixa de público estaria apta a apreciar o espírito sutil desse legítimo herdeiro das heroicas aventuras surrealistas. Nydia Licia concordava com essa opinião, ao declarar que a peça era avançada demais para o público do TBC.

Seis personagens à procura de um autor

A temporada do TBC de 1951 foi aberta com *Paiol velho*, peça que não contou com a presença de Sérgio Cardoso. Pela primeira vez desde sua chegada à casa, ele não era escalado para um elenco. Porém seu retorno, na última semana de fevereiro, foi absolutamente triunfal, numa das mais celebradas montagens do TBC: *Seis personagens à procura de um autor*, de Luigi Pirandello, dirigida por Adolfo Celi, com Cacilda Becker, Sérgio Cardoso e Paulo Autran nos papéis principais.

O texto era inédito no Brasil e representava um desafio significativo para o jovem elenco da casa. Na distribuição de papéis, Sérgio, Cacilda, Raquel Moacyr, Carlos Vergueiro e mais duas crianças formavam a família que expõe o seu drama aos atores e ao diretor (interpretado por Paulo Autran) de uma companhia teatral. A interpretação de Sérgio, como o Pai, é considerada um dos momentos máximos de sua carreira.

Para a estreia, foram convidados críticos cariocas, com o intuito de fazer com que o acontecimento extrapolasse as fronteiras paulistas. Claude Vincent, que acompanhara a explosão de Sérgio em *Hamlet*, estava entre os críticos, e, numa longa matéria publicada no *Correio da Manhã*, comentou que Celi tinha dado a Sérgio o papel mais difícil que ele já interpretara, acrescentando que a colaboração entre esses dois talentos resultou num êxito raro. Apontou também que, após ter conquistado o Rio de Janeiro com *Hamlet*, o ator passara a usar uma gama de gestos e de efeitos de voz em cena, mas que agora aquele jovem Sérgio Cardoso não mais existia: estava irreconhecível com uma soberba maquiagem e uma barriga falsa, aparentando ter uns 50 anos. Ela se perguntava, ainda, como aquele jovem conseguira tal encarnação, com um outro olhar, outros gestos e uma aparência física tão diferente. No texto, ela mesma respondia que um ano de ensaios, aulas de voz e estudos de teatro o haviam levado ao amadurecimento como ator, acrescentando ainda que o Brasil tinha um ator que seria levado a sério em qualquer país do mundo.

Já a revista *Anhembi*, um periódico de arte e cultura, classificava o Pai "como a mais dura prova de personificação para um ator, já que lhe pediria nada menos que a superação da personificação integral". E, a seguir, passava a analisar a *performance* de Sérgio Cardoso:

> **O desvelo do ator pelos pequenos e grandes traços lhe permitiram transformar-se num velhote italiano, sem a marca fácil dos rasgos pessoais [...] Suas reações às atitudes "normais" dos "artistas" elevam-no rapidamente, desde os momentos de franca inconformidade às melífluas tentativas de envolvimento pela humildade rastejante [...] Compreende-se, pois, que, apaixonadamente interessados pelos progressos do teatro no Brasil, façamos aqui um parêntesis para sublinhar, mais uma vez, a excepcional realização de Sérgio Cardoso.**[19]

Além das aclamadas interpretações de Sérgio e Cacilda, e da polêmica encenação de Adolfo Celi, o espetáculo marcou, ainda, a estreia de Paulo Autran no elenco profissional do TBC. Anos mais tarde, ele voltaria a esse texto, então no papel que originalmente fora desempenhado por Sérgio Cardoso, o que o torna um observador muito especial. Vale a pena conhecer sua opinião a respeito do trabalho de Sérgio:

> **Ele tinha uma tendência romântica. Fazia um Pai exclusivamente sofredor, mais que o homem de raciocínio agudo que Pirandello criou. Ele fazia o lado do sentimento, do sofrimento do Pai – que estão presentes no personagem, também, mas era o que ele frisava mais, e fazia isso magistralmente.**

Essa avaliação é importante, entre outras razões, por destacar um aspecto muitas vezes negligenciado nos comentários a respeito de Sérgio Cardoso que circulavam entre a gente de teatro. Não era raro ouvir-se dizer que ele apoiava suas interpretações em efeitos exteriores, citando, por exemplo, a já comentada lágrima de *O inventor do cavalo*. Mas as palavras de Paulo Autran fornecem elementos para um outro tipo de avaliação. Convém citar, ainda, que um dos pontos mais criticados na encenação foi justamente o

---

19 "À luz de Pirandello", *Anhembi*, São Paulo, v. 2, n. 5, 1951, p. 383

fato de Celi ter optado por um certo "impulso latino", por imprimir um tom convulsivo e superexcitado à interpretação em geral e, em particular, à dos personagens do Pai e da Enteada. De acordo, mais uma vez, com Paulo Autran: "Celi adorava o Sérgio como ator, porque, quando Sérgio dizia a palavra 'mãe', aquela mãe era tão repleta de sentimento, de paixão, que adquiria um valor extraordinário". É especialmente interessante examinar os comentários de Paulo, tanto por ele ter disputado com Sérgio a posição de primeiro ator do TBC como pelo fato de os dois jamais terem se tornado amigos, mesmo trabalhando no mesmo teatro e, algumas vezes, no mesmo espetáculo. Suas observações indicam mais uma característica do estilo de interpretação de Sérgio Cardoso e também apontam um traço determinante em sua trajetória:

> **O Sérgio tinha esse dom de, de repente, com uma inflexão, aprofundar um sentimento. Ele era um ator, principalmente, capaz de expressar sentimentos. Entregue a sua própria sorte, enveredaria sempre por um caminho mais sentimental. Mas, com um bom diretor, era um instrumento extraordinário.**

Haydée Bittencourt, diretora e estudiosa de teatro, teve a oportunidade de assistir às duas montagens de *Seis personagens* e teceu um breve paralelo entre o trabalho dos dois atores a representarem o mesmo papel:

> **Quando Sérgio Cardoso fez o Pai, esse não era um papel para a sua idade ou para o seu tipo físico. Mas ele fazia lindamente, convencia de que era um homem de uma certa idade. Paulo fez mais tarde o mesmo papel: ele tinha o físico mais adequado e sua interpretação era mais extrovertida. Sérgio era mais tímido, mais introvertido. Seu Pai era muito mais sofrido intimamente."[20]**

Mesmo diante desses testemunhos sobre a qualidade emocional do trabalho do ator, é necessário destacar um fato: ele permanecia igualmente um entusiasta da caracterização, pois, para compor o personagem em questão, utilizou bigode, cabeleira e barriga postiços.

Segundo Nydia Licia, uma das técnicas utilizadas por Sérgio para construir um personagem era observar pessoas nas ruas ou quadros em museus e, a seguir, esboçar um retrato (lembrando que ele era desenhista), cujos traços principais depois tentava aplicar sobre o próprio rosto, com auxílio da maquiagem.

---

20 Haydée Bittencourt, Depoimento concedido ao autor, São Paulo, 21 jan. 1988.

Em suas declarações à imprensa, por essa época, Sérgio ressaltava uma forte influência do pensamento pirandelliano, a atestar a maneira visceral como ele mergulhara no universo do autor:

> **Uma espécie de instinto de conservação faz com que todo ator, fora de cena, procure livrar-se do personagem que estiver encarnando. [...] A verdade é que, fora de cena, continuamos perseguidos pelo personagem que vivemos. Essa perseguição é diabólica, pois ele sabe que somente em nós poderá existir. [...] Quanto mais forte o personagem, mais difícil a possibilidade de fuga. A corrida dura até o último dia de representação. Mal respiramos, porém, já temos outro nos nossos calcanhares.**[21]

A maneira como incorporava seus personagens, carregando-os consigo, ou sendo dominado por eles, inclusive fora dos limites do palco, tornou-se lendária e deu origem a um sem-número de anedotas e historietas que enriqueceram o vasto "folclore" em torno de sua carismática figura.

Mas o TBC não era composto só de ambição artística e entusiasmo total pelo trabalho teatral. Havia também algumas nuances negativas e alguns sentimentos menores. Para ilustrar um pouco esse outro lado, tem-se um fato acontecido nos bastidores durante a carreira de *Seis personagens*. Ao sair de cena no final do primeiro ato, Sérgio costumava colocar o chapéu sobre um móvel, virado para cima. Uma noite, ao voltar para o segundo ato, executou a ação habitual: pegou o chapéu. A primeira marcação em cena era pôr o chapéu na cabeça. Mas, nessa noite, encontrou o chapéu cheio de água. Se não tivesse percebido imediatamente o que estava acontecendo, poderia ter ocorrido um pequeno acidente, molhando a coxia, o seu figurino e talvez até mesmo parte do palco, desestabilizando o ator exatamente no momento de entrar em cena. Felizmente nada aconteceu, mas é curioso imaginar os estranhos motivos que teriam levado alguém a organizar esse pequeno acidente.

Convite ao baile

Após o retumbante sucesso de *Seis personagens à procura de um autor*, coube a Sérgio encabeçar o elenco de *Convite ao baile*, de Jean Anouilh, seguindo a política de alternar peças importantes com peças comerciais.

A estreia aconteceu no dia 2 de maio de 1951 e, para ele, essa peça ofereceu a oportunidade de representar dois papéis: dois gêmeos absolutamente

---

21   Entrevista a Hernani Donato, "Sérgio Cardoso", *Correio Paulistano*, São Paulo, 1951, recorte arquivado no Cenafen.

iguais fisicamente, mas completamente opostos em temperamento e caráter, um cínico e o outro tímido. Experiência formidável para um ator de seu naipe.

Em meio à discussão sobre se a peça era ultrapassada ou se estava acima das possibilidades técnicas dos jovens atores do TBC – como havia acontecido em *A importância de ser Prudente* –, prevaleceu o enaltecimento da interpretação de Sérgio Cardoso, julgada superior em cotejo com a do ator que fazia a montagem londrina. Essa é, por exemplo, a opinião de Haydée Bittencourt:

Lembro de Paul Scofield, que vi logo em seguida, em Londres, fazendo os mesmos papéis. Uma montagem lindíssima! Mas eu sentia mais a diferença na interpretação de Sérgio Cardoso. [...] A diferença era imediata: ele entrava e você logo sabia se era esse ou aquele dos irmãos.

Justamente porque, passados tantos anos, algumas cenas continuavam gravadas em sua memória é que Haydée Bittencourt não hesitava em colocar *Convite ao baile* como um dos momentos mais marcantes da carreira de Sérgio Cardoso, no mesmo patamar do *Hamlet* de 1948 e de *Seis personagens*.

Até mesmo Alfredo Mesquita, sempre tão rigoroso em seus julgamentos, escreveu na revista *Anhembi*:

Apesar de discordar dos dois tipos criados por Sérgio Cardoso, sou porém forçado a reconhecer nele um verdadeiro ator, na perfeita maneira como conseguiu diferenciar os dois gêmeos. Paul Scofield não chegou a tanto e, às vezes, às primeiras réplicas, hesitava-se sem saber de qual dos dois personagens se tratava. Aqui nunca.[22]

Com *Seis personagens* e *Convite ao baile*, Sérgio atingia uma espécie de culminância em sua passagem pelo TBC. Apesar de grandes êxitos anteriores, esse era o momento de pleno reconhecimento do seu valor. Um dos indícios dessa posição singular pode ser verificado pelo simples exame da coleção de programas do TBC. Até o programa de *Seis personagens*, apenas Cacilda Becker, entre todo o elenco, merecia um tratamento diferenciado. Já no programa de *Convite ao baile*, Sérgio Cardoso passou a receber uma honra até então reservada apenas à primeira atriz da casa: uma página exclusiva, com sua fotografia e um longo texto sobre sua carreira e seu significado para o teatro nacional.

---

[22] Alfredo Mesquita, "Ainda *Convite ao baile* no TBC", *Anhembi*, São Paulo: 1951, v. 3, n. 8, p. 105.

Surpreendentemente, a partir dessa montagem, ao contrário do que se poderia supor, suas oportunidades de trabalho diminuíram no TBC. Por razões dificilmente discerníveis, escassearam os bons papéis para ele, sua carreira principiou a marcar passo e sua insatisfação de artista ambicioso cresceu até levá-lo à decisão de abandonar o TBC. Talvez ele não tenha tido a habilidade nem a força para, a exemplo de Cacilda Becker, associar de maneira indissolúvel seu trajeto pessoal ao da própria companhia. Não deixa de ser estranho, de outro lado, que a empresa tenha sido perspicaz e generosa nas chances oferecidas a Cacilda e tenha gradativamente relegado a um incompreensível segundo plano o outro "monstro teatral" daquela geração. É certo que, programaticamente, o TBC propunha-se a realizar um teatro muito mais preocupado com o conjunto das atuações do que com o brilho individual de estrelas. Mas qualquer amante do teatro sabe que, mesmo no mais igualitário dos elencos, podem destacar-se aqueles seres que a natureza dotou de forma excepcional. Talvez Sérgio nunca tenha perdido, durante os anos em que esteve no TBC, sua posição de forasteiro – ou, quem sabe, sua *imagem* de forasteiro – numa iniciativa essencialmente paulistana, com todas as consequências disso. Talvez sua personalidade mais introvertida e potencialmente mais sujeita a rompantes de estrelismo seja outra explicação para esse mistério.

Misterioso também é o fato de Sérgio jamais ter participado de um filme da Companhia Cinematográfica Vera Cruz, iniciativa igualmente liderada por Zampari. Nydia menciona, em suas memórias, a frustração de ambos em relação à ausência de convites para que atuassem em filmes da Vera Cruz. Conta, ainda, que o cineasta Alberto Cavalcanti, que ocupava o cargo de produtor-geral da empresa, tinha o projeto de um filme sobre o compositor Noel Rosa, *O escravo da noite*, e queria que Sérgio fosse o protagonista. Mas, em 1951, Cavalcanti se desentendeu com Zampari e deixou a Vera Cruz, adiando assim a estreia cinematográfica de Sérgio.

O fato é que o ator não participou da montagem que sucedeu *Convite ao baile*: *O grilo na lareira*, adaptação do livro de Charles Dickens. E ficar sem trabalhar, mesmo recebendo o seu salário, não era algo que deixasse o ator satisfeito.

Por essa época, o celebrado ator italiano Vittorio Gassman apresentou-se no Theatro Municipal de São Paulo com a Compagnia del Teatro Italiano. No repertório trazido estava a peça *Seis personagens à procura de um autor*. Inevitavelmente, a crítica especializada e o público estabeleceram comparações entre essa montagem e a do TBC, vista meses antes também em São Paulo. Apesar do nosso proverbial sentimento de inferioridade, a versão nacional, e em particular a atuação de Sérgio Cardoso, saiu-se muito bem no confronto.

E Sérgio foi fotografado, todo sorridente, cumprimentando Gassman nos bastidores, após uma apresentação da companhia italiana.

Ao menos a vida social de Sérgio e Nydia, em seu apartamento na rua Major Diogo, continuava agitada, recebendo atores, dramaturgos e críticos. Às vezes Inezita Barroso animava ainda mais essas reuniões com sua música e seu violão.

Certa vez – numa segunda-feira, dia de folga dos atores –, ofereceram uma feijoada para a primeira turma de formandos da Escola de Arte Dramática (EAD), que funcionava no prédio do TBC. Faziam parte dessa turma nove pessoas, incluindo nomes que mais tarde seriam consagrados, entre eles José Renato – que criaria anos depois o Teatro de Arena e faria uma longa carreira como diretor – e os atores Leonardo Villar, Monah Delacy e Xandó Batista. Considerando que somente os formandos eram nove pessoas, sem contar os possíveis acompanhantes e agregados, pode-se imaginar a animação dessa feijoada. Para recebê-los, Sérgio preparou suas famosas caipirinhas com frutas do Pará, que agradaram bastante. Servida a feijoada, os convidados continuaram a tomar as caipirinhas, já que, por timidez, não pediram outra bebida. O resultado foi que os convidados saíram completamente bêbados. E foi só depois da saída deles que Nydia percebeu que se esquecera de servir cerveja e refrigerantes. Acidentes a que anfitriões muito jovens estão sujeitos...

Falando em acidente, houve outro, numa ocasião em que receberam Ruth e Décio de Almeida Prado, o mais importante crítico teatral de São Paulo, para almoçar. Na hora da sobremesa, serviram um creme de abacate. Mas Sérgio achou que o creme tinha pouco vinho do Porto e pediu à empregada para trazer a garrafa. Todos se serviram de mais um pouco. Quando Ruth e Décio foram embora, a funcionária, trêmula, confessou que trouxera, por engano, uma garrafa em que o marceneiro havia guardado verniz de madeira...

Arsênico e alfazema

O retorno de Sérgio ao palco do TBC, após essa breve e torturante pausa, aconteceu com a remontagem de *Arsênico e alfazema*, do dramaturgo norte-americano Joseph Kesselring, feita às pressas para substituir *O grilo na lareira*, retirada de cartaz por não agradar ao público. Nessa remontagem, ele interpretava o reverendo Harper, um velho pároco, que não configurava exatamente um papel desafiador.

A propósito disso, Paulo Autran fez uma observação, no mínimo, contraditória: "Você vê por aí que qualquer veleidade de estrelismo era impossível no TBC. A única pessoa que nunca fez pontas, embora tenha feito papéis secundários, foi Cacilda Becker". Discordando do ator, pode-se dizer que a existência de uma estrela legitimava eventuais "veleidades de estrelismo", por mais que se diga o contrário.

Ao suspender as apresentações de *O grilo na lareira*, a direção do TBC viu-se com um grande problema: a peça programada para sucedê-la precisava de mais tempo de ensaios. Isso levou à decisão de remontar rapidamente *Arsênico e alfazema*, que fora um grande sucesso quando montada em 1949, antes da chegada de Sérgio Cardoso a São Paulo. Segundo Alberto Guzik, foi nesse momento que a Sociedade Brasileira de Comédia adotou pela primeira vez a política de cobrir os prejuízos financeiros provocados por projetos mais ambiciosos com peças de êxito comercial garantido.[23] Neste caso, apesar de o TBC contar com vários títulos mais significativos em repertório, escolheu-se uma peça artisticamente irrelevante.

Apenas parte do elenco original permaneceu na nova montagem. O restante do elenco foi preenchido com os atores da companhia. E, dessa maneira, Sérgio, Ziembinski e Paulo Autran foram escalados para o espetáculo.

O arranjo deu certo: o novo elenco mostrou-se bem mais afinado, e a peça foi novamente um sucesso de público. Segundo Nydia, ninguém se importou de fazer pequenos papéis, pois estavam todos se divertindo muito.

Ralé

A peça escolhida para suceder *Arsênico e alfazema* foi *Ralé*, de Máximo Gorki. Uma vez que os diretores do TBC estavam ocupados dirigindo filmes na Vera Cruz, a Sociedade Brasileira de Comédia decidiu trazer mais um profissional da Itália. E já que Zampari não admitia a possibilidade de atores da casa terem sua primeira experiência de direção, contratou Flamínio Bollini Cerri, um extravagante jovem italiano de 23 anos. Sua chegada ao TBC é tida como a porta de entrada de práticas atribuídas a Constantin Stanislavski, via Actor's Studio, em São Paulo.

Do elenco estelar reunido para a montagem, além de Sérgio, faziam parte Ziembinski, Maria Della Costa, Paulo Autran e Cleyde Yáconis, irmã de Cacilda, que poucos meses antes trabalhava como supervisora de guarda-roupa do TBC. Essa foi a única vez que Sérgio e Maria Della Costa, uma estrela teatral criada fora do âmbito do TBC e que fez história em São Paulo, tomaram parte no mesmo elenco.

A montagem de *Ralé* foi marcada tanto pela extrema juventude do diretor como por sua forma desconcertante – para a época – de dirigir. Ele trouxe a ideia de criar a partir de muitas improvisações. Para atores que estavam habituados a diretores com uma ideia muito clara do que queriam, a

23 Alberto Guzik, *TBC: crônica de um sonho*, São Paulo: Perspectiva, 1986, p. 57-8.

mudança foi um choque. Cleyde Yáconis revelou nunca ter visto um elenco xingar tanto, desesperar-se tanto e trazer tanto material.

Logo de início, os atores foram levados a abandonar o hábito das longas leituras e análise de texto, passando para a fase seguinte: a marcação do espetáculo. Desconfiança total do elenco... Além disso, Flamínio Bollini dava poucas indicações do que pretendia exatamente. Diante dos questionamentos dos atores, respondia: "Faça ver", ou pedia que se baseassem nas *didascalias*. Mas ninguém no elenco conhecia essa palavra ou sabia o que significava. Ele estava se referindo às rubricas do texto, em italiano. Só décadas mais tarde o termo seria disseminado no Brasil, e, mesmo assim, na linguagem acadêmica. Como não entendiam nada, alguns atores foram se queixar a Adolfo Celi, que decidiu assistir a um ensaio e ficou entusiasmado com os métodos do novo diretor.

A estreia de *Ralé* aconteceu na primeira semana de agosto. A crítica deslumbrou-se com o espetáculo, e o público compareceu em grande número: 16 mil espectadores, em setenta apresentações.

Mas a atuação de Sérgio não se constituiu num dos trabalhos mais notáveis de sua carreira. A revista *Anhembi*, ao analisar o desempenho dos atores, dividiu-os em três grupos: os que progrediam continuamente; os que não conseguiam progredir; e os desiguais, isto é, aqueles que oscilavam entre ótimas interpretações e trabalhos bastante fracos. Sérgio Cardoso foi colocado neste último grupo. O artigo afirmava que o ator se mostrara estupendo em *O mentiroso* e sustentara brilhantemente a comparação com Vittorio Gassman em *Seis personagens à procura de um autor*, mas que agora lembrava "os maiores desmandos de *Hamlet*". Acrescentava que "de vez em quando Sérgio Cardoso perde as estribeiras e volta aos exageros que prejudicam", apesar de ser um ator tão bem-dotado. E, tentando encontrar uma razão para esses "desvios", prosseguia: "Tendência inata? Gosto pela grandiloquência? Ou a marca indelével de uma primeira direção que tanto êxito alcançou junto ao público?". Levantava, ainda, outra hipótese, de uma possível vontade de estilizar, ou antes, de "teatralizar" – "no mau sentido da palavra" – certos papéis. A crítica continuava, então, a desfiar razões pelas quais "a estilização levada ao extremo é perigosíssima", e a afiançar que, "para chegar até lá, só um talento excepcional como o de um Gassman".[24] Um comentário altamente discutível, que parece falar mais dos preconceitos estéticos do articulista do que da atuação de Sérgio em si. No entanto, essa crítica tem a qualidade de expor o caráter enganoso de uma outra crença, bastante comum: a de que os especialistas sempre elogiaram o trabalho de Sérgio Cardoso no TBC.

24   "*Ralé*", *Anhembi*, São Paulo, 1951, v. 4, n. 12, p. 530-1.

O que não é possível avaliar com exatidão, passados tantos anos, é a qualidade intrínseca desse desempenho, ou se ele se enquadrava ou não no contexto do espetáculo. O fato é que mesmo Nydia Licia tampouco atribui maiores qualidades ao desempenho de Sérgio em *Ralé* quando afirma que a linha adotada era "uma caricatura dele mesmo" no papel do ator velho e bêbado que um dia interpretara *Hamlet*.

Um fato interessante é que *Ralé* foi o primeiro espetáculo transmitido ao vivo (diretamente da rua Major Diogo, pela TV Tupi), numa iniciativa de Cassiano Gabus Mendes, o primeiro diretor artístico da televisão brasileira.

Harvey

No dia 31 de outubro, estreava no TBC a peça escolhida para comemorar os 25 anos de carreira de Ziembinski (dez dos quais no Brasil): a comédia *Harvey*, de Mary Chase – montagem da qual Sérgio não participava.

Antes do espetáculo, aconteceu uma comemoração, com vários discursos: do representante do governo do estado de São Paulo; do presidente da Sociedade Brasileira de Comédia, Paulo Assumpção; de José Renato, representando a EAD; e de Brutus Pedreira, em nome da companhia Os Comediantes, do Rio de Janeiro. Coube a Sérgio proceder à leitura dos telegramas recebidos de todo o país e da Polônia, em homenagem a Ziembinski. Após o espetáculo, todos desceram à sala de ensaio, onde houve um jantar e muita música para dançar.

O governo brasileiro, alertado por alguma autoridade mais sensível à área cultural, concedeu a Ziembinski a Ordem Nacional do Cruzeiro do Sul, uma comenda outorgada a personalidades estrangeiras. A cerimônia foi realizada no Palácio do Catete, então sede da Presidência da República. Sérgio Cardoso integrou uma pequena comissão de atores do TBC – composta por Nydia, Maurício Barroso e Rubens de Falco – que foi agradecer a honraria concedida ao ator e diretor polonês. Em suas memórias, Nydia fala de suas sensações ao serem recebidos por Getúlio Vargas. Ela conta ser difícil acreditar que aquele "velhinho barrigudo, falando manso, fosse realmente um ditador". Ainda mais porque se encontraram com Getúlio numa sala do Palácio do Catete, conversando na maior naturalidade, sem a presença de funcionários e seguranças. Getúlio foi muito gentil: ofereceu um cafezinho aos atores e despediu-se logo em seguida. Nydia completa a narrativa dizendo: "Parecia impossível que durante seu governo tivessem sido praticadas tantas torturas, tantas perseguições. E, no entanto, era verdade". Amabilidades e dureza: era mais ou menos essa a ambivalência que Sérgio enfrentava naquele momento, participando de cerimônias em nome do TBC e convivendo com o desespero de não ter papéis à altura de suas possibilidades.

Porém, em novembro, a revista *Anhembi* noticiava, para a segunda quinzena do mês, uma excursão do Teatro Brasileiro de Comédia ao Rio de Janeiro, onde se apresentaria no Theatro Municipal. E que dessa temporada, de vinte dias aproximadamente, faria parte todo o elenco da companhia. As peças escolhidas para serem apresentadas seriam: *A dama das camélias* – a pomposa montagem comemorativa dos três anos do TBC, da qual Sérgio não tomava parte; *Seis personagens à procura de um autor*; e um espetáculo composto por três peças em um ato – *O inventor do cavalo*, *O banquete* e *Pega Fogo*. Essa notícia serviu para reacender o ânimo de Sérgio. Afinal, poderia mostrar na cidade em que obtivera êxito tão extraordinário com *Hamlet* os progressos alcançados nesses anos em São Paulo.

No entanto, a situação econômica do TBC, agravada pelos custos exorbitantes da montagem de *A dama das camélias*, não permitiu que o projeto se concretizasse plenamente. Assim, a direção da casa optou por levar apenas sua mais recente montagem. Havia no Rio, porém, uma forte expectativa em torno da interpretação de Sérgio Cardoso em *Seis personagens*, pois o ator era considerado "prata da casa", e essa parecia a oportunidade ideal para um magnífico retorno. Além disso, *Seis personagens* havia colhido unânimes elogios da crítica tanto de São Paulo quanto do Rio, permitindo, ainda, assistir ao confronto das duas maiores estrelas da casa: Cacilda e Sérgio.

A notícia da opção por *A dama das camélias* provocou desagrado no ambiente teatral carioca. Segundo o crítico Sábato Magaldi, correu pela cidade o boato de que estava sendo preparada uma vaia para Cacilda, e ele tomou a iniciativa de combater tal atitude. Mesmo assim, quando a montagem paulista foi apresentada, teve uma fria recepção. Como se não bastasse, o impulsivo Paschoal Carlos Magno – que certamente estava entre os que preferiam que o TBC tivesse trazido seu ex-pupilo e a montagem do texto de Pirandello – travou ácida polêmica, através da imprensa, com o diretor de *A dama das camélias*, Luciano Salce. No calor da discussão, Paschoal acabou por abandonar o terreno puramente estético, aludindo com sarcasmo a um defeito físico do diretor italiano. Este, que procurara revidar com ironia todos os ataques a seu trabalho, preferiu calar-se quando a discussão desceu ao patamar do insulto pessoal. Sua atitude, inteligentemente, evidenciou o caráter descortês da investida de Paschoal Carlos Magno, proporcionando-lhe uma espécie de vitória moral. Em São Paulo, tomou-se a iniciativa de colher assinaturas para uma moção de solidariedade a Salce, que ficara muito desgostoso com o episódio. Para não colocar Sérgio numa situação embaraçosa – afinal, Paschoal fora o responsável pelo seu lançamento –, os encarregados da coleta de assinaturas não o procuraram. Ele mesmo, no entanto, fez questão de assinar o manifesto de desagravo, evitando, com esse gesto, tanto ser conivente com uma atitude deselegante como assumir envolvimento numa suposta disputa entre estrelas, hipótese subjacente ao episódio. Pode-se dizer que foi um gesto de diplomática sabedoria, mas que ainda assim teve um preço: sentindo-se traído por Sérgio, Paschoal Carlos Magno rompeu relações com ele.

Algum tempo depois, o TEB foi a São Paulo apresentar *Hécuba*, de Eurípedes, no Teatro Santana – um belo edifício teatral localizado na rua 24 de Maio, bem no centro de São Paulo. Sérgio, apesar de estar brigado com Paschoal Carlos Magno, achou que não poderia deixar de ver o espetáculo e de reencontrar algumas pessoas com as quais trabalhara nos tempos do *Hamlet*. E compareceu, com Nydia. Ao chegarem ao teatro, souberam do adoecimento da atriz principal e que a peça poderia não ser apresentada. A equipe estava desesperada. Sérgio, então, prontificou-se a ler o texto da protagonista num canto do palco, enquanto uma outra atriz ocuparia o lugar marcado em cena e representaria através de mímica. Os atores, como não queriam cancelar a apresentação, aceitaram imediatamente. A irmã de Paschoal Carlos Magno, Rosa, responsável pela companhia na ausência do irmão, resistiu a princípio, mas acabou concordando com a solução proposta por Sérgio. Uma estante foi providenciada e colocada à esquerda do proscênio. Sérgio se posicionou, e então o espetáculo pôde acontecer.

Durante o desenrolar da tragédia de Eurípedes, Nydia, muito mais prática que Sérgio, preocupava-se com a possível reação de Zampari, e mesmo de Celi, quando soubessem dessa infração ao contrato de exclusividade com o TBC. Contudo, essa implicação simplesmente não ocorria a Sérgio, para quem o trabalho teatral estava acima de tudo.

Paschoal só faria as pazes com Sérgio anos depois, graças à intervenção de Roberto Marinho. Isso aconteceu após uma estreia no Rio de Janeiro, durante a comemoração num bar. Paschoal até tentou resistir, mas acabaram se abraçando, dando por encerrada a questão.

Os últimos meses de 1951 e o início de 1952 marcaram um período de desalento na carreira de Sérgio, como se pode perceber neste trecho de uma carta enviada por ele à amiga e confidente Ruth de Souza:

> **Pouco ou nada tenho conseguido. Meus dois últimos trabalhos datam já de um ano [...] De resto, foram colaborações, para ganhar experiência. [...] Foi muito lisonjeiro para mim o fato de crítica e público haverem reclamado, em termos mais ou menos furibundos, a minha presença no Rio. O Teatro prometeu que isso se daria este ano, mas a promessa já está arquivada. [...] Não sei o que me reserva o futuro. Meu contrato vai até o fim do ano e devo cumpri-lo, placidamente. Como você vê, se pouca coisa tem**

> acontecido comigo [...] com outros o trabalho tem sido pródigo. Só resta ter um pouco mais de paciência, não acha?

Essas palavras deixam bem clara a insatisfação do artista, revelando sua amargura e o sentimento de estar sendo preterido. O TBC deixara de representar para ele um local favorável ao seu desenvolvimento e ao seu talento gigantesco, tornando-se companhia que não oferecia mais papéis desafiadores nem lhe abria possibilidades de avançar para a outra área teatral com que sonhava: a direção.

Diálogo de surdos

Logo depois da temporada no Rio de Janeiro, *A dama das camélias* regressou a São Paulo, ocupando o palco do TBC. Durante esse tempo, Flamínio Bollini começou a ensaiar a peça *Diálogo de surdos*, de Clô Prado, senhora da sociedade paulista e muito amiga de Franco Zampari. Aliás, foi por ordem direta dele que a peça foi montada. Dessa forma, Sérgio permaneceu afastado do palco até o final de fevereiro de 1952, quando retornou, nas apresentações semanais do "Teatro das Segundas-feiras", participando do *Diálogo*.

De acordo com a própria autora, o texto fora escrito para Sérgio, Paulo Autran, Tônia Carrero e Nydia. Mas Bollini escalou duas outras atrizes (Cleyde Yáconis e Elizabeth Henreid) para o elenco feminino.

Quando a peça estreou, no final de fevereiro, Nydia e Sérgio tinham outra novidade para contar: ela estava grávida, já no terceiro mês. Segundo Nydia, Sérgio e ela sempre quiseram que fosse uma menina, que teria o nome de Sylvia. A certeza era tamanha que nem chegaram a cogitar um nome masculino para o futuro bebê.

Enquanto isso, a atuação de Sérgio em *Diálogo de surdos*, espetáculo de cunho psicanalítico, dividiu a crítica. O crítico da *Folha da Manhã* considerou-o extremamente ajustado ao texto, por ser um drama, e a emoção sempre ter sido o ponto forte do ator, citando, ainda, a cena de um acesso de loucura que ele teria representado sem cair no convencional. Já o articulista da revista *Anhembi* apontou uma falha grave em sua composição do personagem, afirmando que, nas primeiras cenas da peça, Sérgio esboçava um "quase débil mental", muito distante do que seria o personagem. Há duas hipóteses possíveis para justificar tal divergência: ou os críticos compareceram a diferentes sessões, em que Sérgio obteve resultados muito distintos, ou esse é apenas um exemplo da subjetividade da crítica.

Um adoecimento de Cacilda fez com que a temporada de *A dama das camélias* tivesse de ser interrompida. Assim, *Diálogo de surdos* passou a ocupar os horários normais da casa, com previsão de permanecer um mês em cartaz, enquanto se ensaiava *Para onde a terra cresce*. Mas a peça de Clô Prado permaneceu em cena apenas por duas semanas, impondo o retorno de *A dama das camélias* no início de abril.

Remontagem de *O mentiroso*

Em meio ao período conturbado em que várias peças eram postas em cartaz e, rapidamente, retiradas, a direção do TBC decidiu remontar *O mentiroso*, para alegria de Sérgio, que, além do sucesso de público, tivera tantas repercussões positivas em 1949.

A nova montagem estreou em 30 de abril e, apesar de contar com quase todo o elenco original, não conseguiu reeditar o sucesso de 1949. Foram dessa vez 44 apresentações, para uma plateia de menos de 7 mil pessoas. Ainda assim, Sérgio parecia reanimado, e escreveu a Ruth de Souza:

> Acho que jogaram fermento no meu trabalho, pois aumentou que não foi sopa: remontagem de *O mentiroso*, ensaios de *Ami-Ami* – uma comediazinha francesa para dar tempo à montagem da[s] *Antígone*. A seguir virá *O inspetor geral*, de Gogol, dirigido por Mestre Ziembinski. Se lhe disser que estamos ensaiando tudo isso ao mesmo tempo, você não acreditará. Mas é verdade.[25]

É importante notar o quanto o trabalho o alimentava e era fundamental para seu equilíbrio pessoal. Bastava a perspectiva de novos projetos para que ele abandonasse a posição de desânimo que vinha manifestando nos últimos meses. Mais adiante na carta, ele ainda menciona uma outra atividade que estava desenvolvendo: "Com o tempinho que me sobra, faço uma vez por semana uma conferência na FAU (Faculdade de Arquitetura e Urbanismo da USP) sobre Cenografia para Shakespeare". E essa não era a sua primeira experiência didática. Em 1951, ele já havia dado um curso de maquiagem teatral na Escola de Arte Dramática – o que traz à luz mais uma área em que Sérgio Cardoso se saiu bem.

Inimigos íntimos

Na primeira semana de junho, a "comediazinha francesa" mencionada na carta de Sérgio entrou em cartaz, com o título *Inimigos íntimos* – uma autêntica comédia de *boulevard*, isto é, do teatro comercial parisiense. O texto traz uma sucessão de situações cômicas envolvendo problemas de casais e desejos sexuais dos personagens. A fórmula certa para um público menos exigente.

[25] Sérgio Cardoso, Carta a Ruth de Souza, São Paulo, 25 maio 1952.

A peça, de Pierre Barillet e J. P. Grédy, foi um grande sucesso de público, o que deu novo alento ao conjunto da rua Major Diogo, sem, no entanto, acrescentar nada de novo à carreira de Sérgio.

Por essa época, o crítico Miroel Silveira publicou, no jornal *Folha da Noite*, uma grande matéria sobre o ator, na qual, além de assinalar que ele estava ensaiando as duas *Antígone* – "nas quais têm papéis razoáveis" –, destacava que Sérgio não havia recebido em São Paulo todas as oportunidades que seu talento mereceria, e que o TBC tampouco anunciava um grande trabalho para o ator, já que *O inspetor geral* fora adiado para o ano seguinte e seu contrato estava expirando. Terminava a matéria dizendo que o *slogan* de Sérgio continuava sendo: "Não se pode tapar o Sol com a peneira".[26] A matéria é muito significativa por evidenciar a situação pela qual Sérgio passava e também por revelar que outras pessoas notáveis do teatro paulista percebiam a pouca importância que o TBC vinha lhe dando.

Felizmente, porém, a vida de Nydia e Sérgio não era feita só de fatos lamentáveis. Aconteciam, ao mesmo tempo, episódios curiosos e engraçados. Por exemplo, quando ela já estava no fim do oitavo mês de gestação, eles receberam um convite para uma festa de gala que uma senhora de sociedade daria em homenagem ao Secretário de Estado norte-americano. Cansada de ficar em casa, Nydia ficou muito entusiasmada com o convite. Mas, por diferentes motivos, o casal teve de improvisar os seus trajes para a ocasião. Para disfarçar um pouco a barriga, Nydia precisou compor um modelo especial reunindo peças de diversas amigas. Sérgio teve de pedir a um vizinho e amigo que lhe emprestasse uma casaca. No entanto, como não encontrou uma gravata borboleta branca, usou uma preta, que era de seu *smoking*. O dia chegou e lá se foi o casal. Na festa, muitos convidados que não conheciam Sérgio acharam que ele era o *maître*, e insistiam em lhe entregar seus copos vazios. Isso acabou por irritá-lo profundamente, e, por isso, o casal abandonou a festa mais cedo.

Antígone em dose dupla

Em 21 de agosto, estreava a tão aguardada montagem das duas *Antígone*, a de Sófocles e a de Jean Anouilh, uma clássica e a outra moderna.

Os ensaios de *Antígone* duraram muito mais do que o habitual no TBC: seis meses. Somente para os ensaios gerais foi necessária uma semana inteira, com os trabalhos prolongando-se até as 4h da madrugada. E Nydia enfrentou todo esse processo, atuando até poucos dias antes do parto. Complicando ainda mais sua situação, ela não contava com muita atenção da parte de Sérgio, já que

---

26 Miroel Silveira, "Sérgio Cardoso", *Folha da Noite*, São Paulo, 18 jul. 1952, n.p.

ele também estava mergulhado no duplo trabalho de criação – e não se pode esquecer o quanto ele era obcecado pelo próprio trabalho e pelo teatro como um todo. Em ambas as peças que compunham o espetáculo, cabia a Sérgio uma pequena, apesar de marcante, participação: interpretava o Mensageiro que, na última cena, anuncia o desenlace da trama. Ainda assim, Bibi Ferreira considerava essas pequenas aparições "uma aula de teatro". Maria Thereza Vargas lembrou também o comentário de um espectador: "Esse ator é o único que entende o que está dizendo". E Miroel Silveira, referindo-se à montagem do texto de Sófocles, escreveu que "Paulo Autran, Ziembinski e Sérgio Cardoso são os atores que mais perto chegaram da interpretação ideal para seus papéis".

Entretanto, para falar sobre a participação de Sérgio num espetáculo dessa envergadura, tem-se de ir muito além do seu personagem e do número de falas que lhe cabiam. É necessário pensar que todos os componentes do trabalho teatral mobilizavam a sua curiosidade e a sua ânsia de conhecer e vivenciar a totalidade dos procedimentos. Da criação das máscaras para o coro às maquiagens; dos figurinos aos cenários; dos múltiplos desafios de interpretação aos de encenação: tudo o atraía e motivava. Era um espetáculo complexo e fascinante, mobilizando um mundo de conhecimentos e fazeres.

O nascimento de Sylvia Luisa

No dia 13 de setembro de 1952, nasceu a única filha de Sérgio e Nydia, Sylvia Luisa, a Sylvinha, como logo passaram a chamá-la. Ao ver a filha pela primeira vez, Nydia achou-a "a cara do pai": "Só faltavam os óculos". Logo em seguida, porém, sobreveio um momento difícil de complicações pós-parto, que exigiram muita atenção e cuidados dos médicos e das enfermeiras. Na ocasião, Sérgio aguardava na sala de espera, feliz e emocionado, e não percebia a gravidade da situação. Nydia permaneceu internada na Maternidade São Paulo por oito dias, o tempo necessário para que os médicos a considerassem em condições de receber alta.

No entanto, ao voltar ao apartamento da Bela Vista, Nydia continuava muito fraca, tendo de permanecer acamada. O panorama doméstico estava longe de ser tranquilo: fisicamente enfraquecida e tendo de lidar com as necessidades de uma criança recém-nascida, Nydia desenvolveu um quadro de depressão pós-parto, o que na época era chamado de "nervoso, fraqueza", e todos lhe diziam que passaria rapidamente.

Durante esse tempo, Sérgio continuava em *Antígone*, cuja temporada estendeu-se até o final de outubro, surpreendendo a todos pela grande aceitação do público. Seu êxito foi tal que motivou a criação, pelo jornal *O Estado de S. Paulo*, do Prêmio Saci, até 1968 a mais importante premiação do teatro paulista.

Vá com Deus

No dia 5 de novembro, *Antígone* foi substituída por uma comédia norte-americana: *Vá com Deus*, de John Murray e Allen Boretz, texto que já fora adaptado para o cinema e servira como veículo para o histrionismo dos Irmãos Marx.

A peça mostra as peripécias de um produtor de teatro, vigarista e endividado. São necessárias muitas artimanhas para evitar a expulsão do seu elenco, e a sua própria, do hotel em que estão hospedados enquanto aguardam a chegada de um rico patrocinador conseguido por uma das atrizes.

Sérgio interpretava o produtor Gordon Miller. Apesar de hilariante para o público, o desempenho do ator recebeu restrições da crítica: tanto Clóvis Garcia, na revista *O Cruzeiro*, como o não identificado crítico da revista *Anhembi* lamentaram o fato de o ator – ou a direção – haver optado por copiar a figura de Groucho Marx. Isso, no entender dos críticos, além de tirar-lhe parte dos méritos, impediu-o de realizar uma autêntica criação cômica. Ainda assim, ambos concordavam que seu desempenho era admirável.

Cabe notar que a imagem deixada por Sérgio Cardoso foi muito mais a de um ator dramático, ou, melhor ainda, de um ator trágico por excelência. No entanto, ele provou em várias oportunidades possuir qualidades magistrais como ator cômico. Walmor Chagas, por exemplo, contou que, tendo chegado a São Paulo em 1952, teve durante muito tempo a imagem de Sérgio como um excelente ator cômico, por ter assistido exatamente a *Vá com Deus*.

Ainda assim, essa época da vida de Sérgio não se caracterizou pela leveza. Nydia ainda estava se recuperando quando Sérgio lhe comunicou que não queria continuar no TBC. Ele não via boas perspectivas para sua carreira na companhia de Franco Zampari, onde jamais seria reconhecido como primeiro ator, apesar de ser prestigiado pela imprensa e pelo público. Seria obrigado a dividir essa posição com Paulo Autran, Ziembinski e Maurício Barroso. Além disso, também queria ser diretor e tinha certeza de que Celi e Zampari nunca permitiriam que ele dirigisse um espetáculo. A saída desse impasse profissional surgiu quando ele recebeu um convite de Aldo Calvet, diretor do Serviço Nacional de Teatro (SNT), para que, em companhia de Nydia, encabeçasse a Companhia Dramática Nacional (CDN), do Ministério da Educação e Cultura (MEC), e ele aceitou. Era sua oportunidade de retornar ao Rio de Janeiro em grande estilo, como ator e como diretor. Por tudo isso, mudariam-se em breve para a capital da República.

Sérgio não tardou a comunicar à direção do TBC sua decisão de não renovar o contrato que estava prestes a encerrar-se. Surpresos, Zampari e Celi ainda tentaram demovê-lo dessa ideia, mas nenhum argumento foi capaz de fazê-lo voltar atrás.

No final de janeiro de 1953, quando a peça já estava para encerrar sua temporada, após razoável sucesso de bilheteria, a imprensa de São Paulo e do Rio de Janeiro anunciou, com grande destaque, que Sérgio acabara de aceitar o convite para tornar-se diretor e primeiro ator da CDN, cujo elenco oficial estrearia dentro de poucos meses. Muito diplomaticamente, Sérgio declarava não estar deixando o TBC por estar desgostoso com a companhia e que, ao contrário, recebera muitas manifestações de carinho e de apoio – principalmente nos últimos tempos – dos colegas atores e de Franco Zampari. Declarava também que sua situação financeira na companhia era bastante razoável e seria melhorada no próximo contrato. E que aprendera muito nos três anos como contratado do TBC, em contato com figuras de grande capacidade, como Ruggero Jacobbi, Adolfo Celi, Luciano Salce, Ziembinski e Bollini. Afirmava ter amadurecido muito como artista e, justamente por isso, sentia necessidade de experimentar suas forças em voos mais ousados. Acrescentava, ainda, ter sido seduzido sobretudo pela possibilidade de participar mais livremente das futuras realizações da CDN e de poder prestigiar autores e diretores nacionais.[27]

Não há dúvida de que os três anos de TBC foram a verdadeira escola do ator Sérgio Cardoso: um período em que ele pôde desenvolver e aprimorar seus dotes naturais, trabalhando com diretores que uniam ao talento uma ampla formação teatral e humanística. De outro lado, convém atentar para o depoimento de Clóvis Garcia, segundo o qual, com exceção de Cacilda Becker, todos os atores do TBC experimentavam certa insatisfação, principalmente em relação ao autoritarismo de Zampari. A insatisfação de Sérgio, já constatada em sua correspondência pessoal, pode ser detectada mesmo em suas elegantes palavras de despedida. De acordo com Nydia Licia, ele há muito desejava dirigir um espetáculo, o que jamais conseguira no TBC, onde, no máximo, trabalhara como assistente de direção. Além disso, várias vezes sentira-se preterido ou mal aproveitado: os períodos de inatividade e a série de papéis bem aquém de seu talento acabaram por tornar-se um preço alto demais para sua permanência na casa, onde paradoxalmente, segundo muitos, atingiu os pontos mais altos de sua trajetória teatral.

No dia 25 de janeiro, aconteceu o "enterro" de *Vá com Deus*, sobre o qual um articulista comentou no diário *Última Hora*, do Rio de Janeiro:

> [...] há "enterros" e "enterros"... O de *Vá com Deus* não prejudicou o espetáculo, não lesou o espectador que pagou o seu bilhete. Por incrível que pareça, valorizou até a comédia e foi o melhor espetáculo de *Vá com Deus*... Tudo foi feito com muita classe, com

27   Miroel Silveira, "Hamlet decidiu-se", *Folha da Manhã*, São Paulo, 25 jan. 1953, n.p.

muita linha, tornando o espetáculo divertido para os colegas e "ratos" do TBC, mas também engraçado, divertidíssimo para os frequentadores que foram ao teatro para ver *Vá com Deus* e não um "enterro". "Enterros" como este são até demonstrações da capacidade de inteligência e representação dos atores; prova que eles estão amadurecidos, que já podem "brincar" em cena, sem prejuízo para o espetáculo e para o espectador.[28]

Sobre a participação de Sérgio Cardoso, o articulista declarou:

[...] foi o rei da noite, se despedindo do teatro com um *show* de espírito e de representação. Ziembinski e Waldemar Wey improvisaram, com Sérgio e Guerreiro, um *ballet* na cena do velório, que também merece ficar registrado como uma das coisas mais interessantes do espetáculo, que merecia ser incluído na peça e na antologia dos "achados".

Ainda sobre essa apresentação, Cavalheiro Lima escreveu em sua coluna do *Diário da Noite*:

Foi um acontecimento, um *show* de representação, sobressaindo a figura excepcionalíssima de Sérgio Cardoso, com improvisações magistrais. [...] Os "enterros" fazem as vezes de verdadeiro teste para aferir a capacidade de invenção, inteligência e técnica do intérprete. Nesse sentido a "fuga cômica" da farsa americana serviu para nos dar uma ideia da capacidade de malícia, imaginação e senso de *humour* dos intérpretes que Bollini soube conter nas noites anteriores, e no domingo soube licenciar para que nos dessem um espetáculo de deliciosa comicidade.[29]

Naquela noite, ao final do segundo ato, Maurício Barroso comunicou ao público presente a despedida de Sérgio Cardoso. Falou em nome do elenco do TBC, apresentando-lhe votos de felicidade, num discurso bem-humorado, mas cheio de sentimento. Sérgio, emocionado, respondeu com lágrimas nos olhos. Em meio à consagradora salva de palmas, ele foi abraçado por Cacilda Becker, e Nydia Licia foi convidada a subir à cena para repartir com ele as

28 "Duas despedidas: Sérgio e *Vá com Deus*", *Última Hora*, Rio de Janeiro, 27 jan. 1953, n.p.
29 Cavalheiro Lima, "Ronda", *Diário da Noite*, São Paulo, 27 jan. 1953, n.p.

homenagens do público paulista. O discurso de Maurício Barroso foi encerrado com a seguinte frase: "Sérgio, vá com Deus... e volte logo!". E Cacilda declarou, peremptória, ao público: "Sérgio Cardoso voltará ao TBC!". A todas as homenagens, Sérgio respondeu: "Minha partida não merece um 'adeus'. Se Deus quiser, será apenas um esperançoso até logo" – apenas uma frase de polidez ambígua.

Já Cavalheiro Lima anotaria em sua coluna: "Na realidade, a emoção com que todos aplaudiram Sérgio Cardoso vinha da noção nítida de que o teatro paulista perdia, talvez, o seu maior intérprete".

Três dias depois, o casal Nydia Licia e Sérgio Cardoso ofereceu um coquetel de despedida à imprensa e aos colegas de teatro e cinema no Clube dos Artistas – importante centro de atividades artísticas, culturais e boêmias localizado no prédio do Instituto dos Arquitetos do Brasil (IAB), na rua Bento Freitas. Em suas declarações aos jornalistas, Sérgio mais uma vez lamentou não ter feito, na Vera Cruz, o filme baseado na vida de Noel Rosa, comentando que, para tanto, chegara a estudar violão com Inezita Barroso. Em relação a seus planos, foi mais vago: disse que continuaria a estudar teatro e que estava pensando em aceitar o convite feito por Jean-Louis Barrault para um curso de aperfeiçoamento na França. Na verdade, ele poderia até pensar nesse convite, mas as condições objetivas não poderiam estar mais distantes dele... Muito mais realista, estava a assustada Nydia a lamentar intimamente a perda da proteção de Franco Zampari, da situação segura e do dinheiro certo no fim de cada mês.

Sérgio deixou a sala da rua Major Diogo após haver atuado em vinte espetáculos: um em 1949, nove em 1950, quatro em 1951 e seis em 1952. Foi dirigido por Adolfo Celi em seis espetáculos e por Luciano Salce em outros seis; por Flamínio Bollini em três e por Ruggero Jacobbi em outros três; por Ziembinski em um espetáculo e por Cacilda Becker em mais um. A saída de Nydia e Sérgio foi a primeira defecção registrada no elenco fixo do TBC, mas logo seria seguida de outras.

Para Clóvis Garcia, a passagem de Sérgio Cardoso pelo TBC teve o sentido de um apogeu precoce. E o crítico dava uma boa razão para isso: no TBC, Sérgio era apenas ator, inteiramente entregue à tarefa de ser ator. Mas ele não era apenas um ator, e desde muito cedo sua aspiração era ser um homem de teatro. Ser impedido de pôr em prática seus outros talentos era um preço alto demais, que ele não estava disposto a pagar.

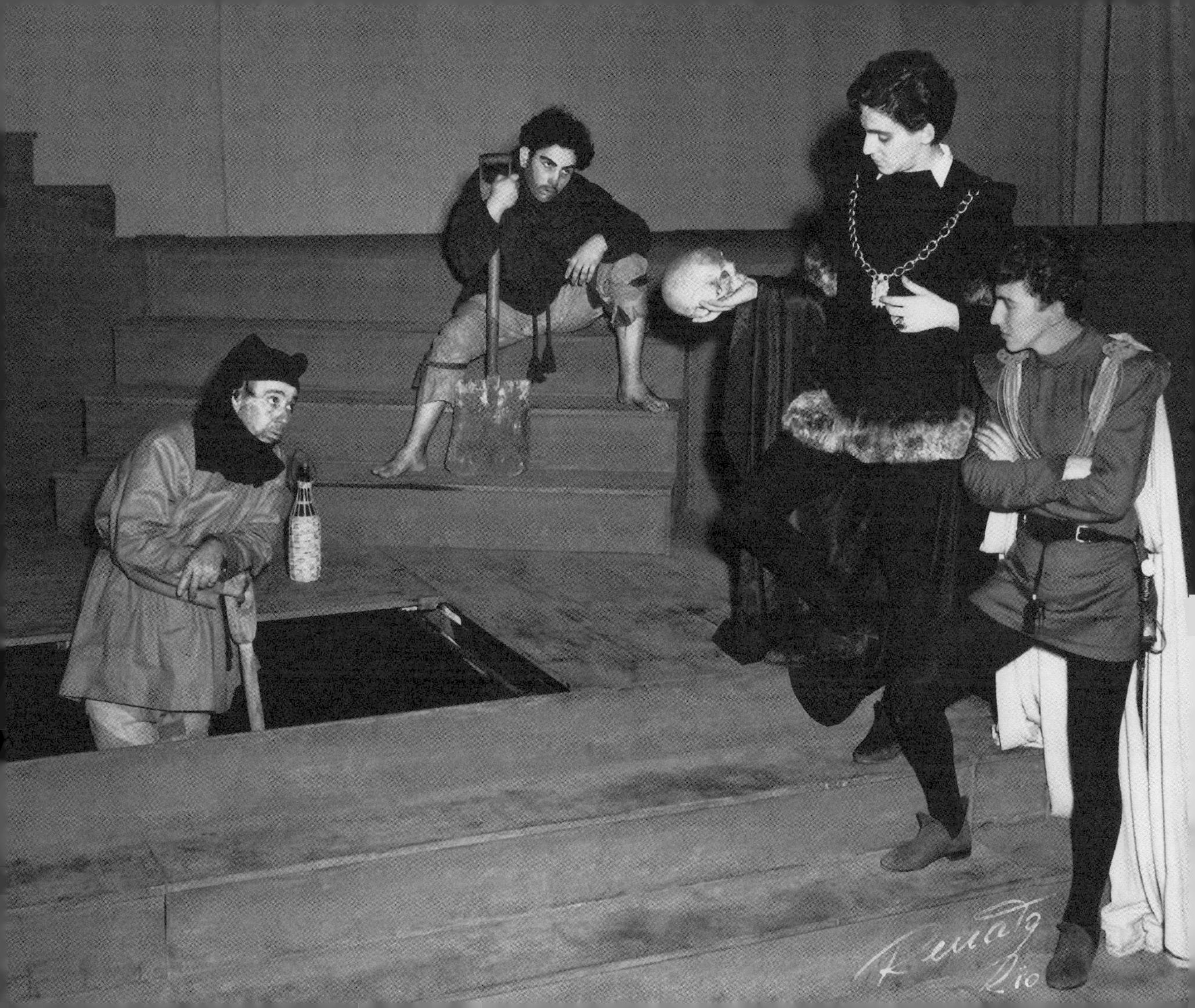

**Com Zilah Maria em *O mentiroso*.
TBC, São Paulo, 1949.** Acervo NL-SC.
Fotógrafo: Edmundo Arroyo.

Com A.C. Carvalho e Carlos Vergueiro em *O mentiroso*. TBC, São Paulo, 1949.
Acervo NL-SC. Fotógrafo: Edmundo Arroyo.

Com Cacilda Becker e Nydia Licia em *Entre quatro paredes*. TBC, São Paulo, 1950. Acervo NL-SC. Fotógrafo: Fredi Kleemann.

Pedido de casamento.
TBC, São Paulo, 1950.
Reprodução do livro *Sérgio
Cardoso: imagens de sua
arte*, de Nydia Licia.

Com Cacilda Becker em
Os filhos de Eduardo. **TBC,
São Paulo, 1950.** Acervo NL-SC.
Fotógrafo: Fredi Kleemann.

Com Ruy Affonso, Maurício Barroso, A.C. Carvalho e Milton Ribeiro em *A ronda dos malandros*. TBC, São Paulo, 1950.
Acervo NL-SC. Fotógrafo: Fredi Kleemann

Com Nydia Licia em *A importância de ser Prudente*. TBC, São Paulo, 1950.
Acervo NL-SC. Fotógrafo: Fredi Kleemann.

Com Cacilda Becker em *O anjo de pedra*. TBC, São Paulo, 1950. Acervo NL-SC. Fotógrafo: Fredi Kleemann.

O homem da flor na boca. **TBC**,
São Paulo, **1950.** Acervo NL-SC.
Fotógrafo: Fredi Kleemann.

Com Elizabeth Henreid e Célia Biar em *Do mundo nada se leva*. TBC, São Paulo, 1950. Acervo NL-SC. Fotógrafo: Fredi Kleemann.

Cena de *O inventor do cavalo* (Achille Campanille), em que Sérgio foi responsável pelo cenário. TBC, São Paulo, 1950. Reprodução do livro *Sérgio Cardoso: imagens de sua arte*, de Nydia Licia.

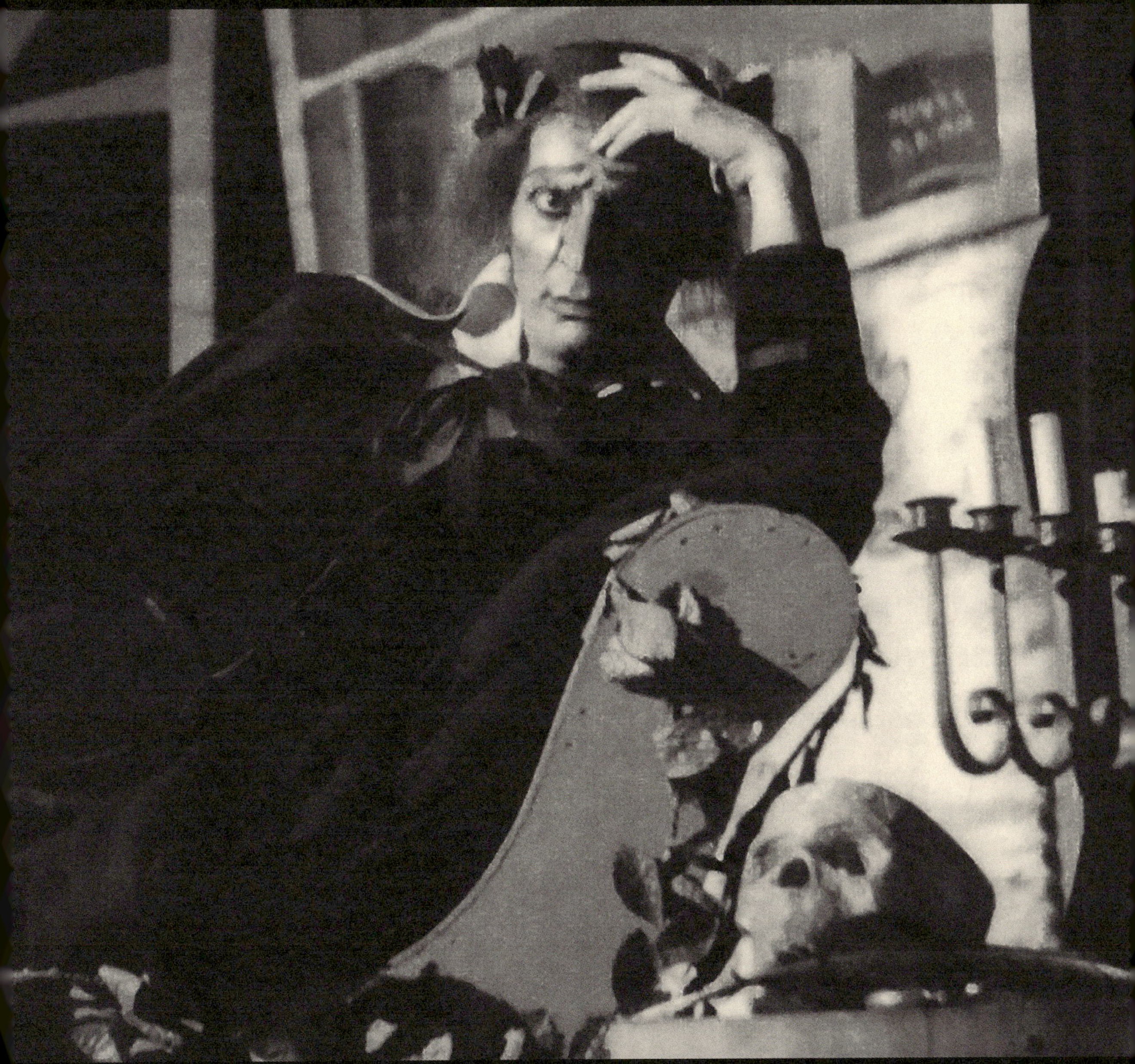

Seis personagens à procura de um autor. TBC, São Paulo, 1951. Reprodução do livro *Sérgio Cardoso: imagens de sua arte*, de Nydia Licia.

Convite ao baile. TBC,
São Paulo, 1951.
Acervo NL-SC.
Fotógrafo: Fredi Kleemann.

**Ralé. *TBC*. São Paulo.
1951.** Acervo NL-SC.
Fotógrafo: Fredi Kleemann.

Diálogo de surdos. **TBC**, **São Paulo, 1952.** Acervo NL-SC. Fotógrafo: Fredi Kleemann.

Com Cleyde Yáconis e Maurício Barroso em *O mentiroso*. TBC, São Paulo, 1952. Acervo NL-SC. Fotógrafo: Fredi Kleemann.

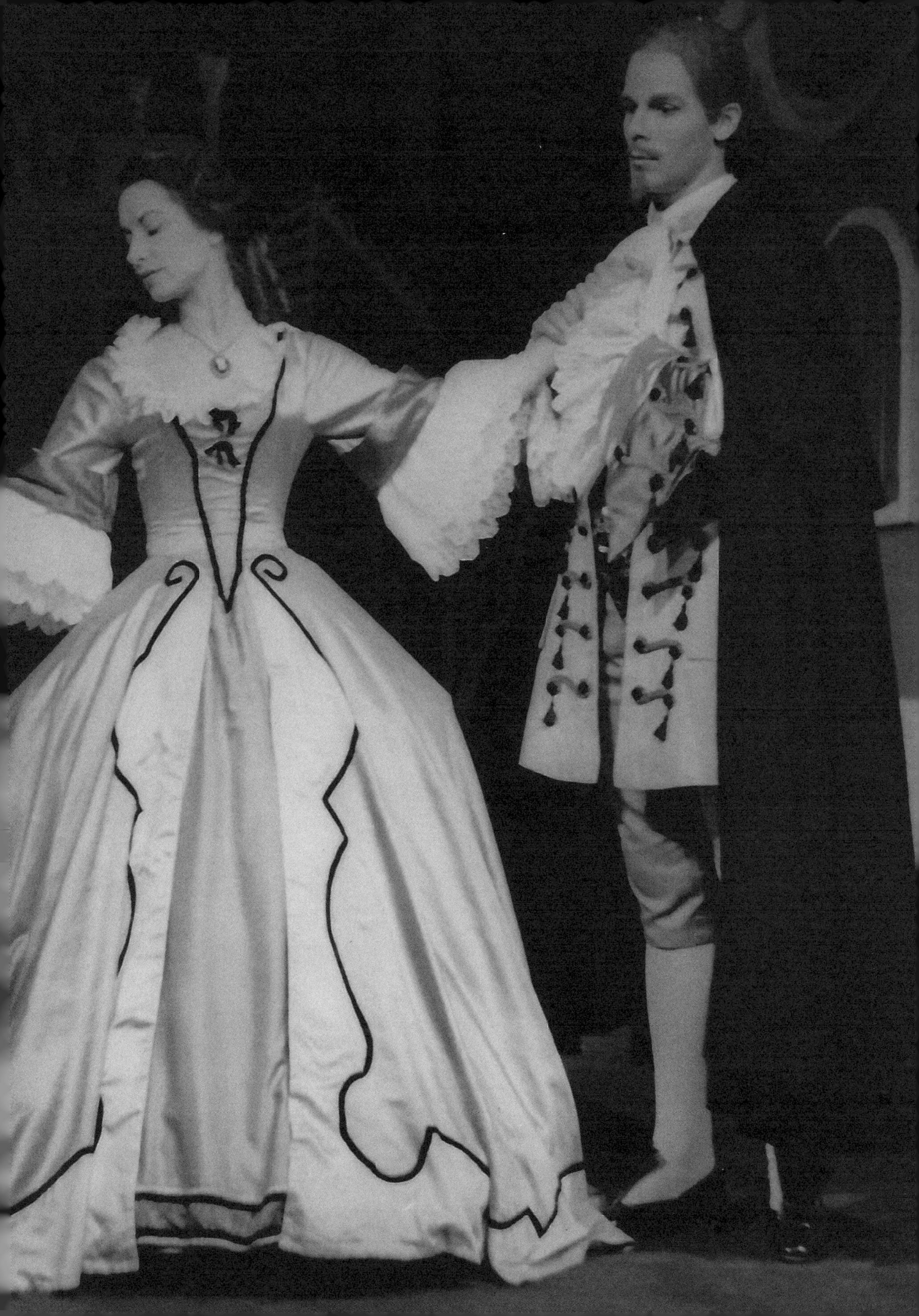

Antígone (de Sófocles). **TBC, São Paulo, 1952.** Acervo NL-SC.
Fotógrafo: Fredi Kleemann.

Antígone (de Anouilh). **TBC**,
São Paulo, **1952.** Acervo NL-SC.
Fotógrafo: Fredi Kleemann.

3: a busca de um espaço maior (1953)

Todo artista busca, mesmo nos seus sonhos, uma espécie de terra da promissão, sinônimo de espaço e condições propícias para o desenvolvimento de seu trabalho e a expansão de seus horizontes. É provável que o mesmo se possa dizer de qualquer profissional, independentemente da área em que atua; mas, no verdadeiro artista, essa busca assume proporções obsessivas, deixando-lhe apenas duas alternativas: atirar-se ativamente a essa busca até o limite de suas forças ou ruminar uma espera que, na maioria das vezes, leva-o a submergir na mágoa ou no amargor, frutos indesejados de uma sensibilidade extremada.

Para Sérgio Cardoso, o TBC fora, por um certo tempo, a concretização dessa "terra prometida". Durante os primeiros tempos – do seu ingresso na companhia, em novembro de 1949, a meados de 1951 –, lá encontrara uma verdadeira escola e o espaço ideal para o seu trabalho. Depois, as oportunidades foram escasseando, e a outrora "terra prometida" converteu-se num insatisfatório (ainda que economicamente seguro) exílio para sua irrequieta vocação. A proposta do SNT convidando-o para ser o primeiro ator da recém-criada Companhia Dramática Nacional assemelhava-se ao que ocorrera em 1949: uma nova companhia surgia e solicitava o seu talento. Só que, dessa vez, a proposta se dava em condições aparentemente ainda mais favoráveis para ele, o que fazia supor um alentado progresso. Além de ser convidado para ocupar inequivocamente o posto de primeiro ator – em vez da posição ambígua que desfrutara no TBC – por um salário bem acima do recebido em São Paulo, a proposta incluía a possibilidade, longamente desejada, de atuar como diretor. Por tudo isso, Sérgio preferiu não renovar seu contrato com a empresa paulista. Mais uma vez, rompeu os laços com uma situação estabelecida e partiu para uma possibilidade que lhe parecia promissora. Só que, dessa vez, não estava sozinho, e sua decisão afetou diretamente seu pequeno núcleo familiar – esposa e filha recém-nascida –, que, de uma forma ou de outra, viu-se arrastado para uma aventura sonhada apenas por ele. Quanto a Nydia, não foi de boa vontade que ela o seguiu. Custou-lhe muito deixar os pais, os amigos, a cidade eleita e a segurança do amado TBC que vira nascer.

A Companhia Dramática Nacional

A criação da Companhia Dramática Nacional (CDN) está ligada a uma das mais discutidas lacunas do nosso teatro: a inexistência de companhias estáveis de repertório, geralmente mantidas pelo Estado e comprometidas com um repertório estritamente cultural. A precariedade do mercado teatral brasileiro inviabilizava a produção de um conjunto de obras da maior importância, devido ao vultoso investimento requerido, com pouquíssimas chances de retorno financeiro. Então, quando foi posto em atividade um órgão assim, com a finalidade expressa de promover temporadas seguidas e regulares – com autores, intérpretes e técnicos exclusivamente brasileiros, a exemplo do que já acontecia em grandes metrópoles do mundo –, isso parecia ser o coroamento de todo o processo de modernização do teatro brasileiro. Mais que isso: a criação da CDN tinha todos os componentes para constituir um marco histórico.

A rigor, tratava-se da segunda tentativa do SNT de criar algo nesses moldes. A primeira acontecera em 1940, com o nome Comédia Brasileira, e fora vitimada por entraves burocráticos. Mais precavido dessa vez, o SNT conseguira a aprovação de uma emenda, no Orçamento da União, no valor de um milhão de cruzeiros, e contava com o apoio do ministro da Educação e Cultura, Ernesto Simões Filho. Na portaria do MEC de 10 de março de 1953, foram expostos seus princípios e objetivos, entre eles: "dar a autores, atores, diretores e cenógrafos brasileiros a oportunidade de uma aplicação conjunta dos seus conhecimentos em espetáculos de alto nível artístico"; realizar espetáculos de teatro declamado, a preços populares; montar exclusivamente peças de autores brasileiros, com o objetivo de estimular o desenvolvimento da literatura dramática nacional; ter o elenco composto apenas por brasileiros; e levar em conta não só o nível literário das peças, mas também seu valor teatral. Em tese, tratava-se de conduzir o teatro brasileiro para um passo além daquele dado pelo TBC, pois propunha-se a realizar montagens alinhadas ao pensamento mais renovador, porém com uma diferença bastante significativa: a preocupação nacionalista. Vários argumentos eram empregados para justificar essa iniciativa, mas, naquele momento, o principal era a consolidação de um espaço para o autor e o diretor nacionais, o que correspondia a um novo avanço na trajetória do moderno teatro brasileiro.

O regresso ao Rio de Janeiro

E foi assim, sintonizado com essa ótica nacionalista, cheio de sonhos e ilusões, que Sérgio Cardoso desembarcou no Aeroporto Santos Dumont, no Rio de Janeiro, para assumir seu posto na CDN.

No entanto, uma surpresa o aguardava logo no primeiro encontro do ministro Simões Filho com o elenco e a direção da nova companhia. A inesperada declaração: "Inúmeras vezes peguei da pena para assinar o documento que criaria a Companhia Dramática Nacional, e outras tantas pousei a pena..." significava que a companhia simplesmente ainda não existia. E se todos os atores, diretores e o pessoal de diversas áreas recrutados no Rio de Janeiro ficaram abismados com a situação, o que dizer de Sérgio e Nydia, que haviam trocado a segurança institucional e financeira do TBC pelas promessas da CDN, chegando ao Rio acompanhados da filha de colo e da babá? Mais ainda: traziam consigo o jovem Leonardo Villar, ator recém-formado pela Escola de Arte Dramática de São Paulo.

Como, para Sérgio, voltar de cabeça baixa para São Paulo estava fora de cogitação, o jeito foi começar a trabalhar, sem qualquer garantia ou suporte financeiro, enquanto esperavam a decisão do ministro.

Por insistência de Procópio Ferreira – que, aliás, fora um grande incentivador da saída de Sérgio do TBC –, ficaram hospedados em sua casa, na rua Constante Ramos, em Copacabana. A casa tinha algumas peculiaridades: a sala de jantar fora transformada num autêntico botequim, com mesinhas cobertas por toalhas de tecido xadrez e cercadas de cadeiras de palha, enquanto o balcão do bar exibia um garrafão de pinga e vários salames pendurados no teto. Era nesse bar que Procópio reunia os amigos depois dos espetáculos, para cear e ouvi-los declamar poesias e trechos de peças.

Ali, numa visita anterior do casal, Sérgio fora homenageado por ele. Na ocasião, durante um jantar, Procópio pediu a atenção de todos e contou ter sido um grande admirador do ator português Eduardo Brazão, celebrado intérprete de Hamlet. E que este, pouco antes de falecer, pedira à família que entregasse a Procópio a espada com a qual havia representado, durante anos, o papel do príncipe da Dinamarca. A espada simbolizava para Brazão o afeto e a consideração que sempre sentira pelo colega brasileiro. Após essa introdução, Procópio declarou diante de todos os presentes que considerava Sérgio o maior ator de sua geração, o legítimo herdeiro da mais alta tradição teatral, e, por tudo isso, lhe entregava a espada que pertencera a Brazão. Esse gesto, vindo do mais importante ator do velho teatro brasileiro, valia por uma verdadeira sagração. Pego de surpresa, Sérgio, entre comovido e desconcertado, agradeceu. Mas, após o jantar, caminhando em direção à casa de seus pais, subitamente parou; disse a Nydia que precisava voltar para retribuir o presente. Voltaram então à casa de Procópio, e Sérgio ofereceu ao amigo o alfinete de gravata que estava usando, com uma pepita de ouro no formato do mapa do Brasil, um presente recebido do estado do Pará.

Porém, deixando de lado a troca de gestos nobres e voltando à pequenez dos sentimentos e atitudes cotidianas evidenciada durante a saga da CDN, Sérgio e Nydia logo descobriram o motivo da indecisão do ministro. Se em São Paulo o projeto estético de uma nova geração estabelecera sua hegemonia sem encontrar uma oposição significativa (já que o teatro profissional paulistano praticamente inexistia), o mesmo não se dava no Rio de Janeiro. A então capital federal era sede do *establishment* teatral, com várias companhias organizadas em torno de estrelas do porte de Procópio Ferreira, Dulcina de Moraes, Jayme Costa, Eva Todor, entre outras. Todo esse movimento teatral se desenvolvera praticamente à margem de sistemáticos auxílios oficiais, tendo de enfrentar toda sorte de dificuldades. Quando circularam rumores de que o governo federal acabara de destinar uma grande dotação à CDN e que os atores convidados a integrar a companhia pertenciam à novíssima geração, surgiram reações muito negativas na imprensa, instalando-se acirradas discussões. E, expondo-se uma face bastante mesquinha da categoria teatral, os mais diversos argumentos eram utilizados pelos detratores da iniciativa. Muitos dos que se sentiam preteridos acusavam o SNT de haver contratado amadores para encabeçar o novo elenco. Criticavam duramente o dispêndio de uma verba tão significativa numa única e nova companhia quando já havia tantas outras precisando de auxílio. Na verdade, discutia-se a substituição de uma política de distribuição de recursos que consistia em sua pulverização pelas companhias existentes (sendo insuficiente para todas) por uma outra política de caráter mais vertical que pretendia, através de uma ação concentrada, promover um avanço na atividade teatral.

Todavia, a campanha movida contra a CDN avolumou-se até culminar, no início de maio, num encontro de artistas considerados representativos com o presidente Getúlio Vargas, em Petrópolis. Durante o encontro, tratou-se longamente da criação da CDN, vista ali como exemplo de má atuação do SNT na distribuição de verbas. Tão logo soube-se da reunião, aqueles que eram favoráveis à criação da nova companhia trataram igualmente de manifestar-se, enviando telegramas à Presidência da República. De toda essa batalha de telegramas e notícias, vale destacar a carta enviada de São Paulo por Procópio Ferreira a Paschoal Carlos Magno, na qual, com muito tato e diplomacia, nomeava os implicados na questão:

> **Acaba de chegar ao meu conhecimento uma certa irritação de alguns colegas contra a Companhia Dramática Nacional. A notícia, como quase todas à distância, é um tanto confusa. Diz que Jayme Costa, Delorges Caminha e Francisco Moreno são os promotores, junto ao governo, dessa campanha sem propósito. Não acredito. Não acredito porque conheço muito bem o espírito de solidariedade desses grandes companheiros e, mais do que isso, sua elevação moral. Nós, velhos atores, como eu, Jayme e Delorges, estamos colocados diante da nova geração como pais orgulhosos de seus filhos, desejando apenas que eles venham a ser superiores a nós. Somos pais "corujas" que desejamos para eles o melhor que não conseguimos alcançar. Eles começam agora, e ninguém melhor do que eu, Jayme e Delorges veria com enternecimento o carinho com que o governo seleciona e premia valores como Sérgio Cardoso, indiscutivelmente o maior ator de sua geração.**

> Eu, Jayme, Delorges e também Francisco Moreno não tivemos a ventura de encontrar no início de nossa carreira o amparo oficial. Lutamos sozinhos para criar um teatro que, no futuro, viesse a merecer a atenção dos poderes públicos. Se, desde o início, desejamos esse amparo, seria injustiça de nossa parte negá-lo hoje aos jovens que tão bem o merecem. Duvido que Delorges, um ator disputado por qualquer elenco, consagrado até fora de sua pátria, fosse capaz de não compreender o sentido construtivo e humano do problema que ora se apresenta. Duvido que Francisco Moreno, a quem eu quero tanto bem, possa se esquecer que, como presidente da Casa dos Artistas, representa todos nós, principalmente os novos, a quem deve, pela responsabilidade de seu cargo, todo apoio moral. É com imenso orgulho que eu, velho profissional de teatro, que já tinha para com Sua Excelência, o Presidente Getúlio Vargas, uma dívida de gratidão por ter dado à minha classe uma carteira profissional, com a lei que leva o seu nome, é com orgulho, repito, que vejo esse grande estadista amparar a nova geração, facilitando-lhe os primeiros passos... Disputar, concorrer, nós, atores de cartaz, os lugares que de direito pertencem aos jovens seria covardia. Seria o mesmo que jogar trinta anos de espontâneo aplauso do público contra o talento que ainda não logrou oportunidade de se popularizar como nós. Eu, Jayme, Delorges e Francisco Moreno deveríamos ter satisfação em dizer que vencemos sem o menor amparo, a não ser o do nosso próprio esforço. [...] Por tudo isso, não creio no que me chegou aos ouvidos. Provavelmente deve tratar-se de mais uma dessas intriguinhas de bastidores que não encontraram eco nem no público nem na História.

A carta, datada de 14 de maio de 1953, foi publicada integralmente no jornal *Correio da Manhã*. Contudo, nem mesmo a autoridade moral de Procópio, o mais respeitado ator da época, teve o dom de apaziguar os ânimos. Há, inclusive, uma nota da mais cruel ironia: enquanto toda essa batalha se desenrolava, um dos alvos preferidos era o fantástico salário que estaria sendo pago a Sérgio Cardoso, de 35 mil cruzeiros; a verdade, porém, é que ele ensaiava três peças simultaneamente (uma na parte da manhã, outra à tarde e, ainda, outra à noite) sem receber qualquer remuneração. Isso porque, enquanto durou a celeuma, o ministro da Educação e Cultura adiou a assinatura dos documentos necessários à sua efetivação. Juntamente com a esposa e a filha, Sérgio passava por uma situação bastante difícil. Ele tinha, por exemplo, de se locomover a pé entre os diferentes locais de ensaio a fim de poupar dinheiro para a compra de uma simples média com pão e manteiga, pois não queria pedir dinheiro emprestado a ninguém, nem mesmo a seus pais, que já estavam cuidando de Sylvinha.

Em seu depoimento, Nydia Licia conta que, por essa época, quando o excesso de trabalho era o único conforto para as dificuldades econômicas por que passavam, as notícias sobre essa situação chegaram a São Paulo, e Adolfo Celi foi ao Rio para, com ar paternal, convidá-los a retornar ao TBC e participar da montagem de *Assim é (se lhe parece)*, de Pirandello. Na ocasião, Sérgio altivamente recusou o convite, negou que estivesse em dificuldades financeiras e alegou que não poderia abandonar as condições e perspectivas de trabalho oferecidas pela CDN, um misto de orgulho e propósito, de enfrentar todos os percalços, perseverando no objetivo de ampliar seus horizontes profissionais.

Os ensaios eram exaustivos. Durante o dia aconteciam no High Life, no bairro da Glória, um antigo teatro inaugurado em 1900, que depois fora transformado em clube noturno e *music hall* e, mais tarde, em um cassino, fechado desde a proibição das casas de jogo, em 1946. Na parte da manhã ensaiavam *Canção dentro do pão*, de Raimundo Magalhães Júnior; e na parte da tarde, *A raposa e as uvas*, de Guilherme Figueiredo. No final da tarde, Nydia voltava para Copacabana no bonde mais barato, enquanto Sérgio caminhava até a avenida Getúlio Vargas, onde ensaiava *A falecida*, de Nelson Rodrigues. Um repertório só de autores nacionais, o que contrastava fortemente com a opção do TBC, quase totalmente dedicado a peças internacionais.

Para evitar atrasos e pressionar mais ainda o governo federal a liberar os recursos necessários, o diretor da CDN, Henrique Pongetti – também jornalista, escritor e dramaturgo –, tomou um empréstimo bancário, em seu próprio nome, de 400 mil cruzeiros, e deu início à execução dos cenários e figurinos. Já os atores e diretores continuavam sem pagamento. Tudo isso era particularmente difícil para Nydia, que se sentia muito insegura e solitária, longe da família e dos amigos, convivendo pouco com Sérgio fora dos ensaios. Assim, ela foi entrando num processo crescente de angústia, com várias consequências psicossomáticas, a muito custo reprimidas.

Enquanto isso, Sérgio respondia pela direção de *Canção dentro do pão* e, apesar das condições precárias, mostrava-se muito firme na nova e desejada posição. Para aumentar sua felicidade, interpretava também o protagonista da peça, Jacquot. Além disso, fazia o papel principal do texto de Nelson Rodrigues, Tuninho, dirigido por José Maria Monteiro, e ainda interpretava aquele que seria um de seus personagens mais marcantes: Esopo, em *A raposa e as uvas*, sob a direção de Bibi Ferreira. Para quem experimentara a amargura de ser preterido muitas vezes no TBC, ainda que em melhores condições financeiras, valia a pena enfrentar dissabores para ter os primeiros papéis e a sua estreia como diretor.

Finalmente, a poucos dias da abertura da temporada, Getúlio Vargas assinou o despacho autorizando o SNT a utilizar a verba de um milhão de cruzeiros para cobrir as despesas da CDN. Mas o despacho presidencial não tinha um tom de aprovação, e sim de severa reprimenda, como é possível notar:

> **O Serviço Nacional de Teatro foi criado para auxiliar as empresas teatrais existentes e incentivar a criação de novas, bem como as excursões do teatro popular pelo país. Não tinha o objetivo de montar teatro luxuoso com verba oficial e sim auxiliar as companhias já existentes. O assunto, além do mais, cabia ter vindo à minha consulta antes de terem sido tomadas as providências, que já tornam o empreendimento consumado sem o meu prévio conhecimento ou minha aprovação. [...] Defiro o pedido a título de experiência.**[30]

Através da imprensa, os desafetos não se fizeram esperar: sob a manchete "A classe teatral agradece ao presidente Vargas", o jornal *A Noite* registrava reações favoráveis às advertências do presidente, manifestadas por associações do porte do Sindicato dos Atores Profissionais do Rio de Janeiro, da Sociedade Brasileira de Autores Teatrais (SBAT) e da Associação Brasileira dos Empresários de Teatro. Coube mais uma vez a Procópio visitar os principais adversários da CDN para convencê-los a cessar os ataques.

A falecida

Após tantas dificuldades, a CDN finalmente fazia sua aguardada estreia, no dia 8 de junho, no Theatro Municipal do Rio de Janeiro. A companhia se apresentaria ao público durante um mês, com um repertório de três peças. Para abrir essa temporada, foi escolhida *A falecida*, texto recém-concluído por Nelson Rodrigues. Na época, apesar do sucesso de *Vestido de noiva*, o autor ainda estava bem distante de receber os unânimes aplausos da crítica, e sua obra era, antes de tudo, motivo de escândalo. A montagem foi dirigida por José Maria Monteiro, ex-integrante do Teatro Experimental do Negro, ator e diretor carioca apenas dois anos mais velho que Sérgio.

Antes da estreia, nos comentários publicados nos jornais, era grande o destaque dado à presença de Sérgio no elenco, sendo saudado com títu-

---

[30] "Críticas do presidente ao Serviço Nacional de Teatro", *O Jornal*, Rio de Janeiro, 27 maio 1953.

los como: "o melhor ator das novas gerações", "o maior ator do nosso teatro moderno", "um dos melhores atores do teatro nacional". Isso representava um progresso considerável para quem um mês antes tinha sido chamado de "amador". Além disso, era saudado por seu retorno ao Rio de Janeiro "no apogeu de todas as suas virtudes dramáticas".

Amor, morte e futebol constituem o núcleo temático da peça, e é por isso que não chega a ser tão estranho o aparecimento, na página de esportes de um jornal carioca,[31] de alguns detalhes do processo criativo de Sérgio. Na primeira parte do artigo, havia alguns exageros, como o de afirmar que o ator – tal qual o personagem que lhe cabia na peça – era "vascaíno fanático", tendo "a obsessão, a loucura, a mania do clube da cruz de malta" – alusão ao brasão do Vasco da Gama. O articulista, mais comprometido com seu próprio entusiasmo que com a verdade, chegava a dizer que, no espetáculo, Sérgio Cardoso vivia "uma paixão autêntica que o acompanha desde a meninice", embora não haja qualquer registro que comprove a veracidade de tal paixão do ator pelo clube de futebol carioca, já que o único esporte a despertar-lhe maior atenção foi a natação. O mesmo artigo fornecia, porém, alguns dados (também confirmados por outras fontes) sobre o processo de trabalho de Sérgio Cardoso: "Sérgio fez um minucioso levantamento do personagem, estudando a psicologia do torcedor, em todas as suas nuances. Andou em São Januário – sede do Clube Vasco da Gama –, conversou com os craques cruzmaltinos; [...] assimilou tiques e reações dos fanáticos do futebol".

Outra notícia de jornal[32] permitia saber que ele estivera também nos vestiários do Vasco da Gama, no estádio do Maracanã, pouco antes de uma partida de futebol, no dia 30 de abril, conversando com jogadores, experimentando desastrados "passes" futebolísticos e, como certamente faria seu personagem em *A falecida*, engraxando as chuteiras do ídolo Ademir Menezes.

A falecida estreou numa segunda-feira, e essa noite foi escolhida exatamente por ser o tradicional descanso semanal das companhias teatrais. Assim, toda a classe teatral, "tão desunida quanto simpática" – no parecer de um jornalista do *Última Hora* –, poderia comparecer, dando ao acontecimento um caráter de confraternização da categoria que, mesmo dependendo de boa memória para decorar textos e mais textos, costuma esquecer rapidamente suas desavenças. O certo é que, cercada pelo burburinho que só o Rio de Janeiro conseguia criar em torno dos seus eventos, a estreia lotou o Theatro Municipal. Através das anotações de um colunista social,[33] é possível saber

31 "Amor, morte e futebol", *Última Hora*, Rio de Janeiro, 8 jun. 1953, n.p.
32 "Sérgio Cardoso no Vasco", *O Jornal*, Rio de Janeiro, 1º jun. 1953.
33 João da Ega, "Black Tie", *Última Hora*, Rio de Janeiro, 10 jun. 1953.

que, numa frisa, encontravam-se o jornalista Samuel Wainer e senhora; noutra, o senhor e senhora Roberto Marinho, em companhia do senhor e senhora Austregésilo de Athayde. Na plateia podiam ser vistos Henrique Pongetti, Bibi Ferreira, Hélio Fernandes, Otto Lara Resende, Hélio Pellegrino, João Cabral de Melo Neto, Antonio Olinto, Henriette Morineau, Silveira Sampaio e a cantora Marlene – nomes de peso no cenário cultural e artístico. O colunista anotava, ainda, a presença, numa frisa, de Paschoal Carlos Magno, com suas irmãs Rosa e Orlanda, assistindo ao retorno triunfal de Sérgio Cardoso e à consagração de mais uma "cria", esta do Teatro Duse: o diretor do espetáculo.

Pouco antes de iniciar-se a peça, com o tradicional atraso das estreias, Joracy Camargo – o célebre autor de *Deus lhe pague* – falou sobre o significado especial daquele espetáculo, ressaltando que a CDN não vinha tomar o lugar de ninguém, constituindo-se em um laboratório de experiências, e não num concorrente. Joracy estava à vontade para defender a nova companhia pois, sendo um autor consagrado, não tivera nenhuma de suas peças escolhidas para a temporada oficial. Bem-humorado, fez um discurso pacificador, aludindo inclusive a dois fatores essenciais à sobrevivência de uma iniciativa como aquela: sucesso de público e apoio da classe teatral. Ao final de seu discurso, pôs-se a sonhar, em voz alta, com o dia em que os entusiastas do teatro fossem tão numerosos e ardorosos quanto os do futebol, e em que se pudesse contar como alguém morreu fulminado por choque emocional ao assistir a uma interpretação excepcional de algum dos nossos renomados atores.

Quanto ao espetáculo propriamente dito, as opiniões dividiram-se radicalmente, havendo quem – como o velho crítico Mário Nunes – considerasse a peça uma péssima escolha, por tratar-se de uma obra "para iniciados". Quanto à interpretação de Sérgio Cardoso, a crítica mostrou-se receptiva, ressaltando, porém, que o personagem não oferecia muitas possibilidades para o ator exercitar seu talento. Ainda assim, ficava-se sabendo que Tuninho fora desenvolvido por Sérgio seguindo uma linha realista, por tratar-se de um personagem que todos conhecem, com gestos e entonações vulgares, com sua grande paixão pelo futebol e uma personalidade desprovida de qualquer característica especial.[34] Entretanto, outro comentarista pontuou que, diante das "marcações magistrais [...] de José Maria Monteiro, levadas de propósito ao exagero, ora caricaturais, grotescas e ridículas, ora patéticas, violentas e bruscas, compreende-se que a intenção outra não é senão a da sátira, do deboche da desintegração". São observações que fazem pensar não numa linha realista, mas em outra mais próxima do expressionismo, o que certa-

---

34 Renato Vieira de Melo, "*A falecida*", *O Jornal*, Rio de Janeiro, 11 jun. 1953, n.p.

mente afetaria as interpretações.[35] Ainda mais considerando-se a tendência de Sérgio para um estilo menos sóbrio do que o realismo cultuado nos anos 1950, e bem mais próximo da teatralidade.

De qualquer maneira, nessa montagem, o foco de atenção ficou sendo o texto. Para o elenco, a direção, os cenários e figurinos (de Santa Rosa) restaram parcimoniosos adjetivos. O que não é de estranhar quando se veem nos artigos publicados observações do tipo: "O trágico e o patético exigem antes de qualquer outra coisa verbo, e se completam com os acessórios do espetáculo". São comentários que denunciam um apego à tutela literária, em detrimento de uma análise da concepção do espetáculo, das interpretações, da cenografia, da iluminação, enfim, de um tratamento de todos os elementos que compõem a linguagem teatral, juntamente com o texto.

Apesar de todas as expectativas e da grande repercussão na imprensa, *A falecida* obteve apenas um êxito relativo de público.

A raposa e as uvas

Logo em seguida veio a segunda montagem da CDN, *A raposa e as uvas*, de Guilherme Figueiredo, e com ela uma interpretação antológica de Sérgio Cardoso. Anos mais tarde, Bibi Ferreira, a quem coube a direção, disse que escolhera essa peça exatamente por ter Sérgio para interpretar o papel do escravo Esopo. Com a autoridade de quem trabalhou com várias gerações e, ao longo dos anos, construiu uma reputação de diretora exigente e rigorosa em relação aos atores, Bibi declarou: "Nunca tive tamanho entusiasmo por nenhum outro ator brasileiro", acrescentando que "Sérgio parecia um ator russo, tinha o peso e a beleza de uma estátua com o poder de falar, um rosto estranhamente belo, o desenho perfeito para o teatro. Um deus do Teatro".

Contou que guardava dele a lembrança de um irmão muito querido, e que seu pai, Procópio Ferreira, costumava dizer que tinha dois filhos no teatro: ela e Sérgio. E definia-o como "um verdadeiro ator moderno, atual". Nas palavras dela:

> A força moderna. Discreto. Por isso eu diria que ele tinha um quê de inglês. Era a sublime forma de representar. Perfeccionista, perguntador, otimista, criando sempre. Sempre maleável – você fazia dele o que queria. O teatro era a única coisa que importava. Não era soturno, mas sério no trabalho. Um brilho excessivo, vindo do amor. Dava oportunidade muito ampla a que se discutisse com ele. E a voz que, sem esforço, abraçava o teatro.

---

35   Mário Nunes, "*A falecida*", *Jornal do Brasil*, Rio de Janeiro, 12 jun. 1953, n.p.

Tão ágil, dos pés à cabeça. Através da voz, envolvia todo o palco em torno de si, pairava, diferente de todos os outros. Foi sorte ter feito papéis tão bons numa carreira tão curta.[36]

Bibi falou ainda do prazer que sentiu ao dirigi-lo – "o prazer de dirigir um verdadeiro ator" –, evocando o fato de, ao falar dos seus sonhos, Sérgio sempre mencionar os grandes personagens shakespearianos. Do alto de sua formação britânica, afirmou Bibi: "Com o tempo, poderia ter feito todos os 'Henriques', todos os 'Ricardos'. Pela voz deslumbrante, até Otelo". E lembrou que, certa vez, ao chegar em casa, Procópio lhe disse: "Sabe o que descobri sobre Shakespeare, Bibi? Shakespeare escreveu tudo para o Sérgio Cardoso". Não poderia haver maior reconhecimento de seu talento.

A raposa e as uvas havia sido escrita para Procópio Ferreira, que, segundo a crítica Bárbara Heliodora, não quis fazer a peça por não poder fumar em cena. O fato é que o ator a interpretou durante uma temporada em Portugal, chegando mesmo a pedir a Sérgio que desenhasse cenários e figurinos. Sérgio chegou a preparar os esboços, que, no entanto, não chegaram a ser utilizados.

A peça de Guilherme Figueiredo oferecia a Sérgio uma excelente oportunidade de utilizar suas proverbiais habilidades de caracterização. Para compor o corpo do escravo, assumia, durante todo o espetáculo, uma postura desajeitada e desconfortável, reduzindo de maneira impressionante a própria estatura, o que chegou a provocar-lhe problemas de saúde. Sobre sua interpretação, Décio de Almeida Prado escreveu:

De Sérgio Cardoso o que há de admirar acima de tudo é a composição física, realmente impressionante, inesquecível. Quanto mais ele não tem nada a fazer senão dizer o texto, coisa que não custa a um artista de sua categoria, porque o papel é todo de superfície, não oferece qualquer lado mais encoberto, mais complexo, que pudesse ser explorado.[37]

Sobre o grau de envolvimento de Sérgio com o espetáculo, Bibi Ferreira recordava que, certa vez, o dispensara após um ensaio estafante, porque pretendia trabalhar mais detalhadamente outro ator do elenco. Sérgio afastou-se com os demais atores, e ela pôs-se a trabalhar. Algum tempo depois, percebeu

---

36 Bibi Ferreira, Depoimento concedido ao autor, 7 jan. 1988.
37 Décio de Almeida Prado, *Apresentação do teatro brasileiro moderno*, São Paulo: Martins, 1955, p. 82.

um estranho movimento numa cortina da sala de ensaio. Ao verificar o que era, encontrou Sérgio escondido ali, como que não podendo afastar-se do trabalho, ávido por ouvir e aprender tudo.

A estreia do espetáculo foi um enorme sucesso. Ao final do segundo ato, o Theatro Municipal lotado aplaudia de pé, durante bons minutos. A sensação experimentada por Nydia era de que o Rio de Janeiro reencontrara o seu grande ator, em uma interpretação inesquecível.

Ainda segundo ela, Sérgio havia se apaixonado pelo personagem do escravo Esopo e se dedicara a construí-lo minuciosamente. Para concretizar seu corpo deformado, usou uma corcunda e enfaixou as pernas com ataduras muito apertadas, mantendo-as numa posição estranhamente flexionada, com o joelho direito voltado para dentro, num tal esforço físico que acabou por provocar a ruptura do menisco. Mas seu objetivo não era simplesmente o de causar repulsa no espectador. Por isso, utilizava a riqueza de tons da sua voz para dar a sensação de um romantismo extremo enclausurado num corpo disforme.

No *Diário Trabalhista* do Rio de Janeiro, o jornalista Rocha Mendes escrevia, entusiasmado:

Voltaire afirma que a arte do comediante é a mais bela e a mais difícil de todas as Belas-Artes. [...] De fato, a matéria sobre a qual ele trabalha e a sua própria figura, o seu corpo, a sua voz, quer dizer, a sua vida. Daqui se conclui que o comediante tem de ser duplo. Ele tem dentro de si o número Um que é o instrumentista, e o número Dois que é o instrumento. O número Um concebe a personagem ou antes vê a personagem tal qual o autor a apresenta. Mas este modelo é o número Dois quem realiza. [...] Talha, por assim dizer, cose e recose sobre a sua pele todas as características do modelo, até que o crítico, que vive dentro do seu número Um, se declare satisfeito e reconheça finalmente que essa figura se assemelha à figura do Esopo. Mas esse trabalho por si só não basta, representa apenas uma semelhança superficial: o exterior da personagem. É indispensável que ele faça falar Esopo com a voz que ele imagina ouvir Esopo e que o faça mover, andar, gesticular, ouvir, pensar com a alma que ele pressente deveria existir em Esopo. Só então o retrato está acabado. O que estava no fundo do meu pensamento era a imagem de um comediante – Sérgio Cardoso – no Esopo de Guilherme Figueiredo.

Os personagens com maiores possibilidades de caracterização, os que não eram fáceis de construir, os disformes e torturados de corpo e alma eram os que mais o atraíam, os que lhe ofereciam a chance de mergulhar por inteiro.

Durante o período em que trabalhou na CDN, Sérgio mostrou outro traço característico de sua personalidade: a generosidade para com outros atores talentosos, mas iniciantes. Leonardo Villar, recém-saído da Escola de Arte Dramática, fora levado por Sérgio para o elenco da CDN, onde sua carreira começou a ganhar projeção. E essa disposição para apoiar novos artistas pôde ser notada mais vezes durante toda a sua carreira.

Canção dentro do pão

No dia 23 de junho, estreava no Theatro Municipal a terceira montagem da temporada de 1953 da CDN: *Canção dentro do pão*, de Raimundo Magalhães Júnior. A peça é uma comédia leve, inspirada em *Jacques le fataliste*, de Diderot, e passa-se em Paris, no fim do século XVIII. A montagem marcava a estreia de Sérgio Cardoso como diretor.

Sobre suas credenciais para ocupar essa posição no universo teatral, o próprio Sérgio declarava ao jornal *Tribuna da Imprensa*:

> **Já servi de assistente a Harnish, para o *Hamlet* dos "Doze"; a Ruggero Jacobbi, para *O mentiroso*; a Salce, para *Anjo de pedra* e *O inventor do cavalo*; a Ziembinski em *O homem da flor na boca*; e a Bollini, em *Diálogo de surdos*. As conversas que tive com estes eram de ordem diferente das que há entre diretor e ator. É um trabalho mais direto. Depois, no TBC o elenco sempre assiste aos ensaios, até das peças nas quais não entra. Aprendem-se o estilo e o método que cada diretor emprega para conseguir determinados efeitos. Isso tudo valeu muito nessa minha primeira direção.[38]**

É bem verdade que não há registros de que ele tenha ocupado oficialmente a posição de assistente de direção em *Hamlet, O mentiroso, O inventor do cavalo* ou *Diálogo de surdos*. Por outro lado, porém, seu alto grau de envolvimento e seu interesse pelos múltiplos aspectos do fazer teatral certamente lhe permitiram um contato diferenciado com os métodos e as ideias dos diretores citados. Sem contar o fato de que, na citada montagem de *Hamlet* e em *O inventor do cavalo*, ele trabalhou como cenógrafo e figurinista. E, é claro, ele pode ter exercido informalmente algumas das funções exercidas por um assistente de direção, pelo seu foco e dedicação absolutos ao trabalho.

---

38 "Sérgio Cardoso dirige uma peça", *Tribuna da Imprensa*, Rio de Janeiro, 17 jun. 1953, n.p.

Na mesma entrevista, Sérgio contava como chegara à direção de *Canção dentro do pão*:

> Quando fui contratado, *A falecida* já estava entregue a José Maria Monteiro. A peça de Guilherme Figueiredo, que Bibi dirige atualmente, estava destinada a Silveira Sampaio. Propuseram-me a de Magalhães Jr. ou a de Edgar Rocha Miranda. Mas não ia aceitar sem ler, para ver se a peça em questão estava dentro das minhas possibilidades de estreante. Felizmente, encontrei em *Canção dentro do pão* elementos que saberia valorizar. Pedi a Cacilda Becker que lesse. Ela achou que era a melhor comédia nacional que já lera. [...] Apesar de me sentir melhor numa peça de época, não foi essa atração que senti. Foi a graça, o ritmo leve, musical, eufórico. Não é peça de gargalhada, mas de sorriso permanente. Magalhães Jr. fala em *marivaudage*, mas não procurei me aproximar de Marivaux, nem de Musset, nem de Molière. Quebrei a quarta parede utilizando o estilo *vieux jeu*, com apartes e ribalta simbólica, pintada, é só.

Suas palavras denotam não só um agudo senso de responsabilidade, ao procurar avaliar suas reais possibilidades antes de aceitar dirigir uma peça, como também conhecimento de estilos e autores clássicos, abonando sua cultura teatral. Ele prosseguia, mais adiante, detalhando suas opções enquanto encenador:

> Não pude resistir à coreografia inerente ao texto. Antes de me dar conta, estava planejando um acompanhamento musical. Fora as três tiradas do padeiro e o monólogo de Jacqueline, a peça não repousa num texto que fosse necessário valorizar sem movimentação. [...] O "pseudo-*ballet*" que criei com música me ajudou muito.

Tanto discernimento cênico chegaria a surpreender num estreante, não fossem já conhecidos o seu empenho e a sua voracidade em apreender o máximo de informações relacionadas à prática teatral. É interessante verificar a maneira sintética e precisa como ele definiu os personagens:

> Disse-lhe – a Nilson Pena [*sic*] (o figurinista) – que os quatro personagens tinham andares característicos. Jacqueline é uma perfeita oval, graciosa, saltitante. Jacquot é um triângulo equilátero: com os pés no chão, anda com o corpo reclinado

para trás. Finot é um triângulo invertido com gestos dos braços, com a ponta do pé no chão. Jean de la Loi é um retângulo perfeitamente equilibrado.

Segundo Nydia, ele tinha tudo planejado em sua cabeça, mas aceitava mudanças sugeridas pelos demais membros da equipe, desde que as considerasse pertinentes.

Mas os atritos eram frequentes com os técnicos, com Nilson Penna, companheiro dos tempos do TEB, e com os diretores da companhia. Os anos em São Paulo lhe haviam dado uma referência de trabalho mais acelerado, e ele não aceitava o ritmo mais calmo dos cariocas. Muitas vezes era necessária a intervenção diplomática de Nydia para serenar os ânimos exaltados.

À pergunta de um jornalista sobre se conseguira um resultado próximo daquilo que concebera, respondeu com palavras que sintetizam boa parte do seu sentido da atividade cênica: "Acho que sim. Duas horas agradáveis não são coisa tão fácil de se conseguir. Trabalhou-se muito, pensou-se ainda mais. Espero que, na estreia, tudo pareça ser muito leve, muito fácil. Trabalhei intensamente e com grande alegria para que tudo corresse como uma canção".

Ao comentar o espetáculo, a crítica especializada confirmava essa sensação de segurança e insuspeitada maturidade que se depreende das suas palavras:

É difícil estabelecer até onde vai o texto e onde começa o trabalho do diretor – e este é o maior elogio que poderíamos fazer à encenação de Sérgio Cardoso, que se funde com a peça como se as duas tivessem nascido juntas. Muitas destas alusões rápidas, destes achados que brilham por um segundo, são indiscutivelmente da direção: é ela que faz dançar estas criaturas frívolas, propositadamente convencionais, ao som de um ritmo endiabrado, ritmo de notas de música, de frases, de risos, de movimentos. O espetáculo pretende capturar a graça aérea de outras épocas, de outros teatros, e o consegue [...][39]

Autores nem sempre se mostram de acordo com a leitura dada por diretores, mas não era esse o caso de Raimundo Magalhães Júnior ao afirmar:

Sérgio Cardoso dirigiu seguindo a tradição da comédia dos séculos XVII e XVIII, apelando para o *ballet* e a pantomima, o

---

39 Décio de Almeida Prado, "*Canção dentro do pão*", *O Estado de S. Paulo*, São Paulo, s.d., n.p.

que importa dizer que não há nenhuma busca do realismo. Pelo contrário, Sérgio Cardoso revela nessa comédia uma versatilidade comparável à de Jean-Louis Barrault que aqui fez o Hamlet e o Baptiste da pantomima de Jacques Prévert.[40]

Quanto ao trabalho de Sérgio como ator nessa peça, Décio de Almeida Prado não poupava elogios, reconhecendo inclusive a sua qualidade de conciliar diferentes tradições:

> Sérgio Cardoso é Jacquot: seria difícil imaginar desenho ao mesmo tempo mais leve e mais caricatural dentro de uma linha de impecável bom gosto francês, sem deixar de aproveitar com inteligência a comicidade dos nossos palhaços e dos nossos cômicos de revista.

E o crítico Ney Machado, do jornal *A Noite*, destacava um outro aspecto da sua atuação:

> Este ator dá nesta obra uma aula de "dizer" usando das palavras como um artista usa de seus instrumentos. Elas brilham, ferem, suplicam, mostram a astúcia, o medo, a arrogância, e empáfia, não pelo seu valor intrínseco, mas pelas inflexões, nuances, colorido. O filólogo que inventa palavras deveria consultar este ator para que lhe ensinasse a inflexão desejada para termos novos, pois este Sérgio Cardoso deve ser um criador de inflexões, tão ricas são as que emprega, e passando de um extremo a outro por uma escala de fusas e semifusas que o diapasão musical teria trabalho em registrar.[41]

Ao cotejar a interpretação dos demais atores de *Canção dentro do pão* com a de Sérgio, Ney Machado anotava uma disparidade e, mesmo reconhecendo o valor de seus esforços como diretor, apontava para a gritante superioridade do primeiro ator:

> O tempo (tempo no sentido de movimento) no qual Sérgio representava não era o mesmo dos outros atores. Quando ele fez

---

40 Raimundo Magalhães Júnior, "Sérgio Cardoso como diretor", *Diário de Notícias*, Rio de Janeiro, 23 jul. 1953, n.p.
41 Ney Machado, "Primeiras teatrais", *A Noite*, Rio de Janeiro, s.d., n.p.

> aquela pitoresca descrição de sua arte pasteleira, nós recuamos 100 anos e vimos Arlequim metido numa pastelaria; quando Léo Villar, Restier ou Nydia Licia se movimentavam (na maioria das vezes) esses atores não conseguiam nos tirar do Municipal, eram pastiche, embora bem modelado, dos velhos comediantes da Itália e França. Não que fossem maus atores, tão somente estavam fora do "tempo".

Anos mais tarde, Leonardo Villar, o ator levado por Sérgio à CDN, revelou um pouco sobre o comportamento deste no ambiente de trabalho:

> Ele tinha um humor sensacional. Era superagradável trabalhar com ele. Muito acessível, muito moderno, muito aberto. Para se trabalhar era uma pessoa encantadora. Mas quando estava irritado, era melhor sair de perto. Não era uma pessoa que disfarçava o que sentia.[42]

E contou também como se portava o diretor Sérgio Cardoso:

> Trazia uma concepção, que mudava durante os ensaios, não era uma coisa rígida, fechada. Uma semana, dez dias, na mesa lendo o texto, discutindo, fazendo análise de personagem. Quando levantava, já tinha o personagem mais ou menos levantado. Depois ia para o palco fazer marcação – as marcas já eram definidas, apesar de às vezes alguém poder sugerir alguma coisa.

As lembranças de Villar revelam um encenador bastante convencional em seus métodos, fiel ao que aprendera com os diretores do TBC, mas a repercussão do espetáculo atesta a felicidade do resultado obtido.

Após a temporada no Theatro Municipal, a CDN passou a se apresentar no Teatro Carlos Gomes, na praça Tiradentes, em pleno território dominado pelas revistas. Dessa vez, optou-se por começar com *A raposa e as uvas*, que já havia mostrado seu potencial para atrair grandes plateias. E a peça não traiu as expectativas, sendo muito bem recebida pelo público. Tal foi o sucesso alcançado que a direção da CDN resolveu estender por mais algum tempo as apresentações desse primeiro espetáculo, acreditando que a casa lotada levaria a Empresa Paschoal Segreto, proprietária do teatro, a prorrogar a temporada.

---

42   Leonardo Villar, Depoimento concedido ao autor, Rio de Janeiro, 6 maio 1988.

Em sua autobiografia, Nydia menciona apenas um detalhe dessa passagem pelo Teatro Carlos Gomes: ter sido obrigada a conviver com um rato que morava em seu camarim...

Para surpresa dos diretores da CDN, os responsáveis pelo teatro não ficaram muito impressionados com a afluência de público e preferiram retomar a sua linha de trabalho habitual, comunicando-lhes que o local já estava comprometido com um empresário de teatro de revista nas datas subsequentes. E a CDN, em meio ao sucesso, teve de deixar o Teatro Carlos Gomes.

Companhia Dramática Nacional em excursão

Depois do grande êxito junto ao público carioca, a CDN deu início à sua excursão: levou os três espetáculos a cidades dos estados do Rio de Janeiro, de Minas Gerais e de São Paulo, contando sempre com o apoio das prefeituras locais, que ofereciam teatro, transporte, hospedagem e isenção de impostos municipais. Toda essa ajuda se justificava não só pelas vultosas despesas de manutenção da companhia, mas também pela circunstância de a CDN ser, como dependência governamental, obrigada a recolher integralmente aos cofres do Tesouro Nacional as rendas arrecadadas na bilheteria. Assim, mesmo alcançando um grande sucesso de público, não podia utilizar os recursos gerados para prover suas próprias necessidades. Essa situação insólita, aliás, acabaria por levar à sua dissolução.

Por outro lado, a excursão mostrava-se muito precária em sua organização: teatros infestados de insetos e ratos; hotéis com instalações bastante decadentes e/ou com frequência suspeita; e espaços cênicos improvisados, sujeitando os atores aos mais diversos imprevistos. Por incidentes desse tipo, é necessário relativizar a imagem de Sérgio como uma estrela temperamental, dada a explosões e achaques diversos. Há também que se levar em conta a grandeza dos seus sonhos e as pressões terríveis a que estava submetido em função da sua realização quando boa parte desses incidentes ocorreram.

Entre os sacrifícios aos quais se submeteu o casal Nydia e Sérgio durante o período de apresentações nos estados de Minas Gerais e Rio de Janeiro, um se destacou especialmente: a separação da filha Sylvia, então com menos de um ano de idade, deixada com os avós paternos. Ela permaneceu sob os cuidados deles até a última etapa da excursão. Quando a CDN passou a se apresentar no estado de São Paulo, a partir de agosto de 1953, Sylvia foi levada de volta ao apartamento da rua Major Diogo, na companhia da babá.

Bibi Ferreira revelou que, durante as viagens, em meio a tantas dificuldades de ordem prática e emocional, Sérgio manifestou a tendência de acelerar progressivamente o tempo das falas na peça *A raposa e as uvas*, talvez entusiasmado pela própria capacidade de dicção. Ela chamou-lhe a atenção algumas vezes, sem resultado. Até que ele mesmo percebeu que estava comprometendo a inteligibilidade do texto e, reconhecendo que Bibi estava certa, procurou emendar-se, revertendo essa tendência, justamente num de seus papéis de maior sucesso.

Após tantos transtornos no decorrer das viagens, regressar a São Paulo tinha um sabor especial. Para Sérgio, significava um retorno triunfal à cidade que o vira desenvolver-se profissionalmente, mas lhe negara muitas oportunidades. Naquele momento, ele retornava como indiscutível primeiro ator de uma companhia de sucesso e podia mostrar seu elogiado primeiro trabalho como diretor, além de revelar um repertório totalmente nacional. As dores e os sacrifícios que isso custara ficavam longe dos holofotes... Além de tudo isso, a família estava novamente reunida.

Para apresentar-se em São Paulo, a companhia enfrentou muitas dificuldades de ordem burocrática: ao contrário do que acontecera nas outras cidades, a municipalidade paulistana, tendo à frente o idiossincrático prefeito Jânio Quadros, não só negou-se a fornecer qualquer ajuda à iniciativa do governo federal, como estipulou um aluguel de 10% sobre a renda bruta pela cessão do Teatro Leopoldo Fróes, para uma temporada de trinta dias, de 17 de setembro a 16 de outubro.

Mas finalmente a estreia aconteceu, num espaço próximo a tantas memórias queridas, na rua General Jardim, ao lado da Biblioteca Monteiro Lobato. Construído em 1952 para apresentar espetáculos infantis, o Teatro Leopoldo Fróes era um bonito edifício de fachada modernista, com capacidade para 658 espectadores e muito bem localizado. Apesar de todas essas qualidades, permanecia subutilizado e, na maior parte do tempo, fechado. Dessa forma, o acordo entre a Prefeitura de São Paulo e a CDN representava a ativação de um ótimo espaço, que um ano após a sua inauguração permanecia pouco conhecido pela população. Foi assim que o público paulistano pôde assistir aos três espetáculos e, ao mesmo tempo, ser praticamente presenteado com a abertura de uma nova sala de espetáculos.

A temporada teve início com a peça *A raposa e as uvas*, na qual Sérgio mostrava o seu inesquecível Esopo. Mas os críticos paulistas não gostaram do texto, considerando-o uma peça "menor". Já o público transformou o espetáculo num tal sucesso que, após a temporada no Leopoldo Fróes, ele teria de se apresentar no Teatro de Alumínio, sala de espetáculos situada na praça da Bandeira, no vale do Anhangabaú (onde hoje se encontra a Câmara Municipal de São Paulo), o que, além do público numeroso, traria de volta as más condições enfrentadas durante as viagens da companhia. O Teatro de Alumínio era um grande galpão pré-fabricado, de metal, como o nome indica, tendo sido chamado pela imprensa, na época de sua instalação, de "circo de lata". Estava malconservado, cheio de goteiras e de janelas que não fechavam...

Ainda no Teatro Leopoldo Fróes, após *A raposa e as uvas*, era apresentada *A falecida*, repetindo em São Paulo a polêmica a respeito do valor do texto. No que se refere à interpretação de Sérgio, Décio de Almeida Prado assim se manifestava: "[...] o ótimo ator de sempre, sem sugerir, entretanto, a vulgaridade do papel e do ambiente: uma certa finura, uma certa distinção, que o costumam servir magnificamente, são aqui um obstáculo".[43] O crítico resumia dessa forma uma limitação que era não apenas do intérprete, mas dos atores que traziam a marca do TBC, dos grandes atores formados à maneira europeia: a dificuldade para encarnar o brasileiro comum, tal qual aparecia na obra de Nelson Rodrigues. Uma dificuldade que só seria vencida alguns anos depois com a geração do Teatro de Arena.

No entanto, Maria Thereza Vargas considerava inesquecível a cena final da montagem, quando Sérgio exclamava: "Vasco, Vasco!", num grito que, pouco a pouco se misturava ao soluço.

Assim como na temporada carioca, também em São Paulo *Canção dentro do pão* era a última peça apresentada. Mattos Pacheco, em sua coluna "Ronda dos Bastidores", fazia restrições à peça, mas ressaltava a direção e a interpretação de Sérgio; o mesmo fazendo o jornalista Cavalheiro Lima, do *Diário da Noite*. Nicanor Miranda, do *Diário de São Paulo*, reconhecia qualidades no texto, mas igualmente guardava seus melhores elogios para o elenco e, sobretudo, para o ator-diretor:

> **Se Magalhães Jr. o chamava [a Sérgio Cardoso] antigamente "pequeno gigante do teatro nacional", agora está no dever, dada a esplêndida colaboração que Sérgio Cardoso lhe prestou, de promovê-lo a "gigante do teatro nacional". Desde *O pedido de casamento* nos convencemos de que um ator que pode ser um magnífico farsante e um esplêndido dramático, como Sérgio Cardoso, tem diante de si um venturoso porvir profissional.**[44]

Unindo-se ao coro consagrador, um anônimo articulista escrevia no *Diário de São Paulo* a seguinte apreciação, que não poderia ser mais entusiástica:

---

43 Décio de Almeida Prado, *Apresentação do teatro brasileiro moderno*, op. cit., p. 24.
44 Nicanor Miranda, "*Canção dentro do pão*", *Diário de São Paulo*, São Paulo, 14 out. 1953, n.p.

> Esse Sérgio Cardoso tem uma constante no seu destino de artista: o triunfo. Sempre renovado, é um pleno triunfador em todas as maleáveis facetas da sua espantosa versatilidade. Agora é diretor, ator e... autor. Autor sim, principalmente autor: o verdadeiro autor da peça. O transfigurador de um texto. Lido ou ouvido, seria esse insubsistente original apenas galicismo. Mas vista, apenas vista, a burla adquire logo uma surpreendente razão de ser. E essa razão de ser é pantomima de Sérgio. O ritmo dos seus gestos é todo poderosamente criador. [...] Que esplêndido pantomimo! Ele não precisa de palavras. Seu jogo cênico – atitude por atitude, expressão por expressão, movimento por movimento – é acrobacia, é *ballet*, é... é um espetáculo.⁴⁵

Não deixa de ser curioso comparar esse exaltado elogio às qualidades do ator, atribuindo-lhe um desempenho que chegava a dispensar as palavras, com aquele outro comentário, citado anteriormente, que lhe exaltava o inigualável dom da palavra, "uma aula de dizer". É extraordinário pensar que foram escritos a respeito de um mesmo ator e durante a mesma temporada. Mas sua junção nos permite supor quão magníficas pareciam as perspectivas para a carreira de Sérgio, que contava apenas 28 anos de idade e cinco de carreira.

Ainda durante a temporada da CDN em São Paulo, ele juntou-se a alguns ex-colegas do TBC num espetáculo de efêmera duração, intitulado *Improviso*. Tempos depois, Paulo Autran, que participou do grupo, contou o que foi esse espetáculo:

> Nós, atores do TBC, às vezes tínhamos vontade de fazer alguma coisa que desse um pouco mais de liberdade. E, juntamente com o Celi, tivemos a ideia de fazer um espetáculo que fosse uma espécie de *show*. Que hoje em dia, evidentemente, seria chamado de besteirol. Eram vários números, todos levados exclusivamente para o humor. E nós fazíamos à meia-noite de sábado, no teatro da Nicette Bruno, na rua Vitória. [...] E foi um sucesso absolutamente fora do comum, porque à meia-noite lotava, esgotava lotação, ali no TINB – Teatro Íntimo Nicette Bruno. E o Sérgio fazia vários papéis muito engraçados. Ele fazia uma cena que era sátira às peças do Nelson Rodrigues, em que ele falava umas coisas muito engraçadas – era um sucesso! Éramos Tônia, Sérgio, Elizabeth Henreid, Ruy Affonso, Renato Consorte e eu. [...] O Celi escreveu

---

45 "Assim seja!", *Diário de São Paulo*, São Paulo, 13 out. 1953, n.p.

> um folhetim em que Sérgio fazia um frade. Durante a peça inteira se procurava a condessinha não sei de quê e, no final, quando se procurava desvendar toda a trama, depois de tanta procura, o frade seríssimo que o Sérgio Cardoso fazia tirava o capuz e apareciam duas trancinhas louras, e ele dizia assim: "A condessinha sou eu!". Era muito leve, muito variado.

Essa montagem foi apresentada apenas quatro vezes, a configurar uma experiência absolutamente descompromissada. A simples descrição oferecida por Paulo Autran faz realmente pensar no tipo de espetáculo que faria sucesso décadas mais tarde e que seria classificado como "teatro de besteirol".

Com o final da temporada em São Paulo, terminava o contrato de Sérgio e Nydia com a CDN. Havia a previsão de que a temporada se estendesse por mais alguns meses, com apresentações nas regiões Norte e Nordeste. Seriam mais viagens e para locais muito mais distantes, sem nenhuma garantia de que, daquela vez, tudo seria mais bem organizado.

Nydia não queria continuar a excursão, pois as atribulações das viagens anteriores haviam sido suficientemente desgastantes, desejando, assim, permanecer em São Paulo. A decisão cabia a Sérgio, mas, para a tranquilidade da atriz, surgiu uma boa proposta da TV Record de São Paulo, que o conquistou. Por consequência, ele tomou a decisão de não renovarem o contrato com a CDN, tendo sido substituídos por Agildo Ribeiro e Nathalia Timberg.

Assim findava a passagem de Sérgio pela CDN, que lhe valeu o prêmio de melhor ator por seu trabalho em *A raposa e as uvas*, concedido pela Prefeitura do Distrito Federal.

A ceia dos cardeais

Um traço característico de Sérgio Cardoso era sua grande admiração pelos atores da velha geração, como Procópio, Jayme Costa e Alda Garrido. E em várias ocasiões teve a oportunidade de trabalhar com alguns deles. Um desses momentos aconteceu logo depois de sua saída da CDN. Quando ainda estava no Rio de Janeiro, participou de uma produção da Comédia Municipal intitulada "Festival do Rio de Janeiro". Nesse espetáculo, sob a direção de Bibi Ferreira, foram reunidos textos de Roberto Gomes – *A casa fechada* e *Sonho de uma noite de luar* –, além de *A ceia dos cardeais*, de Júlio Dantas. Para esta última peça, foi convocado um elenco de estrelas: o grande ator português João Villaret interpretava o cardeal Gonzaga de Castro; Jayme Costa – que havia sido um dos adversários declarados da CDN – fazia o cardeal Rufo; enquanto a Sérgio Cardoso, que não tinha em idade o que seus colegas tinham em vivência teatral, cabia o papel do cardeal Montmorency, um religioso francês.

Bibi Ferreira considerava esse espetáculo um dos mais belos que dirigira. Dizia que jamais esqueceria o que foram os ensaios da peça, o encontro daqueles gigantes do teatro. Sobre o desempenho de Sérgio, Bibi comentou: "Contracenando com os grandes de seu tempo, ele os ultrapassou até em idade. Mudou tudo – gestos e feições". O que nos traz a informação de que ele não se destacava apenas entre parceiros jovens, mas era capaz de sobressair mesmo ao lado de atores muito mais experientes.

Apresentada inicialmente no Theatro Municipal do Rio de Janeiro, *A ceia dos cardeais* foi levada a seguir para o Teatro Santana, em São Paulo. E, devido ao grande sucesso, foi apresentada duas vezes na televisão: em 1954, na TV Record de São Paulo, com Manoel Durães substituindo o ator Villaret; e em 1955, na TV Tupi de São Paulo, com Procópio Ferreira no papel que fora de Manoel Durães. Ainda em 1955, Jayme Costa tomou para si a produção da peça, apresentando-a no Teatro Leopoldo Fróes, em São Paulo, e no Teatro Municipal de Campinas. Sérgio também participou dessa temporada, a convite do ex-desafeto. Ao contracenar com atores da estatura de Jayme Costa, Procópio Ferreira e João Villaret, era como se ele buscasse unir os ideais estéticos de sua geração à vasta experiência acumulada ao longo dos anos de convívio com os segredos do palco.

A *falecida*. Companhia Dramática Nacional, Rio de Janeiro, 1953. Acervo NL-SC. Fotógrafo: Carlos Moskovics.

**Com Renato Restier em A *raposa e as uvas*.
Companhia Dramática Nacional, Rio de Janeiro,
1953.** Acervo NL-SC. Fotógrafo: Carlos Moskovics.

Com Nydia Licia em *Canção dentro do pão*.
Companhia Dramática Nacional, Rio de Janeiro,
1953. Acervo NL-SC. Fotógrafo: Carlos Moskovics.

Com Nydia Licia em *A raposa e as uvas*.
Companhia Dramática Nacional,
Rio de Janeiro, 1953. Acervo NL-SC.

Com Jaime Costa, Bibi Ferreira e o ator português João Villaret em *A ceia dos cardeais*. Theatro Municipal do Rio de Janeiro, 1953. Acervo NL-SC.

A ceia dos cardeais.
Theatro Municipal do Rio de Janeiro, 1953.
Acervo NL-SC.

4:

o grande salto (1954-1956)

Em 1954, depois de deixar a Companhia Dramática Nacional, Sérgio Cardoso estabeleceu-se novamente em São Paulo, com a esposa e a filha. Dessa vez, ele e Nydia eram contratados da TV Record, emissora de propriedade de Paulo Machado de Carvalho que entrara no ar havia pouco tempo.

Inicialmente, produziram e atuaram em um programa semanal chamado *Um personagem no ar*. A cada semana, um personagem célebre era mostrado, de Napoleão Bonaparte ao Rei Lear, de Salomé a Madame Bovary. Sérgio escrevia o roteiro, e Nydia era responsável pela produção. Contavam com poucos recursos técnicos, nada de *slides*, filmes e gravações externas. Para dar um pouco mais de dinamismo ao programa, utilizavam desenhos, livros e fotografias, que ficavam expostos numa estante e eram focalizados por uma câmera fixa.

Após três meses, o contrato foi renovado, e eles iniciaram um novo programa, *Romance*, no qual interpretavam casais que marcaram a história ou a literatura. O amor e as desventuras de Otelo e Desdêmona foram tema de uma edição; e a intensa relação entre Castro Alves e Eugênia Câmara, de outra. Houve espaço para o casal de cientistas Pierre e Marie Curie; para os amores de dom Pedro I – com Nydia interpretando três papéis, o da princesa Leopoldina, o de dona Amélia de Leuchtenberg e o da marquesa de Santos; e para a vida amorosa de Cleópatra – em que Sérgio interpretava, ao vivo, César, Marco Antônio e Otávio, trocando de figurino e de maquiagem em segundos. A fim de possibilitar o tempo para as trocas, constantemente os câmeras utilizavam o recurso de focalizar gradativamente algum detalhe do cenário ou de um figurino para, em seguida, desfocar a imagem, fazendo na sequência o movimento contrário: abrir o foco até abranger toda a cena novamente. Dessa maneira, os atores ganhavam preciosos segundos.[46]

Naquela época, Sérgio detestava fazer televisão por considerar sua estrutura incompatível com o trabalho artístico, opinião partilhada pela maioria dos integrantes da classe teatral. E Bibi Ferreira, atriz que muito cedo conquistou seu espaço na televisão, exemplificou a precariedade em que se trabalhava relembrando um teleteatro que fez com Sérgio. Tratava-se de uma adaptação de *A pérola*, de John Steinbeck, cuja realização considerou particularmente estafante. À época, como ainda não existia o videoteipe, foi preciso filmar algumas tomadas na piscina da Associação Cristã de Moços, em São Paulo. A filmagem já foi um terrível problema, devido às dificuldades em realizar as tomadas da cena embaixo d'água, exigindo uma infinita paciência dos atores e da equipe técnica. Os trechos filmados foram interca-

---

46 Nydia Licia, *Ninguém se livra de seus fantasmas*, São Paulo: Perspectiva, 2002, p. 258-9.

lados no restante da ação, realizada "ao vivo" nos estúdios da emissora. Para culminar, numa determinada cena, Sérgio, absolutamente imbuído do personagem, deu em Bibi uma bofetada prevista no roteiro, mas com tal violência que ela foi ao chão, completamente atordoada e sem condições de prosseguir. O imprevisto levou a uma série de alterações no roteiro, já que era impossível interromper o programa e, ao mesmo tempo, era preciso aguardar que Bibi se recuperasse. Acidentes desse tipo eram bastante comuns naqueles tempos heroicos, e a improvisação era uma das principais características do trabalho na televisão – justamente o tipo de improvisação contra a qual a geração de Sérgio lutava no teatro. Para ele, assim como para toda aquela geração de intérpretes brasileiros, o teatro era a indiscutível pátria do ator.

A descoberta

Outro sonho dos atores da época era fazer cinema, mas as oportunidades eram limitadas, e as condições de trabalho, muitas vezes, difíceis. Em março de 1954, Sérgio e Nydia estavam atuando em um filme chamado *O incêndio*, e as filmagens aconteciam, em sua quase totalidade, num estúdio na rua Fortaleza, no bairro do Bixiga. O trabalho era muito desgastante; certa vez, quando já era cerca de 1h da madrugada, faltando poucas tomadas para terminar a programação do dia, o produtor apareceu, acompanhado de um amigo e duas jovens, e parou a filmagem, porque precisava da câmera para fazer um teste com as duas sorridentes moças. Trancaram-se então numa sala, e, durante cerca de uma hora, o elenco, o diretor e a equipe técnica tiveram de esperar o final do "teste". Quando finalmente a porta da sala abriu-se e os quatro saíram, rindo muito, o produtor disse para o diretor – acompanhando suas palavras com uma piscada cúmplice – que o teste havia sido muito bom... Elenco e técnicos, revoltados com a falta de respeito e de pagamento, decidiram parar o trabalho, marcando uma reunião para o dia seguinte, a fim de decidir a atitude a ser tomada por todos.

 Irritados, Sérgio e Nydia resolveram caminhar os poucos quarteirões que separavam o estúdio de seu apartamento. Décadas mais tarde, Nydia ainda lembraria que a noite estava bonita e calma. Eles caminhavam pela rua Conselheiro Ramalho, totalmente deserta àquela hora, quando um edifício abandonado e cercado de tapumes chamou a sua atenção. Sérgio comentou: "Parece um teatro". Eles se entreolharam e, de repente, o cansaço e a raiva desapareceram. Olhando através das frestas do velho tapume, concluíram que era realmente um teatro abandonado há um bom tempo. Decidiram então pesquisar na manhã seguinte que edifício era aquele.

 Bastou uma consulta aos arquivos da prefeitura para descobrirem: o imóvel era o Cineteatro Espéria, inaugurado em 1914, com capacidade para mil espectadores e famoso por montar, em sua grande sala de espera, réplicas dos cenários de grandes produções cinematográficas norte-americanas, bem como por sediar festas da comunidade do bairro e concorridos bailes carnavalescos. Com o passar do tempo, viera a decadência, e o cinema fechara em 1952, permanecendo abandonado desde então.

Depois de mais algumas buscas, Sérgio e Nydia descobriram também quem eram os proprietários do imóvel: três italianos, os senhores Raia, De Fuccio e Fattori. Sem perder tempo, entraram em contato com eles, marcando uma reunião para o dia seguinte.

Os proprietários mostraram-se interessados em arrendar o teatro, e um advogado amigo de Nydia cuidou da parte jurídica. Assim, em menos de uma semana, tinham assinado um contrato de dez anos, com opção para mais cinco e aluguel mensal de 50 mil cruzeiros. A reforma do velho prédio ficou sob a responsabilidade dos arrendatários.

Alguém poderia perguntar se o casal tinha, naquele momento, condições financeiras para assumir essa empreitada. A resposta é simples: não tinha condições, nem posses; mas tinha disposição de sobra para enfrentar o maior desafio de suas vidas. Foram à luta para transformar o velho cineteatro num teatro moderno e, assim, formar uma companhia com a qual pudessem realizar os espetáculos dos seus sonhos. Isso numa São Paulo em que o TBC dominava de forma inconteste. Mais ainda: teriam de enfrentar a má vontade de Franco Zampari em relação à nova iniciativa e seriam vistos como concorrentes da companhia na qual haviam se desenvolvido.

O batizado de Sylvinha

Também em março, no dia 21, foi realizado o batismo da filha de Sérgio e Nydia, Sylvia, na igreja de São Francisco de Assis, na Vila Clementino. Sobre a questão do batismo, pode-se imaginar o debate entre o pai, filho de família extremamente católica e ele mesmo imbuído dessa religião, e a mãe, de família judaica, que se recusara a converter-se ao catolicismo quando do casamento. Vencida essa primeira etapa, que foi uma difícil conversa sobre a realização da cerimônia, a segunda consistiu no convite a Procópio Ferreira para ser o padrinho de Sylvinha. Ele aceitou, sensibilizado, mais essa prova de amizade do casal. Aconteceu, entretanto, de o padre não aceitar a indicação de Procópio para padrinho, uma vez que ele já demonstrara não ser exatamente um adepto do casamento indissolúvel, não sendo, portanto, confiável aos olhos da Igreja. A sugestão foi de que arranjassem outro padrinho. Dispensar Procópio depois de convidá-lo foi uma situação delicada, enfrentada com muito constrangimento. A terceira etapa foi escolher um substituto à altura e palatável à Igreja. A escolha recaiu sobre Leonardo Villar, que, enfim, acompanhou a cerimônia de batismo.

Atuar em televisão

Para Sérgio, o trabalho na televisão assumia, naquele momento, o sentido de sacrifício por uma nobre causa. Era uma das várias formas de angariar recursos para a concretização do sonho de montar sua própria companhia. Quando ele tentara realizá-lo em 1949, com o Teatro dos Doze, era cedo demais para dar esse passo. Agora, mais amadurecido, mais conhecido e respeitado, parecia-lhe ter chegado o momento oportuno para tentar o grande salto de sua carreira. E havia, ainda, a parceria segura e necessária com Nydia a fortalecê-lo para essa luta aparentemente insana.

Encabeçar uma companhia estável, a própria companhia – a exemplo das gerações anteriores –, era ainda o maior objetivo dos atores brasileiros. A diferença – o desafio mesmo – é que se colocava à nova geração também a proposta de incorporar, à velha forma de organização, toda uma visão da arte teatral pautada na busca de um repertório internacional de maior envergadura, no reconhecimento da importância dos vários elementos que compõem o espetáculo, bem como na necessidade de dar-lhes unidade artística. Essa geração tinha por paradigma o TBC – no plano nacional – e companhias como as de Jean-Louis Barrault, Laurence Olivier e Vittorio Gassman – no plano internacional. Para Sérgio, que tivera no TBC sua grande escola de teatro, e que tantas vezes fora comparado em talento a ilustres nomes internacionais, a criação de uma companhia própria era um passo obrigatório, o coroamento de uma trajetória que até então parecia indubitavelmente predestinada ao triunfo. Mas, enquanto os astros internacionais haviam encontrado em seus países caminhos mais ou menos aplainados pela solidez da tradição teatral e, no Brasil, o TBC havia resultado da inédita união de vontades e esforços de um grupo de magnatas, Sérgio, por sua vez, teria de contar apenas com seu próprio fôlego e o de sua companheira, Nydia, para enfrentar a gigantesca empreitada. Entre a decisão de dar vida a esse sonho e a sua concretização propriamente dita, haveria ainda muito esforço e muito trabalho, nem sempre artístico.

Por outro lado, a televisão era então muito diferente do que viria a ser a partir da segunda metade da década de 1960 e, sobretudo, era vista de forma bem distinta. Como veículo recente, carecia de quadros especialmente preparados e, portanto, procurava recrutar profissionais no rádio e no teatro. Já a gente de teatro olhava com certo desprezo a desorganização, a indigência artística e o caráter aventureiro da televisão. Ainda assim, engolindo seus preconceitos em troca de um reforço em seus combalidos orçamentos, muitos atores de teatro participaram dos numerosos teleteatros que proliferavam na programação da época. A verdade é que a ninguém ocorria que fazer televisão pudesse acrescentar algo ao trabalho de um ator; e o veículo ainda não desfrutava da imensa popularidade que viria a conhecer em décadas posteriores.

O IV Centenário e *Leonor de Mendonça*

O ano de 1954 foi especialmente turbulento e agitado. No campo político, a oposição encurralava cada vez mais o presidente Getúlio Vargas; e o país acompanhava cada lance dessa batalha com muita atenção.

Em São Paulo, celebravam-se os quatrocentos anos da cidade, o que deu ensejo a uma série de eventos comemorativos, como a entrega do Parque Ibirapuera, a abertura da Catedral Metropolitana e a "Chuva de Prata" organizada pelas Indústrias Pignatari, com a colaboração da Associação das Emissoras de São Paulo e da Força Aérea Brasileira.

Até mesmo o TBC integrou-se às comemorações, abrindo espaço em sua programação para a montagem de um autêntico clássico da literatura dramática nacional: *Leonor de Mendonça*, de Gonçalves Dias, um drama romântico cuja ação se passa em Portugal, no século XVI. O texto foi sugerido pelo respeitado crítico teatral Décio de Almeida Prado, e a sua realização contou com o apoio da Comissão do IV Centenário.

Novamente, o TBC ia em busca de Sérgio; desta vez, para completar o suposto triângulo amoroso em torno do qual a trama é desenvolvida. A Cleyde Yáconis cabia o papel central: da inocente duquesa Leonor de Mendonça; em torno desta, gravitam o inflexível duque de Bragança, interpretado por Paulo Autran, e o jovem fidalgo apaixonado pela duquesa, Antonio Alcoforado – a última aparição de Sérgio no TBC de Franco Zampari como ator. O espetáculo contou com a direção de Adolfo Celi.

A estreia, no dia 4 de agosto, foi saudada pela crítica paulistana como um dos pontos culminantes da trajetória da companhia. Apenas na análise escrita por Miroel Silveira são apontadas algumas falhas na prosódia dos atores principais. De acordo com o jornalista, o TBC, por trabalhar sempre sob a direção de estrangeiros – e nesse ponto aproveitava para alfinetar a orgulhosa companhia –, deixara passar equívocos de pronúncia, como quando Cleyde Yáconis falava *dão* em vez de *dom*, Paulo Autran dizia *ludíbrio* em vez de *ludíbrio*, e Sérgio Cardoso não pronunciava o *i* em *depois*. Eram detalhes, mas nem um pouco desprezíveis no raro resgate de um texto de tal importância histórica.[47]

Para o ator Paulo Autran, no entanto, o espetáculo deixaria excelentes recordações:

---

47 Miroel Silveira, "*Leonor de Mendonça*", *Folha da Noite*, São Paulo, s.d., n.p. (Arquivo Folha)

> Foi uma montagem deslumbrante! Mesmo tendo sido feita às carreiras. Eu me lembro que, pela primeira vez, no dia da estreia, se montou completamente o cenário do último ato. Então, no intervalo, ouviam-se lá de dentro as marteladas. A peça começou com uns vinte minutos de atraso, por causa do atraso na produção. Foi a primeira vez que isso aconteceu no TBC. A situação financeira estava começando a ficar mais complicada. Apesar disso, o cenário era lindo, a montagem muito bonita, e foi um sucesso estrondoso. Uma peça em que ninguém acreditava, que todo mundo achava que seria *démodée*, que estaria fora do gosto do público da época, e, no entanto, não foi o que aconteceu. A peça adquiriu uma grandeza extraordinária em cena, era uma coisa vibrante, um espetáculo com muita vibração [...].

A memória é extremamente subjetiva e muitas vezes entra em conflito com os registros dos fatos. Ou talvez ela tenha a capacidade de guardar aspectos diferentes. Ocorre que *Leonor de Mendonça* realizou apenas 34 sessões, para pouco mais de 6 mil espectadores, o que significava uma inglória média de meia casa ocupada por sessão. Isso talvez se explique pelo momento, com o acontecimento – este, sim, palpavelmente dramático e noticiado com grande estardalhaço – do atentado contra o jornalista Carlos Lacerda (adversário político de Getúlio Vargas) na noite seguinte à da estreia, bem como por toda a tensão nacional gerada pelas apurações do caso; ou talvez porque a peça, apesar de seus méritos literários, não tenha despertado o interesse do público. Paulo Autran acrescentou ainda uma outra razão para o encerramento precoce da temporada: uma vez que o TBC acabara de instalar-se simultaneamente no Rio de Janeiro, Cleyde e ele precisaram ir para lá, para participar de outra peça. O fato é que o espetáculo foi logo substituído por uma comédia banal – *Negócios de Estado*, de Louis Verneuil.

A filha de Yorio

O ano de 1954 continuava exigindo muito trabalho de Sérgio, e isso definitivamente não era um problema para ele.

Ainda como parte dos festejos do IV Centenário, associações e empresários da colônia italiana decidiram promover um grande espetáculo teatral, e a peça escolhida foi a tragédia pastoral *A filha de Yorio*, do poeta e dramaturgo Gabriele D'Annunzio. Ruggero Jacobbi foi chamado para dirigir a montagem, reunindo para os papéis principais Cacilda Becker e Sérgio Cardoso. O alto conceito em que eram tidos pode ser verificado no programa do espetáculo, onde consta a seguinte frase: "[...] Cacilda Becker e Sérgio Cardoso, sem dúvida as maiores figuras do teatro brasileiro moderno [...]".

Além da dupla estelar, a peça contava com um elenco de mais de quarenta atores, destacando-se, entre eles, Nydia Licia, Leonardo Villar, Dina Lisboa, Wanda Kosmo e Carlos Zara. O compositor e maestro Cláudio Santoro fez a música, e a prefeitura cedeu o Coral Lírico para interpretá-la. Aldo Calvo criou os cenários e figurinos, executados nas oficinas do Theatro Municipal.

O período disponível para os ensaios era muito curto, sobretudo pela complexidade da montagem: apenas cinco semanas. Por essa razão, Nydia, que inicialmente seria apenas assistente de direção – pois ainda estava traumatizada com a temporada da CDN –, foi convencida a encarar o novo desafio, entrando em cena num papel significativo.

Para complicar ainda mais a situação, exatamente na última semana de ensaios, aconteceu o suicídio de Getúlio Vargas, consequência do acirramento das lutas políticas e das pressões para que renunciasse ao cargo. Seu último e desesperado gesto deixou o país em polvorosa, e, mesmo que São Paulo não tenha parado – como aconteceu no Rio de Janeiro, onde o povo foi às ruas chorar sua morte e afrontar seus adversários –, grupos de rapazes armados com barras de ferro andavam pelas ruas do Bixiga, exigindo que os lojistas fechassem as portas em sinal de luto, e havia gente chorando pelas ruas. Eram manifestações isoladas, mas que tumultuavam a vida da cidade.

A equipe e o elenco de *A filha de Yorio* trancaram-se no Teatro Cultura Artística, na rua Nestor Pestana, tentando trabalhar como se a situação estivesse normal. Mas a produção atrasou, levando a um ensaio geral incompleto e pontuado de incidentes, o que é sempre uma temeridade ou, ao menos, um sinal de perigo, sobretudo num espetáculo de tal complexidade.

No dia 12 de setembro, acontecia a estreia, com plateia lotada. Entretanto, o espetáculo, marcado para as 21h, começou depois das 22h, criando, já de início, uma atmosfera no mínimo desconfortável para o público – e de absoluto desespero para a equipe. Os figurinos, fornecidos pela Comissão do IV Centenário, chegaram na última hora, e ajustes emergenciais tiveram de ser feitos. Por exemplo, o colete de pele de ovelha usado por Sérgio foi pintado pelo figurinista com a mesma tinta usada no cenário; ao secar, e com a movimentação cênica, ele soltava um pó colorido, que o ator foi aspirando e que logo o deixou enfurecido e afônico.

O cenário do segundo ato – representando uma caverna escura e tortuosa, repleta de rochas de alturas variadas – foi conhecido pelo elenco no dia da estreia, provocando uma sensação de insegurança generalizada. Analogamente, o Coral Lírico não tinha realizado nenhum ensaio com o elenco e, para surpresa geral, foi acomodado num "buraco" no proscênio. Em consequência disso, no terceiro ato, quando Sérgio andava enlouquecido pela cena, míope e com um grande véu cobrindo-lhe a cabeça, havia o risco de ele cair a qualquer momento sobre os membros do coral. Coube a Nydia segui-lo como uma sombra, pronta para segurá-lo antes do tombo.

Entre pequenos acidentes e riscos maiores, o espetáculo terminou às 2h da madrugada, com a plateia reduzida a menos de cem pessoas, incluindo o governador Lucas Nogueira Garcez e esposa.

A peça também não empolgou os críticos teatrais. Contudo, nas outras quatro apresentações gratuitas após a terrível noite de estreia, tudo funcionou melhor; e plateias mais simples reagiram calorosamente, emocionando-se com a religiosidade e a magia mostradas.

Mais prêmios e algumas idiossincrasias

A vida seguia em meio a muito trabalho. Sérgio, porém, via seus esforços recompensados, e recebeu os seguintes reconhecimentos por seus trabalhos no ano anterior: Prêmio da Prefeitura do Distrito Federal, de melhor ator, por *A raposa e as uvas*; Prêmio Governador do Estado de São Paulo, de melhor diretor, por *Canção dentro do pão*; e Prêmio Saci (jornal *O Estado de S. Paulo*), de melhor ator, por *A raposa e as uvas* e *Canção dentro do pão*.

E a ele, àquela altura completamente absorvido nos preparativos para a sua companhia, chegavam mais notícias positivas: na edição de 26 de setembro, a *Folha da Manhã* noticiava que a *Revue Internationale de Théâtre* ilustrara uma matéria sobre atores que se destacavam na caracterização de personagens, com fotos do francês Gérard Philipe interpretando Ricardo II e de Sérgio em *A raposa e as uvas*. Prova de que seu nome já ultrapassara as fronteiras nacionais.

Todavia, para uma estrela cujo trabalho repercutia dessa forma, seu comportamento fora de cena nada tinha de extravagante; pelo contrário, parecia bastante convencional para os padrões da época. Segundo Nydia, durante todo o período em que estiveram casados, ele se caracterizou pela formalidade quando estava em público: "[...] Só saía de terno preto, camisa branca e gravata prateada com pérola. Dava a impressão de que Portugal baixava nele. Ele se tornava solene"; ao passo que, em casa, andava com roupas mais confortáveis, sem se importar com a aparência. Acrescentava, entretanto, que ele tinha um lado mais difícil e peculiar, sendo extremamente teimoso e supersticioso: não entrava em cena sem antes fazer o sinal da cruz nem abandonava um chaveiro de pé de coelho, e, quando ele punha alguma coisa na cabeça, não havia como fazê-lo mudar de ideia.

A Companhia Nydia Licia-Sérgio Cardoso

Anteriormente, em março, Sérgio havia anunciado à imprensa ter encontrado uma sede para sua companhia: o velho, e então abandonado, Cineteatro Espéria, no bairro da Bela Vista – popularmente conhecido como Bixiga. E ele, empolgado, e com a certeza inabalável de que conseguiria de alguma forma o dinheiro necessário para a realização dos seus objetivos, vinha buscando pessoas que pudessem auxiliá-lo. Mesmo com a dura rotina de ensaios, programas de televisão e espetáculos, era comum encontrá-lo nessa busca.

Assim, o ano de 1954 pôs à prova a sua perseverança e capacidade de convencer as pessoas sobre a importância dos projetos apresentados, bem como de saber como as pessoas poderiam contribuir para a sua realização. Nessa luta múltipla e de grandes proporções, ele e Nydia resolveram priorizar a criação e o lançamento de sua Companhia Nydia Licia-Sérgio Cardoso. A reforma do teatro lhes parecia, e era, um projeto que demandaria mais tempo.

Num período em que o TBC constituía a grande referência do teatro paulista, com seus diretores europeus e um repertório claramente orientado para a dramaturgia dos grandes centros internacionais, Sérgio anunciou uma temporada exclusivamente dedicada ao autor brasileiro. E isso bem antes de o Teatro de Arena advogar tal causa. Já naquele tempo, Sérgio assim declarava a respeito dos textos de autores brasileiros: "[...] Eles ficam, refletem o teatro e a sociedade de sua época; temos, ademais, que lutar contra a propalada prevenção em relação ao autor nacional [...]". E reiterou, em entrevista ao jornal *A Gazeta*: "Ao programar para esta temporada um repertório apenas de peças nacionais, inspiramo-nos no desejo de homenagear nossos autores e na certeza de que, sem eles, dificilmente se poderá falar um dia numa verdadeira arte dramática brasileira".[48] Uma afirmação original para a São Paulo da época e absolutamente ímpar para um ator de sua geração, que não tinha, ao menos até aquele momento, propósitos nacionalistas em seu ideário.

A princípio, estavam programadas seis montagens: *Lampião*, de Rachel de Queiroz; *Sinhá Moça chorou*, de Ernani Fornari; *Vestido de noiva*, de Nelson Rodrigues; *Tragédia para rir*, de Guilherme Figueiredo; *Avatar*, de Genolino Amado; e *A comédia do coração*, de Paulo Gonçalves. As circunstâncias, porém, acabaram alterando o planejado, e apenas as duas primeiras seriam levadas à cena na temporada de lançamento da Companhia Nydia Licia-Sérgio Cardoso, no Teatro Leopoldo Fróes.

---

48   Sérgio Cardoso, "Um espaço para o autor nacional", *A Gazeta*, São Paulo, 12 out. 1954, n.p.

Lampião

A peça de abertura da temporada, *Lampião*, de Rachel de Queiroz, teve os cenários concebidos pelo pintor Aldemir Martins; na sua construção, houve o esforço da produção para conseguir materiais com grandes descontos ou, preferencialmente, em troca de publicidade no programa do espetáculo. Felizmente os fornecedores foram muito receptivos, e o jovem casal logo conseguiu madeira, tecido e tinta para os cenários, que representavam a caatinga nordestina, a casa do sapateiro (marido de Maria Bonita) e a Grota do Angico – derradeiro refúgio de Lampião e seu bando. Além disso, havia um pano de boca, que era um telão pintado pelo próprio Aldemir Martins. Estreando na função de produtora, Nydia conseguiu que a Companhia Cinematográfica Vera Cruz emprestasse roupas de cangaceiro. Já o II Exército cedeu as fardas e armamentos para os soldados; e os jornais, por sua vez, adiaram o pagamento da publicidade para depois da estreia.

Além de interpretar o papel-título, Sérgio dirigiu o espetáculo, o que representou mais uma tarefa estafante, sobretudo se considerarmos que a reforma de seu teatro estava acontecendo. De qualquer maneira, o elenco era em grande parte composto de atores que já haviam trabalhado com ele: Leonardo Villar, Carlos Zara, Rubens de Falco, entre outros. Desempenhando o único papel feminino, Maria Bonita, estava Araçari de Oliveira, esposa do cineasta Lima Barreto.

Dentro do apertado cronograma, os ensaios corriam bem até poucos dias antes da estreia. Nydia então percebeu que os maquinistas estavam trabalhando com muita lentidão, desapareciam no meio dos ensaios ou eram encontrados dormindo atrás do palco. Segundo ela, entre a categoria teatral circulava um boato de que os maquinistas haviam sido subornados para não concluir os cenários a tempo. Sem chegar a dar nomes aos responsáveis, o rumor aludia vaga e insistentemente à má vontade de certos setores da área teatral em relação ao surgimento da nova companhia. Talvez do próprio TBC, incomodado com a iniciativa de seus ex-integrantes. O certo é que os cenários não ficaram prontos até o dia da estreia.

Na data-limite, pela manhã, o administrador do teatro, que havia se comprometido a emprestar o ciclorama para o fundo do cenário, comunicou simplesmente que não poderia fornecê-lo, porque seria usado no Theatro Municipal. Tentando não explodir diante da frieza do administrador, tampouco se desesperar, Nydia lembrou-se de recorrer ao acervo da Escola de Arte Dramática (EAD). Foi até lá e pediu a Alfredo Mesquita – o diretor da escola – que emprestasse um ciclorama por alguns dias. Imediatamente o secretário da EAD foi enviado ao teatro com o precioso adereço e instalou-o ele mesmo.

Enquanto isso, Aldemir Martins pintava os cenários sozinho, pois os pintores haviam desaparecido misteriosamente. Mais uma solução de emergência ocorreu a Nydia, e ela foi até o Clube dos Artistas, na rua Bento Freitas, pedir ajuda. Imediatamente Carmélio Cruz e Aldo Bonadei, pintores bastante conhecidos por seus quadros, prontificaram-se a ajudar o colega Aldemir na conclusão da pintura dos cenários.

Lampião estreou no dia 12 de outubro de 1954. Rachel de Queiroz escreveu no programa que a ideia da peça permanecera incubada por muito tempo, manifestando-se aqui e ali de forma parcial, e que já havia praticamente desistido de completá-la, quando assistiu ao *Hamlet* do TEB. Vendo em Sérgio Cardoso o ator ideal para o protagonista de sua peça, mergulhou no trabalho e, só então, a concluiu.

Faltando uma hora para o espetáculo começar, Sérgio ainda se ocupava da montagem e da afinação das luzes. Sem ensaio geral, e diante de tudo o que acontecia, os atores estavam bastante assustados.

Às 21h30, não foi mais possível conter o público, que lotava o saguão, e foram abertas as portas da plateia. Sérgio estava completamente fora de si, pois alguém lhe dera um calmante, sem saber que ele tomara estimulantes para dar conta de todo o trabalho. Por conseguinte, ele estava sem coordenação motora para fazer a própria maquiagem. Felizmente, Ziembinski viera assistir à estreia e, vendo o estado do colega, propôs-se a maquiá-lo, tendo inclusive de colar a sua pálpebra direita com verniz e base, já que o personagem perdera um olho.

Minutos antes do início do espetáculo, as conversas do público eram pontuadas pelo martelar dos maquinistas, finalmente apressados em terminar o seu trabalho. Eram quase 22h quando as luzes da plateia enfim se apagaram, o pano de boca com a paisagem do sertão nordestino foi iluminado e começou a música – cedida por Lima Barreto, que a havia recolhido durante as filmagens de *O cangaceiro*.

Quando o pano de boca começou a subir, aconteceu o primeiro desastre da noite: apenas um lado dele subiu, enquanto o outro permanecia imóvel. Diante dos olhos do público, seguiram-se intermináveis segundos de vaivém, até que ele conseguisse ficar preso no alto. A operação das luzes, por sua vez, foi outro desastre: acendiam onde não deviam e apagavam com as cenas ainda em andamento.

Contudo, quando Sérgio entrou em cena, surgindo magicamente por um alçapão no piso do palco, foi recebido com uma salva de palmas. Segundo Nydia, despertado por aquelas palmas, Sérgio atravessou os três atos "como se estivesse em transe"; encarnou o personagem com tal verdade e tal força interior que chegava a ser assustador. Foi uma das melhores interpretações de sua carreira. Mas, ao final do terceiro ato, quando os atores se reuniam no palco, de mãos dadas, para receber os aplausos do público, Sérgio desmaiou no proscênio, provocando um corre-corre no palco. Na confusão que se seguiu, os técnicos não sabiam se fechavam as cortinas ou se as deixavam abertas. O público ficou em dúvida se o que estava acontecendo fazia parte do espetáculo ou não. E Sérgio foi levado para casa ainda semiacordado.

No dia seguinte, sem ter noção de que a estreia já acontecera, ele acordou dizendo que precisava correr para o teatro, para o ensaio geral. Não se lembrava de nada do que tinha acontecido na véspera.

No entanto, os visíveis contratempos foram examinados com severidade por Décio de Almeida Prado, e, num trecho de sua análise, ele afirmava:

> **Sérgio Cardoso, fora as artísticas, tem duas qualidades do grande ator: a ambição e a coragem. Ambição que, muito cedo, já o vai levando à posição de chefe de companhia, e coragem que o faz escolher, como encenador quase estreante, uma peça de montagem custosa e difícil. Mas está claro que tais virtudes, se não exercidas com grande senso de medida, poderão transformar-se facilmente em outros tantos defeitos [...] Um excesso de confiança, todavia, ou uma pressa injustificada, levou-o a estrear antes que o espetáculo estivesse totalmente maduro do ponto de vista técnico.**[49]

Após listar as falhas mais gritantes do espetáculo que presenciara, e que haviam culminado com o desmaio do protagonista/diretor, exausto de fadiga e emoção, ele registrava uma severa reprimenda:

> **Ora, teatro só se faz com cabeça fria e nervos descansados. Não serão esses arroubos simpáticos e românticos, as noites passadas sem dormir, as providências de última hora, que lhe darão segurança e solidez. Quanto a nós, pelo menos, preferimos as estreias sem outras emoções que não as puramente artísticas. Se há outros dramas, para além do pano de boca, deverão permanecer ignorados pela plateia – tal nos parece ser o próprio princípio do teatro profissional.**

Passava então a defender o que considerava uma das maiores conquistas do TBC: espetáculos estreando absolutamente impecáveis. Sobre as interpretações, o crítico destacava uma incômoda desigualdade:

---

49   Décio de Almeida Prado, *Apresentação do teatro brasileiro moderno*, op. cit., p. 139-40.

> Tudo estaria bem se Sérgio não destoasse dos outros – e se a verdade humana não estivesse com ele. O seu cangaceiro não é um mito, mas um homem profundamente real, triste, desconfiado, solitário, preferindo exercer o mando pela sugestão da força. Sabendo-se temido, timbra em falar baixo, em tom normal, sem qualquer ênfase. [...] Uma figura ao mesmo tempo curiosa e ligeiramente sinistra que ficará como uma de suas maiores criações psicológicas, um retrato perfeitamente verossímil, sem nada de convencional. [...] É pena que, como encenador, ele não tenha sabido infundir a cada personagem a mesma originalidade, o mesmo dom de observação, fazendo-os viver de verdade.

É curioso observar, passados tantos anos, as divergências entre críticos respeitados a propósito deste mesmo ponto: os resultados da direção de Sérgio. Ruggero Jacobbi, por exemplo, divergindo das objeções de Décio de Almeida Prado, declarava: "Na direção de atores, Sérgio Cardoso alcançou também um resultado objetivo e certo, deixando-se guiar por uma seriedade que é o contrário do cabotinismo formal, da ostentação virtuosística de muito diretor novato".

Na mesma linha de louvor à discrição e à sobriedade estilística do espetáculo, manifestava-se a usualmente severa Maria José de Carvalho, do jornal *O Tempo*: "um *Lampião* discretíssimo, que em nenhum momento sequer resvalou para a exploração de uma comicidade de certas falas, oferecendo-nos, antes de tudo, um espetáculo honesto e enxuto, envolto na medida da atmosfera que lhe convém".[50]

E, prosseguindo nesse hipotético diálogo entre críticos, pode-se observar que, enquanto Clóvis Garcia aprovava a encenação – "[...] Merece elogios pela composição das cenas, pelas pausas bem dosadas, pelas marcações inteligentes, que confirmam suas qualidades de diretor [...]" –, Miroel Silveira concluía sua crítica preferindo idealizar uma encenação, a seu ver, mais conveniente. Esta exigiria um palco maior, efeitos especiais, cenários grandiosos e atores dotados de todos os requisitos físicos e psicológicos próprios às personagens. Uma vez que essas imagens estavam sendo contrapostas ao espetáculo real, pode-se deduzir que, na opinião do analista, a montagem de Sérgio carecia de todas essas qualidades.

Mas se as opiniões, por um lado, divergiam quanto à montagem como um todo, por outro, era compacta a unanimidade em torno da interpretação

---

50 Maria José de Carvalho, *O Tempo* (citado no programa de *Sinhá Moça chorou*), São Paulo: 1954, n.p.

de Sérgio, como se pode notar, por exemplo, nos comentários publicados na rigorosa revista de cultura *Anhembi*:

> **Sérgio Cardoso esteve ótimo, confirmando o que se esperava desse astro que dia a dia enriquece a sua arte, dando cada vez mais a impressão de estar identificado com o papel. No desempenho de Lampião atingiu ele uma naturalidade e uma convicção que não falharam num só quadro do drama. Sérgio Cardoso não é um mero ator intuitivo, o que seria insuficiente na carreira teatral. Por isso rejubilamo-nos em vê-lo cada vez mais capaz de aprofundar os personagens, que interpreta com a sensibilidade e a inteligência em vez de fazê-lo com o instinto apenas.**[51]

A avaliação não apenas permite resgatar impressões a respeito de Sérgio, como também revela alguns dos critérios básicos que então se aplicavam à arte do ator, ou seja: identificação ininterrupta com o papel, detido estudo do personagem e utilização da sensibilidade e da inteligência, em lugar de confiar num suposto instinto teatral. São premissas que apontam para um modelo de atuação pautado pela racionalidade e pela concentração.

Ainda a respeito da marcante criação do ator, Maria José de Carvalho registrou detalhes dos recursos utilizados por ele: "[...] Para Lampião, criou uma voz seca e ao mesmo tempo funda, atitudes sóbrias, mas ricas de expressão, um andar, enfim, como o rosto, diferente, na personagem 'idealizada'[...]".

Não deixa de ser espantoso que, dividido entre a reforma do futuro teatro, o trabalho de organização de sua companhia, as aparições em teleteatros e os ensaios de *Lampião*, Sérgio tenha conseguido realizar uma criação exemplar.

Contraditoriamente, apesar da repercussão junto à crítica especializada e do prestígio desfrutado pelo ator entre os aficionados de teatro – para ter-se uma ideia, existiam na época seis grupos amadores, em diferentes estados, com o nome de Sérgio Cardoso –, o público em geral não se mostrou especialmente atraído pelo espetáculo. É possível que o próprio tema da peça, ou mesmo a inédita utilização do sotaque nordestino, tenham contribuído para afastar uma plateia habituada ao requinte, em moldes europeus, oferecido pelo TBC.

Ao mesmo tempo, é interessante lembrar a enorme massa de migrantes nordestinos que chegava então à cidade de São Paulo, sobretudo na primeira metade da década de 1950, quando a cidade experimentava grande desenvolvimento econômico-industrial, sendo que esses migrantes não se incluíam no

---

51   *"Lampião"*, *Anhembi*, São Paulo, 1954, v. 12, n. 35, p. 128.

público teatral. Assim, esse estranhamento em relação ao tema e ao sotaque nordestinos parecia constituir triste marca de exclusão e de xenofobia.

Diante de tudo isso, pode-se dizer que a ousadia do artista comprometeu o desempenho do empresário.

Retomando o incidente da estreia, quando, no momento de agradecer os aplausos, Sérgio tombou, desmaiado, é interessante ouvir o depoimento de Leonardo Villar, que tomava parte no elenco, após ter trabalhado tanto no TBC como na Companhia Dramática Nacional:

> **Esse tipo de coisa que diziam de Sérgio, do temperamento de Sérgio, que ele tinha chiliques, que desmaiava... Eu não concordo. Na estreia de *Lampião*, ele estava há dois dias e uma noite sem dormir, e ele era uma pessoa frágil. Sérgio, tinha, às vezes, uma taquicardia que era uma coisa apavorante e que ninguém acreditava. De vez em quando ele precisava parar, e aí ficava todo mundo... Ele tinha realmente. Ninguém acreditava, por causa do temperamento e das outras coisas forjadas. Mas isso era verdade. Ouvi falar de coisas da época do TEB. Mas a competição lá devia ser muito grande. Foi uma outra fase de Sérgio. Era um ator novinho, estreante, com aquele sucesso todo, com o Rio de Janeiro aos seus pés. Você imagina a cabeça dele. No TBC já foi outra coisa: ele era impecável, como profissional e como pessoa.**

O anedotário a que se refere Leonardo Villar acabou incorporado à vasta lenda que se criou a respeito de Sérgio, tão associado à sua imagem quanto seus surpreendentes feitos artísticos.

Após alguns dias, percebendo que *Lampião* não oferecia o retorno econômico necessário à sobrevivência da companhia, Nydia – mais pragmática chegou a dizer a Sérgio que talvez fosse melhor desistir de uma segunda montagem. E ela estava trabalhando cuidadosamente a disposição dele nesse sentido quando o governador Lucas Nogueira Garcez foi assistir ao espetáculo. Ele e a esposa eram frequentadores assíduos de teatro e, ao final da peça, foram cumprimentar Sérgio e todo o elenco, ressaltando a importância de levarem ao público somente autores nacionais. Ao saber dos problemas financeiros que se estavam avolumando, o governador, reiterando a importância da peça no panorama teatral paulista, insistiu muito para que prosseguissem a temporada, oferecendo uma verba de 200 mil cruzeiros para remediar a questão das despesas. Disse a Sérgio para entrar em contato com o gerente do Banco do Estado no dia seguinte, pois colocaria essa quantia à disposição da companhia. E isso representava, simplesmente, a salvação da temporada.

Sinhá Moça chorou

Graças a essa verba inesperada, puderam montar a segunda peça prevista: *Sinhá Moça chorou*, de Ernani Fornari, sob a direção de Sérgio. Trata-se de uma delicada e anacrônica comédia, com momentos de grande arrebatamento. A ação passa-se no Rio Grande do Sul, e o enredo mostra um amor impossível entre dois jovens que se encontram em lados opostos durante a Guerra dos Farrapos, ou Revolução Farroupilha, entre 1835 e 1845. Duplamente premiada em 1940, em Porto Alegre e no Rio de Janeiro, foi montada no mesmo ano pela Companhia Dulcina-Odilon.

Desta vez, coube a Nydia o papel principal (o da jovem Flor), enquanto Sérgio representava o pai dela, aparecendo apenas alguns minutos no primeiro ato. Assim, além da direção, ele podia dedicar-se à administração do espetáculo.

A cenógrafa e figurinista gaúcha Anita de Athayde recriou com esmero os interiores de uma casa de Porto Alegre e de uma fazenda em Camaquã da primeira metade do século XIX. Um dos cenários foi feito em tons de sépia e cinza. Já os figurinos – perfeita reconstituição da indumentária da época – eram bastante coloridos.

No programa de *Sinhá Moça chorou*, Sérgio resumia seus objetivos com o espetáculo: "Que vendo e ouvindo tudo isso, possa o público sentir toda a delicadeza da comédia de Ernani Fornari, que nos inundou desde o primeiro ensaio – e nos daremos por bem pagos".

O público paulistano, entretanto, mostrou-se bem pouco sensível a esse apelo nostálgico, e a peça foi recebida com frieza. Diante disso, a Companhia Nydia Licia-Sérgio Cardoso entrou temporariamente em recesso. Ou melhor, Nydia e Sérgio centralizaram seus esforços nas obras do novo teatro e numa completa reformulação da companhia. Assim, foi abandonado o projeto inicial de montar mais quatro textos nacionais.

Entretanto, ainda houve outra surpresa desagradável: um telefonema do gerente do Banco do Estado solicitando o comparecimento dos responsáveis pela companhia, com urgência, para "tratar de assunto do seu interesse". Na manhã seguinte, Sérgio e Nydia foram procurá-lo, sem saber do que se tratava. Qual não foi sua surpresa ao serem informados que o banco estava cobrando o pagamento dos 200 mil cruzeiros oferecidos pelo governador.

Aturdidos, foram procurá-lo em sua casa, na mesma noite, pois na manhã seguinte ele embarcaria para a Europa. Constrangido, o governador tranquilizou-os, dizendo que se tratava de um compromisso pessoal dele e que não se preocupassem. Telefonou para seu secretário e deu ordem para que fosse paga a primeira prestação, no valor de 5 mil cruzeiros. Essa foi a única parcela saldada por ele. Sérgio teve de arcar com os 195 mil restantes, mais juros e correção, que foram divididos em prestações mensais, quitadas ao longo de quatro anos.

A construção do Teatro Bela Vista

Em dezembro de 1954, após o final da temporada no Teatro Leopoldo Fróes, a companhia foi temporariamente dissolvida, para que Sérgio e Nydia dedicassem todas as suas energias à reforma do teatro.

À medida que o projeto de reforma avançava, algumas coisas iam ficando mais claras. Em primeiro lugar, era preciso constituir uma empresa que seria a responsável pela reforma, pela administração e pelo controle financeiro do teatro. Para isso, a participação do engenheiro e construtor Otto Meinberg seria essencial, tomando todas as providências para a formação da Empresa Bela Vista.

As notícias nos jornais davam conta ainda de que o capital da empresa seria aberto. A subscrição de ações estava aberta ao público em geral, sem limite máximo para aquisição. Os que adquirissem cinquenta ações nominais seriam considerados acionistas fundadores e teriam cadeiras cativas em todas as estreias da companhia, bem como o nome gravado em uma placa de bronze no *hall* do teatro. Os possíveis interessados eram informados ainda de que a empresa contava com as seguintes fontes de receita: aluguéis de três lojas, um bar, uma boate e um restaurante (espaços que fariam parte do edifício); venda de programas a uma companhia de publicidade, que se encarregaria de sua distribuição gratuita ao público; aluguéis de vinte vitrines distribuídas pelo saguão; participação na bilheteria do teatro; e possibilidade de instalação de uma *bonbonnière* e uma pequena livraria no local.

As fontes de renda já asseguradas faziam crer numa bonificação anual de 15% a 20% por ação. Os incorporadores oficiais, isto é, os fundadores da sociedade anônima, eram Otto Meinberg e Ricardo Capote Valente, os construtores responsáveis pela obra, bem como o próprio Sérgio.

Além dos incorporadores, os primeiros a adquirir a cota estipulada de ações e a garantir a sua inclusão no quadro dos acionistas fundadores foram Alfredo Mesquita, Cacilda Becker, Gregori Warchavchik, José Olympio e Menotti Del Picchia, entre outras figuras de relevo na vida sociocultural de São Paulo.

Foi um período em que Sérgio, travestido em homem de negócios, teve de sair à cata de possíveis acionistas e interessados em alugar os espaços do teatro, ao passo que Nydia vestia seus melhores trajes para encontrar-se com as esposas de magnatas paulistas, com o objetivo de obter apoio para o teatro e para a companhia.

Carlos Zara, ator que praticamente iniciou a sua carreira na companhia, e que ali permaneceu cerca de sete anos, disse a respeito de Sérgio e de seu empenho:

> O Sérgio Cardoso foi o meu grande mestre. [...] Ele era uma pessoa incrível, fantástica, com uma vontade, uma garra de ter uma casa de espetáculo. Eu me lembro do Sérgio, com uma pastinha debaixo do braço, vendendo à indústria e ao comércio ações da Empresa Bela Vista, para conseguir dinheiro e poder construir o teatro. Uma coisa muito bonita que a gente não faz mais. Hoje recorremos aos órgãos do governo pra montar uma peça. E o Sérgio ia com a pastinha dele com as ações da Empresa Bela Vista, enquanto eu estava lá trabalhando e construindo o teatro [...][52]

De fato, Zara – que, posteriormente, teria o cargo de diretor técnico da companhia – estava à época completando o curso de engenharia na Escola Politécnica da USP e atuou decisivamente na execução e fiscalização das obras do novo teatro. Ao mesmo tempo, ele ainda acompanhava de perto a entrega visceral de Sérgio à atividade teatral e à concretização de seu sonho.

O teatro situava-se exatamente onde hoje se ergue o Teatro Sérgio Cardoso, mas sua frente era para a rua Conselheiro Ramalho, número 51. Segundo o novo projeto, tinha capacidade para 662 espectadores, sendo 452 na plateia e 210 no balcão. O palco, separado da plateia por um fosso de orquestra, media dez metros de largura por oito metros de altura e treze metros de profundidade. As coxias eram espaçosas, e o urdimento era de cinco metros. Havia, ainda, 14 camarins (12 individuais e dois coletivos), cabines de luz e som, oficina de cenografia, ateliê de costura, sala de ensaios, sala de estar para os artistas, escritório, depósito de figurinos e depósito de contrarregra.

Para a temporada inaugural do Teatro Bela Vista, pensou-se numa tragédia (*Hamlet*, evidentemente); numa comédia clássica; e em três dramas e três comédias modernas. Completariam o repertório duas peças de autor nacional, selecionadas por um Conselho Permanente de Leitura, constituído por Alfredo Mesquita, Clóvis Garcia, Décio de Almeida Prado, Ruggero Jacobbi e Sábato Magaldi. O Conselho ficaria incumbido também de selecionar, futuramente, todos os textos nacionais a serem montados pela companhia.

---

[52] Tania Carvalho, *Carlos Zara: paixão em quatro atos*, São Paulo: Imprensa Oficial, 2006, p. 54.

Além de sua atividade normal, a Companhia Nydia Licia-Sérgio Cardoso planejava promover uma série de outras atividades artísticas, visando a transformação do Teatro Bela Vista num autêntico centro cultural. Assim, pretendia-se, além da montagem de um exigente repertório teatral, realizar ciclos de conferências, recitais e concertos; Teatro de Vanguarda, uma espécie de sucedâneo do Teatro das Segundas-feiras, do TBC; teatro infantil – uma preocupação e uma proposta que, pela primeira vez, apareciam no programa de uma companhia profissional brasileira –, cujos espetáculos deveriam acontecer nas manhãs de domingo; exposições; publicação de uma revista trimestral, exclusivamente dedicada ao teatro – mais uma evidência da influência da Companhia Madeleine Renaud-Jean-Louis Barrault, que editava os conceituados *Cahiers Renaud-Barrault*; e concursos sobre assuntos diversos relacionados à arte dramática.

Era um programa bastante ambicioso. Provavelmente, o mais ambicioso projeto jamais tentado por um artista ou por uma companhia teatral no Brasil. Como se a simples construção do Teatro Bela Vista já não fosse uma contribuição gigantesca.

Entretanto, era necessário cuidar da própria sobrevivência. E, naquele momento, a televisão novamente surgia como a única opção. Sérgio e Nydia entraram para o elenco do *Grande Teatro Royal*, um programa da TV Record, com Cacilda Becker, Cleyde Yáconis, Walmor Chagas, Ziembinski e Fredi Kleemann, sob a direção de Ruggero Jacobbi. Nele eram apresentadas adaptações de importantes obras literárias. A estreia foi no dia 2 de maio de 1955, com *A vendetta*, de Honoré de Balzac. Nas transmissões seguintes: *O jogador*, de Fiódor Dostoiévski; *O alienista*, de Machado de Assis; *A dama de espadas*, de Aleksandr Púchkin; e *O fantasma de Canterville*, de Oscar Wilde, entre outras. Um repertório de alto nível e um elenco à altura.

Além disso, Sérgio e Nydia participavam de todas as gincanas culturais e de todos os programas de perguntas e respostas que ofereciam prêmios em dinheiro. Uma dessas atrações da televisão, de meados dos anos 1950, chamava-se *Você confia em sua mulher?*, na TV Tupi de São Paulo – uma atração bem machista, na qual se perguntava aos maridos se confiavam nos conhecimentos culturais das esposas. O casal tornou-se um dos campeões dessas competições televisivas, ganhando prêmios que foram muito importantes para pagar o aluguel do apartamento e o salário da babá.

Entre o dia em que o casal descobriu o antigo Cineteatro Espéria e a abertura do Teatro Bela Vista, foi uma longa espera: dois anos de reformas, que, preservando a estrutura de aço, importada da Alemanha no início do século XX, derrubavam paredes, enquanto outras eram levantadas. Tudo para transformar um velho e abandonado cinema de bairro num moderno teatro.

Solidários com a iniciativa, vários artistas plásticos da maior importância doaram trabalhos para serem expostos no saguão do teatro: Bonadei, Di Cavalcanti, Mario Cravo, Bruno Giorgi, Germano Mariutti, Aldemir Martins, Santa Rosa e Lasar Segall, entre outros.

O jornalista Santos Pereira – após escrever que, com o empreendimento, Sérgio Cardoso atingia "o objetivo máximo de sua grande carreira artística", publicou as seguintes palavras do ator: "Não estou pedindo um favor. Estou propondo um negócio: fosse um favor e seria prestado não a mim, mas a São Paulo. Sendo um negócio, pode apenas – todo especial que é – ser proposto a quem disponha dos recursos necessários para aceitá-lo, além da cultura e sensibilidade indispensáveis para compreendê-lo".

Simultaneamente ao que já parecia beirar as raias da loucura, Sérgio recrutava atores para o elenco permanente da companhia, e buscava-os sobretudo entre os recém-formados da EAD. Anos mais tarde, Berta Zemel, uma das selecionadas, lembrou que o fato de a EAD ter funcionado, durante algum tempo, no prédio do TBC permitira a ela e a seus colegas acompanharem os ensaios de *O mentiroso* – em sua opinião, a obra-prima de Sérgio Cardoso. E contou como via o trabalho dele:

> **Uma coisa muito importante no trabalho dele é que ele era um professor nato, [...] tinha essa qualidade didática, pedagógica. [...] E nós víamos isso com muito prazer, porque víamos a armação do ator se fazendo, os personagens nascendo e se delineando. E era um dublê de intérprete e de pessoa que ficava de longe, assistindo a si mesmo. O que me parece ideal para o ator: realizar o trabalho e, ao mesmo tempo, conseguir ver de fora, para fazer o acabamento. Os atores sofrem muito, no nosso teatro, por serem apenas instintivos: então, veem aquilo como um fogo interior, a coisa se faz no palco. Mas falta uma coisa importante para o ator profissional, que é o acabamento. Isso o Sérgio tinha. Eu tinha uma paixão pelo trabalho dele. [...]**[53]

Quando Berta Zemel ingressou na companhia, toda a parte administrativa já estava estruturada, e as obras do teatro avançavam. A essa altura, haviam sido selecionadas as seguintes obras a serem encenadas no Teatro Bela Vista: *Hamlet*, de Shakespeare; *Anna Christie*, de Eugene O'Neill; *Henrique IV*, de Luigi Pirandello; *Winterset*, de Maxwell Anderson – anteriormente montada pelo Teatro dos Doze, com o título de *Tragédia em New York*; *Sua alteza*

---

53 Berta Zemel, Depoimento concedido ao autor, São Paulo, 14 abr. 1988.

e o groom, de Alfred Savoir; *Farsa no castelo*, de Ferenc Molnár; *A noite tudo encobre*, de Emlyn Williams; *A raposa e as uvas*, de Guilherme Figueiredo – o grande sucesso de Sérgio; *Canção dentro do pão*, de Raimundo Magalhães Júnior – que Sérgio dirigira e interpretara na CDN; *Vestido de noiva*, de Nelson Rodrigues; *A cidade assassinada*, de Antonio Callado – a ser produzida pelo editor José Olympio. Dos títulos citados, apenas cinco foram efetivamente montados. Entretanto, todos os que lidam com teatro no Brasil sabem o quanto é difícil, se não impossível, prever com segurança uma longa sequência de peças a serem montadas. Encenar mais de uma peça já é quase um milagre. Assim, o programa deve ser visto mais como um indicador das propostas estéticas da companhia do que como um compromisso a ser cumprido.

Considerando-se a proposta inicial, é possível deduzir que a companhia que iria ocupar o Teatro Bela Vista era uma legítima descendente do TBC, adotando um repertório eclético e a fórmula de alternar arrojados investimentos artísticos e sucessos comerciais, porém com um novo componente: o gosto pela dramaturgia nacional. Aliás, essa preocupação, ao lado do fascínio pelos grandes textos clássicos, marcou a carreira de Sérgio, apesar de ser uma faceta sempre esquecida por aqueles que acreditam ter sido essa preocupação uma característica exclusiva do Teatro de Arena.

A preparação do novo *Hamlet* (1955-1956)

Os ensaios de *Hamlet* tiveram início no mês de julho e prolongaram-se por mais de nove meses, entre outros motivos, porque o teatro não ficou pronto no final do ano, conforme o previsto; além da complexidade da produção, é claro. Trata-se de um texto desafiador, e a companhia era composta, em sua maioria, de amadores e alunos recém-saídos da EAD, com idade média de 25 anos, se tanto. Somente o excesso de idealismo e paixão pode explicar a coesão em torno dessa empreitada.

No entanto, o que havia de sobra também eram dificuldades: a companhia não tinha dinheiro nem um espaço para ensaios, tampouco um local onde pudesse confeccionar e armazenar figurinos e objetos de cena.

O primeiro apoio que conseguiram foi o da diretoria da Associação Atlética Matarazzo, que emprestou uma sala em sua sede, no Edifício Martinelli, onde puderam ensaiar por dois meses. Depois, um amigo de Nydia dos tempos de Mackenzie, Luciano Falzoni, cedeu a eles uma velha casa na rua Francisca Miquelina, no Bixiga, que estava aguardando demolição. Os próprios atores pintaram os cômodos da casa e fizeram os reparos necessários para transformar um imóvel abandonado há anos num espaço utilizável. Na casa instalaram a sede da companhia e um ateliê de costura. Lá, nas folgas dos ensaios, as atrizes davam acabamento aos 36 figurinos da peça, e todo o elenco, dependendo das habilidades de cada um, ajudava Sérgio a confeccionar coroas, colares, medalhas, cintos, anéis e muitos outros adereços. Nydia contou das incursões noturnas por casas abandonadas do Bixiga, para arrancar dos seus velhos portões adornos de ferro que, depois de uma boa limpeza e uma pintura renovadora, seriam transformados em joias e adereços.

Mesmo com todas as dificuldades, o trabalho artístico avançava, como testemunhou Berta Zemel: "Ao mesmo tempo que a gente ensaiava doze, quinze, até dezoito horas por dia, assentava tijolos, ajudava a pintar, o que precisasse fazer. O teatro e o espetáculo foram sendo construídos simultaneamente".

O entusiasmo de Sérgio contagiava seus jovens parceiros. Retomar a tragédia do atormentado príncipe da Dinamarca era um projeto longamente acalentado. Para ele, após os dois primeiros fiascos comerciais de sua companhia, deveria haver algo emblemático nesse retorno à peça que mudara os rumos de sua vida, algo como o reencontro de um poderoso talismã. Além disso, era chegada a oportunidade de aplicar ao texto de Shakespeare toda a carga de conhecimentos que viera armazenando. Em suas próprias palavras, o que o levara de volta a *Hamlet* fora:

> **O desejo irresistível de concretizar no palco aquelas conclusões que, em oito anos, foram pouco a pouco se cristalizando em nosso espírito. Uma necessidade quase física nos arrastou para o Castelo de Elsinor, numa ânsia de identificar seus habitantes com a imagem que deles fazemos hoje. [...] Já que este é um dos maiores encantos de *Hamlet*: poder se transfigurar eternamente em nova personagem. [...] Por isso não existe o *Hamlet*, mas um *Hamlet* para cada instante na carreira de um ator, para cada fase das concepções de um diretor, para cada etapa no desenvolvimento de um público.**[54]

O fascínio de Sérgio pela peça e pelo personagem parecia consistir mais na possibilidade de realizar um *Hamlet* de acordo com seu estágio de amadurecimento pessoal e artístico e conforme as ideias teatrais que absorvera em sua passagem pelo TBC do que propriamente numa tentativa de oferecer uma visão original da peça ou do personagem. Tanto que, ainda na mesma matéria, publicada pela revista *Teatro Brasileiro*, declarava: "Essa busca incessante provocou finalmente uma outra tentação: a de encontrar na tragédia a faceta

---

54 Sérgio Cardoso, "Hamlet inaugurou em São Paulo o Teatro Bela Vista", *Teatro Brasileiro*, São Paulo, n. 7, 1956, p. 4-5.

inédita, o ângulo imprevisto, cujo valor seria tanto maior quanto mais original fosse ele. [...] Ideias apenas esboçadas na tragédia transformaram-se, assim, em chave de espetáculo".

Essa mesma postura – de desinteresse por abordagens peculiares, vistas como uma espécie de nocivo decadentismo, e de empenho em realizar uma transcrição cênica supostamente fiel aos objetivos do dramaturgo – era reafirmada no programa do espetáculo. Nele, Sérgio diz ter buscado ater-se à "suprema cautela de não sermos levados também à desenfreada corrida em busca de uma originalidade, à procura de 'achados' sob qualquer preço".

Se, de um lado, essas palavras denotam maturidade, de outro, tanta cautela, quando se trata de um artista, pode ser indício de excessiva prudência. Nesse sentido, é possível dizer que ele absorvera positivamente um princípio, então defendido por significativa parcela da crítica teatral paulista: o da discrição como norma básica no trabalho do encenador. Algo muito distante da ideia do diretor como verdadeiro criador do espetáculo, fazendo do texto um pretexto para a inventividade do discurso cênico, o que era um verdadeiro anátema para os anos 1950.

Outro aspecto, porém, é que, enquanto escrever sobre ideias que impulsionam o teatro e analisar a produção dramatúrgica têm sido tarefas realizadas pela crítica, o registro dos pequenos mistérios do cotidiano teatral é realizado muito raramente. Trata-se de matéria mais fugidia, e, justamente por isso, o depoimento de Berta Zemel é tão importante, por fornecer pormenores de ensaios. Eis mais um trecho rico em informações:

Ele já tinha tudo na cabeça – o espetáculo estava todo lá. Não sei se porque ele já tinha feito a peça antes. Mas ele tinha uma visão muito clara do que queria. Até o cenário partiu de uma ideia dele. [...] No palco, quando estávamos ensaiando, ele não representava. Tanto que eu fazia a Ofélia, e nos ensaios ele nunca representou comigo. Ele dava a "deixa" e via. Ele conversava comigo. Fazia o papel dele, dizendo o texto, mas não representando. Eu é que representava. [...] Então a gente ia dando, ele ia tirando da gente. Quer dizer, se ele representasse, não veria. Então, foi bom ele ser ator e ser diretor, porque o diretor em geral não tem experiência como ator, e não sabe tirar o que o ator pode dar. [...] Eu aprendi muito com ele, foi o meu grande professor. Se ele fizesse e mostrasse pra gente, a gente entendia logo o que era pra fazer. Ele mostrava. Ele fazia uma coisa que eu fazia na minha escola: deixar a pessoa falar primeiro, depois ir com ela, frase por frase, pensamento por

> pensamento. Uma frase se encaixa na outra? Ela segue a outra? O raciocínio é o mesmo? Ele era um professor excelente e um diretor um pouco nervoso – misturando um pouco o artista e a responsabilidade da inauguração de uma casa nova. Era toda uma expectativa. Ele era muito exigente, um perfeccionista no palco. A ideia dele tinha que ser realizada e a gente se esforçava para que isso acontecesse. Hoje, talvez eu gostasse que fosse mais liberal, mais aberto. Mas naquela época foi importante. Nós estávamos aprendendo, e ele tinha mais experiência.

É interessante verificar de que forma Sérgio resolvia as dificuldades advindas do fato de estar acumulando as funções de diretor e ator. Fica, entretanto, a interrogação: será que, ao mesmo tempo que oferecia um espelho tão minucioso e tão útil aos demais atores do elenco, ele não começava a privar-se, perigosamente, desse mesmo instrumento? Certo é que as consequências da autodireção não demoraram a surgir.

Enquanto a reforma do teatro avançava, um barracão nos fundos da obra servia como oficina; nela, os maquinistas começavam a construir os cenários criados por Eduardo Suhr. Na verdade, tratava-se de um cenário único, que seria desdobrado, por meio de 16 mutações, à vista do público.

Assim que o estágio da reforma permitiu, passaram a ensaiar à noite e nos fins de semana, no próprio palco ainda inacabado. E foi aí que surgiram novas dificuldades técnicas: estavam sendo construídas duas grandes torres, uma de cada lado do palco, com a finalidade de girar silenciosamente sobre o próprio eixo, modificando o cenário em poucos segundos. Eram torres com mais de dez metros de altura e três de diâmetro. De um lado, mostravam as paredes de pedra do Castelo de Elsinor e, de outro, parte de um aposento ou da sala do trono. O problema é que as torres não conseguiam girar, ou não o faziam em silêncio, e ameaçavam tombar.

Depois de algumas tentativas malsucedidas, Sérgio perdeu a paciência: jogou o texto da peça no chão e dispensou maquinistas e elenco aos gritos, dizendo que aquela geringonça não iria funcionar e que não haveria mais estreia. Em vão, todos argumentaram que era preciso tentar novas soluções para o problema, mas ele não ouvia. Disse que não haveria mais *Hamlet*, nem teatro, entregaria tudo à Empresa Bela Vista e iria embora de São Paulo. Virou as costas e saiu furioso, deixando o jovem elenco apavorado. Tinham por Sérgio o respeito e a admiração de alunos para com um mestre famoso. Nydia tratou de acalmá-los, explicando que a explosão fora causada pelo estresse do trabalho e pela enorme responsabilidade envolvida, alertando ainda que eles assistiriam a muitos ataques como aquele de diretores profissionais e que seria bom se acostumarem com isso. Sendo assim, o melhor a fazer era continuarem a ensaiar como se nada tivesse acontecido. Os maquinistas, por sua vez, levantaram possíveis soluções, e Carlos Zara, na época estudante de engenharia, foi consultar os professores da Escola Politécnica da USP.

Na tarde seguinte, Sérgio reapareceu, de cara fechada. Todo o elenco, com ar desolado, estava sentado nos degraus de cimento da futura plateia. Sérgio caminhou sisudo para o palco. Nesse momento, as torres começaram a girar, silenciosamente e sem tombar para a frente. O problema havia sido resolvido. Em meio à explosão de alegria de todos, Sérgio abandonou instantaneamente a expressão dura e pôs-se a ensaiar com entusiasmo renovado.

Segundo Nydia, os ensaios de *Hamlet* eram verdadeiras aulas de teatro. No dia a dia, Sérgio era um professor meticuloso, mas paciente. Nenhum detalhe deixava de ser analisado e explicado. Ele tinha amadurecido sua compreensão da peça durante os oito anos que separavam uma montagem da outra. A encenação que tinha em mente era completamente diferente daquela do TEB. Dessa vez, em vez da explosão de intuição e de talento histriônico, o que ele pretendia era um espetáculo mais cerebral, com linha de interpretação mais elaborada.

Naquele momento, Sérgio estava prestes a dar o grande salto de sua vida.

Com Cacilda Becker, Jorge Chaia e Nydia Licia no ensaio de *A filha de Yorio*. Teatro Cultura Artística, São Paulo, **1954.** Acervo NL-SC. Fotógrafo: Campos Filho.

Com Araçari de Oliveira em *Lampião*. **Teatro Leopoldo Fróes. São Paulo. 1954. Acervo NL-SC.**

Com Zaide Hassel, Leonardo Villar, Nydia Licia, Nieta Junqueira e Carlos Zara em *Sinhá-moça chorou*. Teatro Leopoldo Fróes, São Paulo, 1954. Acervo NL-SC. Fotógrafo: Campos Filho.

Com Fredi Kleemann, Cacilda Becker e Cleyde Yáconis em *Grande Teatro Royal*. TV Record, São Paulo, 1955. Acervo NL-SC.

Com Rita Cléos em *Toi e moi*. TV Record, São Paulo, 1955. Acervo NL-SC.

5: um homem de teatro em seus domínios (1956-1960)

Após dois anos de espera e muitas lutas, chegava finalmente o grande dia: 15 de maio de 1956. A inauguração do Teatro Bela Vista, o relançamento da Companhia Nydia Licia-Sérgio Cardoso e a estreia de *Hamlet*. Naquela dia, Sérgio e Nydia transformavam-se nos primeiros atores saídos do TBC a dispor de um teatro próprio. E não de uma sala qualquer, improvisada: na opinião de Sábato Magaldi, tratava-se do melhor teatro "para o gênero declamado, no Brasil".

Um pouco mais tarde, o próprio Sérgio sintetizaria assim o alto significado do evento: "A inauguração do Teatro Bela Vista foi o fato mais importante da carreira de Nydia e da minha, porque, qualquer que tenha sido o mérito da estreia de *Hamlet*, ela resultou em ter-se dado uma ótima casa de espetáculos a São Paulo".

E o novo teatro surpreendeu a todos, pelo conforto e pela modernidade. A reforma realizada, a duras penas, no velho Cineteatro Espéria resultara num ambiente aconchegante – decorado por Antonio José Capote Valente – e amplo, com capacidade para 662 espectadores, um jardim de inverno, sala de ensaio, bar e uma galeria de exposições.

Na inauguração do teatro, a galeria exibia esculturas de Victor Brecheret, Bruno Giorgi, Mario Cravo e Moussia Pinto Alves, assim como pinturas de Aldo Bonadei, Lasar Segall, Burle Marx, Clóvis Graciano, Aldemir Martins, Danilo di Prete, Bassano Vaccarini, Carmélio Cruz, Santa Rosa, Manoel Constantino e Johann Gutlich. Uma reunião de grandes nomes das artes plásticas que, de certa forma, endossava – ou pelo menos apoiava – a iniciativa de Sérgio e Nydia.

No entanto, não se deve esquecer que, se o sonho de Sérgio foi o ponto de partida, uma realização de tal monta só se tornou viável graças à atuação da Empresa Bela Vista S.A., cuja primeira diretoria ficara assim constituída: como diretor-presidente, o engenheiro Otto Meinberg; como diretor-tesoureiro, o engenheiro Ricardo Capote Valente; e como diretor-secretário, Sérgio Cardoso.

A placa inaugural do teatro, com os nomes dos sócios fundadores, provisoriamente executada em madeira, foi descerrada pelo governador em exercício do estado de São Paulo, Porfírio da Paz, e por sua esposa. Já os convidados, vestindo traje a rigor, foram recebidos pelos diretores da Empresa Bela Vista e pelo crítico Sábato Magaldi, representando a Companhia.

O programa do espetáculo inaugural relacionava os 46 acionistas fundadores e os 223 acionistas simples, cuja participação havia tornado o novo teatro uma realidade. Da mesma maneira, um grupo de patrocinadores, exclusivamente formado por figuras de destaque na sociedade paulista, e encabeçado pelo editor José Olympio, tornara possível a temporada 1956-1957. Isso evidencia a existência em São Paulo, naquele momento, de uma elite culta interessada no fomento à produção artística. Ou, de outro lado, faz crer que o teatro era então um produto cultural de tal importância que levava a uma mobilização inimaginável em décadas posteriores.

Durante a primeira temporada, o elenco permanente, e a Companhia Nydia Licia-Sérgio Cardoso, compunha-se de Berta Zemel, Nydia Licia, Carlos Zara, Emanuele Corinaldi, Guilherme Corrêa, Gustavo Pinheiro, Jorge Fischer Jr., Raymundo Duprat e Sérgio Cardoso – também diretor artístico da companhia.

Hamlet, 1956

Ao inaugurar o Teatro Bela Vista e relançar sua companhia, completamente reestruturada, Sérgio talvez pensasse – como Laurence Olivier – que, se algum dia tivesse a oportunidade de dirigir uma companhia, começaria com a maior de todas as peças. Assim, mais uma vez fez suas as angústias do príncipe dinamarquês.

Em sua nova versão de *Hamlet*, Sérgio Cardoso parecia empenhado em responder às reticentes opiniões da crítica paulistana em relação à exacerbada e eletrizante montagem dirigida por Hoffman Harnisch, em 1948. Essa é, por exemplo, a opinião de Zilah Vergueiro, que participara do Teatro dos Doze e que acompanhou boa parte da carreira do ator.

Mas ninguém melhor do que o próprio Sérgio para falar do seu principal objetivo com o *Hamlet* de 1956:

> [...] Moveu-nos apenas o desejo irresistível de realizar no palco aquelas conclusões que em oito anos foram se concretizando em nosso espírito. Esses fantasmas que rondavam em nossa imaginação precisavam ser reconhecidos para depois de novo serem outra vez apagados e – quem sabe? – serem outra vez reconhecidos.[55]

Depois de discorrer sobre o poder do personagem Hamlet de transfigurar-se continuamente desde a escrita original da obra, entre 1599 e 1601, ele concluía com certa ironia:

> Essa contínua transfiguração [...] acumulou sobre a obra as mais desencontradas opiniões, que foi preciso afastar, esquecer, para podermos atingir a nossa própria, dentro da suprema cautela de não sermos levados também à desenfreada corrida em busca de

---

55 Sérgio Cardoso, *Programa de Hamlet*, São Paulo, maio 1956, n.p.

uma originalidade, à procura de "achados" sob qualquer preço [...]
Confessamos que essa nossa pretensão foi das tarefas mais árduas
que tivemos de enfrentar.

Depurando excessos e interiorizando emoções, sua nova e mais britânica montagem foi muito bem recebida pelos jornalistas especializados de São Paulo, especialmente por Sábato Magaldi, que, tanto a respeito do ator Sérgio Cardoso como do diretor, assim escrevia:

> [...] Sérgio Cardoso chegou ao pleno domínio de suas qualidades
> interpretativas, valendo-se de uma rica e eficaz expressão corporal,
> onde os gestos são sempre significativos e a máscara, móvel e
> enérgica, além de uma voz poderosa e com belas inflexões. A exata
> compreensão do texto despiu o desempenho de Sérgio Cardoso de
> adornos inúteis, orientando-o numa linha de despojamento tanto
> mais expressiva porque não ressalta uma ou outra peculiaridade,
> para poder dar a todas a justa valorização.[56]

E prosseguia com observações também favoráveis, mas que prenunciavam, de certa maneira, uma carreira menos impactante para a montagem:

> O novo *Hamlet* tornou-se adulto, possivelmente sem o brilho
> exterior que garantia a adesão imediata do público mas de
> ressonância muito mais íntima na plateia. Ele não nos leva
> ao entusiasmo que provocam as exibições aparatosas ou de
> malabarismo: faz-nos confidências, torna-se semelhante ao
> espectador, desperta a cada momento a nossa própria natureza –
> realiza enfim a catarse.

Por fim, a avaliação positiva de Magaldi não se restringia à interpretação de Sérgio, estendendo-se à sua encenação:

> Deve ser ressaltada, de início, a profunda visão do texto, encarado
> em toda sua complexidade, e subordinando suas múltiplas facetas
> a um princípio coordenador firme e válido. O espetáculo ficou
> enfeixado em suas mãos, sem dar, em qualquer momento, a
> impressão de que não soube resolver esse ou aquele problema. [...]

---

56 Sábato Magaldi, "*Hamlet* no Teatro Bela Vista", *O Estado de S. Paulo*, São Paulo, 26 maio 1956, n.p.

> **Sérgio Cardoso não se deixou levar pela tentação de originalidades discutíveis. [...] O estudo paciente, o trabalho com alguns dos melhores diretores estrangeiros, a natural afirmação da idade, fizeram de Sérgio Cardoso nosso primeiro encenador capaz de enfrentar qualquer texto e o intérprete de estatura trágica que faltava ao teatro brasileiro contemporâneo.**

Aclamado como o primeiro diretor brasileiro a atingir a estatura dos encenadores estrangeiros radicados no Brasil, Sérgio arrancou louvores exaltados de analistas do porte de Alfredo Mesquita, Décio de Almeida Prado, Ruggero Jacobbi, Clóvis Garcia e Paulo Mendonça.

No entanto, seja pela inexorável transitoriedade dos juízos de valor, seja pelas mudanças das circunstâncias, todo esse entusiasmo da crítica não resistiu ao tempo. Passadas algumas décadas, o crítico Sábato Magaldi, por exemplo, questionado sobre aquela montagem, ao comentar sobre o trabalho de Sérgio Cardoso, classificou-o como um encenador "bastante apreciável, sem ser muito criativo; um diretor que organizava bem o elenco, ressaltando o texto, ensaiando inclusive os pequenos papéis, e desaparecendo". Considerava então o *Hamlet* de 1956 – sem aparentar admiração, e sim respeito – como mais uma etapa do teatro nacional, um trabalho "filtrado pelo aprendizado no TBC e influenciado pela *performance* cinematográfica de Laurence Olivier".[57]

Clóvis Garcia também não hesitou em dizer que a montagem de 1956 ficou aquém da de 1948 em impacto. Avaliação com a qual concordou Fernanda Montenegro, em depoimento,[58] quando declarou que ninguém surgira como Sérgio, com tal força em um papel tão difícil, mas que ele não conseguira repetir o feito na montagem do Teatro Bela Vista. Pode-se concluir que a reação do público foi similar, já que o espetáculo, apesar de todas as críticas lhe terem sido favoráveis, não registrou plateias nem de longe comparáveis às da montagem do TEB.

Berta Zemel falou sobre isso em seu depoimento para este livro, bem como a respeito da tenacidade e extrema dedicação de Sérgio ao teatro:

> **Eu me lembro que, às vezes, tinha mais gente no palco do que na plateia, porque nós éramos uns trinta mais ou menos. Mas a gente, na época, não se importava muito não. Ele também não se importava. Ele não via quando estava no palco. Era aquela**

---

57 Sábato Magaldi, Depoimento concedido ao autor, São Paulo, 11 out. 1986.
58 Fernanda Montenegro, "Depoimento", *Amiga*, Bloch Editores, Rio de Janeiro, 8 maio 1978.

> **coisa grandiosa. E, às vezes, dentro do palco, eu mesma o assistia, porque era bonito vê-lo trabalhando. Às vezes, confesso, ele nem estava certo na representação, podia não ser nada daquilo. Mas era bonito de se ver. Sabe, essas coisas bonitas, de personalidades, essa coisa quente, essa chama. Hoje não se vê mais isso. Em muitos momentos ele ia além, histericamente quase.**

É importante registrar a preocupação crescente de Nydia sobre esse divórcio entre o sonho e a realidade, o que lhe valia um papel algumas vezes antipático, de mediadora entre o caráter altamente exaltado de Sérgio e a objetividade do dia a dia da companhia.

Prosseguindo com o depoimento de Berta Zemel, é possível encontrar mais elementos corroborando a imagem de Sérgio como uma figura completamente envolvida pela chamada "sacralidade da arte":

> **Eu não me esqueço mais dele porque foi muito forte para mim, como pessoa, como profissional. Eu chegava ao teatro três horas antes do espetáculo, mas ele já estava no camarim, sentado, se preparando, fazendo a maquiagem. Sem falar o texto, mas se olhando, testando, testando. Isso durante a temporada inteira. Era um homem que via tudo, que examinava o palco antes de cada espetáculo.**

Tanta disciplina e tanta concentração no trabalho podem ser vistas como fatores que, ao lado de seus dotes naturais, contribuíram decisivamente para que muitas das criações de Sérgio atingissem o grau de excepcionalidade que perpetuou seu nome.

Um aspecto importante, que vale a pena ressaltar, é o fato de o *Hamlet* da Companhia Nydia Licia-Sérgio Cardoso ter sido a primeira montagem profissional de uma peça de Shakespeare realizada por um elenco paulista. Nem o TBC se atrevera a tanto. E, é claro, Sérgio pagou o ônus da ousadia: os atores da companhia eram todos muito jovens – ele mesmo tinha apenas 31 anos – e, se em 1948 fora exatamente a juventude dos intérpretes que emprestara força ao espetáculo, nessa nova versão ela era seu ponto fraco, que pode ser traduzido pela palavra "imaturidade". Em relação a esse aspecto, pode-se afirmar que a linha de direção adotada por Hoffman Harnisch tinha o grande mérito de adequar-se a um elenco muito jovem. Sérgio, porém, absorto em seu próprio processo de desenvolvimento, não se deu conta das condições concretas do trabalho e concebeu um espetáculo que correspondia às suas necessidades e possibilidades individuais enquanto artista, sem atentar para o fato de que seus companheiros estavam muito aquém de sua capacidade pessoal.

É interessante notar que Décio de Almeida Prado já apontava duas escolhas equivocadas, associadas à questão da imaturidade do elenco: a opção pela tradução feita com impressionante fidelidade ao original por Péricles Eugênio da Silva Ramos e, portanto, demasiado erudita e particularmente difícil para vozes ainda insuficientemente treinadas; e a tentativa de reproduzir a modulação quase musical dos grandes intérpretes shakespearianos ingleses, com os atores "cantando cada palavra, prolongando as sílabas, subindo e descendo ousadamente a escala musical", sem levar em conta que, pelo caráter da língua e pela ausência de tradição nesse sentido, "esse formalismo, esse rebuscamento estético, essa afetação de uma técnica ou de um virtuosismo vocal que estamos longe de possuir, o mais que conseguiu [...] foi tirar a espontaneidade e a naturalidade".[59]

Considerando que a representação de Shakespeare continua sendo um desafio para os atores e diretores brasileiros, Sérgio, em seu pioneirismo, pode ser visto como um vencedor. Mesmo com os problemas apontados, tratava-se de um espetáculo feito com honestidade e muitos cuidados. O cenário – que Bárbara Heliodora recordava impiedosamente como "pesadão" – e os figurinos foram concebidos por Eduardo Suhr, um artista alemão veterano, que havia trabalhado com Max Reinhardt e Erwin Piscator. E a trilha musical, especialmente composta por Enrico Simonetti, fora gravada pela Orquestra Sinfônica do Theatro Municipal de São Paulo, sob a regência do autor.

Muito se falou da extrema juventude do elenco, do fato de terem arrebanhado atores que se iniciavam no profissionalismo. Um desses atores era Raul Cortez, que fazia um dos guardas de Elsinore, quase uma figuração. Mas, para ele, foi uma grande oportunidade trabalhar com Sérgio Cardoso, por quem declarou, mais de quarenta anos depois, a sua admiração, lançando uma observação de rara sinceridade: "Um grande ator. [...] Um privilégio. Com o Sérgio foi uma convivência. Vê-lo atuar, ensaiar. Vi o grande talento que ele tinha. E também o mau gosto muito grande (ri). Essas coisas são boas, ver os grandes atores".

Dificuldades econômicas da nova companhia

Entre acertos e equívocos, naturais em iniciativas de porte, Sérgio enfim iniciava a condução de seu teatro: um espaço duramente conquistado e para o qual sonhava novas e ambiciosas realizações. Nas palavras do poeta Guilherme de Almeida:

> [...] em apenas oito anos, já amadurecido na carreira vitoriosa, já depositário de um inestimável tesouro de experiência, eis Sérgio

---

59   Décio de Almeida Prado, *Teatro em progresso*, São Paulo: Martins, 1964, p. 31-7.

> Cardoso em "seu" teatro. É uma coroação. Escreveu alguém, certa vez, que uma coroa na cabeça de um cabotino faz o ridículo, e na cabeça de um príncipe faz a majestade. Sérgio recebe a coroa como Hamlet, príncipe da Dinamarca. Ela é uma herança: será uma soberania.[60]

Infelizmente, a realidade nem sempre dá ouvidos aos poetas ou cumpre suas profecias. Assim sendo, não seria tão tranquila a permanência de Sérgio à frente de seus domínios de grão-senhor do teatro.

Para ele, aquela noite de maio de 1956 foi também um penoso encontro com a realidade: ser um empresário, dono de uma companhia e do Teatro Bela Vista, havia lhe trazido uma pressão gigantesca, que os aplausos e louvores da estreia de *Hamlet* não foram capazes de amenizar. Após a grande noite, nem ao menos pôde permitir-se uma breve pausa para retemperar as energias. Inúmeras questões de ordem prática, trazendo muitas dificuldades e um grande número de problemas, exigiam pronta resposta de sua parte.

Como registrou Nydia em sua autobiografia: "Desde o início sabíamos que *Hamlet* seria um espetáculo caro, sem perspectivas de retorno financeiro, mas que proporcionaria prestígio à nova companhia". Aos olhos mais pragmáticos das gerações posteriores, esse tipo de atitude – aventurar-se contra todas as expectativas e sem respaldo financeiro para isso – pode parecer simplesmente insano. Afinal, como explicar todo esse empenho em desenvolver uma atividade que já se sabia ser economicamente inviável? E ainda mais quando se dependia dessa atividade para sobreviver.

Para Sérgio, sustentar seu ideal significava ser capaz de desdobrar-se em várias funções, dentro e fora do palco, pois ele ingressara no duro cotidiano de um chefe de companhia e dono de teatro. Contudo, atrair o público que frequentava os teatros na década de 1950 para assistir *Hamlet* era uma tarefa e tanto. Acostumado a um repertório mais moderno, composto sobretudo de peças norte-americanas, de fácil compreensão, o espectador médio parecia refratário ao que Sérgio pretendia. Havia, ainda, o fato de o Teatro Bela Vista ser novo e encontrar-se numa rua secundária do bairro, a Conselheiro Ramalho, aumentando a dificuldade de se atingir o público-alvo.

Com todas essas dificuldades, a companhia precisava urgentemente de auxílio oficial e, para tanto, recorreu a todas as esferas do Poder Público. Um pedido de subvenção foi encaminhado ao SNT, que era o órgão ligado ao MEC responsável exatamente por auxiliar as companhias teatrais. Mas não se obteve resposta.

---

60 Guilherme de Almeida, "Sérgio", Programa de *Hamlet*, São Paulo, 1956, n.p.

O deputado Franco Montoro liderou uma moção de solidariedade, que foi assinada por representantes de todos os partidos da Assembleia Legislativa do Estado de São Paulo e encaminhada ao MEC. A moção era "um veemente apelo para que atenda à justa reivindicação dessa equipe, que já se impôs ao respeito e à admiração de todo o nosso povo". Ao mesmo tempo, o vereador Paulo de Tarso e outros membros da Câmara Municipal de São Paulo empenhavam-se junto ao prefeito Wladimir de Toledo Piza para que um projeto de convênio cultural entre a prefeitura e a companhia fosse assinado.

Porém, todas essas medidas demandavam meses para sua concretização, e as necessidades da companhia eram mais urgentes. Muitos projetos haviam sido traçados por Sérgio e Nydia – espetáculos, palestras, exposições –, mas todos dependiam de auxílio imediato.

Muito perturbado com a situação, Sérgio era acometido por crises de desânimo, até mesmo minutos antes de iniciar um espetáculo, afetando os atores. Em outras ocasiões, era tomado de uma alegria exagerada, sem qualquer motivo, igualmente incômoda para as pessoas que o cercavam. Isso irritava Nydia. Eles acabavam discutindo, e Sérgio abandonava o teatro, furioso. Segundo ela, "o lado sombrio de sua personalidade se acentuava cada vez mais".

Quando parecia não haver mais saída, surgiu a possibilidade de receber ajuda de quem menos se esperava: do governador Jânio Quadros. Inesperada porque se dizia que ele não gostava de teatro. Tanto que, ao assumir, em janeiro de 1955, suspendera o pagamento do Prêmio Governador do Estado, criado no final da administração anterior, deixando a classe teatral com os cheques sem fundos.

Disposto a enfrentar qualquer postura hostil para viabilizar os seus projetos, Sérgio redigiu duas laudas resumindo a situação da companhia e de seu teatro, e dirigiu-se ao Palácio dos Campos Elíseos – sede do governo estadual na época – acompanhado por Nydia e pelos diretores da Associação Paulista de Críticos Teatrais (APCT): Clóvis Garcia, Miroel Silveira, Sábato Magaldi, Hermilo Borba Filho, Mattos Pacheco e Delmiro Gonçalves.

Jânio Quadros recebeu-os em seu gabinete, sentado a uma mesa muito ampla, com o semblante fechado e sem um sorriso sequer. Clóvis e Miroel adiantaram-se, dizendo que Sérgio e Nydia haviam dado à cidade um teatro excelente e que a companhia era de alto nível, mas que a situação financeira era difícil... O governador interrompeu a explicação e estendeu a mão para receber o documento que Sérgio preparara. Leu-o rapidamente e, ao terminar, levantou a cabeça e disse que daria 150 mil cruzeiros. Com a mesma rapidez, atendeu às solicitações da APCT e autorizou a criação da Comissão Estadual de Teatro (CET), órgão que viria a ter importante atuação em vários momentos das décadas seguintes.

Essa verba estadual dava então novo alento às atividades, inclusive para resistir ao gélido inverno daquele ano, quando até as paredes do teatro sofriam a ação da umidade, correntes de ar infiltravam-se nos figurinos dos atores e a temperatura convidava os espectadores a permanecerem em casa.

No programa de *Hamlet*, Sérgio expunha sua preocupação em trazer para trabalhar com a companhia diretores de comprovada competência, reconhecendo, assim, que apenas sua presença não era suficiente:

> **Convidei [...] os encenadores com os quais havia trabalhado e que mais afinidade tinham comigo. Lamento, por exemplo, que Celi não possa trabalhar de imediato conosco, mas temos o propósito, quando a sua e a minha companhias entrarem num programa regular, de estabelecer uma colaboração estreita entre elas.**

Sérgio pretendia contar, ainda, com a colaboração de Ruggero Jacobbi, Bibi Ferreira, Flamínio Bollini Cerri e Ziembinski. Este remontaria *Vestido de noiva*, de acordo com a consagrada versão de 1943. No entanto, de todos esses nomes, apenas Jacobbi trabalhou com a Companhia Nydia Licia-Sérgio Cardoso. E, das três companhias formadas a partir da saída dos principais nomes da "fase dourada" do TBC (Companhia Nydia Licia-Sérgio Cardoso, Companhia Tônia-Celi-Autran e Teatro Cacilda Becker), o grupo que ocupou o Teatro Bela Vista foi o único a não ter em seu núcleo nenhum dos encenadores estrangeiros que haviam feito a glória do conjunto da rua Major Diogo. Na prática, Sérgio Cardoso acabou por dirigir 14 dos 17 espetáculos montados pela companhia, acumulando a função de ator em 12 deles. Assim, seu grito de liberdade acabou assumindo, em contrapartida, um sentido de isolamento. Contudo, naquele momento, em maio de 1956, um sonho se concretizava, e ainda não era possível antever seus desdobramentos negativos e positivos.

Afora a já citada preocupação com a dramaturgia nacional, outro traço do programa da companhia destacou-se muito cedo, por sua originalidade em relação aos cânones herdados do TBC: a intenção de tornar o teatro acessível a camadas mais populares. Essa orientação ficou muito clara nas seguintes declarações de Sérgio:

> **Quanto ao público ao qual desejamos dirigirmo-nos, lamento não poder inicialmente, por meio de preços mais baixos, tentar a conquista das plateias populares. Nossa primeira tarefa é cativar os espectadores já acostumados ao teatro, para depois procurarmos ampliar seu círculo. É que não estamos desafogados financeiramente, para uma experiência talvez lenta. Entretanto,**

tenho a intenção de realizar espetáculos que possam ser levados para fábricas e organizações populares. Já enderecei à Empresa os pedidos de descontos para certas entidades da capital. É esta a solução provisória, até que o teatro se firme.

E ele realmente realizaria, algum tempo depois, um programa de popularização do teatro, baixando o preço dos ingressos.

No dia 30 de julho, uma segunda-feira, a Companhia Nydia Licia-Sérgio Cardoso conseguiu levar *Hamlet*, com toda a grandiosidade da sua montagem, ao Teatro Coliseu, em Santos. Mais uma prova de que a preservação do descanso semanal não estava entre as prioridades do grupo, assim como de que ele não media esforços no sentido de ampliar as possibilidades de exibição do seu trabalho. A ida a Santos foi patrocinada por uma entidade local – o Centro de Expansão Cultural –, que homenageou a companhia com uma placa de bronze, afixada no saguão do teatro.

Tudo teria transcorrido tranquilamente se o Coliseu não fosse um teatro antigo, com o palco inclinado para oferecer melhor visibilidade. Como é possível imaginar, isso representava um imenso problema para as enormes torres do Castelo de Elsinor. Elas giravam todas as vezes que o cenário precisava ser mudado, sendo que, a cada vez, um grupo de maquinistas agarrava-se às cordas presas no alto delas para impedir que a inclinação do palco as fizesse tombar. Numa dessas trocas, um maquinista passou pelo palco, voando, agarrado à sua corda. Os atores fizeram de conta que nada de anormal ocorria, e a plateia ficou na dúvida se aquele voo fazia ou não parte do espetáculo...

Quando as paredes falam

A segunda peça montada pela companhia foi uma comédia escrita pelo autor húngaro Ferenc Molnár, *Quando as paredes falam* (*Spiel im Schloss*; em tradução literal: *Farsa no castelo*), uma inteligente e refinada brincadeira com as convenções da opereta e do teatro ligeiro. A escolha estava bem de acordo com a orientação de Sérgio, de alternar obras dramáticas e de montagem cara com outras mais leves e menos custosas. A direção coube a Ruggero Jacobbi. E, para ela, montar essa comédia foi uma espécie de trégua em meio a todas as lutas da companhia. A estreia aconteceu no mês de agosto.

Sérgio interpretava um autor húngaro, bem mais velho que ele, com tanta convicção e com tanto preciosismo no sotaque adotado em suas falas que, certa vez, após a apresentação, um casal de origem húngara foi ao camarim e cumprimentou-o em seu próprio idioma, como se ele fosse, realmente, dessa nacionalidade.

Os críticos, não fugindo ao hábito, também dessa vez divergiram ao examinar seu trabalho. De um lado, Miroel Silveira assinalava que Sérgio não tinha idade, peso e outras condições necessárias ao papel – o de uma "velha raposa" –, concluindo que, para compensar essas deficiências, ele fora levado, voluntária ou involuntariamente, a adotar características e atitudes que lembravam Procópio Ferreira. Mas, ressaltava o analista, graças à sua "classe de ator", compunha o personagem em suas linhas gerais. De outro lado, examinando essa mesma questão, outro crítico, Sábato Magaldi, chegava a conclusões bem diferentes, saindo em defesa do ator e de seus objetivos: "Sérgio Cardoso, o ator *meneur de jeu*, paira numa atmosfera diferente, e até incorpora traços físicos do ator Procópio Ferreira, com o objetivo de estabelecer uma continuidade do nosso estilo cômico interpretativo, dentro de padrões sérios e dignos".

Como se vê, o que, para um crítico, mostrava a inadequação do ator ao personagem, para outro, era uma tentativa de retomar determinada tradição teatral, reelaborando-a segundo novos ideais cênicos. Do que se pode deduzir que um dos requisitos exigidos a um ator é o discernimento em dar ou não ouvidos à crítica. Nesse caso especificamente, levando-se em conta a sentença de um terceiro juiz – o público –, a peça tornou-se o primeiro êxito comercial do Teatro Bela Vista.

A TV Tupi de São Paulo premiava então, semanalmente, os que se destacavam no teatro, em várias modalidades, e Nydia, única atriz do elenco, ganhou o troféu "Melhor da Semana". Para recebê-lo, ela precisava comparecer ao estúdio da emissora numa sexta-feira, às 20h, e apresentar ao vivo uma pequena cena do espetáculo. Combinou com Sérgio de irem juntos e apresentarem um trecho em que os dois contracenavam. Porém, no dia acertado, Sérgio estava de mau humor e não quis, de forma alguma, acompanhá-la. Diante disso, Nydia teve de ir sozinha, inventar uma desculpa qualquer e contracenar com alguém invisível, com o auxílio de um telefone arranjado às pressas pelo contrarregra do programa.

O sucesso de *Quando as paredes falam*, além de aliviar sensivelmente os problemas econômicos da empresa, renovou-lhe o ânimo. Tanto que, na última segunda-feira de agosto, o espetáculo foi levado ao Teatro Maison de France, no Rio de Janeiro. Ali, apresentou-se a peça sem os cenários, com apenas alguns objetos de cena, e a acolhida do público carioca foi tão calorosa que Sérgio decidiu apresentá-la novamente no mês de outubro. Na mesma época, a companhia anunciou a estreia em setembro de sua programação infantojuvenil, com *O Sítio do Picapau Amarelo*, peça de Tatiana Belinky, baseada na obra de Monteiro Lobato. A montagem, no entanto, acabou sendo adiada, pois a empresa passou a despender o melhor de seus esforços nos preparativos de uma temporada no Rio de Janeiro.

Com efeito, de 2 a 15 de outubro, a companhia apresentou no Theatro Municipal daquela cidade os dois espetáculos anteriormente mostrados no Teatro Bela Vista. Ao contrário do que acontecera em São Paulo, a crítica carioca recebeu friamente a nova versão de *Hamlet*. Os cariocas tinham ainda na lembrança a montagem do TEB, cheia de entusiasmo juvenil, e a revelação de Sérgio como o maior ator de sua geração. A nova montagem, mais contida, menos exuberante, não os entusiasmou. Já a comédia de Molnár repetiu no Rio o êxito comercial registrado em São Paulo. Mesmo assim, no cômputo geral, com todas as despesas de traslado e estadia, a viagem não resultou lucrativa.

Durante a breve temporada carioca, aconteceu um incidente curioso. Foi no decorrer de uma apresentação de *Quando as paredes falam*. O palco do Theatro Municipal é muito amplo, e os camarins, distantes, o que não permitia que se acompanhasse o andamento do espetáculo. Nydia estava conversando no camarim, distraída, e o diretor de cena, mais distraído ainda, esqueceu-se de avisá-la da sua hora de entrar em cena. Quando, finalmente, um contrarregra esbaforido veio chamá-la, a cena parara e um silêncio cortante reinava no palco. Ela correu por trás do ciclorama de tecido azul, do fundo do palco, que balançava à sua passagem. Só o que se ouvia eram as batidas dos saltos das sandálias no piso de madeira. Ela precisava chegar ao outro lado do palco, onde havia a única porta pela qual poderia entrar no palco. A plateia estava muda, esperando. Segundo a atriz:

> O olhar de Sérgio teria dissolvido um *iceberg* do tamanho daquele que afundou o Titanic. Nem preciso contar o que ouvi dele no intervalo! Colocou meu nome na tabela – o quadro de avisos pendurado no fundo do palco – bem à vista de todos, com uma advertência por "indisciplina". Se eu não fosse dona da companhia, teria me despedido na hora.[61]

Quanto às diversas propostas de atividades culturais para o Teatro Bela Vista, muito cedo os mentores da equipe deram-se conta das inúmeras dificuldades para sua operacionalização, bem como do fato de a atividade teatral por si só consumir toda a sua disponibilidade, inviabilizando qualquer possibilidade de empreender outras tarefas.

---

61 Nydia Licia, *Ninguém se livra de seus fantasmas, op. cit.*, p. 308.

A raposa e as uvas

Felizmente, após *Quando as paredes falam*, um novo e ainda maior sucesso ocupou o palco do Teatro Bela Vista. Todo grande ator ou toda companhia tem uma *pièce de résistance*, um espetáculo de sucesso garantido que pode ser retomado a qualquer momento. Na tradição teatral brasileira, exemplos clássicos são Procópio Ferreira, com *Deus lhe pague*; Dulcina, com *Chuva*; e Rodolfo Mayer, com *As mãos de Eurídice*, espetáculos que sempre garantiam casas cheias.

A rigor, não se tratava de um novo trabalho, e sim de uma remontagem de *A raposa e as uvas*, obedecendo à concepção de Bibi Ferreira para a Companhia Dramática Nacional, mas ensaiada respeitosamente por Sérgio Cardoso, na impossibilidade de a diretora original realizar esse trabalho. Apenas uma mudança significativa: os cenários e figurinos eram criações de Irênio Maia. Já as interpretações das quatro personagens da peça ficavam a cargo de Sérgio, Nydia, Gustavo Pinheiro e Berta Zemel. Prevista inicialmente para permanecer em cartaz durante quatro semanas, a peça acabou tendo sua temporada estendida para nove semanas, evidenciando assim a receptividade do público.

Por suas *performances*, Nydia e Sérgio foram escolhidos os "Melhores da Semana", numa promoção dos Diários Associados. Contribuiu para aumentar o êxito do espetáculo a liderança nas cotações da recém-criada "Bolsa de Teatro", coluna dos jornais da Empresa Folha da Manhã. A "Bolsa" funcionava da seguinte maneira: numa noite qualquer, sem aviso prévio, funcionários da *Folha* apareciam no teatro trazendo uma urna e cédulas de votação. Eles mesmos distribuíam as cédulas entre os espectadores pagantes. Os convidados não as recebiam, a fim de garantir a isenção dos votantes. Após o espetáculo, o público depositava as cédulas com seu voto, que assinalava uma das quatro avaliações: ótimo, bom, regular ou péssimo. Muito rapidamente a "Bolsa" tornou-se um fator importante na divulgação de um espetáculo teatral e na escolha de uma peça para assistir.

Na última semana de apresentações, o governo do estado de São Paulo decidiu patrocinar uma redução de preço dos ingressos, iniciando a prática de campanhas de popularização do teatro, o que foi muito bem-vindo.

Merecido reconhecimento para com uma das mais celebradas caracterizações de Sérgio, fotografias de seu deformado Esopo são praticamente obrigatórias em qualquer compêndio dedicado ao teatro brasileiro. Aliás, as contorções físicas realizadas pelo ator para melhor encarnar o personagem, dando-lhe uma postura bastante peculiar, causaram-lhe um problema crônico nas articulações dos joelhos.

Nos quatro anos seguintes, a peça *A raposa e as uvas* foi remontada mais de cinco vezes, sempre com sucesso, apresentando-se no Teatro Bela Vista, no grande espaço do Teatro Coliseu de Santos e no minúsculo palco do auditório do Instituto Tecnológico de Aeronáutica (ITA), em São José dos Campos, todos com plateias lotadas.

Paralelamente, a companhia ensaiava *Tragédia para rir*, de Guilherme Figueiredo, uma coprodução com o Theatro Municipal do Rio de Janeiro, onde a peça realizaria uma pequena temporada. Por uma dessas reviravoltas político-administrativas, a Comissão Artística e Cultural do Municipal carioca tomou a iniciativa de rever sua participação no projeto, cancelando sua cota na produção. Esse recuo levou ao cancelamento da montagem.

Apaixonado pela poesia de Vinicius de Moraes, Sérgio Cardoso tentou trazer a São Paulo, ainda que para uma curta temporada, o elenco carioca que acabara de apresentar no Rio a peça *Orfeu da Conceição*, o grande musical negro escrito pelo poeta em parceria com Tom Jobim. Todavia, não encontrou apoios suficientes para mais essa iniciativa custosa e comercialmente arriscada.

Logo a seguir, porém, veio o reconhecimento pelo trabalho persistente e corajoso do ator-diretor e empresário. Por decisão unânime, a Associação Paulista de Críticos Teatrais conferiu a Sérgio Cardoso o prêmio de Personalidade do Ano de 1956, pela interpretação e direção de *Hamlet*, pela inauguração do Teatro Bela Vista e pela formação de sua companhia.

O comício

O ano de 1957 começou com um encontro de Sérgio Cardoso e de seu jovem elenco com um dos monstros sagrados da "velha geração": Jayme Costa, com quem Sérgio já atuara em *A ceia dos cardeais*. A peça escolhida foi *O comício*, de Abílio Pereira de Almeida, o autor paulista de maior sucesso à época, que, apesar de não ser muito elogiado pela crítica, era um campeão de bilheterias ao abordar temas provocativos e mesmo escandalosos em torno da alta sociedade paulista.

Tudo começou quando Sérgio procurou Abílio e lhe pediu uma peça inédita para montar. O autor informou-lhe sobre um texto ainda incompleto, destinado a Jayme Costa. O enredo mostrava um político demagogo preparando a sua campanha ao governo do estado de São Paulo. Naquele momento, a capital paulista agitava-se com mais uma eleição para prefeito, sendo candidatos Francisco Prestes Maia e Adhemar de Barros. Sérgio leu apenas o primeiro ato da peça e parte do segundo – isto é, tudo que estava escrito – e, mesmo assim, assinou contrato para a montagem. A seguir, convidou Jayme Costa para o papel principal. Além de grande ator, Jayme parecia-se muito com Adhemar de Barros – ex-interventor em São Paulo durante o Estado Novo, governador por duas vezes e típico político populista.

Os ensaios de *O comício* tiveram início imediatamente, sob a direção de Sérgio, enquanto se aguardava o restante do texto. Talvez mais assustador do que ensaiar uma peça que ainda estava sendo escrita era o fato de aqueles jovens atores contracenarem com um legítimo representante da velha escola – que utilizava o ponto, inventava cacos e não tinha o hábito de respeitar o diretor. Mas, para surpresa e alívio geral, Jayme portou-se todo o tempo como um excelente profissional: chegava pontualmente aos ensaios, obedecia às marcações estabelecidas por Sérgio e mostrava-se gentil com todos.

O espetáculo contava, ainda, com as participações especiais de Odete Lara, Paulo Autran, do próprio autor e de Nydia, em filmagens realizadas nos estúdios da Vera Cruz, que eram projetadas na tela de um televisor – eles interpretando locutores políticos, e elas, garotas-propaganda.

Sobre a participação de Sérgio como ator, há uma narrativa divertida de Nydia: "Na noite da estreia eu estava sentada na plateia, assistindo ao espetáculo, quando vi entrar em cena um velho careca e narigudo. Levei um susto. Quem era? Como tinha entrado? Começou a falar com um estranho sotaque sírio. De repente, descobri que era Sérgio".

É que, durante os ensaios, ele estivera ocupado com a montagem e em dirigir os atores, e, por isso, ainda não havia se caracterizado – nem para o ensaio geral – e também não tinha mostrado o sotaque que usaria. Mesmo assim, encontrou tempo, sabe-se lá como, para trabalhar uma de suas melhores caracterizações: uma postura que o deixava mais baixo, um olhar desconfiado e fixo – uma composição com muita técnica e imaginação, para dar suporte ao trabalho de Jayme Costa.

O comício foi a maior bilheteria do Teatro Bela Vista até então e manteve-se em primeiro lugar na "Bolsa de Teatro" por várias semanas. Mas, apesar do sucesso de público, a montagem não foi bem recebida pela crítica, que não se mostrou nem um pouco complacente. Nada foi poupado: o texto, a direção, o fato de o elenco de apoio ser jovem demais, o cachorro em cena e, principalmente, o aparelho de televisão, no terceiro ato, dando informações cruciais para a trama – o que foi considerado uma solução primária.

Miroel Silveira escreveu que a direção de Sérgio Cardoso era seu trabalho mais infeliz até aquela data, por ter permitido um choque de estilos entre a naturalidade cômica de Jayme Costa e a supercomposição de que todo o restante do elenco lançava mão. E Clóvis Garcia, passadas algumas décadas, em depoimento sobre Sérgio Cardoso, não titubeou em classificar *O comício* como um espetáculo bastante fraco.

Naquele momento, porém, para a companhia, o sucesso de bilheteria importava mais que a opinião da crítica. Conseguia-se assim amortizar parte das dívidas e garantir algum dinheiro para a próxima montagem.

Berta Zemel, que integrava o elenco, mencionou outro aspecto notável nesse trabalho – a admiração de Sérgio por Jayme Costa:

> O respeito, o amor, o reconhecimento. A gente tinha um certo preconceito em relação ao Jayme e àquele pessoal daquele teatro. E o Sérgio fez a gente ver quem eram realmente aqueles atores, o público que eles angariaram para nós e o jeito que eles faziam teatro. O respeito... O Sérgio fez a gente amá-lo. Foi um sucesso de público. O que o Jayme fazia em cena era uma coisa incrível. E o Sérgio comportadíssimo. Como eu assistia a ele, ele assistia ao Jayme.

No programa de *O comício*, Sérgio escreveu sobre seu sentimento e sobre a grata convivência profissional com o velho ator:

> Foi durante um dos intervalos de *Quando as paredes falam*. Já se discutia muito uma nova peça de Abílio Pereira de Almeida, *O comício*, escrita especialmente para Jayme Costa. Lembrei-me então de nossa grata convivência num dos salões do Vaticano, [...] dizendo as rimas do sr. Júlio Dantas [...]. Já na manhã seguinte telefonava para Abílio e pedia para incluí-la em nosso repertório. Convidado, Jayme Costa aceitou encabeçar nosso elenco. E logo nos primeiros ensaios caíam por terra meus temores: nenhum choque entre a experiência esmagadora do ilustre colega e a nossa, nenhuma posição de superioridade causada por seu justíssimo cartaz, nenhum conflito entre a nossa vocação ainda afogada em teorias e citações eruditas com a dele, que já trocou tudo isso por uma personalidade realmente original.[62]

É impossível imaginar uma maneira mais diplomática e gentil de tentar encerrar o drástico conflito que separara o "moderno" e o "antigo" no teatro brasileiro. E Sérgio completou:

> A presença de Jayme Costa [...] só serviu para desmentir definitivamente a decantada irreconciliação, ainda apontada por alguns, entre as duas últimas gerações do teatro brasileiro. Adaptando-se por completo aos nossos hábitos, contrários em tantos

62 Sérgio Cardoso, "*O comício*", Programa de *O comício*, São Paulo, 1957, n.p.

> pontos à sua formação de artista, Jayme Costa ofereceu, além de
> um exemplo do mais alto espírito profissional, uma oportunidade
> excepcional de tomarmos contacto direto com os recursos de uma
> escola que elegeu como um de seus objetivos o único objetivo que se
> deve, em última análise, eleger em teatro: o público.

Sérgio ainda manifestaria publicamente a satisfação em tê-lo no Teatro Bela Vista na noite de 13 de abril, por ocasião da centésima apresentação da peça, quando seria afixada, no saguão do teatro, uma placa de bronze em homenagem ao velho ator.

Cabe registrar que tão sábias e conciliadoras atitudes partiam de um artista que, pouco tempo depois, seria estigmatizado pelos mais combativos membros de uma geração posterior à sua como típico integrante de um teatro alienado e ultrapassado. Ele que, lamentavelmente, não teria – como teve Jayme Costa – a oportunidade de vivenciar os novos caminhos da criação teatral.

Graças a um convênio com a prefeitura, a partir de *O comício*, todas as peças apresentadas no Teatro Bela Vista passaram a terminar suas temporadas com uma semana a preços populares. Sérgio e Nydia defendiam a tese de que ingressos mais baratos beneficiariam um público menos privilegiado economicamente e, dessa forma, o número de espectadores seria ampliado. Na verdade, o procedimento foi posto em prática em caráter experimental, pois o convênio com a municipalidade ainda não tinha sido sancionado. Foi preciso aguardar algum tempo até que o labirinto da burocracia fosse vencido e o então prefeito recém-empossado, Adhemar de Barros, desse a palavra final.

Após a realização de cada temporada popular, era feita a prestação de contas à prefeitura, com os devidos comprovantes. Porém, aconteceu que, um ano mais tarde, receberam a comunicação de que havia sido instaurado um processo contra a companhia justamente por ela não ter entregado os tais comprovantes. Eles simplesmente haviam desaparecido nos insondáveis meandros da burocracia municipal... Foi preciso reunir novamente a documentação, e Sérgio entregou-a pessoalmente à funcionária encarregada do caso. No entanto, esse não foi o último episódio kafkiano provocado pela municipalidade. Quando mudou o governante, o processo ressurgiu, demandando-se mais cópias dos comprovantes. E a situação absurda continuou até por volta de 1968, após a companhia ter encerrado suas atividades. O arquivamento do volumoso processo somente se deu a pedido de dona Iolanda Faria Lima, esposa do então prefeito e fã de Sérgio, a essa altura um astro da televisão.

A respeito de verbas públicas, na segunda quinzena de abril de 1957, o ministro da Educação, através do SNT, liberou finalmente a subvenção que a

Empresa Bela Vista havia solicitado. Graças a ela, a empresa concluiu sua oficina de cenografia, além de promover outros melhoramentos no próprio teatro.

Sérgio Cardoso recebeu, na mesma época, um convite do TBC para dirigir um de seus próximos espetáculos, mas recusou-o ante a impossibilidade de conciliar seus próprios planos de trabalho com os da sala da rua Major Diogo. A situação chegava a ser irônica, uma vez que, poucos anos antes, Sérgio deixara o TBC, entre outros motivos, pela impossibilidade de chegar à direção.

Na noite de 8 de abril de 1957, em sessão solene realizada no auditório da Biblioteca Mário de Andrade, a Associação Paulista de Críticos Teatrais (APCT) promoveu a entrega dos prêmios conferidos aos que mais se haviam destacado no teatro paulista durante o ano anterior. Na ocasião, Maria José de Carvalho saudou os contemplados, em nome da entidade. Sérgio, ao ser chamado para receber o prêmio de Personalidade do Ano de 1956, pediu licença ao presidente da APCT, Clóvis Garcia, para fazê-lo em companhia de Nydia Licia, dividindo dessa forma, e com justiça, as honras da láurea. Significativamente, na mesma cerimônia foram premiados como revelações Gianfrancesco Guarnieri e Augusto Boal – representantes da nova geração que despontava. A premiação da APCT foi encerrada por Sérgio Cardoso, que agradeceu em nome de todos os laureados.

Ainda no início daquele ano, o *Diário de Notícias*, em colaboração com o TBC, promoveu um concurso de dramaturgia. Sérgio foi convocado a participar do júri; contudo, dos quinze textos que examinou, destacou apenas um e, ainda assim, como sendo merecedor somente de uma "menção honrosa". Infelizmente, não foram encontrados registros que indicassem quais teriam sido os concorrentes, o que possibilitaria uma avaliação dos critérios de Sérgio como jurado e da justiça de seu veredito.

Chá e simpatia

A montagem de *Chá e simpatia*, de Robert Anderson, que estreou no dia 2 de maio, veio comemorar o primeiro aniversário do Teatro Bela Vista, bem como consagrar a entrada da companhia num gradual processo de estabilização, diminuindo as dificuldades e consolidando sua posição no teatro paulista.

A peça era ansiosamente aguardada pelo público, pois fora precedida pelos ecos de seu sucesso no exterior e por uma certa aura de escândalo, em virtude de suas discretas alusões a um tema então considerado proibido: a homossexualidade. Para o conjunto do Teatro Bela Vista, essa montagem significou a sorte grande, transformando-se em seu maior sucesso de crítica e de público.

Na noite da estreia, todos estavam muito nervosos, o que é natural. A nota incomum foi a presença, nas coxias, de um senhor corpulento andando de um lado para outro, fumando sem parar um charuto fedorento e sendo advertido constantemente pelo bombeiro de plantão – era Jayme Costa, que, apesar de não ter qualquer participação no espetáculo, tinha estabelecido uma ligação afetiva com a companhia.

Dessa vez, a estreia deu-se sem qualquer falha ou incidente. Após dois meses de ensaio, todos estavam seguros, e a firme direção de Sérgio contribuiu bastante para essa segurança. Não por acaso, ele não acumulara funções na peça, limitando-se a dirigi-la. E essa talvez tenha sido sua melhor direção, ou ao menos a mais elogiada.

Na trilha sonora foram utilizadas composições de Chopin e Schumann, tocadas ao piano por Guiomar Novaes – que cedera as gravações. O detalhado cenário realista foi criado por Alexandre Korowaiczik, cenógrafo da TV Tupi.

Sobre a reação da plateia ao final do espetáculo de estreia, é melhor recorrer às lembranças de Nydia: "Foi uma ovação. O público se levantou e aplaudiu de pé, o que era dificílimo acontecer naquela época – ao contrário do que acontece hoje em dia, quando, no final das peças, todos se levantam automaticamente para aplaudir".

A peça bateu o recorde da "Bolsa de Teatro", atingindo 97,4% de "ótimo" e "bom". O público via-se envolvido na luta da protagonista, Laura Reynolds, contra a intolerância de uma coletividade em relação a um adolescente que fugia ao padrão estabelecido (papéis que eram interpretados por Nydia Licia e Jorge Fischer Jr.).

Miroel Silveira referiu-se à montagem como "aguda e sensível", concluindo sua avaliação de forma extremamente positiva: "um dos melhores espetáculos vistos ultimamente em São Paulo [...] e um elenco que se afina dia a dia, através de um trabalho firme e honesto".[63]

Décio de Almeida Prado ressaltava que o mais importante no processo de amadurecimento de Sérgio Cardoso era que ele não se dava apenas em relação a seu trabalho como ator – porque já era um intérprete de exceção –, mas também como encenador e chefe de companhia. E especificava as qualidades da direção:

> **É o coroamento de toda a sua carreira, como capacidade não só de encenar, no sentido restrito do termo, mas de dirigir e organizar um espetáculo complexo e variado, desde a escolha do texto, dos atores, do cenário, das roupas, dos acessórios, do acompanhamento musical, até a habilidade profissional de montar e fazer funcionar com pontualidade e rigor esse gigantesco**

---

63   Miroel Silveira, *A outra crítica*, São Paulo: Símbolo, 1976.

mecanismo de precisão que é um espetáculo maduro, sem falhas de gosto, sem erros de impostação, um espetáculo limpo e nobre.[64]

Chá e simpatia superou o recorde de público atingido por *A raposa e as uvas*. Pela primeira vez, a companhia teve lucro; nada fantástico, mas mesmo assim instalou-se um alívio em sua dura trajetória. O espetáculo marcou, ainda, a consagração de Nydia Licia, em sua mais elogiada atuação.

Na noite da centésima apresentação da peça, em 27 de julho, a companhia ofereceu um coquetel em homenagem a Procópio Ferreira por seus quarenta anos de teatro. O evento ocorreu no Teatro Bela Vista, em seu salão de exposições, que recebeu então o nome desse grande ator. Justa homenagem a um artista que tivera a generosidade de, muito cedo, reconhecer o valor de Sérgio Cardoso, apoiando-o em várias ocasiões.

Henrique IV

Assim que a montagem de *Henrique IV*, de Luigi Pirandello, ficou pronta, *Chá e simpatia* foi retirada de cartaz, mesmo estando com apresentações lotadas – um claro exemplo da ausência de preocupação comercial. Obedecendo a uma lógica própria da companhia, após alguns meses de uma peça sem a presença de Sérgio no elenco, era a vez de ele voltar ao palco do Teatro Bela Vista, num papel à altura do seu talento. Logo, em agosto do mesmo ano, a companhia estreava outro de seus grandes êxitos artísticos, porém, dessa vez, sem encontrar correspondência nas bilheterias.

Para Sérgio, *Henrique IV* foi o reencontro com a terrível angústia pirandelliana (muito mais do que com sua implacável racionalidade), que ele tão bem soubera interpretar em *Seis personagens à procura de um autor* e em *O homem da flor na boca*. Era tão reconhecida a afinidade de Sérgio Cardoso com o teatro de Pirandello que, quando o TBC resolveu montar, em 1953, *Assim é (se lhe parece)*, Adolfo Celi propôs ao ator – na época, ensaiando as três montagens da Companhia Dramática Nacional – que voltasse a São Paulo para encabeçar o elenco da peça. Além disso, *Henrique IV* exercera um enorme fascínio sobre sucessivas gerações de grandes atores, como Ruggero Ruggeri, Georges Pitoëff e Jean Vilar. Nada mais natural que Sérgio se sentisse atraído pelo personagem.

Na peça, um homem fantasiado de rei Henrique IV da Inglaterra sofre uma queda, bate a cabeça e passa a acreditar ser mesmo o rei. Os familiares decidem manter a ilusão e não percebem o momento em que, anos depois, ele

---

64 Décio de Almeida Prado, *Teatro em progresso, op. cit.*

recupera a sanidade. Assim, a trama gira em torno de um jogo entre ficção e realidade, recorrendo à loucura para questionar o conceito de verdade.

Henrique IV foi elogiado pela crítica, sobretudo pela coragem da companhia de montar um texto tão hermético. Ademais, não era possível ignorar a interpretação de Sérgio, com momentos de grande sensibilidade. Nydia cita um desses momentos: uma cena em que o imperador louco segurava um isqueiro moderno e, em silêncio, atravessava lentamente todo o proscênio acendendo e apagando a chama, mantendo os espectadores hipnotizados.

O espetáculo contava ainda com um cenário imponente e belos figurinos criados por Aldo Calvo. Além disso, os telões do cenário foram pintados pelos técnicos do Theatro Municipal. Porém, eles foram entregues com atraso e, lamentavelmente, fora de medida. Coube a Calvo a tarefa de cortar manualmente metros de tela pintada, para que coubessem no palco do Teatro Bela Vista. Mais uma das numerosas ocorrências desastrosas na história da companhia...

Novamente, um depoimento da atriz Berta Zemel permite resgatar algo da atmosfera dos ensaios e das características do ator Sérgio Cardoso:

> **Foi difícil. Ele não distinguia muito bem e, às vezes, carregava o personagem para fora da cena. [...] para a vida particular... Então foi difícil, árduo. Havia muita discussão. Os atores não aguentavam. A gente, que era apaixonada por ele – uns dois ou três –, aguentava tudo porque sabia que, por trás disso, havia muito a aprender, mas a maioria não estava disposta a aguentar.**
>
> **O espetáculo não fez sucesso, mas o trabalho dele era excelente. Engraçado: no palco, fazendo personagens enlouquecidos, ele não passava dos limites. Nos outros, às vezes, ele passava. [...] Ruggero Jacobbi não dirigia o Sérgio. Era impossível. Ele sabia de tudo, ele estudava, ele ia fundo. Não era como hoje, que o público deixou de ser exigente, e, em consequência, os atores deixaram de se esmerar.**

Em meio aos elogios emocionados de Berta Zemel, são apontados indícios de uma transformação negativa. Em primeiro lugar, desde a criação da companhia, por limitações financeiras ou ambição artística, Sérgio adotara na maioria dos espetáculos a autodireção o que ainda pode ser atribuído a uma eventual indisponibilidade dos encenadores italianos, que então monopolizavam o mercado. Ruggero Jacobbi, a exceção nesse quadro, era muito mais um brilhante analista do que um diretor com o gosto pelo cotidiano dos ensaios. Assim, Sérgio foi se habituando a acumular as funções de ator e diretor, e muitas vezes também a de cenógrafo, o que, se por um lado dá ao artista uma sensação de grande liberdade, por outro abre espaço para a fixação de cacoetes, vícios de interpretação. Em segundo lugar, o artista afável, apesar de retraído, tantas vezes elogiado por colegas de trabalhos anteriores, cedia lugar, então, a uma estrela de temperamento difícil. A que atribuir essa mudança? Ao fato de estar cercado por um elenco muito jovem, sendo que apenas Nydia podia ombrear com ele em experiência? Ao acúmulo de responsabilidades e funções, que exigiam sua atenção mesmo quando desejava tão somente mergulhar no trabalho de criação? À amarga sensação de não estar sendo recompensado à altura de seus esforços? A questões pessoais decorrentes de sua contraditória personalidade? Provavelmente a uma junção, em diferentes graus, de alguns desses fatores. Se não de todos.

Chama a atenção o fato de, ao lado do reconhecimento do seu imenso talento, surgirem menções eventuais, porém cada vez mais insistentes, a uma outra característica: um certo mau gosto. Característica de difícil definição, já que pode referir-se tanto a uma insubordinação aos padrões estabelecidos quanto a uma tendência ao exagero ou a outros fatores.

Vale ressaltar que uma questão desestabilizadora estava igualmente em desenvolvimento naquele período: o relacionamento de Sérgio e Nydia vinha ficando cada vez mais tenso e complicado. Infelizmente, apenas existem registros do ponto de vista de um deles, já que Sérgio não teve a oportunidade de escrever reflexões autobiográficas. A visão de Nydia, filtrada pelo distanciamento de décadas, revela-nos um Sérgio que levava seus personagens para casa e para a vida privada, convivendo com eles dia e noite, numa fronteira muito frágil entre realidade e fantasia, o que influenciava decididamente a atmosfera conjugal. Embora compartilhassem a paixão pelo teatro, divergiam em muitos pontos a respeito da companhia. Sérgio era, sobretudo, um ator, um artista. Assim, apaixonava-se pelos papéis que lhe ofereciam a oportunidade de uma grande criação; e não se preocupava com os riscos que a peça poderia causar à empresa. O ator sobrepunha-se ao empresário. E isso levou a situações graves na trajetória do conjunto. Nydia, por seu turno, mais pragmática, discutia com ele e criticava suas escolhas de uma maneira que só a intimidade permitia. O resultado é que ele saía batendo portas, e ela recolhia-se, com enxaqueca.

Pior ainda, o conflito do casal levou à divisão do elenco, com alguns atores permanecendo ao lado de Sérgio, julgando muito antipáticas as intervenções de Nydia, e outros tomando partido dela contra o humor instável dele. Enquanto isso, ambos, embalados pelo cansaço das infindáveis batalhas pela sobrevivência da companhia, iam alargando a fratura do seu relacionamento.

Nydia resumiu assim os sentimentos da época: "Convivi com os mais variados seres durante o meu casamento, mas Henrique IV foi um pouco demais, até para mim". E contou um episódio da instabilidade emocional de Sérgio: durante um período, acreditando estar sendo perseguido e que queriam matá-lo, totalmente influenciado pela trama da peça, ele refugiou-se na casa da atriz Nieta Junqueira, onde era guardado o acervo de figurinos da companhia. Porém, sua capacidade de fascinar as pessoas permanecia intacta: era adorado por Nieta e tratado por ela com imensa paciência.

O espetáculo foi escolhido por Cassiano Gabus Mendes, diretor da TV Tupi, para marcar o encerramento dos teleteatros do ano, no dia 30 de dezembro. Para melhor compreensão dos telespectadores, decidiu-se que haveria uma breve explicação antes de cada ato e, ironicamente, Nydia foi a responsável por fazer essas introduções. O detalhe é que ela estava participando de um festival de cinema em Curitiba, onde se refugiara para espairecer da atmosfera cada vez mais envenenada da companhia e de seu casamento; mesmo assim, teve de retornar a São Paulo para tomar parte na transmissão.

É interessante notar que, na década de 1950, a televisão brasileira estava em fase de implantação, o número de aparelhos receptores ainda não era muito significativo e, com isso, os teleteatros constituíam parte importante da programação apresentada.

Por *Henrique IV*, Sérgio recebeu os prêmios Saci e Governador do Estado de melhor ator teatral.

Três anjos sem asas

Na montagem seguinte da Companhia Nydia Licia-Sérgio Cardoso, estreada em outubro de 1957, Sérgio surgia novamente como ator e diretor na comédia *Três anjos sem asas*, de Albert Husson, cuja ação se desenvolve numa colônia penal da Guiana Francesa, em 1880.

Para Berta Zemel, que se despedia da companhia, o processo de ensaios, dessa vez, "foi ótimo, porque ele pegava o espírito da peça, e dessa vez era uma comédia...". E, segundo ela, quando Sérgio começava a dirigir, "já tinha a concepção todinha preparada". Essa observação é, de certa forma, contrariada por depoimento de Clóvis Garcia, cenógrafo da peça; para ele, *Três anjos sem asas* não funcionou, em parte, porque a cenografia se opunha à linha de direção. Ele conta que, na ocasião da primeira leitura, foi informado de que o espetáculo seria realizado dentro de um estilo bem realista, para ressaltar os absurdos do texto. Teve alguns encontros com Sérgio para mostrar-lhe a planta baixa do cenário e o estudo de cores, assim como para discutir e resolver pequenos problemas técnicos. Entretanto, ele não pôde acompanhar os ensaios e, apenas no ensaio geral, verificou que a direção tomara o rumo da farsa, entrando em choque com o estilo sóbrio da cenografia.

Diante desse episódio, é possível deduzir que nem sempre eram tão rígidas, ou tão definitivas, as ideias de Sérgio a respeito de como montar determinada peça. O mais provável é que exibisse diante de seu jovem elenco uma segurança e uma certeza que nem sempre eram verdadeiras, mas que lhe pareciam necessárias à coesão do grupo e para o bom rendimento do trabalho, como aliás faz a maioria dos diretores.

É o depoimento de Berta Zemel que, mais uma vez, nos informa sobre outras facetas do trabalho de Sérgio Cardoso no Teatro Bela Vista: "Como chefe de companhia ele era difícil. Isso ele não coordenava. O chefe da companhia era Nydia. Nisso ele era difícil, porque não sabia mexer com números, com assuntos administrativos. Se atrapalhava todo, misturava alhos com bugalhos". Ela prossegue com mais esclarecimentos:

> **Não funcionava muito bem como coordenador de dinâmica de grupo. Começando o espetáculo, começando os ensaios, ele era perfeito. Saiu da boca de cena para fora... só o camarim. De resto, uma pessoa difícil, calada, quieta, que ria muito pouco. [...] Era uma pessoa triste e uma pessoa moralista. A gente era muito jovem, então ele se julgava no dever de nos proteger, de nos defender da vida, que para ele deveria ter sido, provavelmente, muito dura, apesar do sucesso. Deve ter havido uma parte muito dura para ele. Então, ele tentava nos defender dessa coisa. [...] Uma personalidade muito contraditória, por isso é difícil falar sobre ele. Tinha uma moral idealizada. Ele era romântico, utópico. Estava vivendo uma vida que, provavelmente, ele não aceitava. Então o teatro era o seu mundo.**

Nesse trecho, é possível perceber claramente o carinho da atriz por Sérgio e, justamente através dessa visão extremamente terna, entrever uma personalidade fascinante, mas também rica de regiões sombrias, de alguém que, como um personagem pirandelliano, prefere a arte à vida.

Ainda segundo o mesmo depoimento, "Sérgio saía pouco. Quando saía, se aborrecia profundamente. Quando era um grupo grande, ele se sentia mal, se fechava e ia embora. Agora, quando era um grupo pequeno, era um papo gostoso, contando sobre o trabalho dele. E a gente ouvia de boca aberta". Ao se comparar esse trecho com um outro, em que a atriz descreve a maneira como ele encarava o trabalho, percebe-se um nítido contraste:

> **Durante o trabalho, ele não descansava. Ficava permanentemente concentrado. Observava os maquinistas, os eletricistas. Por mais cansado que estivesse, ele tinha a paciência de esperar que um eletricista afinasse uma luz. A paciência, a vontade de acertar, a resistência para fazer o trabalho contínuo. Ele parecia uma alma antiga, querendo trabalhar, trabalhar, melhorar, melhorar, melhorar...**

Como todo grande artista, não sentia pesar sobre os ombros a maldição bíblica em relação ao trabalho expressa em Gênesis 3,17. Para ele, muito mais que fadiga, o trabalho proporcionava plenitude; porém, esse idílio era perturbado às vezes por questões práticas, como o insucesso de *Três anjos sem asas*. Felizmente, nesse caso, foi possível recorrer apressadamente a uma reprise de *Chá e simpatia* para preencher a programação do Teatro Bela Vista, sendo que, mais uma vez, o público acorreu em bom número.

A reapresentação foi, entretanto, marcada por um incidente entre a companhia e a Sociedade Brasileira de Autores Teatrais (SBAT). Não fazia muito tempo que a lei n. 1.565, de proteção ao autor nacional, fora regulamentada e posta em prática, obrigando as companhias à montagem de uma peça brasileira após duas de autor estrangeiro. A companhia solicitara à SBAT que a reapresentação de *Chá e simpatia* não fosse considerada para efeito dessa contagem, por não se tratar, de fato, de uma estreia.

A SBAT permaneceu inabalável, e essa intransigência fez com que a companhia recorresse a uma mobilização da categoria teatral paulista. Sob o peso da solidariedade prestada por órgãos como a Comissão Estadual de Teatro, a Comissão Municipal de Teatro, o Serviço Nacional de Teatro (SNT), a Federação Paulista de Teatro Amador e o Teatro Popular de Arte, foi estabelecido que as reprises não seriam levadas em conta para fins de cumprimento da referida lei. Assim, *Chá e simpatia* pôde permanecer em cartaz até o dia 22 de dezembro.

Enquanto representava essa peça e ensaiava a montagem seguinte, a companhia conseguiu levar *A raposa e as uvas* para uma apresentação no ITA, em São José dos Campos, como já fizera com *Henrique IV*. Planejavam-se, ainda, excursões a outras cidades, e, com a inauguração do Teatro Independência, em Santos, estudava-se a possibilidade de lá realizar uma programação permanente, às segundas-feiras – folga da companhia em São Paulo.

Os esforços de Sérgio em 1957 foram reconhecidos, e ele foi agraciado com o Prêmio Saci Especial (concedido pelo jornal *O Estado de S. Paulo*) pelo conjunto de suas realizações à frente do Teatro Bela Vista. Já a Comissão Estadual de Teatro concedeu-lhe o Prêmio Governador do Estado (referente a

1956) de melhor ator, por sua *performance* em *Hamlet*. E, ainda em dezembro de 1957, a recém-criada Associação Paulista de Críticos Teatrais o laureou com o prêmio de melhor diretor por *Chá e simpatia*, também premiado como melhor espetáculo.

O casamento suspeitoso

Para janeiro de 1958, estava programada uma excursão a Poços de Caldas, em Minas Gerais, a convite da prefeitura local. A ideia era prolongar a estada do casal por lá, com alguns dias para descansar, o que nunca haviam feito antes. Enquanto isso, o ator Jorge Fischer Jr. estaria à frente de outro elenco, apresentando *O casamento suspeitoso*, de Ariano Suassuna, no Teatro Bela Vista. Porém, na última apresentação de *Chá e simpatia*, Fischer simplesmente informou que estava abandonando em definitivo o teatro. Diante do imprevisto, os planos de férias foram deixados de lado, e Sérgio assumiu o papel principal da peça de Suassuna. Mesmo com a substituição inesperada, a peça estreou no dia 6 de janeiro, com a presença do autor.

Nos planos iniciais da companhia, constava a criação de um conselho consultivo, que ficaria responsável pela seleção dos textos nacionais a serem montados no Teatro Bela Vista. Um dos nomes que fariam parte do conselho era Clóvis Garcia; porém, ao ser questionado posteriormente a respeito, ele disse que jamais chegou a reunir-se com uma equipe ou a assessorar a companhia efetivamente. No máximo, em alguma conversa informal, Sérgio teria perguntado, a este ou àquele membro, a opinião sobre determinada peça que tinha em mente.

A estreia de *O casamento suspeitoso* assinalou os dez anos de carreira de Sérgio Cardoso. Paschoal Carlos Magno veio especialmente a São Paulo para fazer a saudação ao ex-pupilo. Comemorar dez anos de carreira no palco de seu próprio teatro (e um grande teatro), à frente de sua própria companhia já com o passivo de um considerável repertório, é façanha que permanece inigualada.

Hermilo Borba Filho, amigo de Sérgio desde os idos de 1948, no Rio de Janeiro, fora chamado para a direção. Muitos anos depois, confessou a um jornal de Recife que aceitara com muito receio o convite para dirigir o amigo:

> **É numa empreitada dessas que se perde uma amizade. Nada disso aconteceu. Ao contrário, Sérgio se apresentou diante de mim como o mais disciplinado dos atores, pontual, dele se podendo exigir o que se exigiria de um outro qualquer. Durante os meses**

> do nosso contato jamais houve o menor arranhão, mas uma
> alegria, uma saúde de saltimbanco.[65]

Sempre se pode dizer que o tempo e, sobretudo, a morte têm o dom de conferir um tom róseo aos acontecimentos, mas não há o menor indício de que o diretor tenha tido qualquer problema ao trabalhar com o amigo já consagrado. Pode-se considerar também que o ingênuo universo de Ariano Suassuna devolvera, por algum tempo, a paz de espírito a Sérgio.

Gianfrancesco Guarnieri, figura destacada do Teatro de Arena e representante do movimento que impôs a dramaturgia nacional e uma forma de interpretação mais condizente com os personagens populares, emitiu a seguinte opinião sobre o desempenho de Sérgio no papel do simpático e astucioso Cancão: "[...] era uma bela interpretação, mas a quilômetros de distância do personagem, um nordestino. Qualquer público de teatro do mundo iria achar o trabalho dele uma obra-prima, menos o público brasileiro".[66]

Assim como sua geração rejeitara inicialmente o legado da anterior na busca de uma nova maneira de fazer teatro, aproximava-se o momento de, por uma contingência natural, uma geração mais jovem contrapor-se ao seu estilo. A declaração de Gianfrancesco Guarnieri faz parte de um comentário mais amplo – e emitido já na maturidade – a respeito dos atores vindos do TBC, cujo trabalho, segundo ele, apesar de importante, não tinha qualquer relação com o comportamento do homem brasileiro. E este seria um dos pontos centrais da geração que sucedeu à de Sérgio Cardoso: a busca de um estilo brasileiro de interpretação.

Uma cama para três

Alheia ao nacionalismo de esquerda – que, a partir do movimento estudantil, em pouco tempo assumiria a vanguarda teatral –, a Companhia Nydia Licia-Sérgio Cardoso montou, após *O casamento suspeitoso*, uma comédia inconsequente de Claude Magnier: *Uma cama para três* (*Monsieur Masure*, 1956), sob a direção de Sérgio, que também interpretava o personagem-título. A peça permaneceu nove semanas em cartaz e conseguiu sucesso de público, cumprindo, assim, sua finalidade. Não era certamente um veículo adequado ao talento do ator. Tratava-se, porém, de uma tática lamentavelmente necessária ao equilíbrio financeiro da companhia. Essa montagem também foi levada a São José dos Campos, enquanto *A raposa e as uvas* era

---

65 Hermilo Borba Filho, "Sérgio", *Diário de Pernambuco*, Recife, 11 ago. 1972, n.p.
66 Simon Khoury, *Atrás da máscara*, Rio de Janeiro: Civilização Brasileira, 1983, vol. 1, p. 39.

mantida regularmente em cartaz, às segundas-feiras, no Teatro Independência, em Santos.

Para comemorar os dez anos do TBC, a empresa, ainda dirigida por Franco Zampari, convidou Sérgio para interpretar o personagem-título de *Macbeth*, de Shakespeare. Interessado, o ator condicionou sua participação aos compromissos de sua própria companhia. Mas a delicada situação econômica do TBC não permitiu que o projeto fosse realizado.

Também o Teatro Popular de Arte, de Maria Della Costa e Sandro Polloni, propôs a Sérgio a participação na montagem de *A alma boa de Setsuan*, de Brecht, que Flamínio Bollini dirigiria. Ele mostrou-se sensibilizado com o convite, mas o recusou em função das tarefas que lhe cabiam em sua empresa.

Ambos os convites atestam que Sérgio continuava a ser um ator desejado pelas principais companhias de São Paulo.

Vestido de noiva

Desde a época do TBC, Sérgio sonhava em dirigir a peça *Calúnia*, de Lillian Hellman. Para tanto, consultou a sucursal paulista da SBAT, obtendo a resposta de que não existia nenhum outro pedido para a peça e que, portanto, ela seria cedida à companhia. Já haviam começado a ensaiá-la quando chegou uma notícia do Rio de Janeiro: os direitos do texto acabavam de ser adquiridos pela companhia Tônia-Celi-Autran. A empresa carioca havia entrado em contato direto com agentes de Nova York. Sérgio ficou desesperado: já tinha definido a sua leitura da peça; sonhava com ela havia anos. Tentou um acordo com Celi, propondo que eles montassem a peça no Rio, enquanto ele a faria em São Paulo. Mas Celi recusou: a Companhia Tônia-Celi-Autran pretendia apresentar a peça nas duas cidades.

Ante a impossibilidade de encenar *Calúnia*, tratou de pensar numa alternativa. Entre os planos da companhia estava a única peça de Nelson Rodrigues que a censura paulista liberaria sem maiores problemas: *Vestido de noiva*, o marco inicial do teatro moderno no Brasil. Havia certa indisposição contra as peças do autor, de maneira a frustrar qualquer tentativa de encená-las em São Paulo.

Inicialmente, Sérgio pretendia convidar Ziembinski e Santa Rosa (respectivamente, diretor e cenógrafo da histórica montagem de 1943) para que a refizessem com o elenco da companhia. No entanto, a morte de Santa Rosa e os compromissos de Ziembinski com o Teatro Cacilda Becker impediram que a ideia fosse adiante.

Sérgio então assumiu a direção e adotou uma leitura completamente diferente da peça. Ao contrário do mestre polonês, Sérgio não dividiu a peça em três planos (realidade, memória e alucinação), mas em dois: o plano da realidade, inatingível, intacto do começo ao fim; e o plano da alucinação, no qual a memória aparece com toda a limpidez das evocações normais para, lentamente, ir se desarticulando, conforme a personagem principal, Alaíde, agoniza, até confundir-se com ele.

Também criou o cenário, realizando aquele que é considerado seu melhor trabalho na área. Ele era constituído por uma espécie de rampa central, com traçado em zigue-zague, cujo piso era feito em material plástico amarelo. Essa rampa ocupava todo o centro do palco, invadindo um pouco as laterais, e podia ser iluminada por baixo – dando um aspecto fantasmagórico à cena – ou de cima para baixo, em várias intensidades. Havia, ainda, plataformas laterais, em primeiro e segundo planos.

O texto de Nelson Rodrigues conta a história de uma mulher (Alaíde) atropelada por um carro e levada para um hospital, em estado de choque. Por sua mente, passam lembranças, sonhos, cenas imaginárias. E tudo num ritmo alucinante, oscilando entre vida e morte, entre paixão e ódio, sem que haja tempo para relaxar. Isso acabou produzindo uma atmosfera muito angustiante, que passou a atingir todo o elenco de forma brutal: pessoas começaram a beber, namoros foram desfeitos, e o ambiente ficou muito tenso durante os ensaios. Para culminar, em certa manhã de domingo, Sérgio apareceu na casa de uma das atrizes para contar que havia encontrado uma mulher morta. A moça chegou à tarde ao teatro apavorada, pensando que encontraria policiais examinando tudo e colhendo depoimentos. Qual não foi sua surpresa ao ver Sérgio chegar muito alegre, com a filha Sylvinha, sem o menor vestígio da pessoa perturbada que estivera em sua casa horas antes.

Vestido de noiva estreou no mês de maio de 1958, em comemoração ao segundo aniversário do Teatro Bela Vista. Nelson Rodrigues compareceu e elogiou muito a direção, o espetáculo e os atores.

No programa da peça, Sérgio incluiu um pequeno folheto que, didaticamente, esclarecia ao espectador o enredo e as divisões do cenário. O expediente usado justificava-se pela pouca intimidade da plateia da época com soluções não realistas. Para a posteridade, o folheto resultou num precioso documento sobre a concepção do espetáculo:

No cenário, a rampa central, com o piso iluminado, representa o mundo da alucinação de Alaíde, as laterais em primeiro plano, sua memória, autêntica quando iluminada normalmente, perturbada pelo delírio quando tem o piso iluminado; as laterais em segundo plano representam a realidade.

É interessante notar que, ao explicar essa divisão espacial, Sérgio acabou retomando a nomenclatura e a tríplice divisão propostas por Ziembinski, apesar de sua preocupação em buscar rumos próprios. De qualquer forma, Sérgio não hesitou, anos mais tarde, em classificar *Vestido de noiva* e *Chá e simpatia* como suas maiores realizações como diretor, sendo que em nenhuma delas, por significativa coincidência, ele atuou como ator, dedicando-se completamente à concepção e à realização do espetáculo.

Vestido de noiva agradou à crítica, mas não foi um sucesso de público. Em sua avaliação, Décio de Almeida Prado louvava a admirável intrepidez de Sérgio: o destemor de lançar-se de encontro aos intocáveis tabus da dramaturgia. E procurava ressaltar as diferenças entre o trabalho de Ziembinski – marcado por uma perspectiva teatral do entreguerras (o expressionismo) – e o de Sérgio Cardoso, que, quinze anos depois, "aproveitou com inteligência as últimas pesquisas do teatro mais atual, inclusive quanto aos dispositivos cênicos, como os de Jean Vilar e do Théâtre National Populaire". A única objeção feita pelo crítico à montagem fornece um indício bastante seguro do que pode ter sido uma das causas do insucesso de bilheteria: a encenação era "algo fria, a exemplo do que tem sucedido com outras encenações suas". Ainda mais específico, Décio acrescentou:

> [...] este despojamento total, este quase ascetismo, este quase cerebralismo que torna a presente versão um fato puramente estético. [...] o público sente menos comunicação humana com o espetáculo; admira-o, mas sobretudo como realização artística, nascida e dirigida ao pensamento.[67]

É curioso Sérgio ter realizado tal tipo de encenação. E não deixa de ser um paradoxo, vindo da parte de um artista que, enquanto intérprete, sempre se caracterizou por alta voltagem emocional.

No elenco de *Vestido de noiva*, além de Nydia, destacavam-se Wanda Kosmo, Ana Maria Nabuco e Ruth de Souza, sendo que esta era velha amiga e confidente de Sérgio dos tempos em que ele ainda cursava a faculdade de direito.

No dia 2 de julho, à meia-noite, houve uma apresentação especial, em homenagem ao décimo aniversário do TBC. Foi a primeira vez que Franco Zampari, junto com sua esposa, Deborah, foi ao Teatro Bela Vista. Sérgio saudou-o com um discurso emocionado, e o empresário agradeceu a demonstração de carinho com lágrimas nos olhos.

---

67 Décio de Almeida Prado, *Teatro em progresso*, op. cit., p. 83.

Já na semana seguinte, foi a vez de Sérgio e sua companhia serem homenageados, no Palácio dos Campos Elíseos – então sede do governo paulista –, por ocasião da entrega dos prêmios Governador do Estado referentes ao ano de 1957. A Companhia Nydia Licia-Sérgio Cardoso venceu seis das dez categorias referentes ao teatro profissional, a saber: melhor espetáculo (*Chá e simpatia*), melhor diretor (Sérgio Cardoso, por *Chá e simpatia*), melhor atriz (Nydia Licia, por *Chá e simpatia*), melhor ator (Sérgio Cardoso, por *Henrique IV*), melhor coadjuvante masculino (Zé Luiz Pinho, por *Três anjos sem asas*) e melhor cenotécnico (Jarbas Lotto, pelo conjunto de realizações no Teatro Bela Vista).

Na mesma noite do evento, entretanto, chegava de Salvador uma trágica notícia: o Teatro Castro Alves, que deveria ser inaugurado na semana seguinte, fora completamente destruído por um incêndio. Na época, a companhia preparava-se para apresentar no novo teatro as peças *Henrique IV*, *Chá e simpatia* e *Vestido de noiva*, bem como uma montagem especial de *Gonzaga ou A Revolução de Minas*, de Castro Alves. O incêndio e o consequente cancelamento da temporada provocaram uma brusca mudança nos planos da companhia. Para preencher as datas antes destinadas à viagem a Salvador, foram organizadas duas semanas de apresentações com ingressos a preços populares: na primeira, foi encenada a peça *Vestido de noiva*; na segunda, foi reapresentada *Uma cama para três*. Outra consequência do incêndio foi o cancelamento da custosa montagem de *Don Juan Tenório* (1844), de José Zorrilla, que deveria suceder *Vestido de noiva*.

Amor sem despedida

Ao deixar de montar o clássico espanhol que havia programado para a temporada de 1958, Sérgio perdia a oportunidade de interpretar um dos maiores mitos da dramaturgia ocidental, tendo ainda de contentar-se em dirigir e interpretar um texto convencional de Daphne du Maurier: *Amor sem despedida* (*September Tide*). O resultado foi um espetáculo sem maior expressão no repertório da companhia.

A peça *September Tide* havia sido traduzida por Lucia Benedetti, uma amiga do casal, que a recomendara por achar que continha dois ótimos papéis centrais. A autora da peça escrevera antes o romance *Rebecca, a mulher inesquecível*, que conquistara fama internacional. Já a peça em questão, sua primeira incursão teatral, era sentimental e romântica.

Na direção, Sérgio não conseguiu equilibrar as interpretações do casal de protagonistas. Com isso, o Sérgio-ator continuava demasiado dramático para o papel, enquanto Nydia pendia mais para uma atitude discreta. Também em termos de estilos de interpretação, tornava-se cada vez mais difícil reunir os dois num mesmo trabalho.

Sérgio detestava seu personagem, a tal ponto que acabou colocando Carlos Zara em seu lugar nas últimas semanas do espetáculo. Essa antipatia piorou muito após um incidente durante uma sessão da peça. Seu personagem era um pianista, e ele precisava parecer que estava tocando – o que fazia muito bem. Para isso, um pianista nos bastidores tocava de verdade enquanto ele fingia dedilhar o teclado. O sincronismo perfeito era alcançado por meio de um botão no "falso piano": era só apertá-lo e uma luz piscava na coxia, sinalizando que começaria a tocar. Tudo ia muito bem até que, numa noite de sábado, Sérgio sentou-se ao piano, apertou o botão, começou a tocar e... não saiu nenhum som. O pianista bebera um pouco a mais e adormecera. Sussurros na plateia. Já irritado, o ator levantou-se e se afastou do piano. Nesse momento o piano começou a tocar sozinho – o pianista havia acordado. O público riu a valer. Não havia como consertar o estrago e, na sequência, Sérgio decidiu não fazer mais o papel, que já detestava antes do acontecido.

Julgamento de Hamlet

No dia 20 de julho, Sérgio Cardoso viajou a Recife, onde participou, como convidado especial, do Primeiro Congresso Brasileiro de Teatros do Estudante, organizado por Paschoal Carlos Magno e que contava com o apoio do presidente Juscelino Kubitschek. Para o evento, estava programada uma intervenção cênica apresentando o julgamento de uma figura lendária: Hamlet, príncipe da Dinamarca, acusado de vários crimes. Sérgio recebeu o convite para participar desse evento único e aceitou, emocionado. O tribunal do júri foi instalado no Teatro Santa Isabel. Na hora marcada, antes de enfrentar o promotor público e os jurados, Sérgio ficou muito nervoso. O doutor Carlos de Araújo Lima, que interpretou o "promotor", escreveria sobre esse momento no jornal *O Dia*: "Começa o julgamento. O príncipe Hamlet, na figura espectral de Sérgio Cardoso, é apregoado e entra no tribunal. É impressionante a sua entrada. Carrega com ele, na sua fisionomia de angústia, a perplexidade de vários séculos a seu respeito".

O promotor não pedia a condenação de Hamlet, alegando que, antes de vingar a morte do pai, ele havia realizado um autêntico inquérito policial, para punir somente após a reunião de provas. O "advogado de defesa", interpretado pelo doutor Evandro Lins e Silva, justificava todos os crimes cometidos à luz do Direito Medieval. No final, Hamlet era absolvido pelo corpo de jurados; e Sérgio regressava a São Paulo feliz por ter participado do evento.

Excursão ao Rio de Janeiro

Em outubro, a Companhia Nydia Licia-Sérgio Cardoso transferiu-se para o Teatro Copacabana, no Rio de Janeiro, levando *A raposa e as uvas* e *Chá e simpatia* – uma equânime divisão de carros-chefes entre o casal de produtores, com a vantagem para Sérgio por ter em *Chá* uma de suas melhores direções. Isso somente foi possível graças a uma permuta com a Companhia Artistas Unidos, encabeçada por Henriette Morineau, que ocupou durante três meses o Teatro Bela Vista.

Para remontar *Chá e simpatia*, tiveram de encontrar um ator jovem para o papel antes interpretado por Jorge Fischer Jr., já que não havia ninguém na companhia que se adequasse ao personagem. Foi dona Alice Pincherle, mãe de Nydia, quem indicou um estudante universitário muito talentoso, mas com pouca experiência de palco: Renato Borghi. Ele fez um teste, foi aprovado e logo começou a ensaiar.

Para a estada de três meses no Rio de Janeiro, Sérgio e Nydia alugaram um apartamento no Leme, a poucas quadras do teatro, e lá se instalaram, com Sylvinha, a babá e a empregada. Nydia, que estava com um problema sério de saúde desde a primeira temporada de *Chá e simpatia*, continuava sofrendo terríveis dores nas pernas, o que prejudicava sua mobilidade.

A raposa e as uvas foi a primeira peça a ser apresentada, dessa vez com o papel de Xantós, o filósofo grego criado por Leonardo Villar, sendo interpretado por Luiz Tito; e o papel da escrava, por Wanda Kosmo. E tornou-se novamente um sucesso, lotando o teatro todas as noites.

No entanto, foi preciso tirar a peça de cartaz, porque havia o compromisso de apresentar também *Chá e simpatia* – com estreia beneficente promovida pelo cronista social Ibrahim Sued –, o que provocou a indignação do autor Guilherme Figueiredo. Houve então uma discussão séria, por meio dos jornais, entre ele e Sérgio. No fim, essa polêmica indispôs a crítica carioca com a companhia, e o autor proibiu-a de representar seu texto. Isso gerou um enorme falatório nos bares e restaurantes frequentados pela classe teatral.

Nydia elencou vários outros motivos, tolos ou não, que teriam tornado o elenco paulista menos simpático a algumas figuras significativas do Rio. Um deles foi uma mensagem de Jânio Quadros a Sérgio, estampada na primeira página do programa, sobretudo este trecho: "Minha satisfação, Sérgio, é porque o público do Rio de Janeiro, estou convencido, aplaudirá o seu teatro (como em outras oportunidades) com o mesmo entusiasmo com que o faz a plateia de São Paulo [...]". O texto foi considerado um insulto, pois a carreira de Sérgio iniciara-se no Rio de Janeiro e não necessitava do aval do governador paulista.

Outro motivo foi a publicação da lista de prêmios conquistados pela companhia, que foi considerada um gesto de pedantismo. E ainda outro foi a escolha de Renato Borghi para substituir Jorge Fischer Jr., ignorando as sugestões oferecidas por jornalistas e pessoas de teatro. A somatória desses ruídos na comunicação não impediu o grande sucesso de bilheteria; porém, na opinião de Nydia, isso teria levado a crítica carioca a ignorar completamente *Chá e simpatia* na premiação do final do ano, apesar da defesa pública empreendida por Eneida e Paschoal Carlos Magno para que a peça fosse premiada nas categorias de melhor atriz, melhor diretor e melhor espetáculo.

Sérgio, por sua vez, tinha planos de mostrar também *Henrique IV* e *Uma cama para três*, chegando mesmo a cogitar a ocupação de um segundo teatro, o Teatro Dulcina. Mas nada disso foi possível: apesar do êxito, a companhia não se podia permitir um investimento de tal monta.

Sobre a montagem de *Chá e simpatia*, a jornalista e escritora paraense Eneida de Moraes escreveu no *Diário de Notícias*: "O que me encantou na Companhia Nydia Licia-Sérgio Cardoso foi, principalmente, a harmonia do espetáculo, tudo acontecendo, tudo desenrolando-se, como acontece na vida". Em seguida, referindo-se à atuação de Nydia, acrescentou: "[...] que soberba Laura Reynolds deu-nos ela, tão serena diante do cotidiano, tão revoltada e forte com a injustiça", reservando para Sérgio Cardoso palavras carregadas de emoção e reminiscências:

> [...] ele faz parte do meu passado: conheci-o antes de nascer, vi suas primeiras camisolas, suas primeiras palavras e acompanho, com velha ternura, sua vida de artista desde os primeiros momentos. Mas o que só agora senti realmente foi a beleza do seu trabalho de diretor, sua grande e valiosa contribuição para a existência do teatro brasileiro. [...] Repito: vi Sérgio Cardoso nascer, e tenho uma bruta glória disso.

O impasse surgido junto ao autor de *A raposa e as uvas* – que poderia até mesmo impedir Sérgio de retomar um de seus mais certeiros sucessos – foi contornado graças ao empenho de Paschoal Carlos Magno e Roberto Marinho. Ambos promoveram um "encontro casual" dos dois, num conhecido restaurante frequentado por jornalistas e pela classe teatral. A paz entre Sérgio e Guilherme Figueiredo foi selada com um abraço, saudada com palmas dos presentes e publicada nas colunas especializadas dos jornais. Para celebrar a pacificação, a peça foi reapresentada na última semana da temporada.

No dia 24 de novembro, foi realizada a cerimônia de entrega do Prêmio Saci aos melhores do teatro e do cinema, referente ao ano de 1957, no glamoroso Cine Marrocos, em São Paulo. Nela, Sérgio Cardoso foi triplamente agraciado, recebendo os prêmios de melhor espetáculo e de melhor diretor, por *Chá e simpatia*, e de melhor ator, por *Henrique IV*.

O reconhecimento de seu trabalho artístico não se restringiu a São Paulo: também a Prefeitura do Rio de Janeiro considerou Sérgio Cardoso como o melhor ator dramático do ano, por seu desempenho em *A raposa e as uvas*. Tudo parecia indicar a consolidação de sua carreira teatral.

A necessidade de uma nova residência

Em 1959, Sérgio e Nydia continuavam no apartamento da rua Major Diogo, a poucas quadras do Teatro Bela Vista. Essa localização e o imóvel eram muito práticos para o casal, mas representavam um problema para Sylvinha. Ela precisava de espaço para brincar, e não havia áreas de lazer no prédio nem parques nas proximidades. O casal tinha conseguido, enquanto ela era um bebê, permissão para que fosse, durante as manhãs, ao jardim de um casarão em frente ao prédio. O casarão histórico, mais tarde conhecido como Casa de Dona Yayá, hoje é a sede do Centro de Preservação Cultural da USP. Na época, pertencia à última descendente de uma abastada família do interior do estado, Sebastiana de Melo Freire, a Dona Yayá. Nascida em 1887, ela teve a vida marcada pela morte dos pais e irmãos; herdou a fortuna da família, mas veio a manifestar uma doença mental, sendo mantida reclusa em casa até o final da vida. Corriam boatos então de que ali vivia uma velha senhora louca, nunca vista, mantida trancada pela família. De qualquer forma, agora que Sylvinha crescera (estava com mais de 6 anos), ela queria brincar e correr. Chegara a hora de arranjar uma casa para morar, num local mais tranquilo, e a busca de uma nova residência passou a ser mais uma preocupação para os dois. Por sorte, uma velha amiga de Nydia indicou uma casa de vila, no Jardim Paulista. A casa, porém, precisava de uma boa reforma, por isso levaria alguns meses antes que pudessem se mudar para lá.

Nu com violino

A companhia regressou a São Paulo, dando início a uma política de ingressos a preços populares que duraria todo o ano. Nada mais coerente para alguém como Sérgio Cardoso, que, desde a inauguração do Teatro Bela Vista, demonstrara a preocupação em possibilitar a parcelas mais amplas da população o acesso à sua sala de espetáculos. Era exatamente esse o objetivo da campanha: ampliar o público frequentador de teatro – uma iniciativa bastante arrojada, pois não contava com qualquer apoio oficial. *A raposa e as uvas* foi a peça escolhida para iniciar o esforço de popularização da atividade cênica. E a escolha não poderia ter sido mais acertada. Tal foi o resultado alcançado que a temporada, programada para permanecer duas semanas em cartaz, estendeu-se por mais quatro.

Para comemorar o terceiro aniversário da companhia, Sérgio pensou em algo diferente de tudo o que haviam apresentado até aquele momento: uma comédia musicada. Na verdade, ele vinha amadurecendo essa ideia desde a temporada no Rio, no ano anterior. Significaria a retomada de uma tradição que começara no final do século XIX, com o surgimento do "teatro ligeiro" – operetas, burletas e revistas, que fizeram as delícias do público brasileiro durante décadas –, mas que fora posta de lado com a implantação do teatro brasileiro moderno. Mas o que de fato inspirou Sérgio foi o sucesso do gênero em Nova York e Londres, sobretudo as participações dos grandes atores com os quais se identificava. Para ele, interpretar, cantar e dançar ao mesmo tempo seria mais um desafio, uma forma de colocar à prova suas capacidades. E, para Nydia – que começara sua formação artística pelo canto e sonhava interpretar *O rei e eu*, musical de Rodgers e Hammerstein –, significaria uma realização. Encontraram um texto apropriado ao que pretendiam: *Sexy*, do médico paulista Vicente Catalano. Porém, em relação a uma peça falada, a criação desse espetáculo levaria muito mais tempo, e tiveram assim de montar outras peças antes.

No dia 17 de fevereiro, como parte de suas atividades itinerantes, a companhia apresentou-se em Santos, no Teatro Coliseu, com a peça *Amor sem despedida*, mais uma vez sob o patrocínio do Centro de Expansão Cultural. E, já tendo em vista a futura montagem de um espetáculo de teatro musical, participou do Curso de Dança Aplicada ao Teatro, ministrado por Yanka Rudska – bailarina e coreógrafa de origem polonesa vinda de Salvador, onde criara o primeiro curso superior de dança, na Universidade Federal da Bahia. O curso, oferecido em São Paulo pela Comissão Estadual de Teatro e pelo Museu de Arte Moderna, durou cinco semanas e foi completado por uma série de palestras, entre as quais uma ministrada por Sérgio Cardoso, no dia 18 de fevereiro, sob o tema "O papel da dança no teatro". Entusiasmado com a junção das duas linguagens, Sérgio contratou a bailarina Marika Gidali para dar aulas à companhia, num trabalho preparatório para a montagem de *Sexy*, que se concretizaria alguns meses mais tarde.

O próximo espetáculo da companhia a ocupar o palco do Teatro Bela Vista foi uma comédia de Noël Coward: *Nu com violino*, numa tradução de Nydia Licia, com direção e interpretação de Sérgio Cardoso. Esse foi o seu décimo quinto espetáculo e permaneceu onze semanas em cartaz, atestando o sucesso da política de redução de preços e o conceito da equipe junto ao público paulistano.

Com a estreia do novo espetáculo, revelou-se uma série de pequenos melhoramentos no Teatro Bela Vista: a nova decoração da fachada e, em dependências internas, a instalação de um sistema de alto-falantes, iluminação e vitrines na Sala Procópio Ferreira – conforme notas publicadas no programa da peça atestando os cuidados com o teatro.

Quanto à peça, era mais uma comédia elegante e ferina, que, nesse caso, se passava no estúdio de um famoso pintor e mostrava a bizarra galeria de personagens que o frequentava – uma ácida crítica à arte moderna. Para Sérgio, foi apenas uma oportunidade de exibir seu ar mais cosmopolita, falando em oito línguas diferentes. Ademais, o espetáculo alcançou um bom público.

Grande Teatro Mercedes Benz

Por essa época, Nydia soube, por meio de um amigo, que a Mercedes Benz tinha a intenção de patrocinar um programa de prestígio na televisão. Preparou então o projeto de um teleteatro semanal e procurou a diretoria da empresa. Segundo ela, usando o prestígio da Companhia Nydia Licia-Sérgio Cardoso, fechar o acordo com os executivos alemães foi mais fácil do que convencer Sérgio a fazer o programa – ele odiava televisão.

Estrearam, na TV Record, o *Grande Teatro Mercedes Benz*, apresentando *Amor de outono*, de Daphne du Maurier, que no teatro tivera o título de *Amor sem despedida*. O texto funcionou muito bem na televisão e a repercussão foi a melhor possível.

Na segunda semana foi ao ar *Sinfonia inacabada*, sobre a vida de Franz Schubert. Na semana seguinte, *Ciclone*, de Somerset Maugham. Foi quando a paciência de Sérgio se esgotou. Por conseguinte, Nydia e Wanda Kosmo assumiram a direção do programa, e ele passou a participar eventualmente.

As transmissões eram ao vivo e aconteciam às quartas-feiras, motivo pelo qual os espetáculos do Teatro Bela Vista nesse dia eram apresentados às 18 horas.

O *Grande Teatro Mercedes Benz* alcançou o posto de terceira audiência geral da Record, e o primeiro lugar às quartas-feiras. O programa foi apresentado por mais de um ano.

Trio

Os ensaios de *Sexy* – peça em que Sérgio experimentaria pela primeira vez o gênero musicado – condicionavam cada vez mais as atividades do conjunto. Para que pudessem ser realizados já no próprio palco, a companhia pôs em cartaz um espetáculo cujos cenários eram facilmente desmontados: uma espécie de "espetáculo-tampão", expressão que Sérgio detestava. Era composto de três dramas em um ato: *Antes do café*, de Eugene O'Neill; *O homem da flor na boca*, de Pirandello; e *Lembranças de Berta*, de Tennessee Williams. *Trio* foi o nome dado à montagem, dirigida por Sérgio Cardoso. Como ator, ele participava apenas da segunda peça. Aliás, todas as três peças haviam sido montadas no TBC, dentro da programação do Teatro das Segundas-feiras, com um alcance menos abrangente de público. Sérgio limitou-se a dar uma nova montagem às peças, sem grandes novidades, e a colocá-las no horário normal, de terça-feira a domingo.

O programa de *Trio* reproduzia um texto da revista *Anhembi*, de maio do mesmo ano, elogiando a iniciativa da companhia de diminuir o preço dos ingressos. No entanto, o artigo também analisava a crise que se abatia sobre as companhias, concluindo que seria necessário bem mais que baixar o preço dos ingressos ou anunciar "um dos maiores textos da dramaturgia mundial"; posto isso, exortava-as a serem mais agressivas em sua publicidade e mais equilibradas em seus esquemas de produção, a não se tornarem mais dependentes das subvenções oficiais que da sua própria bilheteria e, por último, a renovarem o seu repertório. Finalizava citando um exemplo:

> [...] a experiência do Teatro de Arena, conduzido e animado por jovens arrojados. *Eles não usam black-tie* e agora *Chapetuba Futebol Clube*, escritas, dirigidas e interpretadas por um elenco de poucos anos de vida e desprovido de "figurões", conseguiram prender a atenção do público mais que todas as comédias e dramas importados desde o início de 1958 até esta data.

Apesar do elogio inicial à Companhia Nydia Licia-Sérgio Cardoso, as críticas contidas no artigo também a atingiam. Afinal, por seu modo de compreender e de fazer teatro, era igualmente questionada. Percebe-se, porém, que a presença desse artigo no programa já demonstrava uma certa sensibilidade da companhia ante a necessidade de mudar. Fato é que a mudança é muito mais difícil para quem já tem uma situação estabelecida, bem como hábitos e valores entranhados, do que para quem está ainda definindo seu próprio perfil e o caráter de sua atuação.

O espetáculo *Trio* permaneceu em cartaz por um mês, sempre a preços populares.

Sexy

Logo após a curta temporada de *Trio*, o Teatro Bela Vista esteve fechado para a realização de quinze dias de ensaios corridos de *Sexy*, de Vicente Catalano, com cenário, música e figurinos completos.

Os direitos de representação do texto estavam em poder de Miroel Silveira quando Sérgio o leu. Rapidamente, ele se dispôs a negociar seus direitos. O contato com o autor foi então estabelecido. Enrico Simonetti, o ocupadíssimo compositor e pianista do Nick Bar, aceitou fazer as músicas.

Marika Gidali, com muita paciência, deu aulas de dança para o elenco, preparando-o para o coreógrafo Ismael Guiser. Irênio Maia concebeu o bonito cenário, rapidamente executado para ser usado nos ensaios. Enquanto muitas parcerias iam sendo estabelecidas para completar o guarda-roupa, aconteciam as aulas de canto com a professora Alice Pincherle. Tudo começou a ser arquitetado ainda durante a temporada carioca e prosseguiu, com mais intensidade, quando do retorno da companhia a São Paulo: foram mais de seis meses de intensas preparações, convivendo com as apresentações de *A raposa e as uvas*, *Nu com violino* e *Trio*, além das viagens da companhia a Santos e Taubaté. Sem contar as duas conferências ministradas por Sérgio no Segundo Congresso de Teatros do Estudante, promovido por Paschoal Carlos Magno, também em Santos.

Nydia desistira de atuar no espetáculo. Justo ela, que tanto sonhara em fazer um musical. A parte dançada era uma das causas da sua desistência, pois ela tinha plena consciência das suas limitações físicas na época. Seria inviável para ela subir e descer a grande escadaria do cenário, com um salto muito alto, e rodopiar pelo palco, quando ainda não se recuperara das terríveis dores nas pernas. Na verdade, adoecera em consequência da situação do seu casamento e das preocupações com o destino da companhia.

Outra razão, igualmente importante, era que ela acabara assumindo a produção do espetáculo, tarefa que a mantinha ocupada em tempo integral. Em seu livro de memórias, ela conta que precisava ir diariamente ao apartamento do compositor, sempre na hora do almoço, para pegar as músicas que ele havia composto na noite anterior. Na maioria das vezes, Simonetti ainda estava dormindo, e era preciso aguardar sua mulher acordá-lo. Acompanhava também as atrizes às provas de roupas; servia como ponte entre o cenógrafo Irênio Maia e os maquinistas; cuidava da publicidade; e resolvia problemas com o compositor, nas aulas de dança e nos ensaios. Era, enfim, a produtora executiva do espetáculo.

Sexy é uma sátira ao universo da publicidade e aos métodos de propaganda capazes de criar e destruir mitos. Na peça, Sérgio, Guilherme Corrêa e Rita Cléos são os donos da agência, enquanto Ana Maria Nabuco e Raymundo Duprat formam o casal pobre que o mago da publicidade transforma em sucesso popular. No final, o amor triunfa, com o casal preferindo voltar à sua vida pobre. É classificada ora como comédia musicada, ora como comédia musical, em função de a primeira nomenclatura ser, à época, mais utilizada no Brasil.

Uma pré-estreia da peça, no dia 10 de julho, foi inteiramente vendida a uma empresa. E, no dia 14 de julho, acontecia finalmente a tão aguardada estreia oficial de *Sexy*, que não deixava de ser uma grande novidade: anunciava-se como a primeira comédia musical paulista e um dos primeiros musicais do teatro brasileiro moderno. Mas era uma novidade, no mínimo, deslocada, em meio a um panorama em que o "novo" estava claramente identificado com a exposição de problemas sociais ou com a entrada em cena de personagens vindos dos mais desfavorecidos estratos sociais. Para se ter uma ideia do contraste entre o teatro de cunho político-social – que então representava a mais avançada manifestação da atividade cênica – e a montagem de *Sexy*, basta dizer que o primeiro punha em cena angústias e problemas do proletariado, questões como o movimento grevista e a corrupção no futebol, enquanto a última comportava um desfile de alta-costura, com "modelos" a usarem joias tão valiosas que tornava necessária a presença de policiais no interior do teatro. Resultava, assim, numa encenação plena de sofisticação e futilidade, a soar quase como provocação em tempos de crescente radicalismo político. Independente disso, era uma montagem muito bem cuidada, e constituiu grande sucesso de público, permanecendo treze semanas em cartaz.

A crítica execrou o espetáculo: desde o texto, considerado primário enquanto dramaturgia – com personagens que não passavam de fantoches do autor –, até a montagem, por contar com um desfile de modas e, ainda, por Sérgio apresentá-lo, dizendo qual confecção ou figurinista era responsável pela criação de cada modelo mostrado. Entretanto, o público transformou *Sexy* na maior bilheteria da companhia, com uma renda superior às alcançadas anteriormente. E, diante de tal sucesso, a TV Record de São Paulo tomou a iniciativa de transmitir parte do espetáculo, entrevistando atores e espectadores após o seu término.

Sem primar por preocupações de cunho político – o que aliás não caracterizava os atores de sua geração –, Sérgio encantava-se com o fato de poder experimentar um novo gênero teatral, que lhe possibilitava a revelação de qualidades até então insuspeitadas, tais como apresentar-se cantando e dançando com desenvoltura. Apesar disso, ou por isso mesmo, em seus textos escritos para o programa do espetáculo, expressava clara preocupação em legitimar sua passagem por um gênero que nunca chegara a ser considerado propriamente "nobre". Citava, por exemplo, o fato de paradigmas internacionais, como Laurence Olivier, Vittorio Gassman e Jean-Louis Barrault, terem, eventualmente, atuado em musicais, sem esquecer de citar Artur Azevedo como um eminente precursor desse gênero no Brasil.

Na reportagem publicada em 31 de julho de 1959 no jornal *A Gazeta* – que escolhera, por meio de uma pesquisa junto ao público paulistano, Nydia Licia e ele como os mais queridos atores do teatro paulista –, Sérgio mostrava-se bastante equilibrado, numa espécie de balanço das alegrias e tristezas recolhidas ao longo de seus doze anos de teatro. Ele mencionava *Três anjos sem asas* como o único fracasso da Companhia. Declarava ainda pretender descansar ao final da temporada de *Sexy* e ter a intenção de montar, logo a seguir, mais um clássico indiscutível: *Édipo Rei*, de Sófocles.

No dia 4 de outubro, durante o intervalo de uma apresentação dominical, Sérgio recebeu, no palco do Teatro Bela Vista, a medalha de "Símbolo da Preferência Popular" – premiação do concurso de popularidade promovido pelo jornal *A Gazeta* que vencera juntamente com Nydia. Recebia com atraso, pois não pudera acompanhá-la (por estar atuando em *Sexy*) quando do evento de entrega realizado no auditório da Rádio Gazeta.

Cansaço, problemas e desencontros

Os desencontros entre o casal eram cada vez mais frequentes, tornando mais comuns as ocasiões em que apenas um deles aparecia em algum compromisso social.

Durante a temporada de *Sexy*, Nydia estranhou a disparidade entre as rendas registradas nos borderôs e o número de espectadores na plateia. Após rápidas investigações, deu-se conta de desvios de dinheiro da bilheteria praticados por funcionários da administração da companhia e do teatro. Essa quebra de confiança pedia medidas enérgicas e presteza para debelar os focos de sabotagem e desonestidade. Aparentemente, ela teve de dedicar-se sozinha a esse processo administrativo. Sérgio estava assoberbado com as tarefas artísticas, tanto que planejava descansar após a temporada de *Sexy*.

Antes disso, seu cansaço já ficara evidente, quando do recebimento de um convite para participar da II Bienal de Teatro, parte integrante da 5ª Bienal de São Paulo. Nesse evento, além de expor uma maquete do cenário criado para *Vestido de noiva* e algumas fotos do espetáculo, ele também teria de apresentar a peça *Hughie* – texto póstumo do dramaturgo norte-americano Eugene O'Neill. Na ocasião, Sérgio, que sempre tivera uma memória notável, não conseguia memorizar o texto. Felizmente, conseguiu decorá-lo a tempo para a apresentação, que aconteceu em 13 de outubro de 1959, num pequeno teatro montado no espaço da representação norte-americana, o Teatrinho O'Neill. Sérgio dividia a cena com o ator Guilherme Corrêa. Tratava-se da segunda apresentação mundial da obra e, graças ao empenho de Sérgio, a peça pôde ser vista em São Paulo, ainda que em uma única apresentação, promovida pela Universidade Yale, pelo consulado norte-americano e pela Associação Paulista de Críticos Teatrais.

O visível cansaço do artista deixava claro que ele não estava em condições de dirigir o próximo espetáculo da companhia. O texto escolhido por Nydia, *Oração para uma negra*, era uma adaptação do romance *Requiem for a Nun*, de William Faulkner, que ela interpretaria ao lado de Ruth de Souza,

Carlos Zara, Fúlvio Stefanini e Alceu Nunes. Nydia queria uma diretora para a nova peça. Depois de tentativas frustradas com Cacilda Becker e Bibi Ferreira, Wanda Kosmo foi a escolhida, assinando codireção com Nydia.

Após o período de ensaios, chegou a nervosa noite do ensaio geral da peça. Para piorar a atmosfera carregada do Teatro Bela Vista, o grupo deparou-se com uma desagradável coincidência: ocorria no Clube Paulistano a apresentação de um espetáculo beneficente que Sérgio dirigira, e ele levara os técnicos do teatro para lá. Isso prejudicou o ensaio geral da peça de Nydia, fazendo com que a iluminação só fosse montada no dia da estreia. E essa era a sua primeira tentativa de realizar um espetáculo sozinha, sem a participação de Sérgio.

Quanto à montagem dirigida por ele, tratava-se do texto *Sonho de amor*, escrito pela *patronesse* de tantas iniciativas beneficentes Carmen Prudente, e destinava-se a levantar fundos para o Hospital do Câncer, contando com a participação de voluntários dos mais diversos segmentos profissionais.

Durante a temporada de *Oração para uma negra*, Sérgio, em "período de descanso", preparou uma noite comemorativa do segundo centenário de Friedrich Schiller. Composto de uma conferência sobre a vida e a obra do poeta e dramaturgo alemão e, ainda, de um recital de poesias e cenas de peças, o evento foi promovido pelo consulado alemão e apresentado no dia 16 de novembro no Teatro Bela Vista.

O soldado Tanaka

Em dezembro de 1959, estreou *O soldado Tanaka*, de Georg Kaiser, espetáculo em que Sérgio voltava a interpretar o protagonista e a assinar a direção.

A escolha da peça se dera contra a vontade de Nydia, que a considerava sem interesse para o público brasileiro e, portanto, sem possibilidades comerciais. Além disso, tratava-se de uma montagem cara, com um elenco de mais de trinta atores e três cenários. Houve, no entanto, uma insistência absoluta de Sérgio, irresistivelmente atraído pela oportunidade de criar uma caracterização inédita em sua carreira: um personagem japonês.

No programa da peça ele contava outra versão, justificando sua escolha. Falava da responsabilidade de escolher uma peça que se enquadrasse no escopo do Mês Teatral, promovido pela Comissão Estadual de Teatro. Assim, havia eliminado as peças mais leves do repertório da companhia. Logo depois, concluíra que remontar algumas de suas peças mais significativas, conforme lhe fora sugerido – deduz-se que fora uma proposta de Nydia –, apresentava muitas dificuldades, talvez até maiores do que criar uma nova montagem. Contava que havia pensado num original brasileiro, mas não tinha encontrado nada de satisfatório. Então chegara a *O soldado Tanaka*, de Kaiser, um dos mais importantes autores do teatro alemão e uma das maiores figuras do movimento expressionista – apesar de reconhecer que a peça escolhida não seguia as diretrizes do movimento. *O soldado Tanaka* foi escrito na Suíça, onde o autor se refugiara do nazismo. Por isso, ainda conforme Sérgio, os três atos da peça eram impregnados de antimilitarismo, mas, completava diplomaticamente, não de um sentimento que pudesse ser entendido "como um desrespeito a qualquer Força Armada"; eram antes uma "denúncia de qualquer opressão e prepotência, plena de comovida poesia". Concluía afirmando seu prazer em apresentar um autor tão importante pela primeira vez no Brasil. No mesmo texto revelava que a montagem da peça levara quatro semanas, apesar das complexidades enfrentadas.

Nota-se que são duas narrativas muito diferentes, a de Nydia e a de Sérgio, cada uma com seus argumentos; uma mais pragmática, a outra alegando preocupações de cunho cultural. Entretanto, o que também fica claro é que essas posturas eram irreconciliáveis, evidenciando o ponto de ruptura a que os dois artistas haviam chegado.

A peça resultou num terrível fracasso de bilheteria e deixou a companhia em sérios apuros financeiros. Foi retirada de cartaz, sendo substituída às pressas, no início de 1960, por uma remontagem de *Quando as paredes falam*, uma comédia elegante, com Sérgio e Nydia no elenco. Mas ela atuou na peça por apenas duas semanas. Não suportando mais continuar, Nydia passou o papel para Rita Cléos e saiu – da peça, da companhia, do casamento.

O fracasso funcionou como estopim para uma crise profissional e conjugal que levou de roldão todo um sonho grandioso, cuja concretização demandara um sem-fim de esforços e sacrifícios.

Sérgio dedicara anos de sua vida à realização de um objetivo: fazer de si mesmo um "homem de teatro". Para isso, procurou dominar, pouco a pouco, não só os segredos do palco, mas todos os aspectos da produção teatral, a exemplo dos seus ídolos Jean Louis-Barrault, Laurence Olivier e Vittorio Gassman, entre outros, a quem admirava e, certamente, equiparava-se em talento e determinação. O Teatro Bela Vista e a Companhia Nydia Licia-Sérgio Cardoso tinham sido a culminância desse processo. Mas o preço das precoces e gigantescas conquistas, nascidas da sede irresistível de realização artística e profissional, foi altíssimo. Como afirma Paulo Autran em seu depoimento:

> **Ele não acumulava duas funções, ele acumulava três, às vezes quatro, e não há dúvida de que isso não é bom pra ninguém. [...] Com a continuidade, você acaba não percebendo seus próprios vícios, seus próprios defeitos. E o fato de ele, além de interpretar**

e dirigir, estar ainda preocupado com a produção, com a manutenção de uma grande companhia, de um grande teatro como era o Teatro Bela Vista – que era um teatro muito melhor do que a porcaria que o governo fez depois no mesmo lugar (o Teatro Sérgio Cardoso) –, eu acredito que isso deve tê-lo cansado mais do que o justo.

Além do excesso de trabalho (que acabaria por levá-lo à exaustão), peculiaridades de seu temperamento o encaminhavam, perigosamente, para a solidão profissional e pessoal, como salienta Leonardo Villar:

> Ele era uma pessoa muito especial. [...] Uma pessoa difícil de se conviver. Era muito temperamental, muito sensível – era uma pessoa que tinha de ser sempre muito bem tratada. Ele era muito carente de carinho – embora fosse muito carinhoso e atencioso com as pessoas. Era muito especial também no sentido da vaidade. Como ator, essa vaidade o prejudicou muito, afetando sua autocrítica. Ele chegou a um ponto em que fazia tudo na companhia dele, e não tinha mais quem o controlasse. [...]. Não tinha quem o dirigisse, quem dissesse "não, isso está errado". Mesmo que ele brigasse, iria pensar na coisa. [...] Ele tinha uma sensibilidade muito aguçada, mas não tinha mais uma pessoa que o segurasse. Desenvolveu então um certo mau gosto na representação, uma tendência ao melodramático, um certo maneirismo vocal. Isso tudo foi se acentuando, e ele foi se tornando quase uma caricatura, porque não tinha um diretor que dissesse: "Sérgio, você está mugindo!" [...] Ele tinha uma grande crítica, que era a Nydia, mas ela era também a sua mulher, o que gerava brigas. Ela era uma crítica excelente, uma mulher equilibradíssima, que dizia realmente as coisas para ele. Isso talvez tenha contribuído para balançar o casamento.

Medindo bem as palavras, Nydia também se referiu ao gosto discutível e à impulsividade de Sérgio. Falou, ainda, de sua falta de visão empresarial e do fato de ele escolher textos levado unicamente pelo interesse em interpretar determinados personagens – um risco, convenha-se, dificilmente contornável quando se trata de um ator-produtor.

É evidente que, diuturnamente envolvidos nos assuntos da companhia, Sérgio e Nydia não conseguiram manter as dificuldades profissionais dissociadas dos assuntos conjugais. Segundo diversos contemporâneos do casal, a partir de certo momento, a companhia havia praticamente se cindido: partidários de Sérgio de um lado, e partidários de Nydia de outro. Cavado o abismo entre os dois parceiros, a confrontação dessas duas personalidades, opostas em tantos aspectos, mas que se haviam apoiado mutuamente por longos anos, foi tornando inevitável a separação. Quando finalmente aconteceu, representou o fim de um sonho gigantesco, cuja base consistia, exatamente, na união dos dois artistas.

A Companhia Nydia Licia-Sérgio Cardoso foi bruscamente dividida em duas novas empresas; nenhuma delas, no entanto, chegaria a ter a importância da matriz.

Para Sérgio, essa ruptura levou não só o Teatro Bela Vista (que ficou com Nydia na partilha estabelecida entre eles), como também toda uma estrutura de vida: aquele homem sisudo que, excetuando o trabalho, gostava apenas de ficar em casa entregue à leitura, próximo à mulher e à filha, estava agora sozinho com seus demônios.

Num curto espaço de tempo, ele conseguira concretizar suas três maiores ambições: ter uma família perfeita, sua própria companhia e seu teatro. Tal como num espetáculo, o sonho não durou muito: apenas o tempo suficiente para Sérgio criar algumas de suas realizações mais lendárias.

Iniciou-se, a partir de então, o período menos luminoso de sua vida. O maior ator trágico brasileiro iniciava, enfim, a sua própria peripécia.

Plateia do Teatro Bela Vista na noite da sua inauguração,
São Paulo, 15 de maio de 1956. Na primeira fila podem ser vistos os críticos
Décio de Almeida Prado e Miroel Silveira. Acervo NL-SC. Real Fotografias.

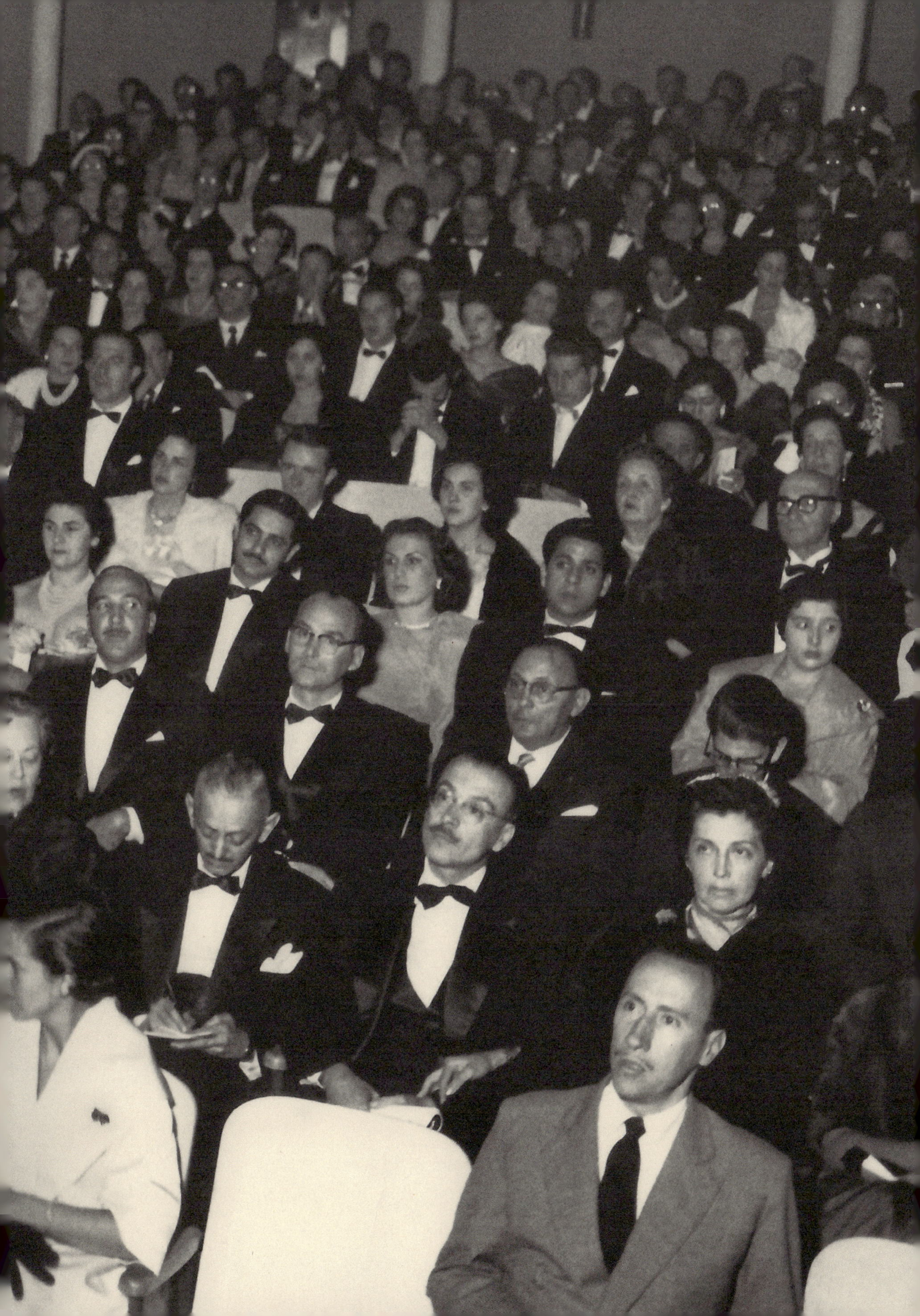

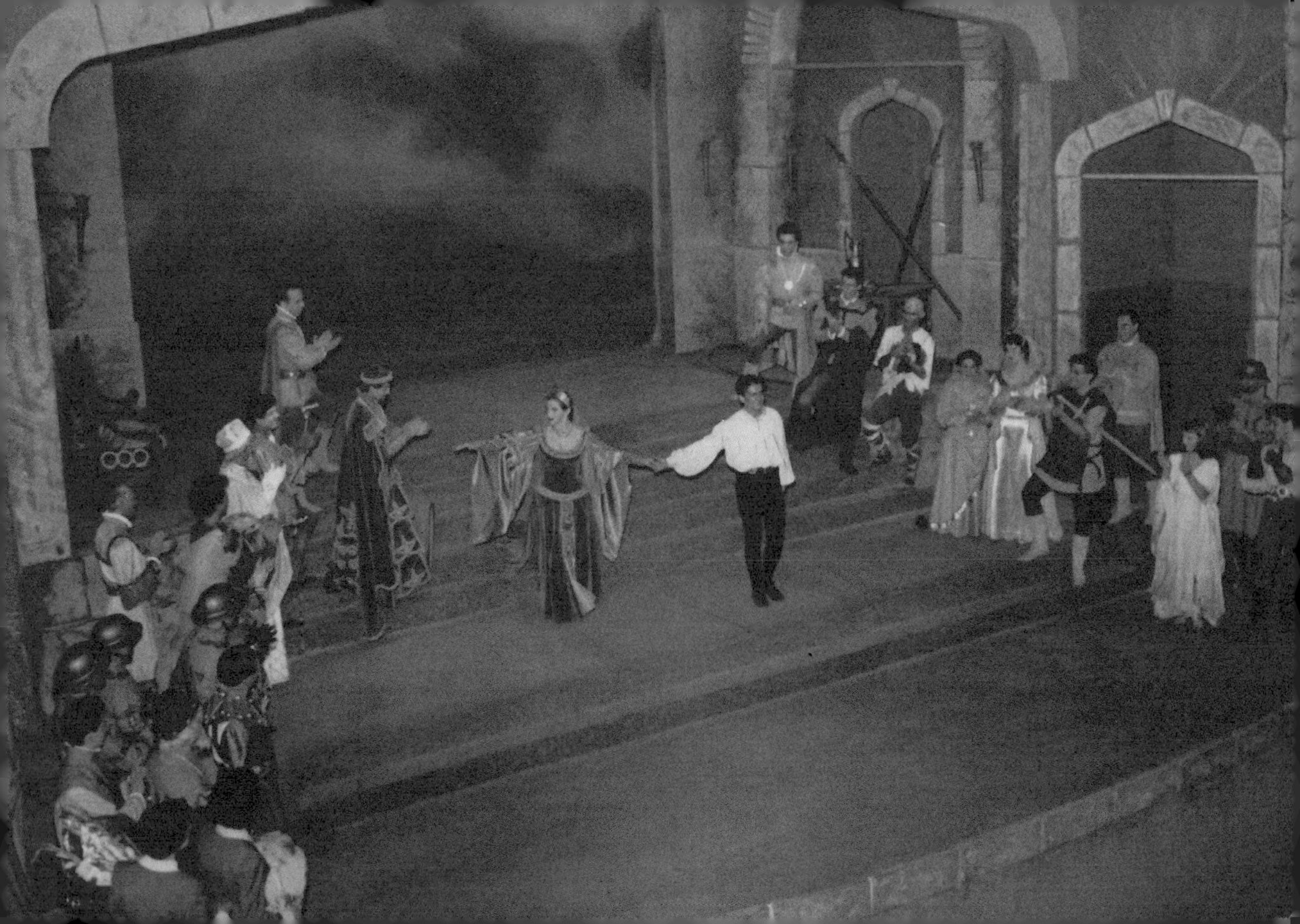

Hamlet. Teatro Bela Vista, São Paulo, 1956. Acervo NL-SC. Fotógrafo: Antonio Pirozelli (*O Cruzeiro*).

Ao final de *Hamlet*, Nydia e Sérgio são cumprimentados pelo público.
Destaque para a atriz Ruth de Souza, à direita. Acervo NL-SC. Real Fotografias.

Sérgio recebe os cumprimentos do crítico Décio de Almeida Prado ao final de *Hamlet*, na inauguração do Teatro Bela Vista. São Paulo, 1956. Acervo NL-SC. Real Fotografias.

Com Nydia Licia em *Quando as paredes falam*. Teatro Bela Vista, São Paulo, 1956. Acervo NL-SC

O comício.
Teatro Bela Vista,
São Paulo, 1957.
Acervo NL-SC.

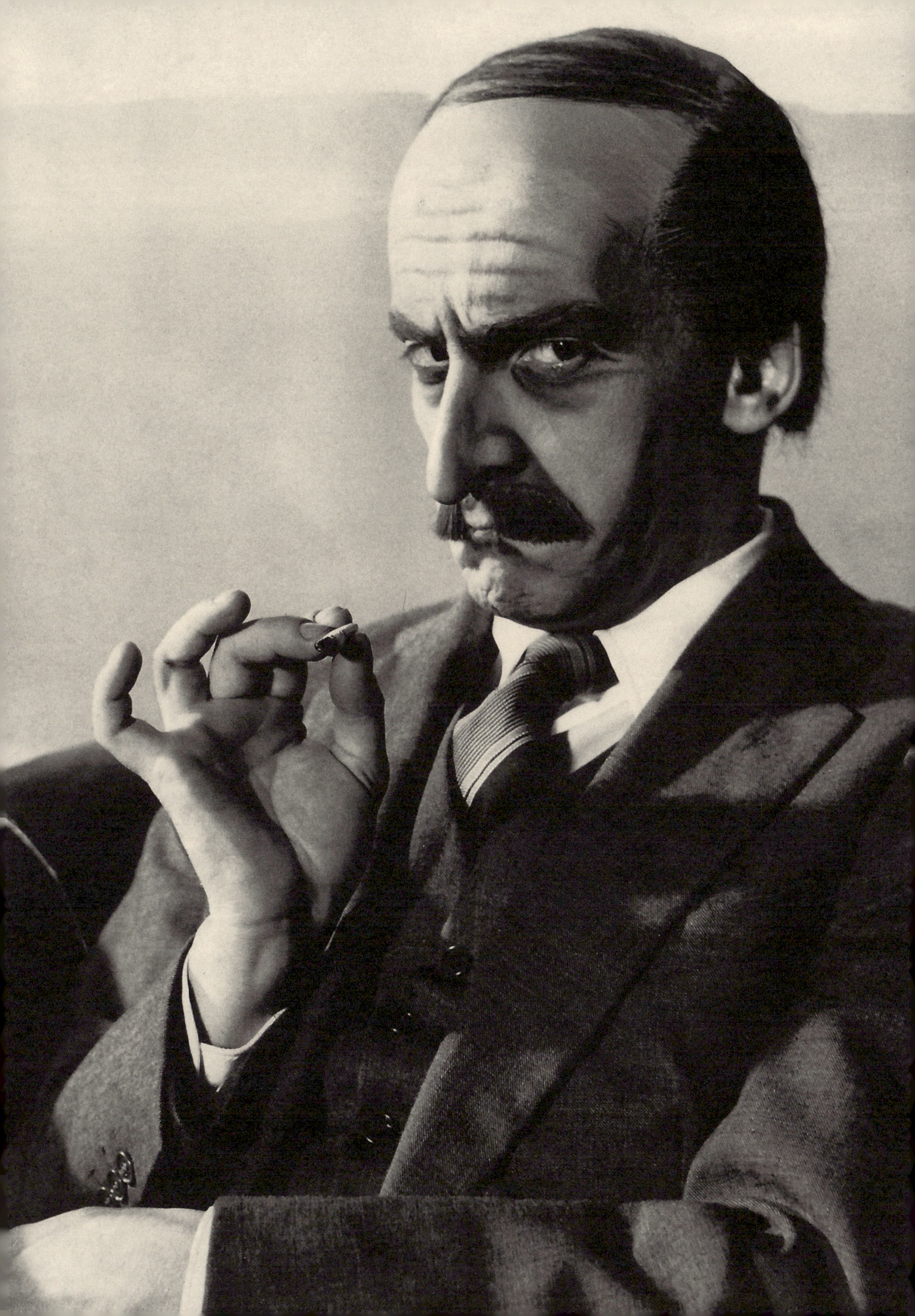

**Ensaio geral de *Chá e simpatia*.
Teatro Bela Vista, São Paulo,
1957.** Acervo NL-SC.

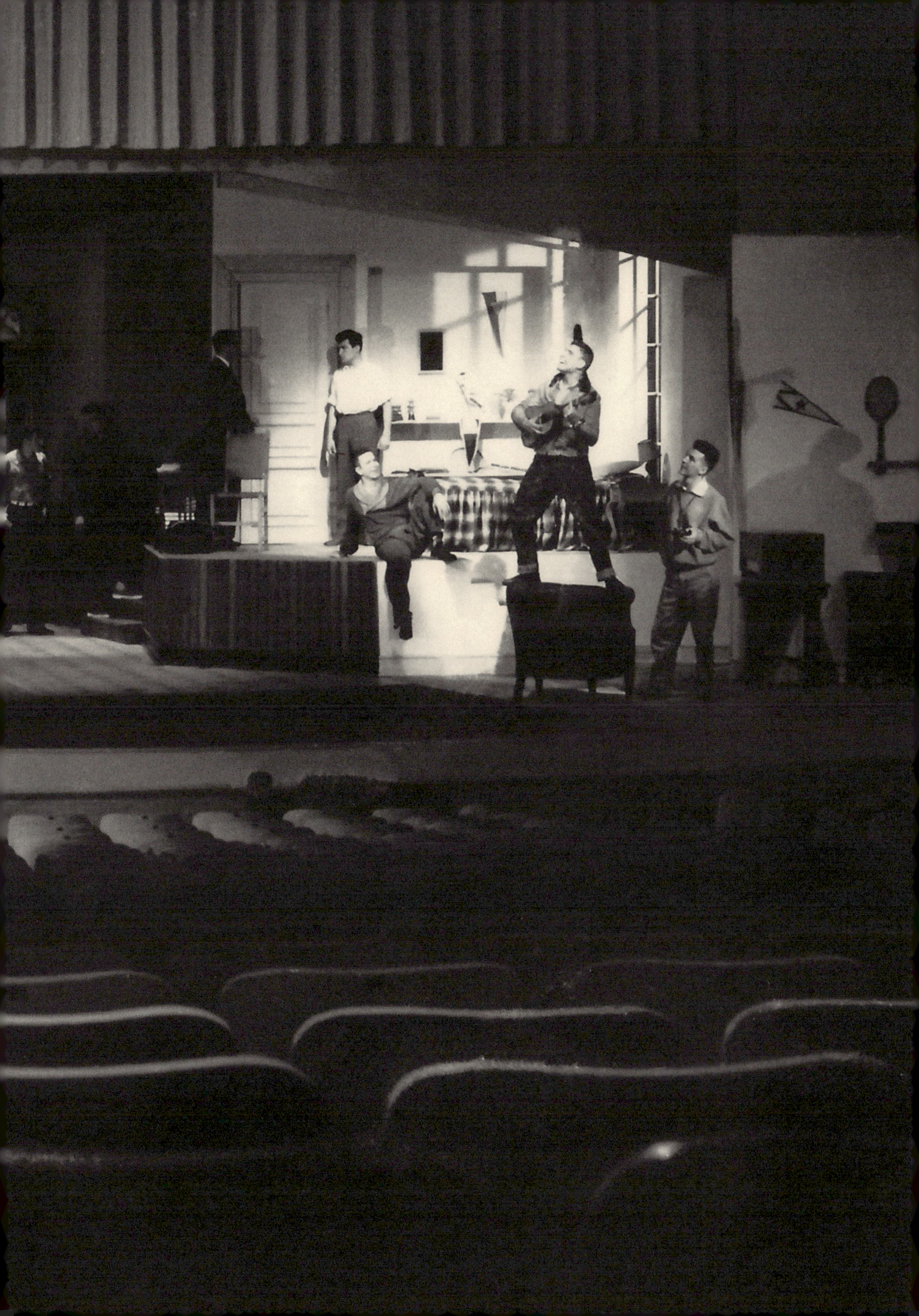

Com Berta Zemel em
Henrique IV. Teatro
Bela Vista, São Paulo,
1957. Acervo NL-SC.

Com Wanda Kosmo em *Três anjos sem asas*. Teatro Bela Vista, São Paulo, 1957. Acervo NL-SC.

Com Wanda Kosmo e Marina Freire em *O casamento suspeitoso*. Teatro Bela Vista, São Paulo, 1958. Acervo NL-SC.

**Sérgio abraça Ariano Suassuna e
Hermilo Borba Filho nos bastidores de
O casamento suspeitoso. Teatro Bela Vista,
São Paulo, 1958.** Acervo NL-SC.

Bela Vista, São Paulo, 1958.
Acervo NL-SC.

**Com Nydia Licia em *Amor sem despedida*.
Teatro Bela Vista, 1958.** Acervo NL-SC.

Sérgio e Nydia no cenário de *Vestido de noiva*.
Teatro Bela Vista, São Paulo, 1958. Acervo NL-SC.

Nydia Licia, Wanda Kosmo, Raymundo Duprat, Mario Kuperman, Abelardo Escolano, Dirceu Malagutti e Guilherme Corrêa em *Vestido de noiva*. Teatro Bela Vista, São Paulo, 1958. Cenário desenhado por Sérgio Cardoso. Acervo NL-SC.

Com Rita Cléos e
Marina Freire em
Nu com violino.
Teatro Bela Vista,
São Paulo, 1959.
Acervo NL-SC.

Com Alceu Nunes e Rita Cleos em
O homem da flor na boca. Teatro
Bela Vista, 1959. Acervo NL-SC.

Com Rita Cléos e Guilherme Corrêa em *Sexy*. Teatro Bela Vista, São Paulo, 1959. Acervo NL-SC.

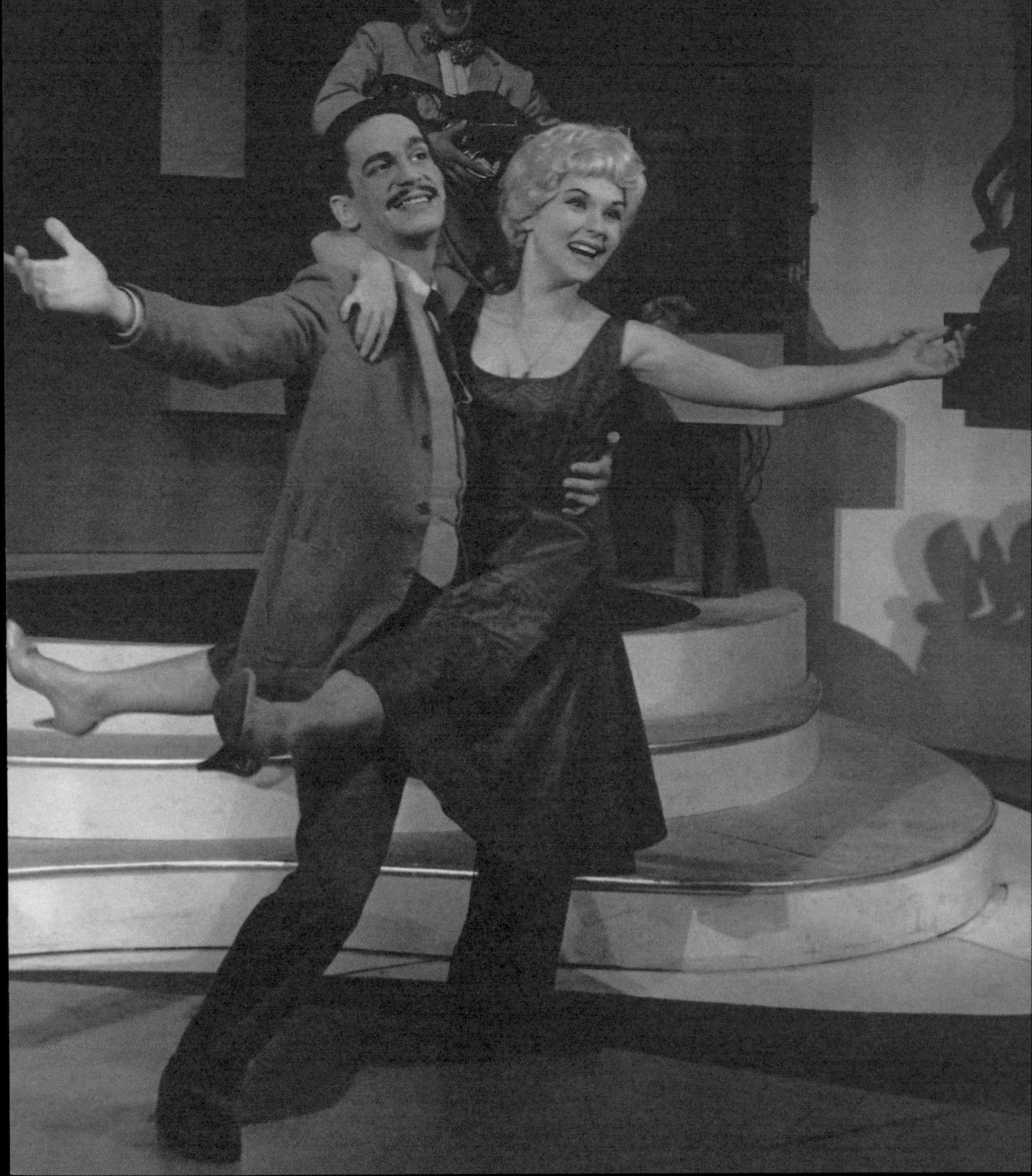

Com Guilherme
Corrêa em *Hughie*.
V Bienal Internacional
de São Paulo, 1959.
Acervo NL-SC.

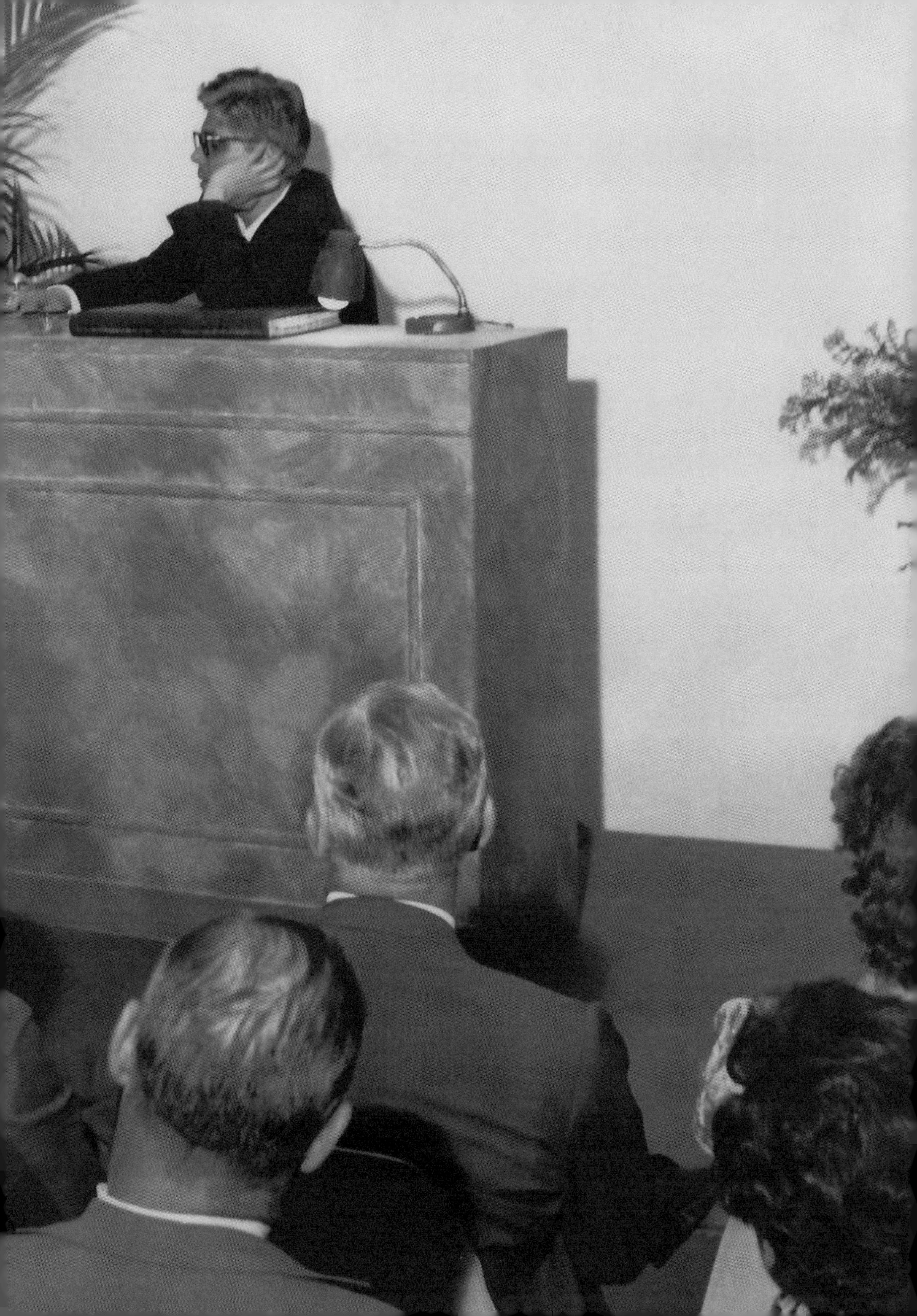

Com Guilherme Corrêa, Marina Freire e
Jaime Pernambuco em *O soldado Tanaka*.
Teatro Bela Vista, São Paulo, 1959. Acervo NL-SC.

Com Tarcísio Meira em *O soldado Tanaka*.
Teatro Bela Vista, São Paulo, 1959. Acervo NL-SC.

6: anos de crise (1960-1964)

Em março de 1960, Sérgio Cardoso enfrentou um dos momentos mais difíceis (se não o mais difícil) de sua vida: sua partida de São Paulo, deixando para trás algumas de suas realizações mais importantes e queridas: o sonho familiar, a Companhia Nydia Licia-Sérgio Cardoso e o Teatro Bela Vista.

Talvez nem mesmo ele pudesse dar-se conta, num primeiro momento, dos efeitos dessa série de encerramentos na sua vida, ou mesmo perceber o que essas perdas significariam. Com muito esforço e determinação, tudo havia sido construído ao longo daqueles dez anos: uma família padrão, de acordo com os valores de seus pais; a companhia na qual pôde escolher o que montar e os personagens a criar; e um belíssimo teatro, literalmente construído por ele. Todos esses feitos apoiados em sua parceria com Nydia.

Porém, essa fusão de afetos e interesses profissionais foi corroída gradativamente por pequenos gestos, ações e palavras, até tornar-se inviável. Da parte de Sérgio, foram desatenções e mudanças bruscas de humor, iniciativas pessoais que não levavam em conta os interesses da parceira e, por fim, a loucura de um ator romântico, absolutamente permeável aos humores e achaques de seus personagens, fatores que minaram o prazer de conviver com um artista de gênio, um homem culto e sensível, uma figura fascinante. A partir da montagem de *Henrique IV*, a situação tornou-se insustentável. Isso tudo – somado à sua incapacidade de lidar com questões práticas, e, em particular, da companhia – tornou o casamento um fardo demasiado pesado, mesmo para quem o amava e admirava como Nydia. Aos poucos ela vinha vislumbrando caminhos próprios, independentes, e isso a auxiliou a chegar à atitude extrema de pôr fim ao casamento.

Completamente envolvido em suas ambições artísticas, é provável que Sérgio, pelas suas singularidades de temperamento, não tenha percebido que esticara demais a corda e levara ao rompimento o pacto de vida e arte com Nydia.

A notícia da separação de um dos casais mais representativos da cena cultural paulistana logo se espalhou, atraindo a curiosidade de toda a imprensa. Mas nenhum dos dois estava disposto a falar a respeito. Sérgio restringia-se a dar declarações sobre os espetáculos que apresentaria no Rio de Janeiro, postura que manteria permanentemente.

No fim do ano anterior, ele havia assinado um contrato de permuta com a Companhia Tônia-Celi-Autran, envolvendo o Teatro Mesbla (no Rio) e o Bela Vista, por um período de três meses, a partir de março do ano seguinte. Após a temporada carioca, a Companhia Nydia Licia-Sérgio Cardoso faria uma excursão pelo sul do Brasil.

Com a separação do casal, os planos tiveram de ser alterados. A companhia dividiu-se em duas unidades independentes e absolutamente distintas:

a Companhia Nydia Licia e a Companhia Sérgio Cardoso. Na partilha oficial de bens, Nydia ficou com o Teatro Bela Vista, enquanto Sérgio ficou com o acervo de algumas produções e o direito de cumprir as apresentações programadas para outros estados.

Assim, logo após o desquite (não havia divórcio no Brasil), Sérgio – que não queria continuar em São Paulo – mudou-se para o Rio de Janeiro, levando consigo cenários, figurinos e alguns atores da extinta companhia.

Pelo acordo do desquite, ele ficara responsável pela quitação das dívidas da companhia, no valor de 440 mil cruzeiros, e deveria pagar pensão alimentícia a Nydia a partir de 1º de março até o final da temporada da Companhia Tonia-Celi-Autran no Teatro Bela Vista. Sérgio deixava para Nydia o teatro pelo qual tanto lutara, sendo que este viria a se transformar em motivo para uma disputa judicial verdadeiramente kafkiana, e que duraria cerca de dez anos.

A batalha judicial

Em relação ao Teatro Bela Vista, Nydia passou a enfrentar uma verdadeira batalha. A Empresa Bela Vista, formada para administrar o teatro, tinha como acionistas majoritários, além de Sérgio, os engenheiros e empresários Otto Meinberg e Ricardo Capote Valente – cuja participação havia sido determinante na transformação do velho prédio do Cineteatro Espéria no moderno Teatro Bela Vista. Quando houve o desquite, Sérgio passou sua parte na empresa para Nydia. Porém, algum tempo depois, em outubro de 1960, ela foi impedida de entrar no prédio, e soube que os demais cotistas haviam vendido suas participações e se retirado da empresa.

Diante da situação, a classe teatral foi convocada, por Cacilda Becker, para uma assembleia. Foi redigido um manifesto da categoria em solidariedade a Nydia. Várias outras assembleias foram organizadas: todos tentavam entender o que estava acontecendo; uma das hipóteses levantadas à época era de que outra companhia teatral estaria por trás de uma conspiração para tomar o Teatro Bela Vista de Nydia ou, ao menos, muito interessada nesse desfecho.

O processo judicial que veio a seguir foi rico em lances rocambolescos e misteriosos. Uma das provas utilizadas para confirmar que ela não tinha direito de continuar no teatro foi uma carta assinada por Sérgio Cardoso, cedendo sua parte na empresa para os novos proprietários. Pode-se imaginar o impacto que a apresentação dessa carta teve sobre Nydia. Mas, examinando-a, ela encontrou alguns elementos que indicavam a falsidade do documento. Materiais comprobatórios aceitos na época, envolvendo a análise de elementos da máquina de escrever de Sérgio e a comparação com outros documentos redigidos e assinados por ele, foram mobilizados pelo advogado de Nydia. Finalmente, foi atestado que a carta havia sido forjada numa folha em branco assinada por Sérgio. Durante sua permanência à frente da companhia e do teatro, ele costumava deixar folhas assinadas em poder do administrador, para não ser interrompido durante os ensaios ou para serem utilizadas em caso de emergência. Um exemplo da boa-fé de um artista e, ao mesmo tempo, da sua inaptidão como gestor, ao confiar cegamente na honestidade de seus subordinados.

O que também chama a atenção nesse rumoroso caso é, de um lado, o esforço de Nydia para não envolver Sérgio em qualquer acusação, mesmo que fosse referente à sua imprudência enquanto dirigente da empresa; de outro lado, o silêncio de Sérgio, que, motivado por sabe-se lá qual mágoa ou sentimento, jamais apareceu para defender Nydia nessa batalha, nem mesmo para declarar que não escrevera o documento apresentado.

A Companhia Sérgio Cardoso no Rio de Janeiro

A estreia da Companhia Sérgio Cardoso no Teatro Mesbla, no Rio, aconteceu logo em março, com *Sexy*. Tratava-se da mesma montagem apresentada em São Paulo; só o nome da companhia tinha mudado. Em relação ao espetáculo paulista, havia apenas duas novidades dignas de nota: a presença da esfuziante vedete carioca Carmen Verônica e do jovem ator Tarcísio Meira.

Sexy permaneceu em cartaz por dez semanas e, assim como na temporada anterior, foi muito bem recebida pelo público. Cabe ressaltar que o Teatro Mesbla era menor que o Teatro Bela Vista, tanto em capacidade de público – 500 lugares – como em espaço de palco, que, além de pequenas dimensões, apresentava formato irregular, oferecendo uma série de problemas para acomodar um cenário de maiores proporções, como era o caso de *Sexy*. O teatro localizava-se no 11º andar do histórico edifício da loja de departamentos de mesmo nome, situada na rua do Passeio, no centro da capital carioca.

Nessa temporada, porém, o contraste maior ficava por conta da abissal diferença entre a divertida frivolidade do personagem interpretado por Sérgio – Leopoldo, um publicitário regalando-se com seu poder de transformar a vida das pessoas – e o sombrio estado de espírito do ator.

Na segunda quinzena de maio, o musical foi substituído por uma remontagem de *Uma cama para três*, de Claude Magnier, comédia francesa sobre um insólito triângulo amoroso envolvendo um problema mecânico num automóvel, uma dose um pouco maior de comprimidos para dormir e um marido chegando mais cedo do que o previsto. Um exemplo de peça comercial facilmente montável, com um elenco de apenas três atores.

A convite da Pontifícia Universidade Católica (onde o ator estudara), a companhia apresentou, em 23 de maio de 1960, outro espetáculo possível de ser levado a qualquer espaço e cujo autor estava acima de qualquer suspeita: *O homem da flor na boca*, de Pirandello. Esse espetáculo também foi apresentado, na mesma época, no aristocrático e altamente seletivo Country Club, em Ipanema.

Encerrando a temporada carioca, Sérgio reapresentou a sempre aplaudida *A raposa e as uvas*, até o dia 10 de julho. Foi uma série de apresentações sem novidades, apenas para mostrar um pouco do trabalho desenvolvido em São Paulo.

A turnê da Companhia Sérgio Cardoso

Para a turnê que sucedeu a temporada no Teatro Mesbla, Sérgio optou por retirar *Sexy* do repertório, em virtude do cenário de grandes dimensões. Em seu lugar foi incluído um espetáculo chamado *Trio*. Apesar do título idêntico, não se tratava do trabalho apresentado anteriormente no Teatro Bela Vista. Mas era igualmente composto de três peças curtas, das quais apenas *O homem da flor na boca* fizera parte da montagem paulista. As outras duas eram: *Enganado, ferido e satisfeito*, de Alejandro Casona, e *Retrato de uma madona*, de Tennessee Williams.

Assim, a partir de 15 de julho, a Companhia Sérgio Cardoso apresentava-se com três espetáculos (*Trio*, *Uma cama para três* e *A raposa e as uvas*) em Porto Alegre, Curitiba, Belo Horizonte e cidades do interior de Minas Gerais e de São Paulo. No elenco estavam Guilherme Corrêa, Rita Cléos, Maria Pompeu, Adalberto Silva e Fúlvio Stefanini, que nem completara 21 anos.

Um fato interessante sobre Fúlvio é que ele trabalhava na TV Tupi, em figurações para vários programas, quando foi ao Teatro Bela Vista assistir *Henrique IV* com um amigo. Ficou muito impressionado com a atuação de Sérgio, que qualificou de magnífica. Ao final da peça, ambos foram cumprimentá-lo; e Fúlvio, vencendo a timidez, disse-lhe que gostaria de fazer um teste para trabalhar na companhia. Sérgio prometeu chamá-lo em breve. Dias depois, Fúlvio atendeu, por acaso, a um telefonema no balcão da portaria da TV Tupi, e a voz do outro lado foi logo dizendo: "Boa noite, sou o Sérgio Cardoso e gostaria de falar com um ator aí da Tupi, mas não sei como chegar até ele. É o Fúlvio Stefanini, o senhor pode me ajudar?". A partir desse telefonema, fez um teste para um pequeno papel em *Três anjos sem asas*, sendo admitido na Companhia Nydia Licia-Sérgio Cardoso – o que foi fundamental para sua carreira. Participou também de *O soldado Tanaka* e *Oração para uma negra*, optando depois por seguir na Companhia Sérgio Cardoso em sua temporada carioca e na turnê.

Após a primeira parte da turnê, houve um breve intervalo, para preparar a excursão ao Norte e ao Nordeste, que deveria começar em Salvador, seguir para Recife até atingir Belém, cidade natal de Sérgio, e finalmente

Manaus. Mas as distâncias eram muito grandes, e os custos da viagem, transportando atores, cenários e figurinos, mostraram-se proibitivos, apesar do êxito comercial alcançado pelas apresentações na primeira parte da excursão. Assim, apenas Salvador seria visitada pela companhia, que, em seguida, se dissolveria.

Em declaração a um jornal, Sérgio fez uma rápida avaliação da turnê; nela, mostrava-se insatisfeito com o que pudera realizar: "Não foi o que eu queria em matéria de repertório. Eu planejava mostrar meus maiores sucessos. Mas rendeu comercialmente e proporcionou-me novos conhecimentos. Tentarei novamente".

Porém, a retomada da excursão não foi possível. Manter uma companhia estável e ainda viajar com ela tornara-se uma tarefa muito arriscada. A impossibilidade de Sérgio manter sua companhia não foi um acontecimento isolado, mas sintoma de uma crise mais geral que vitimou, nos anos 1960, todas as empresas organizadas nos mesmos moldes. Não se pode, portanto, entender o fato como insucesso de um artista. Dessa maneira, a Companhia Sérgio Cardoso foi desfeita após alguns meses de atividade.

Grupos como o Teatro de Arena, liderado por Augusto Boal, ocupavam cada vez mais o espaço que antes fora das companhias, pois traziam novas propostas estéticas que seduziam o público e a crítica, além de formas de organização mais adequadas a uma realidade mais hostil e a um público com novos interesses. Sobretudo, traziam a ideia de criar uma nova dramaturgia nacional e de abordar os graves problemas sociais do país, tomando uma posição mais aguerrida em relação a eles.

Numa entrevista publicada no Rio de Janeiro, em outubro de 1960, Sérgio deixava claras suas divergências com a geração que despontava. Perguntado sobre a situação do teatro brasileiro e a tão propalada crise, aproveitou para rebater críticas feitas por Augusto Boal, segundo o qual a temporada popular realizada no ano anterior pelo Teatro Bela Vista fora à custa do valor artístico do repertório. Embora reconhecendo no Teatro de Arena o único movimento atuante de pesquisa – em meio a um ambiente de perplexidade e de esforços desencontrados –, fazia ao grupo duas ressalvas:

1 – Esses rapazes dizem que estão criando a Dramaturgia Nacional e o Teatro Brasileiro. Admitiria essa afirmação se ela não cometesse uma grave injustiça com uma série de autores que fizeram o teatro nacional, que era fraco, inferior por ideias estéticas, impuro, ingênuo, e não estou falando nos nossos "clássicos", como Martins Pena, mas nesses autores deste século, que se valeram do que viam, retratando isso, sem

> essa preocupação atual e atuante, olhando o nacionalismo.
> [...] O Teatro Brasileiro existia com todos os defeitos. [...] digo que eles estão recriando, reestruturando o Teatro Brasileiro, magnificamente, com pesquisas, e das que eu acho a mais séria, a pesquisa da maneira de representar.
>
> 2 – Critico que estão fazendo esta pesquisa numa única direção, explorando na realidade brasileira as coisas que servem para a exaltação e divulgação de suas ideias. Atitude que respeito mas que não faria igual, porque sempre escolhi uma peça por valores teatrais, e depois é que verificava a ideia a ser explorada. Colocadas essas ressalvas, posso concluir que, lamentando não ter podido fazer e participar das peças e do movimento, [...] acho que o Teatro de Arena merece todo o entusiasmo. Acho bom ver esse tipo de febre, a febre da pesquisa e da procura.[68]

A primeira observação era feita com a autoridade de quem, vale repetir, sempre se interessara pela dramaturgia brasileira e dela extraíra vários de seus sucessos – e isso bem antes do surgimento do Teatro de Arena. Já a segunda ressalva deixava bem clara uma das divergências fundamentais entre as duas gerações: de um lado, a opção pela sacralidade da arte, orientada por um ideário humanista, e o recurso a um repertório eclético, oscilando entre peças de valor cultural e peças comerciais, postas em cena com qualidade; de outro, a arte politizada, vinculada ao pensamento progressista, de esquerda, e com objetivos precisos de denúncia das iniquidades sociais e de conscientização da plateia. Estava instaurado um amplo conflito de posições e de gerações, um novo movimento ideológico.

O primeiro encontro com Nydia após o desquite

Com a dissolução da companhia, Sérgio estabeleceu-se no Rio de Janeiro e passou a buscar, entre vários convites profissionais, um caminho mais seguro e galvanizador para sua sensibilidade artística. Enquanto isso, continuava a apresentar eventualmente alguns dos seus espetáculos menos dispendiosos.

Desde a separação, Sérgio e Nydia não haviam se encontrado pessoalmente. Ele ia sempre a São Paulo para visitar a filha. Costumava ir preferencialmente nos fins de semana, para não atrapalhar a rotina escolar de Sylvinha. Mas nessas ocasiões Nydia não estava em casa, ou, quando estava,

---

68   Sérgio Cardoso, *O Globo*, Rio de Janeiro, 15 out. 1960, n.p.

não descia para recebê-lo. Todavia, sempre foi mantido o respeito aos encontros entre pai e filha.

Nos dias passados com Sylvinha, ele a levava para passear, procurando mostrar o universo cultural da cidade – museus, exposições, restaurantes e cinemas, incluindo os filmes religiosos exibidos na Semana Santa. Ou, ainda, vinha buscá-la para passar o fim de semana no Rio. De toda maneira, procurava estar sempre atento a ela e a seu crescimento e aprendizado, além do prazer da convivência..

Esta era uma questão delicada, que precisavam resolver da melhor maneira possível: Sylvinha sentia falta da presença do pai, mas não fazia perguntas sobre a separação dos dois, nem falava sobre o pai com a mãe. Um ponto sensível para os três.

De qualquer forma, mesmo sabendo das visitas constantes à filha, Nydia evitava o contato pessoal com Sérgio. Aconteceu, no entanto, de ela receber um inesperado convite para apresentar a peça *Oração para uma negra* no Teatro Maison de France, no Rio, numa curtíssima temporada de duas semanas, estreando no dia 11 de novembro. Uma oportunidade que ela agarrou sem titubear.

Chegando ao Rio, soube que Sérgio se preparava para apresentar *A raposa e as uvas* num teatro na Tijuca. Ao se separarem, haviam repartido entre si o material do seu teatro: Sérgio ficara com a rotunda preta, para usar em *Sexy*, e ela ficara com a azul. Naquele momento, porém, ela necessitava da rotunda preta, para *Oração para uma negra*, enquanto Sérgio precisava da azul. O mais racional seria trocarem as duas, evitando uma despesa extra para as duas companhias. Então, o administrador da Companhia Nydia Licia entrou em contato com Sérgio e acertaram a troca.

Na noite de quinta-feira, dia 10, Nydia realizava um ensaio para a censura carioca, no Teatro Maison de France, quando Sérgio entrou carregando uma rotunda. Nydia estava falando seu texto naquele momento, mas, ao vê-lo, engasgou no meio da fala. Forçou-se a continuar. Porém, daí em diante, sua voz foi sumindo, até ela ficar completamente afônica. Ao final do ensaio, o administrador foi ao encontro de Sérgio e concretizou a troca das rotundas, mas o choque já havia acontecido.

No dia seguinte, mesmo após ter visitado um médico foniatra, Nydia estreou com uma voz inteiramente estranha. No sábado, passado o nervosismo da estreia e o choque do reencontro com Sérgio, a voz começou a voltar lentamente ao normal. Mas não a tempo de salvar a temporada.

Nesse episódio, pode-se ter a impressão de que Nydia fora muito mais afetada pela ruptura da relação do que Sérgio, mas não é possível comparar a intensidade das dores. Convém lembrar que Nydia deixou suas sensações e seus sentimentos, bem como a sua visão dos fatos, registrados em dois livros autobiográficos, enquanto Sérgio lamentavelmente não teve tempo de fazê-lo.

Calígula na Universidade da Bahia

No primeiro semestre de 1961, Sérgio parecia apegar-se ao maior número possível de compromissos profissionais, pulverizando sua atividade em vez de concentrá-la num único projeto de maiores proporções. E não se pode culpá-lo por isso. Nada mais lógico para alguém que, como ele, buscava recuperar-se da derrocada do projeto de toda uma vida.

A Escola de Teatro da Universidade Federal da Bahia, criada em 1956, foi a primeira instituição de ensino de teatro em nível universitário do Brasil, sob a direção do cenógrafo e diretor teatral pernambucano Eros Martim Gonçalves, um dos fundadores do Teatro Tablado, no Rio de Janeiro. A criação da Escola de Teatro, juntamente com a Escola de Música e a Escola de Dança, instaurou um clima de agitação e criação artística em Salvador, atraindo talentos de vários estados e países. Aproveitando essa febre criativa, Martim Gonçalves criou um grupo teatral com os alunos – A Barca.

Quando da última escala de sua excursão, em Salvador, Sérgio entrou em contato com esse ambiente de criação altamente estimulante. Alguns meses depois, recebeu o convite de Martim Gonçalves para ser o protagonista da montagem da peça *Calígula*, de Albert Camus, que ele dirigiria com o grupo A Barca. Diante de proposta tão instigante – participar de um momento especial da cultura soteropolitana, interpretar um personagem desafiador e, sobretudo, reencontrar o seu próprio rumo artístico – aceitou e, no início de maio, chegou a Salvador. Em várias entrevistas, ele declarou que interpretar Calígula era a concretização de um sonho e que estava particularmente encantado com toda a carga cultural de uma montagem realizada no ambiente universitário.

Ao jornal *O Estado de S. Paulo*, Sérgio revelou que permaneceria na Bahia por dois meses, até julho. A seguir, iria para Sergipe, onde faria o papel de padre Cícero Romão Batista num filme de Wilson Silva. De agosto a outubro, participaria de uma segunda película, dessa vez sob a direção de Paulo César Saraceni, baseada no romance de Lúcio Cardoso, *Crônica da casa assassinada*.

Disse ainda que, caso *Calígula* fosse um êxito – o que lhe parecia quase certo –, seria apresentada no Teatro Maison de France, no Rio de Janeiro, de 1º a 10 de setembro, havendo a possibilidade de a temporada estender-se a São Paulo por cinco dias. Estava cheio de planos profissionais. No dia 16 de setembro, ele deveria estar em Buenos Aires, a convite da Companhia Tônia--Celi-Autran, para uma apresentação de *A raposa e as uvas*.

Para o ano de 1962, reservava um projeto de maior fôlego: constituir nova companhia, que se exibiria no Teatro Maison de France, sob o patrocínio da Embaixada Francesa. O espetáculo de estreia seria *Édipo Rei*, de Sófocles, e o repertório abrangeria peças do teatro clássico e do teatro brasileiro. Nesse meio-tempo, ou no que lhe restasse de tempo livre, dirigiria uma das atrações do I Festival de Teatro de Costumes do Rio de Janeiro, iniciativa de Clóvis Garcia, do Serviço Nacional de Teatro. Já em 1963, Sérgio pretendia viajar pelo exterior, mostrando, além dos textos encenados no Teatro Maison de France, uma versão reduzida de *Hamlet*.

Como se vê, mesmo em um momento de incerteza, cultivava muitos planos, alguns dos quais bastante ambiciosos. Infelizmente, à exceção da temporada baiana de *Calígula*, nenhum desses projetos se concretizou. Alguns, como as duas produções cinematográficas, aconteceriam anos mais tarde, mas sem a presença de Sérgio.

Não é difícil imaginar quão doloroso foi, para alguém já razoavelmente debilitado, vivenciar o malogro de cada um desses projetos que, se realizados, teriam representado oportunidades importantes na recondução de sua carreira.

No início de junho, desabafava seu desalento em carta a Ruth de Souza:

Paciência! Aliás, depois de tudo o que aconteceu, parece que adquiri definitivamente esse raro dom. [...] Querida, ou emburreci de vez, ou estou mesmo envelhecendo... [...] não lhe posso mandar nenhuma palavra de consolo, pois as que conhecia gastei-as comigo mesmo, nesses últimos meses.

Essa é uma das poucas oportunidades de entrarmos em contato direto com seu estado de espírito naqueles tempos: via-se exercitando a paciência, amadurecendo a duras penas, tentando consolar-se. Sua grande esperança, na época, estava depositada no trabalho com A Barca, sobre o qual escrevia mais adiante, na mesma carta:

[...] o papel mais difícil que já enfrentei em minha carreira. Os ensaios são puxadíssimos. [...] o espetáculo promete. Lina Bardi fez os cenários – monumentais! Mario Cravo executará as joias! E chegou dos States um dos filhos do Bulhões – marido de Glauce Rocha – especialmente para tratar das luzes! Como vê, a coisa é caprichada. Estou contente, pois desconfio que, na parte que me toca, tudo sairá bem.

Comentava, em outro trecho da carta, que o diretor do espetáculo, Martim Gonçalves, pretendia montar logo em seguida a peça *The Skin of Our Teeth* [A pele de nossos dentes], de Thornton Wilder, com ele e Maria Fernanda.

O que Sérgio parecia não saber quando chegou à capital baiana era o conflito cada vez mais acirrado entre o diretor da Escola de Teatro, setores da imprensa local e partes do movimento estudantil. Um conflito que logo se transformaria em campanha pela destituição de Martim Gonçalves. Este foi o pano de fundo para a montagem da peça de Camus, um texto tratando da irracionalidade do poder e da noção de racionalidade em uma existência dominada pelo absurdo.

Calígula estreou em 25 de junho, no palco ainda em escombros do Teatro Castro Alves, que fora vitimado por um incêndio a poucos dias de sua inauguração, em 1958. As obras de recuperação se arrastaram por sete anos, e sua abertura oficial aconteceu somente em março de 1967. Portanto, a realização da montagem no que restara do seu palco era também uma forma de marcar presença e chamar a atenção para a morosidade das obras daquele que deveria ser o mais importante teatro da cidade. Para o espetáculo, a plateia foi reduzida a quatrocentos lugares (dos 1.555 que teria após a conclusão). Mesmo assim, estiveram presentes personalidades como o governador Juracy Magalhães, o prefeito Heitor Dias e a elite intelectual e artística da capital baiana, como os artistas plásticos Mario Cravo Júnior, Jenner Augusto, Sante Scaldaferri e Calazans Neto, além do escritor Antonio Olinto e do crítico teatral Van Jafa.

O espetáculo trazia no elenco, além de Sérgio, uma atriz que assumiria grande importância no cenário teatral baiano, Nilda Spencer, no papel de Cesônia. Outros jovens atores que também teriam trajetórias de sucesso eram Geraldo Del Rey e Helena Ignez.

A interpretação de Sérgio recebeu comentários entusiásticos da imprensa local: por exemplo, Carlos Falk, no *Diário de Notícias* de 2 de julho, refere-se a ele como um "gigante da cena com notável interpretação". E o seu trabalho repercute nacionalmente através da avaliação de Accioly Netto, na revista *O Cruzeiro* de 29 de julho de 1961, intitulada "Calígula – Em grande espetáculo no TCA (na Bahia)", em que não só considera a montagem "acima de qualquer expectativa", como também julga o trabalho do ator "notável sob todos os pontos de vista". Acrescentou ainda que um dos pontos mais importantes era a "reintegração de Sérgio Cardoso ao grande teatro (perdido durante muito tempo, depois de *Hamlet*, em peças de estrito valor comercial)" – o que é injusto, pois deixa de considerar a importância de *Henrique IV*, de Pirandello, *O casamento suspeitoso*, de Ariano Suassuna, entre outras peças importantes montadas no Teatro Bela Vista.

Mas o fato é que Sérgio já chegara bastante abalado psicologicamente a Salvador, tanto pelo fim de seu casamento como pelas incertezas em relação à sua carreira. Assim, pouco depois de encerrada a curta temporada de *Calígula*, distante da família e dos amigos, numa época em que as comunicações interestaduais eram bastante precárias, a exaustão mental chegou a tal ponto que ele foi internado em um hospital e submetido a tratamento de sonoterapia durante onze dias.

Quer tenha sido por um exacerbado processo de somatização, por uma saúde realmente frágil ou ainda por um eventual "ataque" de grande astro, o fato é que esse episódio se somou a toda uma série de incidentes do mesmo tipo, que lhe foram justa ou injustamente atribuídos, e na qual eram bem pouco claras as fronteiras entre o real e o forjado. Paulo Autran, por exemplo, foi bastante cauteloso ao abordar o tema:

> **Eu nunca vi nenhum gesto de vedete ou de estrela no Sérgio. Isso era o que se dizia dele. Mas, pessoalmente, não posso afirmar isso. Dizia-se que ele desmaiava em todas as estreias do Teatro Bela Vista. Eu não assisti a essas estreias, porque estava sempre trabalhando. [...] E, a respeito de fatos a que eu assisti, ouço de vez em quando versões tão fantasiosas que estou muito habituado a desconfiar dessa tendência para se colocar um ator ou uma atriz numa posição desagradável.**

Em meados de agosto, Sérgio tentou se apresentar ao diretor da Escola de Teatro, pondo-se à disposição para prosseguir as tarefas estabelecidas em seu contrato de trabalho, mas não foi recebido. Martim Gonçalves vivia, naquele momento, o clímax dos ataques e pressões pela sua derrubada do cargo. Por meio de outras pessoas, possivelmente funcionários da escola, Sérgio soube que havia sido excluído das atividades que lhe cabiam. Desconcertado com mais esse revés, cedeu entrevista ao *Diário de Notícias* em 18 de agosto. Nela declarava:

> **Desconheço os motivos que levaram o diretor da Escola de Teatro da Bahia [...] a expulsar-me dessa unidade universitária [...]. Soube, por terceiros – pois o senhor Martim não se dignou a dar-me as explicações a que tenho direito – que a sua alegação é a de que me encontro doente, isto é, sem condições para cumprir os compromissos profissionais que assumi. Isto não é verdade. Estive realmente doente, mas já estou completamente recuperado como prova o atestado médico fornecido pelo doutor Augusto Mascarenhas, dando-me como apto para o exercício de minha profissão.**

Ele tinha contrato assinado com a instituição até outubro, mês em que atuaria ainda na peça *Por um triz* (*The Skin of our Teeth*, de Thornton Wilder, traduzida por Bárbara Heliodora), que seria dirigida por Charles McGaw). Em seguida, participaria da temporada da escola no Rio e em São Paulo. Mas, inadvertidamente, acabou protagonizando mais um incidente que foi muito explorado pelos adversários de Martim Gonçalves, cujo afastamento aconteceu logo depois.

Para receber o que lhe era devido em função do rompimento de contrato, o ator precisou recorrer ao governador da Bahia, Juracy Magalhães. Este, tomando conhecimento do que acontecera, atendeu prontamente sua solicitação. O reconhecimento do governador foi uma das ações que fizeram com que Martim Gonçalves se sentisse desprestigiado e solicitasse demissão da universidade. O resultado é que ambos retornaram ao Rio de Janeiro.

Companhia Morineau

De volta ao Rio de Janeiro, Sérgio foi convidado pela celebrada atriz e empresária Henriette Morineau para dirigir a peça *Um estranho bate à porta*, de Mel Dinelli. Tratava-se de um drama de suspense, envolvendo uma velha senhora, sua sobrinha e um psicopata assassino. Além de dirigir, Sérgio interpretava o psicopata. No elenco também estavam Suzana Negri, atriz veterana que participara da renovadora Companhia Renato Vianna na década de 1930, e Joana Fomm.

A peça foi subvencionada por Artur Fomm, pai adotivo da jovem Joana, que fazia uma de suas primeiras aparições no teatro. Segundo ela, como diretor, Sérgio soube lidar maravilhosamente com sua timidez. Ele a incentivava ao mesmo tempo que lhe dava broncas homéricas. Ficaram muito amigos.

A montagem estreou na primeira semana de outubro, e foi marcada por uma sucessão de desastres e contratempos envolvendo o espetáculo e sua equipe. A estreia aconteceu num momento conturbado: o período que se seguiu à renúncia do presidente Jânio Quadros, quando as ruas das grandes cidades entraram em polvorosa devido a manifestações pedindo "normalidade democrática", e todos acompanhavam as notícias dos bastidores da crise política. Criou-se certa instabilidade institucional quando grupos militares tentaram impedir a posse de João Goulart. E, mesmo após a instauração do parlamentarismo como solução conciliadora, prosseguia a atmosfera golpista. Com o país vivendo tal situação, boa parte da classe média não tinha ânimo para ir ao teatro.

Em meio a tudo isso, um filho da atriz Suzana Negri adoeceu gravemente de tifo. Não menos perturbador foi o roubo de toda a aparelhagem da companhia. Esses incidentes poderiam parecer ocasionais, se a eles não se somasse um outro dado: durante a temporada, aconteceu em média um infortúnio por semana. Estava selado o destino da peça...

Após tão desastrosa temporada, Sérgio decidiu montar um recital de monólogos. Mas adoeceu, vitimado por uma virose. Com efeito, esse não foi um dos melhores períodos de sua vida.

Teatro Cacilda Becker

Sérgio estava ainda profundamente abatido quando Cacilda Becker e Walmor Chagas convenceram-no, após muita insistência, a juntar-se a eles, em São Paulo.

No dia 31 de janeiro de 1962, vindo de trem do Rio de Janeiro, Sérgio desembarcava na Estação Roosevelt. Deixara para trás, inconclusa, aquela que deveria ter sido sua estreia cinematográfica: *Três destinos*, ou *O incêndio* – mais uma tentativa malograda para aumentar sua mágoa em relação à sétima arte. A estada em São Paulo tinha dois motivos: um de caráter público – divulgar a sua participação próxima em duas montagens do Teatro Cacilda Becker; outro de cunho privado – buscar Sylvinha para passar férias com ele no Rio.

A intenção de Cacilda e Walmor, ao trazer Sérgio Cardoso de volta, era contar com sua participação na grandiosa montagem de *A visita da velha senhora*, de Friedrich Dürrenmatt, que pretendiam levar à cena. Contudo, devido às dimensões do empreendimento, seria necessário ensaiarem por um período mais longo. Assim sendo, teriam de montar e apresentar outro espetáculo nesse meio-tempo. Na verdade, a companhia de Cacilda não estava numa situação muito confortável, uma vez que acabara de fazer um espetáculo dispendioso, mas que não obtivera êxito.

Em fevereiro, Sérgio voltou a se estabelecer em São Paulo, num espaçoso apartamento na praça Roosevelt. Nessa altura, o outro texto a ser montado e colocado em cartaz já havia sido escolhido por Cacilda e Walmor: *A terceira pessoa*, de Andrew Rosenthal. Era uma densa e estranha peça, tratando da relação de um ex-capitão do exército norte-americano (papel representado por Walmor) com um misterioso e depressivo ex-fuzileiro que fora seu subordinado durante a Segunda Guerra Mundial (Sérgio). Este reaparecia de repente, dois anos após a guerra, questionando a vida do ex-capitão com a mulher (Cacilda). A questão da homossexualidade ficava latente, porém nunca era explicitada, como convinha à conservadora década de 1950 – a peça, de 1951, fizera sucesso em Londres em 1958. A estreia dessa produção do Teatro Cacilda Becker aconteceu no dia 9 de março, em sua sede na avenida Brigadeiro Luís Antônio, no antigo prédio da Federação Paulista de Futebol.

Sérgio entrou nessa peça sem nenhum entusiasmo. Na verdade, ele havia sido atraído pelo papel que faria em *A visita da velha senhora*. Quando já estava comprometido com Cacilda e Walmor, surgiu a necessidade de fazer outra peça, sendo essa a escolhida. Paulo Autran comentou a participação de Sérgio:

> **Ele estava completamente deslocado no papel. [...] Não era um personagem para ele. Por melhor que ele fizesse, não tinha nada a ver com ele. Sérgio não tinha mais idade nem os dotes físicos exigidos pelo papel. Com efeito, o papel do rapaz bonito que interfere na vida de um casal, fazendo vir à tona a homossexualidade do marido, não era nem um pouco indicado para Sérgio Cardoso. Interpretá-lo serviu apenas para aumentar-lhe a angústia em relação à carreira que lhe havia dado notoriedade.**

A peça ficou em cartaz até 17 de junho, com boa bilheteria; além de ajudar a recuperar o caixa da companhia, ela cumpriu perfeitamente a finalidade de dar tempo aos preparativos de *A visita da velha senhora*. Só deixou de ser apresentada quando os ensaios da peça de Dürrenmatt já estavam suficientemente adiantados, exigindo assim total dedicação do elenco.

A nova e mais ambiciosa montagem da companhia Teatro Cacilda Becker (TCB) foi feita em parceria com a TV Record. A Record forneceu a orquestra e o teatro, enquanto o TCB entrou com o restante da produção. E não era uma produção qualquer. Envolvia um elenco de 32 atores (incluindo Eugênio Kusnet, Sérgio Mamberti, Abrahão Farc, Emílio Fontana, Odavlas Petti, Annik Malvil e Sylvio Zilber), o Coral Paulistano, sete elaborados cenários, um palco giratório e, ainda, uma pantera negra domesticada. O figurino, criado por Jean Gillon – artista plástico e *designer*, também responsável pela cenografia do espetáculo –, era composto de 250 peças.

Tudo isso era para pôr em cena o enredo sobre a excêntrica milionária Clara Zahanassian (Cacilda), que voltava à pequena cidade onde nasceu, bajulada pelos moradores, e que por fim oferecia um generoso donativo a todos em troca da morte de Alfred Schill (Sérgio), que a abandonara anos antes, grávida e desamparada, para casar-se com uma mulher mais rica.

Apesar de ser recebida com frieza pela crítica, o grande sucesso de público levou a pequena temporada no Teatro Record, na rua da Consolação, com término programado para 10 de julho, a ser estendida por mais onze dias.

Em crítica originalmente publicada no jornal *O Estado de S. Paulo*, Décio de Almeida Prado, após ressaltar que, "por falta de uma direção mais exigente", ninguém no elenco conseguira realizar um bom trabalho, comentava que "Sérgio Cardoso peca apenas por não se renovar suficientemente: por baixo da máscara de Schill repontam, com muita frequência e eloquência, os gestos e as inflexões do Esopo de *A raposa e as uvas*".

Já Walmor Chagas, o diretor do espetáculo, medindo criteriosamente as palavras, conta que "estava cheio de dedos" para dirigir Sérgio, e que, nos seis meses de trabalho conjunto, teve diante de si um ator disciplinado, mas despido de entusiasmo. Uma imagem muito diferente daquela que Bibi Ferreira, Berta Zemel, Nydia Licia e tantos outros evocaram ao descrevê-lo em outros momentos de sua carreira.

No dia 24 de julho, *A visita da velha senhora* estreou no Theatro Municipal do Rio de Janeiro, onde permaneceu por sete dias, sempre com excelente afluência de público. Mas, assim como a de São Paulo, a crítica carioca não foi entusiástica em sua acolhida. Bárbara Heliodora, no *Jornal do Brasil*, publicou um comentário arrasador: "Sérgio Cardoso fez um esforço, mas sem diretor é muito difícil, e o resultado foi uma composição exagerada de velho decrépito". Aparentemente, sua tendência para carregar nas tonalidades dramáticas de um papel voltara a manifestar-se.

Paulo Autran tinha uma opinião parecida à de Bárbara Heliodora, mas acrescentava:

> **A tendência de Sérgio para o sofrimento o prejudicou no papel. É o papel do burguês típico, bastante inconsciente, que, de repente, vai tomando consciência de uma coisa que fez no passado. E ele começava já sofrendo, com um enorme sentimento de culpa. Então, eu acho que ali ele não foi feliz.**

Diferentemente dos comentários anteriores, a pesquisadora Maria Thereza Vargas preferiu ressaltar que, além do êxito de público, um ponto positivo da montagem era reunir novamente os dois monstros sagrados de uma geração – Cacilda e Sérgio –, num perfeito entrosamento, sem que nenhuma rusga perturbasse os ensaios ou o período de apresentações. E acrescentou que sua amiga Cacilda Becker, do alto da maturidade conquistada, nutria grande respeito por ele.

Encerrada a temporada no Theatro Municipal do Rio, Sérgio abandonou a companhia, que pretendia retomar *A terceira pessoa*. Para substituí-lo, foi promovido um concurso entre jovens atores cariocas, e o escolhido foi Érico de Freitas – um ator com perfil completamente diferente do de Sérgio. Este saiu dessa experiência profissional mais desiludido com a carreira e ainda mais profundamente mergulhado em sua crise pessoal – o deserto mostrava-se bem mais vasto.

Período difícil

Segundo Juca de Oliveira, aconteceu, por essa época, uma tentativa de levar Sérgio para o Teatro de Arena de São Paulo. Juca contou que, desde os tempos de estudante de teatro, nutria enorme admiração por Sérgio, chegando até mesmo a segui-lo pelas ruas. Sabedor da má fase pela qual passava o colega, propôs a seus companheiros do Arena que convidassem aquele que, em sua opinião, era o maior astro do teatro brasileiro para juntar-se ao elenco de *A mandrágora*, de Nicolau Maquiavel, peça que inauguraria no mês de setembro a fase de nacionalização de textos clássicos levada a efeito pelo grupo. A sugestão foi aceita, e ele mesmo, encarregado de procurar Sérgio. Este o recebeu com muita gentileza e demonstrou satisfação pelo convite, que, afinal, representava o reconhecimento de seu valor, justamente por parte da contestadora equipe paulista. No entanto, recusou a proposta, aparentando estar sem ânimo para enfrentar a certamente difícil adaptação a toda uma maneira bastante diferente de encarar a linguagem teatral. Fato lamentável, uma vez que essa poderia ter sido sua ponte para uma nova etapa da atividade cênica nacional, além da possibilidade de renovação artística e até mesmo pessoal.

Sérgio contentou-se em participar, com certa regularidade, de dois programas da TV Excelsior: *Teleteatro Brastemp* e *Caminhos da medicina*. O primeiro era produzido por Bibi Ferreira – a grande estrela da Excelsior, na época – e dirigido por Antunes Filho. Nele, eram apresentadas, aos sábados à noite, obras da literatura internacional adaptadas para a televisão. Sérgio participava eventualmente do programa por influência de Bibi. Uma das vezes em que atuou no *Teleteatro Brastemp* foi no papel principal de *A pérola*, de John Steinbeck, adaptada por Dias Gomes. O enredo, baseado num conto popular mexicano, mostra um casal de pescadores muito pobres (Sérgio e Bibi) que vive com o filho num casebre, perto do mar. Certo dia encontram uma pérola muito valiosa, e isso gera uma série de acontecimentos terríveis em suas vidas.

Caminhos da medicina, série escrita por Walter George Durst, dramatizava a vida e as ideias de grandes cientistas de diferentes épocas. Sérgio participou de vários episódios, inclusive do piloto da série, sobre Hipócrates, sob a direção de Ziembinski. Dessa forma, Sérgio atuou nos dois programas, que integram a primeira fase da televisão brasileira. Muito provavelmente estava fazendo o melhor trabalho possível e cuidando da própria subsistência, pois, segundo Berta Zemel: "Ele odiava a televisão. Era tudo feito ao vivo e ele saía de cena fazendo careta. Ele jogava as coisas, quebrava tudo. Esquecia o texto, coisa que nunca acontecia no teatro". Na verdade, não era exatamente por ser ao vivo que ele odiava fazer televisão, afinal vinha do teatro; o que ele não aceitava era a maneira de trabalhar, fazendo tudo de improviso, sem a preparação adequada. De outro lado, é possível imaginar a impressão causada em artistas e técnicos de televisão que assistiam a essas cenas, nas quais ele demonstrava sem pudores seu desagrado com o novo veículo... Novamente alimentava-se sua fama de estrela temperamental.

Eram muitos os seus projetos após a melancólica passagem pelo Teatro Cacilda Becker. Tinha convites para espetáculos teatrais no Rio e no Recife, bem como para dois filmes: um deles intitulado *Cruzada sinistra*, a ser rodado em Sergipe, no qual interpretaria o padre Cícero; e o outro, *A casa assassinada*, com roteiro baseado no portentoso romance de Lúcio Cardoso. Contudo, ele acabou ficando em São Paulo e aceitando a proposta de dirigir *Calígula*, a peça que tantos problemas lhe trouxera na montagem em Salvador.

Tratava-se de um espetáculo promovido pela Sociedade de Auxílio à Juventude Estudantil (Saje), entidade mantida por doações da indústria e do comércio. No elenco, encabeçado por Sérgio e Dina Lisboa, reuniam-se alguns atores em início de carreira (como Tarcísio Meira e Sylvio Zilber) e estudantes das mais diversas áreas (como Walter Colli, então graduando de medicina, que viria a ser professor do Instituto de Química da USP e cientista reconhecido), simplesmente interessados em participar de um espetáculo teatral. Era, portanto, uma montagem semiprofissional.

O espetáculo foi apresentado no Teatro Cacilda Becker, antigo Teatro da Federação. Berta Zemel, que assistiu a essa montagem, assim a descreve:

> **Era um horror. A encenação era horrenda. Eu não sei o que aconteceu ali. Aquele personagem era muito difícil. Ele estava numa situação difícil na vida pessoal – talvez tenha sido isso. [...] Tenho a impressão de que ele debochava do espetáculo. Não é que ele estivesse fazendo tudo num estilo crítico, irônico, mordaz. Não era nada disso. Eu o conhecia bem. Ele parecia estar debochando de si mesmo e do espetáculo. Ele devia estar se sentindo muito mal. [...] Era uma coisa negativa, ruim de ver. Não tive mais coragem de assistir a nenhum espetáculo dele. Eu falei: não é mais o Sérgio.**

São muito fortes as palavras de Berta Zemel, ainda mais considerando que ela iniciara sua carreira na Companhia Nydia Licia-Sérgio Cardoso e que sempre se referia ao ator e a seu trabalho com afeto e admiração. As declarações chegam a sugerir que se tratava de uma espécie de autoflagelação de Sérgio, hipótese não de todo descabida, levando-se em conta o estado de espírito dele à época. Outra hipótese seria que seu propalado mau gosto tivesse encontrado um momento propício para eclipsar totalmente sua genialidade cênica, quando ele se encontrava descontrolado e sem ninguém que pudesse orientá-lo. De qualquer forma, para quem se aproximava do décimo quinto aniversário de uma trajetória até então gloriosa, tratava-se de uma aparição lamentável.

Independentemente do resultado artístico, Sérgio ao menos estabeleceu uma boa relação com o elenco. Após as apresentações, era comum encontrá-lo no restaurante Gigetto, muito frequentado pela classe teatral, cercado pelos atores, em longas conversas. Ou seria mais exato dizer que Sérgio contava histórias para um jovem elenco interessado em ouvi-lo?

Conturbações de 1963

Em 1963, quando o Brasil mergulhava na instabilidade política que levaria ao golpe militar, Sérgio parecia alheio a toda a agitação que tomava conta do país, não se registrando qualquer declaração sua a respeito. Estava completamente envolvido com seus próprios impasses.

Continuava a desfrutar de imenso respeito como profissional e artista, sem que nenhuma proposta de trabalho mais consequente lhe fosse feita. De outro lado, encontrava-se sem energia para lutar contra as dificuldades de sempre e, como várias vezes já fizera, criar uma alternativa. Vivia um período de trevas emocionais e psíquicas, e isso turvava seu desempenho nos últimos tempos.

Em seu apartamento da praça Roosevelt, em pleno centro boêmio de São Paulo, cultivava excentricidades, como ter, numa mesa de centro, uma serpente viva acomodada numa espécie de vitrine. Dedicava-se ao estudo da numerologia, chegando mesmo a sugerir alterações no pseudônimo artístico de alguns amigos: "Todo artista de sucesso tem um nome com treze letras", costumava afirmar, exemplificando com o nome artístico de Cacilda Becker e o seu próprio. Interessava-se por temas esotéricos e, ao mesmo tempo, não faltavam símbolos cristãos na decoração do apartamento. Partilhava com a mãe o interesse pela grafologia, tendo sido censurado por ela, certa vez, por estar alterando conscientemente sua escrita, com o objetivo de ocultar traços da sua personalidade.

Uma mudança sensível acontecera em seus antigos hábitos: de um homem introvertido e recluso, passara a ter uma vida social intensa, e era visto constantemente em bares e restaurantes. Aliás, não resistia a um agrupamento de pessoas que estivessem dispostas a ouvi-lo discorrer sobre seus temas favoritos – o que não era difícil, já que o seu poder de fascinar permanecia intacto.

Mas o teatro continuava a não lhe oferecer perspectivas mais significativas. Seu único trabalho em teatro naquele ano foi dirigir *Júlio César*, de Shakespeare, montagem com um grupo de quarenta ginasianos, numa cidade do interior de Minas Gerais, Cambuí, onde nunca antes havia acontecido qualquer manifestação teatral. Não deixava de ser uma atividade muito interessante, mas não enquanto único trabalho teatral de um dos monstros sagrados da cena brasileira. Mesmo considerando-se que, com essa atividade, ele honrava uma possível dívida de gratidão para com o teatro estudantil, do qual se projetara, pode-se supor quanto desencanto o mantinha afastado do universo profissional. Tanto que, em meados daquele ano, sucumbindo a uma profunda crise existencial e financeira, chegou a pensar em abandonar definitivamente a carreira:

> **Não pretendo representar mais. Em quinze anos de atividades ininterruptas, durante os quais não parei nem para carregar pedras, jamais me senti tão feliz e tão calmo como agora. Bebi com muita sede e o pote secou. Hoje, já não posso dedicar-me inteiramente ao teatro. Dei tudo que tinha. Agora abro a mão e não vejo nada. Continuar nessas condições seria aviltar a Arte.**

A decisão viera como resultado de dois anos de intensa terapia psicanalítica. E de nada adiantaram as propostas de grupos e instituições de vários estados, o oferecimento de Cacilda Becker para que ele ocupasse seu teatro até o final do ano, ou ainda o chamado de Glauber Rocha para filmar no interior da Bahia.

Anos mais tarde, ele assim avaliaria a própria decisão: "Sabia só que estava enveredando por um caminho errado e resolvi parar para pensar. Foram meses de desespero e agonia. Eu andava pelas madrugadas, sozinho, procurando uma saída. Foi quando pensei em abandonar a vida artística e montar uma casa de frios em Brasília".

A revelação de que o mais conceituado ator nacional tivera a intenção de trocar os palcos por um balcão de frios repercutiu fortemente, chegando a ser manchete do *Jornal do Brasil*.

Mas ele, talvez para não se desligar inteiramente do contato com o público, passou a produzir e apresentar um programa de entrevistas na TV Paulista chamado *Porque tenho fé no Brasil*. A respeito da nova tentativa, declarou: "Pode ser que esse novo caminho dê resultado e eu continue nele". Foi uma profética declaração, pois, como veremos mais adiante, a televisão acabaria por absorvê-lo, dando novos rumos à sua carreira.

1964

Em agosto de 1964, após quase um ano de ensaios, estreava uma versão amadora de *Sonho de uma noite de verão*, de Shakespeare, com um elenco formado por associados do Clube A Hebraica de São Paulo. No programa do espetáculo, o diretor do clube saudava entusiasticamente o engajamento de Sérgio nessa atividade: "SÉRGIO CARDOSO! É necessário que dele mais lhes diga? Não o creio. O nome representa o MÁXIMO no teatro brasileiro".

No entanto, ao escrever algumas linhas sobre a montagem, o ator deixava claro o pesadelo que havia sido montar uma peça tão complexa com amadores pouco comprometidos. O texto já se inicia em tom irônico: "Se outras qualidades não tiver este espetáculo, poderá pelo menos orgulhar-se para sempre de ter sido o mais ensaiado, e o de ensaios mais tumultuados de toda a história do teatro brasileiro". Logo em seguida, deixava entrever um pouco de seu cansaço, após tantas lutas pelo teatro: "Vim para A Hebraica na esperança de transmitir um pouco do pouco que conheço da arte dramática. Seria não apenas útil, mas também agradável, pois desejava mesmo descansar dos dezesseis anos em que vivi, de sol a sol, amarrado às tábuas de um palco".

Falava então da escolha do texto, por sugestão do diretor cultural, e do prazer de contar com a colaboração dos professores de dança da casa. Um pouco adiante, mencionava a dificuldade de contar com a assiduidade das pessoas:

> **Poucas semanas mais tarde, entretanto, todo esse esforço começaria a escapar entre os nossos dedos. Compromissos outros, de toda ordem – profissionais, estudantis, familiares, sociais e até esportivos –, provocavam sucessivas deserções. Se alguns casos foram ponderáveis, outros não passaram da mais pura leviandade.**

Surpreende que, no programa do espetáculo, em que normalmente o diretor esforça-se para dizer apenas coisas positivas, ele tenha aproveitado para desancar a falta de compromisso dos participantes. E concluía de forma a deixar bem claro seu sentimento:

> **Como profissional, lamento ver-me na contingência de apresentar tais explicações [...] Aos que tenham colaborado nessa verdadeira batalha acima de tudo por amor ao teatro, meu profundo reconhecimento. Graças a eles, meu pedido de demissão não foi em caráter tão irrevogável como pretendeu.**

Não poderia ficar mais clara sua irritação de profissional inteiramente dedicado tendo de lidar com pessoas que queriam apenas distrair-se um pouco ou que buscavam uma atividade terapêutica. Sintetizando: ele era o homem errado, no lugar errado... Afinal, seu conceito de teatro, mesmo que se mostrasse exaurido depois de tantos anos, era de entrega a uma vocação.

Durante os ensaios de *Sonho de uma noite de verão*, aconteceu ainda um incidente que poderia ter sido grave: entretido em dar orientações aos atores, no palco do teatro, Sérgio foi caminhando para trás, até despencar subitamente na plateia. Decerto poderia ter quebrado algum osso, mas, por sorte, teve apenas os óculos destroçados.

Ele permanecia firme em sua resolução de abandonar o teatro. E recusava os vários convites que surgiam. Por exemplo, havia sido convidado pela atriz e empresária Ruth Escobar a integrar o elenco de *A ópera dos três vinténs*, de Bertolt Brecht e Elisabeth Hauptmann, com música de Kurt Weill, que inauguraria o Teatro Gil Vicente (depois transformado em um conjunto de salas de espetáculos sob o nome Teatro Ruth Escobar). Recusou.

Foi também contatado por Hermilo Borba Filho e convidado para dirigir mais uma montagem estudantil no Recife, dessa vez contando com vários grupos de teatro locais. A peça escolhida era *Júlio César*, para realizar uma comemoração pelos quatrocentos anos do nascimento de Shakespeare. Apesar de seu grande amor pelo autor inglês, também recusou.

Contra toda expectativa, aceitou, após muita hesitação, uma proposta para retornar à sua antiga casa, o Teatro Brasileiro de Comédia – um TBC que naquele momento já se encontrava sem o seu criador, Franco Zampari, e tomado pela crise econômica que acabaria por encerrar suas atividades como companhia.

Assim, em 7 de outubro de 1964, contrariando sua decisão anterior, ele retornava ao teatro. A peça era a comédia policial *Gog e Magog*, de Roger Mac Dougall e Ted Allan, sob a direção de Alberto D'Aversa. Nela, Sérgio interpretava dois irmãos gêmeos de temperamentos opostos. No pequeno elenco estavam também Dina Lisboa e a jovem atriz Aracy Balabanian, com quem viria a contracenar várias vezes no futuro.

Aracy ficou encantada em dividir o palco com ele:

Sérgio Cardoso era outro que me fazia babar. Era um ator que admirava muito, mesmo antes de contracenar com ele. [...] Eu era a mulher dele e nunca sabia quem era um e quem era o outro. Foi um pouco a volta do Sérgio aos palcos, mas não fez muito sucesso. Contracenar com ele, porém, foi um presente.[69]

Na noite de 9 de outubro, após a apresentação da peça, Sérgio foi homenageado pelo Conselho Estadual de Cultura por sua volta ao teatro. Isso deixa claro que o seu afastamento da atividade teatral era pressentido e muito lamentado.

Em sua crítica sobre o espetáculo, Décio de Almeida Prado falava do desinteresse que cercou a estreia. Sobre o ator principal, o crítico escreveu:

O papel de Sérgio Cardoso lembra, quanto ao espírito, dois outros que fez no TBC: o de *Convite ao baile*, por se tratar de gêmeos que é preciso distinguir – mas não muito – pela interpretação; e o de *O mentiroso*, porque Júlio Fanshaw também é, a seu modo, um mentiroso, um fantasista. Quer isto dizer que está inteiramente à

---

[69] Tania Carvalho, *Aracy Balabanian: nunca fui anjo*, São Paulo: Imprensa Oficial, 2005, p. 78.

vontade, dominando com igual desembaraço tanto o palco quanto a plateia.⁷⁰

O espetáculo, porém, não conseguiu atrair público e foi logo retirado de cartaz.

Ao mesmo tempo que interpretava *Gog e Magog*, Sérgio apresentava um espetáculo composto por monólogos retirados de várias peças de Shakespeare. Era a sua forma de homenagear o quarto centenário do nascimento do bardo inglês. O espetáculo, chamado *O resto é silêncio*, foi apresentado às segundas-feiras no Teatro Aliança Francesa, durante o mês de novembro, passando a seguir para o Teatro de Arte Israelita Brasileiro (Taib), no Bom Retiro. O quase recital apresentava um caráter acentuadamente didático: Sérgio contava a vida do autor e falava de sua época, ilustrando os trechos selecionados com a projeção de 150 *slides*. Sozinho no palco, interpretava 18 personagens diferentes, utilizando 13 figurinos distintos, além de máscaras, perucas e outros acessórios.

Zilah Vergueiro considerou a *performance* de Sérgio "estupenda, emocionante", excetuando apenas o trecho em que interpretava Volumnia, a trágica mãe de Coriolano, "que era lamentável".

O resultado, porém, não foi o esperado. Sérgio ressentiu-se bastante da indiferença dos poderes públicos e da imprensa em relação a esse trabalho, chegando a queixar-se diretamente aos espectadores, após os calorosos aplausos que se seguiam às apresentações. Um reflexo dessa indiferença pode ser sentido no livro de Yan Michalski, *O teatro sob pressão*, de 1985, no qual, ao arrolar as poucas manifestações ocorridas no Brasil por ocasião da efeméride, deixou de mencionar *O resto é silêncio*.

Décio de Almeida Prado, em resposta às queixas do ator, esclarece a questão, atribuindo-lhe parte da responsabilidade:

> **Não desejamos esquivar a nossa possível parcela de culpa, mas parece-nos que ele também é em parte responsável pelo injusto silêncio que vem pesando sobre o seu recital, por não o ter distinguido com a suficiente clareza, através da publicidade, das inúmeras conferências ilustradas que já realizou este ano sobre Shakespeare.⁷¹**

E prosseguia, mais adiante, avaliando o espetáculo e salientando-lhe as qualidades:

---

70   Décio de Almeida Prado, *Exercício findo*, São Paulo: Perspectiva, 1987, p. 35.
71   *Ibidem*, p. 55.

> *O resto é silêncio*, se não é a mais exata nem a mais penetrante exegese shakespeariana que ouvimos neste ano do quarto centenário do nascimento do poeta, talvez seja a que maior prazer proporciona e mais fascínio exerce sobre o público, pela conjunção, habilmente feita e cuidadosamente preparada, de elementos visuais e auditivos.

Ao tentar distinguir o recital shakespeariano (como uma espécie de leitura dramatizada) da representação teatral propriamente dita, o crítico afirmava haver entre eles distância igual à que separa a austeridade do concerto do histrionismo da ópera. A partir dessa comparação, passava a uma penetrante análise do estilo de interpretação de Sérgio Cardoso, abordando seu estágio de desenvolvimento e seu enquadramento no ambiente teatral brasileiro. Embora longa, sua apreciação merece ser transcrita pela agudeza de suas opiniões:

> Acontece, entretanto, que Sérgio Cardoso está porventura mais próximo da sensibilidade da ópera: queremos dizer com isso que o seu temperamento dramático é caudaloso, não desdenhando o *morceau de bravoure*, a proeza técnica ou a explosão sentimental que arrepia e arrebata a plateia.
>   Ele descende dos grandes trágicos do século dezenove, como imaginamos ter sido João Caetano. O teatro moderno, com o seu crescente ascetismo, a sua inflexível contenção emocional, deve parecer-lhe às vezes frio demais e estreito em demasia. Daí o divórcio que se vai cavando entre o seu estilo e o das companhias mais jovens, divórcio tanto mais lamentável quanto ambas as partes teriam a lucrar com uma reaproximação recíproca: Sérgio porque teria oportunidade de renovar-se, de receber novas influências, fugindo ao perigo da estratificação; e os elencos mais jovens por poderem contar em suas fileiras com a nossa mais alta e mais indiscutível vocação trágica. [...]
>   Algumas das interpretações de *O resto é silêncio* pareceram-nos francamente más: foi o caso de Volumnia, do *Coriolano*, interpretada por Sérgio Cardoso em travesti, sob o pretexto, correto historicamente, mas discutível do ponto de vista do resultado artístico, de que os papéis femininos eram representados por homens na época isabelina; e o Espectro do *Hamlet*, em que ele reproduz em cena, exagerando-as, todas as distorções vocais que ficam habitualmente a cargo de microfones especiais.
>   Outros desempenhos, embora bem estudados e bem executados, não acrescentam grande coisa a seus trabalhos anteriores: por exemplo, as cenas de comédia e as do *Hamlet*, baseadas num

repertório de gestos e inflexões já amplamente conhecidos da crítica, se não do público.

Onde o ator mostra toda a sua versatilidade e toda a sua força, ainda em pleno crescimento, é em certos papéis de maturidade, por ele abordados agora pela primeira vez, como o Otelo e o Macbeth – e este ainda melhor que aquele –, ou então nas composições em que entra um grãozinho de fantasia: um estranho e comovente Rei Lear e um sarcástico Ricardo III. A impressão global e final é realmente de um grande ator, com algumas descaídas ocasionais de gosto, mas com enormes recursos de voz, de máscara – e também de sensibilidade poética e inteligência interpretativa.

Não se poderia desejar um retrato mais elucidativo da etapa vivida pelo ator. *O resto é silêncio* é tida como a última criação teatral de Sérgio Cardoso.

Contudo, não se pode falar de uma total ruptura com o passado. Tanto que, atendendo a um convite de seu antigo protetor Paschoal Carlos Magno, tomou parte na Caravana da Cultura, gigantesca iniciativa reunindo atores, bailarinos, cantores, músicos e atletas, que atravessou os estados do Rio de Janeiro, Minas Gerais, Bahia, Sergipe e Alagoas. Foram mais de 270 apresentações em praças, igrejas, escolas e outras instituições nas cidades visitadas. Em várias delas, coube a Sérgio iniciar as apresentações, declamando poemas e monólogos.

A despedida dos palcos

Realmente, *O resto é silêncio* foi a última criação teatral de Sérgio, mas não seu último trabalho no palco. Houve ainda, em meados de 1965, uma breve e malsucedida remontagem de *Vestido de noiva*, no Theatro Municipal do Rio de Janeiro. Em sua primeira montagem, no Teatro Bela Vista, a peça agradara à crítica sem, no entanto, atrair grande público. Já a remontagem carioca foi recebida com frieza por todos.

No mais, excluindo uma ou outra apresentação de *O homem da flor na boca* em cidades do interior, sua carreira se restringiu à televisão.

Lamentando essa perda, Paulo Autran comentou:

Todos nós temos um momento de baixa em nossa produção. E então faltou ao Sérgio acreditar nele mesmo e continuar. Porque ele continuava sendo um ator muito bem considerado. Estava numa fase má, sim. Quer dizer, as coisas que ele estava fazendo não tinham agradado. [...] E Sérgio ficou meio acabrunhado e desencorajado.

Faltou alguém ao lado dele, que o entusiasmasse e que lhe mostrasse que ele tinha mais era que continuar trabalhando.

Ao abandonar assim, precocemente, os palcos, Sérgio Cardoso deixou de cumprir várias das possibilidades para as quais seu talento ainda em evolução apontava. A televisão, por certo, lhe abriria outros caminhos – o da popularidade e o da estabilidade financeira, por exemplo –, mas o excluiria de uma das etapas mais criativas do teatro brasileiro. Da mesma maneira, essa opção projetaria, para a posteridade, a incômoda sombra da deserção ao seu destino de "homem de teatro".

Mais uma vez, confirmava-se o terrível diagnóstico de Décio de Almeida Prado:

> **A atividade dramática, entre nós, é ainda uma ocupação irregular, insegura, não passando com frequência de um entusiasmo de juventude. Com a idade da razão, que para a gente de teatro parece começar um pouco mais tarde, a maioria cria juízo e vai cuidar de profissões menos precárias e mais rendosas.[72]**

Essas palavras devem ser vistas mais como uma condenação da precariedade do mercado de trabalho teatral do que como uma pecha imputada aos que, como Sérgio, cansados de uma luta, muitas vezes insana, desistem de perseverar em atitudes heroicas. Não é o caso de julgar a decisão de Sérgio Cardoso, mas sim de lamentar as razões que o levaram a ela.

---

[72] Décio de Almeida Prado, *Teatro em progresso*, op. cit., p. 7-8.

**Com Carmen Verônica e Guilherme Corrêa em *Sexy*.
Rio de Janeiro, 1960.** Acervo NL-SC. Foto Studio.

Com Guilherme Corrêa
em *O homem da flor na boca*.
Rio de Janeiro, 1960.
Acervo NL-SC.

Com Nilda Spencer em *Calígula*. **Teatro Castro Alves, Salvador, 1961.** Acervo NL-SC. Fotógrafo: Armin Guthmann.

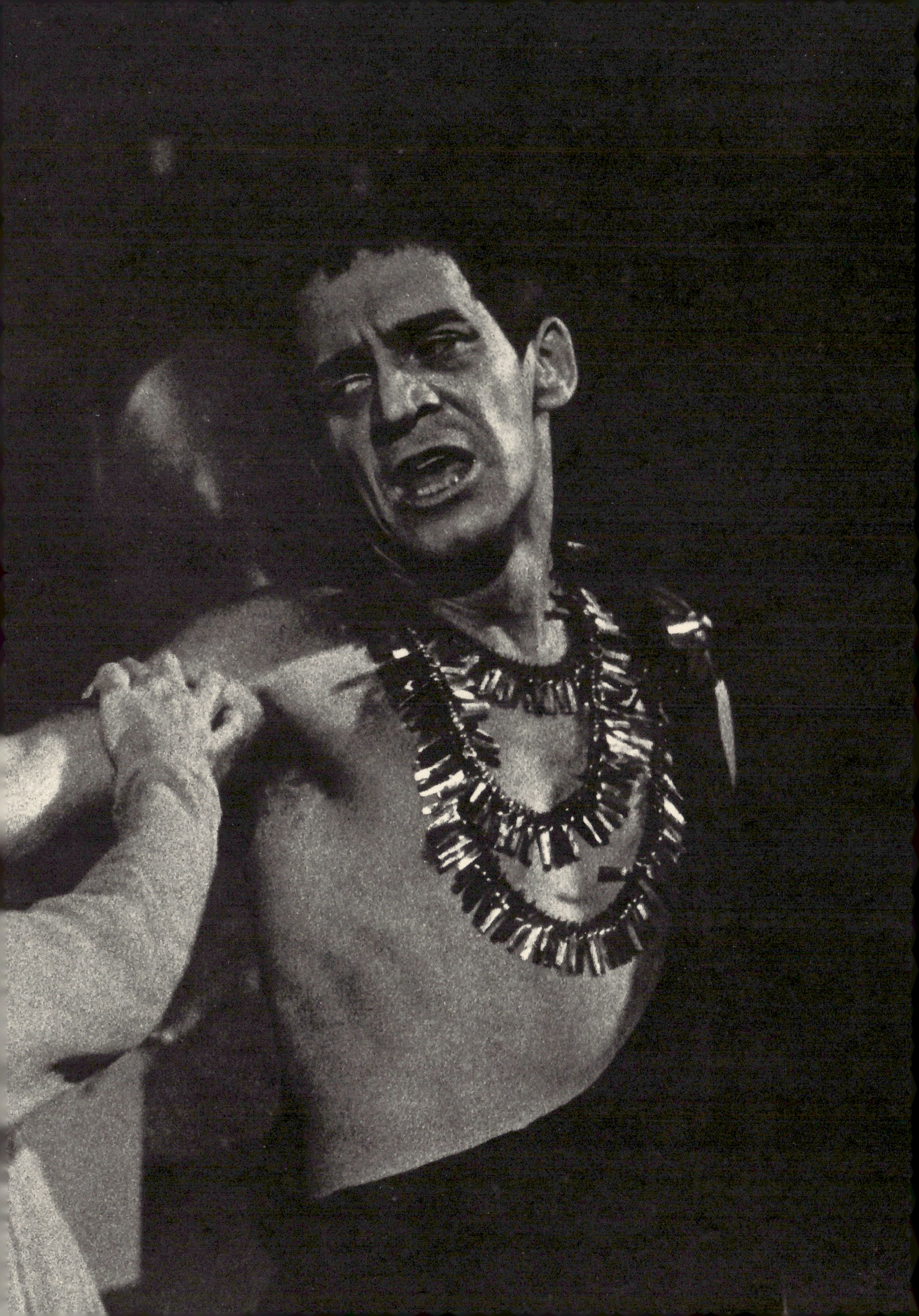

Cena de *A visita da velha senhora*. Sérgio em primeiro plano, no chão, e no fundo vários atores, entre os quais se destacam Sylvio Zilber, Abrahão Farc, Fredi Kleemann e Sérgio Mamberti. Teatro Record, São Paulo, 1962. Acervo NL-SC.

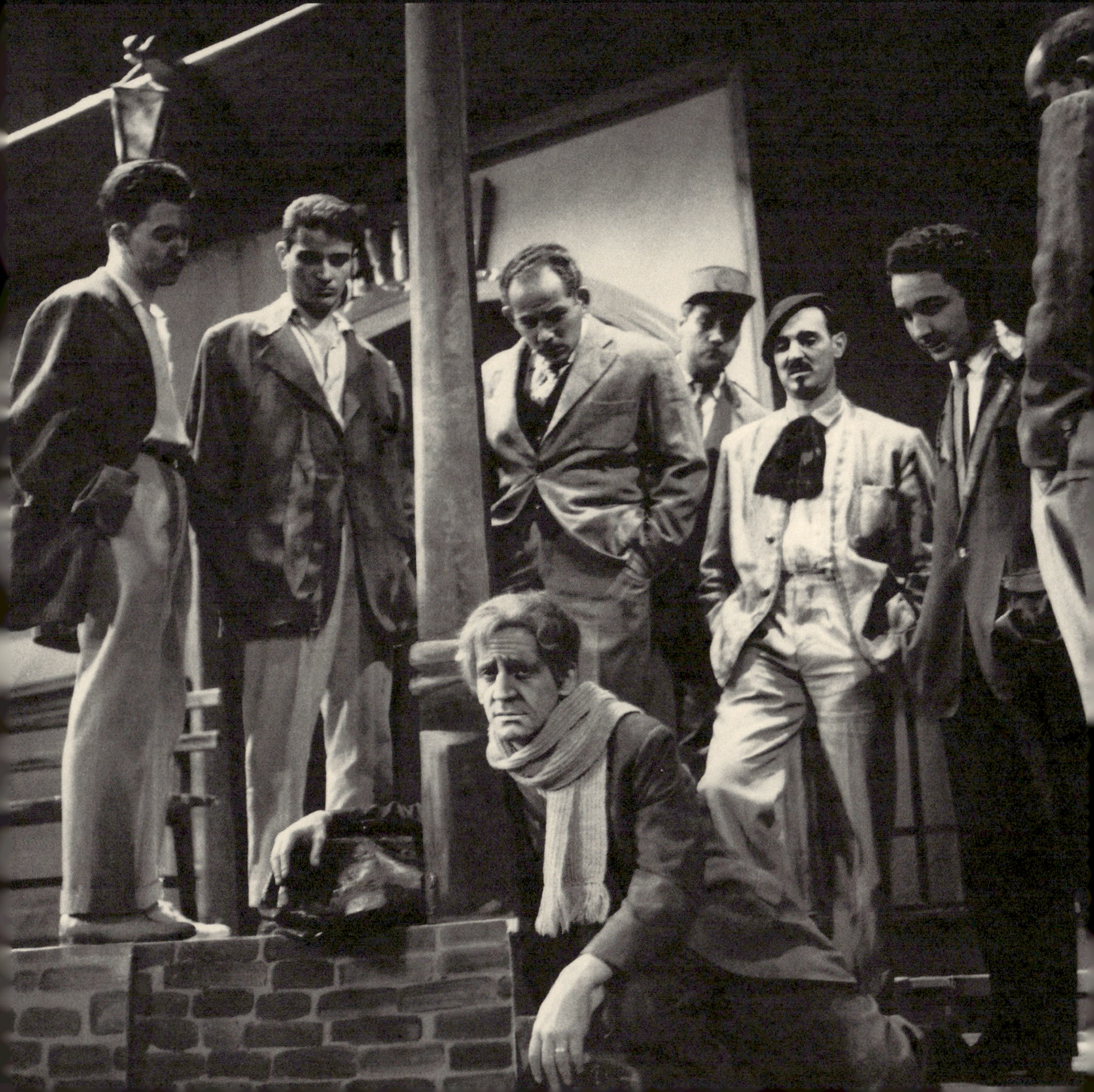

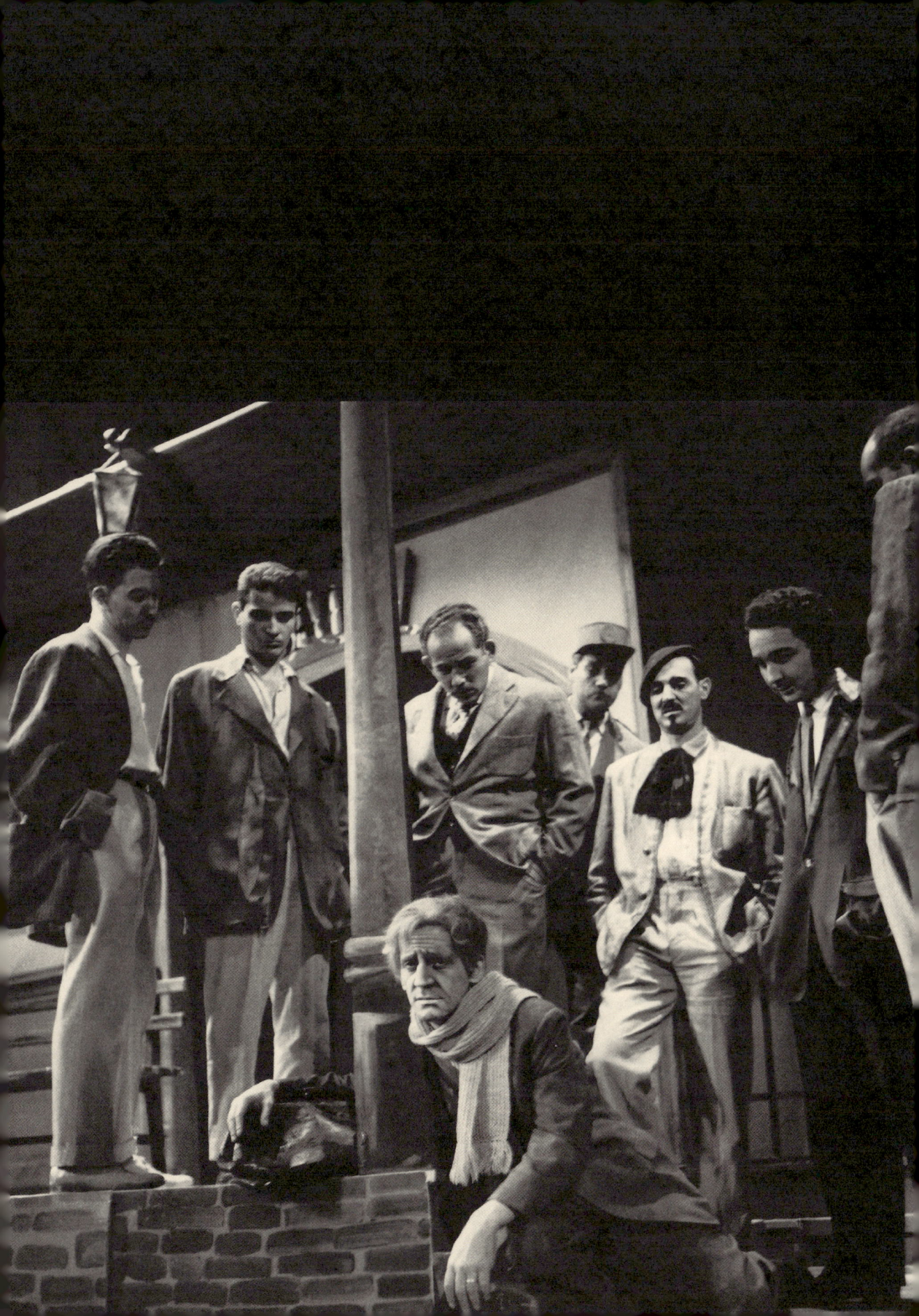

Com Dina Lisboa em *Calígula*. Teatro Cacilda Becker, São Paulo, 1962. Acervo NL-SC.

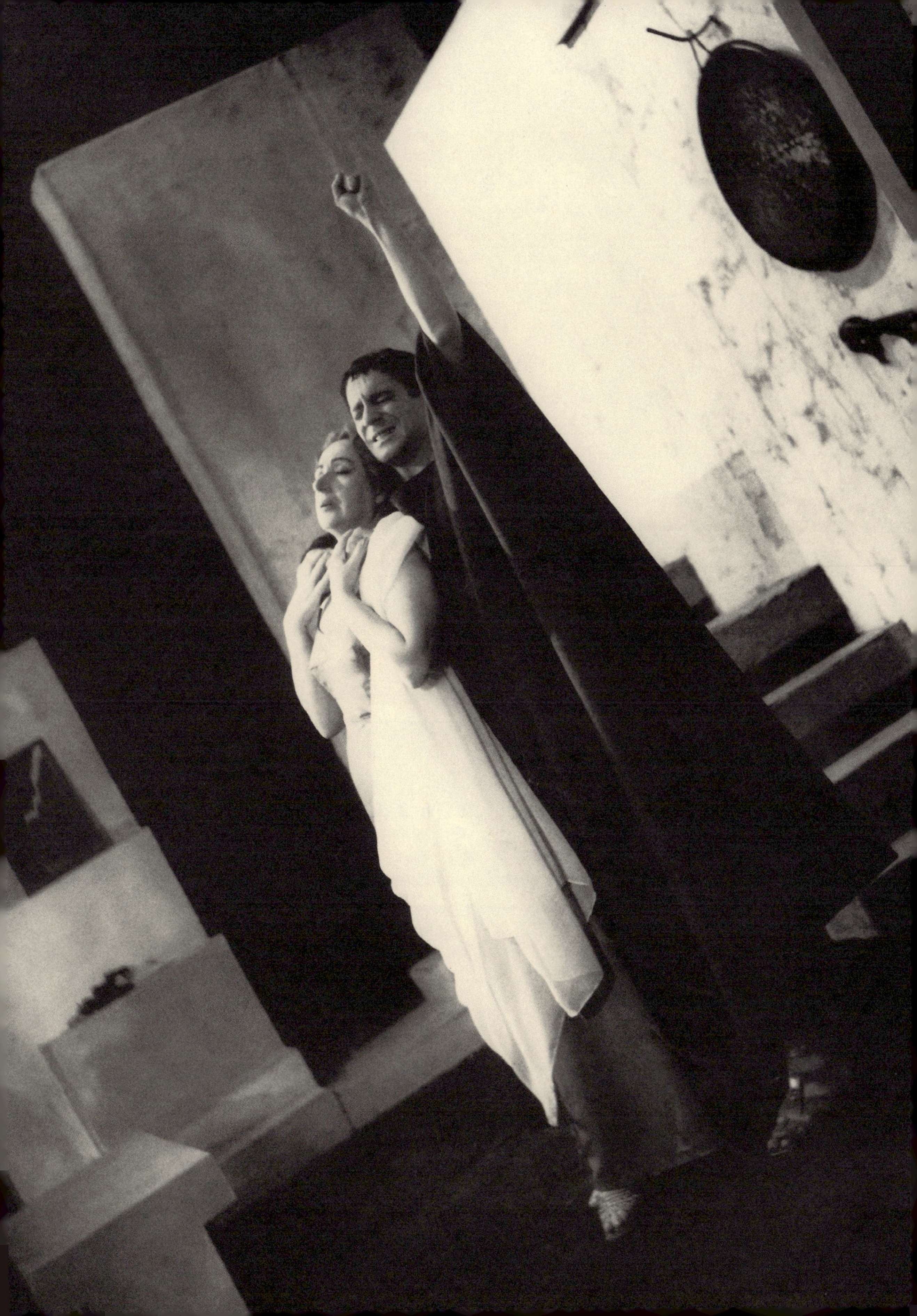

7: a conquista de novos públicos (1964-1972)

A mudança de rumo na carreira de Sérgio Cardoso, do teatro para a televisão, não se deu de forma abrupta. Já havia anos que ele vinha atuando eventualmente em teleteatros e outros programas, mas sempre conservando uma atitude reticente e mantendo certa distância em relação a essa mídia. Entretanto, as coisas haviam mudado muito: acontecera o desmoronar de seu casamento, atingindo em cheio a estrutura montada para realçar sua grande personalidade teatral; seguiram-se então quatro anos de convulsão em sua vida pessoal e de desânimo em relação à sua carreira, período no qual passou por experiências que o fizeram duvidar do acerto de sua opção de vida. O jovem de classe média alta que tinha se formado em direito e tido como meta a carreira diplomática fora tomado de assalto pela vocação teatral e subitamente estava entre os maiores de seu campo de trabalho. Justamente no momento em que, para muitos, ele passara a ser o nosso maior intérprete, e estava no auge como ator de teatro, cercado pelo respeito da imprensa e do público, repentinamente sobreveio uma grande crise, a abalar até mesmo a certeza de sua vocação.

Ao mesmo tempo, a televisão brasileira também mudava: estava crescendo e tomando rumos surpreendentes. Desde 1963, a telenovela vinha sendo transmitida diariamente, transformando-se gradualmente num hábito diário, e naquele momento caminhava para se tornar o produto mais lucrativo das principais emissoras. Os textos traziam muito claramente a influência das radionovelas e, em geral, eram dramalhões estrangeiros. E a telenovela necessitava de grandes talentos para encabeçar seus elencos.

O sorriso de Helena

Em 1964, após o golpe militar – enquanto o país mal conseguia entender sua nova situação –, o diretor artístico da TV Tupi de São Paulo, Cassiano Gabus Mendes, convidou Sérgio para estrelar a telenovela *O sorriso de Helena*, uma adaptação, feita por Walter George Durst, do dramalhão argentino *No hace falta quererte*, de Abel Santa Cruz. Cassiano enfrentou a resistência de Sérgio à proposta, pois a este não agradava a ideia de dedicar mais tempo à televisão. Mas, persistente, argumentou que ele até então não havia participado de nenhuma telenovela – gênero que ainda engatinhava na televisão brasileira –, e o convenceu a ler a sinopse. Após a leitura, ainda reticente, aceitou o papel, mas com a condição de poder abandonar as gravações caso não conseguisse adaptar-se ao sistema de trabalho.

É interessante saber de que forma a direção da TV Tupi chegara à escolha de Sérgio Cardoso para o papel. Segundo Ismael Fernandes, autor de *Memória da telenovela brasileira*, o ator fora escolhido porque o papel exigia alguém que fosse capaz de transmitir uma imagem de elegância e absoluta integridade. O autor, Walter George Durst, acrescentou mais detalhes, numa versão que, se não chegava a negar aquela apresentada por Ismael Fernandes, dava aos fatos outra dimensão. Em depoimento, principiou por explicar o mecanismo que antecedia, naquela época, o lançamento de uma telenovela: os textos eram trazidos de vários países latino-americanos pela empresa patrocinadora – no caso, a Colgate-Palmolive. Na verdade, nem ao menos eram textos completos: geralmente eram apenas as sinopses e alguns capítulos iniciais. A empresa mantinha uma equipe de autores brasileiros sob contrato, para selecionar e adaptar as novelas ao gosto nacional, escrevendo ainda os capítulos restantes. No caso desse original argentino, uma pesquisa promovida entre as operárias da Colgate-Palmolive em São Paulo levara à adoção do título *O sorriso de Helena*.

Na trama, o personagem principal é proprietário de uma editora, um homem sombrio e amargurado, mas ainda assim não desprovido de charme, sobre quem pesam suspeitas quanto ao desaparecimento da esposa. Naquele momento, a escolha de um ator para esse papel tornara-se um problema crucial para Durst, que, entre suas atribuições, tinha a de indicar nomes para o elenco. Ocorreu que, estando ele certo dia em casa, sua esposa voltou das compras comentando a profunda impressão que lhe causara um encontro acidental com Sérgio Cardoso na rua. Ao descrevê-lo, ela esboçou um retrato muito próximo ao do personagem da novela, o que imediatamente lhe sugeriu a escolha. Durst salienta que Sérgio era, assim como todos os grandes nomes do teatro, considerado pela cúpula da televisão um "veneno de bilheteria", isto é, incapaz de seduzir a crescente massa de telespectadores, de adequar-se à nova linguagem. Ainda assim, dada a adequação ao papel, o convite lhe foi feito.

A telenovela foi exibida no horário das 20h, de 4 de novembro de 1964 a 9 de janeiro de 1965. No elenco, além de Sérgio, estavam: Maria Célia Camargo, como Helena, por quem o protagonista se apaixonara no passado; Patrícia Mayo, como seu novo amor; e mais uma série de atores e atrizes mais identificados com a nova mídia, tais como Percy Aires, Geórgia Gomide e Marcos Plonka, entre outros.

Uma parte da direção da emissora estava cética quanto à aceitação do grande ator de teatro pelo público das telenovelas. Mas o resultado surpreendeu a todos. De um lado, Durst passou a sentir-se à vontade para ampliar o texto do protagonista, instigado pelas possibilidades expressivas de Sérgio Cardoso. De outro, a interpretação do ator, apesar de empolada e cheia de excessos dramáticos – no entender de Ismael Fernandes –, envolveu completamente o público. Tanto que, pouco depois do final da novela, uma consulta popular promovida pela revista *Intervalo* apontou-o como o quarto galã mais querido da televisão. Continuava sendo um ator muito teatral em sua forma de interpretar; no entanto, o público da televisão aceitou-o muito bem.

O cara suja

Apesar do êxito alcançado, Sérgio recusou o convite para fazer uma nova telenovela, alegando preferir retornar ao teatro, mesmo sabendo que não tinha nada em vista. Ainda não se sentia à vontade no novo tipo de trabalho. O estúdio de gravação continuava a ser um território estranho para ele. Durst conta que o convenceu argumentando que, com o dinheiro que ele ganharia com o trabalho, poderia comprar uma sala de espetáculos. Certamente ele não ia ganhar tanto assim, mas a alegação foi o bastante para fazê-lo ver que talvez a televisão, mesmo tão diferente do teatro, a sua paixão, poderia oferecer-lhe novas perspectivas.

O cara suja era o título da nova telenovela, baseada num original mexicano, de Roberto Valente, chamado *El galleguito de cara sucia*. É a história de um rude imigrante da Galícia que, ao chegar à Argentina, apaixona-se por uma mulher muito rica. A adaptação transformou o personagem num italiano, vindo da cidade de Catanzaro, chamado Francesco Begliomido. Para essa que seria a primeira novela a abordar problemas dos imigrantes italianos em São Paulo, temperados com um certo humor na narrativa, Durst preferia um ator igualmente estrangeiro, mas Pola Civelli, coordenadora do Departamento de Teleteatro da Colgate-Palmolive, quis aproveitar o sucesso recente de Sérgio Cardoso.

A telenovela esteve no ar de 1º de abril a 13 de julho de 1965, no horário das 20h. No elenco estavam Sérgio (como Francesco, chamado de Ciccilo, um imigrante calabrês que ganha na loteria e se infiltra na casa de uma grã-fina) e Rita Cléos, que atuara várias vezes com ele no teatro (agora interpretando Yara, a Biondina, uma milionária decadente, vivendo de aparências). Na trama, o personagem de Sérgio acaba por fazer a família falida trabalhar duramente para ganhar a vida.

Foi enorme a repercussão de *O cara suja*, a ponto de um agente de viagens organizar uma nova rota para passar pela Calábria. Coincidentemente, essa novela veio logo depois da frustrante remontagem de *Vestido de noiva* que Sérgio apresentara no Theatro Municipal do Rio de Janeiro. Assim, enquanto o teatro, a que tanto se dedicara, rendia-lhe uma sucessão de desgostos, a televisão, várias vezes desdenhada, oferecia-lhe segurança financeira, tranquilidade profissional e uma crescente popularidade.

Geraldo Vietri, o diretor tanto de *O sorriso de Helena* quanto de *O cara suja*, lembra a acentuada predisposição dos atores de teatro contra a TV, razão pela qual Sérgio aproximou-se muito hesitante do universo da telenovela, temendo inclusive por sua imagem junto à classe teatral. O resultado, entretanto, foi mais um sucesso notável. O que era muito importante para ele, tendo em vista a sequência de desastres em seu passado recente.

Claro que esse tipo de sucesso causava repugnância entre aqueles que o admiravam no teatro, que o viam como o grande ator de sua geração, como o maior ator clássico brasileiro desde João Caetano. No entanto, para quem, como ele, experimentara, após as honras da consagração, a dor da indiferença, o aplauso e o carinho popular eram no mínimo reconfortantes. A esse respeito, Berta Zemel fez o seguinte comentário: "A admiração por Sérgio talvez só tenha mudado quando ele foi para a TV. Havia muito menosprezo pela TV. Nunca se esperaria que Sérgio Cardoso fosse para a televisão. Não era admissível o Sérgio Cardoso na televisão. Não para a gente de teatro".

Para qualquer brasileiro nascido em décadas posteriores, tal posicionamento parece um completo absurdo. Afinal, hoje em dia, a maioria dos nossos atores deseja atuar com maior ou menor frequência na televisão, utilizando-a não só como uma segura fonte de renda e/ou um atalho para atingir notoriedade junto ao público, mas também para realizar, muitas vezes, criações dignas e artisticamente significativas. É possível até mesmo pensar em alguns nomes respeitáveis que têm mostrado uma gama muito mais ampla de seu talento na televisão do que no teatro. Mas tudo era muito diferente há apenas algumas décadas; é como se falássemos de um outro país.

O certo é que Sérgio descobria, aos 40 anos de idade, novas possibilidades. Certa vez, por exemplo, ao participar de um programa de entrevistas, o apresentador insistiu para que ele cantarolasse um pequeno trecho do tema musical de *O cara suja*. Sérgio, com bom humor, não se fez de rogado – afinal, já se aventurara com êxito numa comédia musical – e cantou. A surpresa e o agrado foram gerais. Imediatamente, a Continental Discos convidou-o para gravar duas canções que faziam parte da trilha musical da novela. O resultado foi um compacto simples (um pequeno disco de vinil, com apenas uma faixa em cada lado) com duas interpretações de Sérgio, em italiano: *Biondina* e *Se piangi, se ride*.

Impossível não comparar a facilidade com que as oportunidades se sucediam na televisão às imensas dificuldades enfrentadas no teatro. Mesmo assim, ele não abandonou os planos de voltar ao palco. Planejava, tão logo encerrasse sua participação em *O cara suja*, apresentar num teatro carioca a coletânea shakespeariana que mostrara anteriormente, com pouquíssima repercussão, em São Paulo: *O resto é silêncio*.

O preço de uma vida

O intento de Sérgio Cardoso de retornar aos palcos foi praticamente atropelado por um fenômeno de outra espécie. O impacto do êxito gigantesco de *O direito de nascer*, de Talma de Oliveira e Teixeira Filho, na TV Tupi, transformou a televisão brasileira. A partir daí, as emissoras passaram a investir no filão milionário: as telenovelas. Tupi, Excelsior, Record e Globo passaram a direcionar seus melhores esforços para conquistar o público que acompanhava diariamente as emoções da teledramaturgia.

Assim, já em agosto de 1965, o público tomava contato com uma das mais folhetinescas e inesquecíveis criações de Sérgio Cardoso. O personagem construído por ele em sua terceira novela foi tão marcante que obscureceu até mesmo o título da obra. Tratava-se de *O preço de uma vida*, original do cubano Félix Caignet, adaptado por Talma de Oliveira e dirigido por Henrique Martins. Tudo segundo os ditames da então poderosa Glória Magadan, que viajava pela América Latina supervisionando a produção local de telenovelas nas várias filiais da Colgate-Palmolive. A autora cubana, responsável pela presença de tantos dramalhões importados na programação brasileira, visitou o país durante a exibição de *O cara suja*. Ela apaixonou-se pelo trabalho de Sérgio e decidiu impulsionar sua carreira.

Em sua terceira novela, ele interpretou dois personagens: o desfigurado Dr. Valcourt, o único médico capaz de salvar da morte a doce e adoentada Tula (vivida por Nívea Maria), sublimando, entre numerosas tiradas pseudofilosóficas, seu amor por ela; e o jovem sobrinho do Dr. Valcourt. Do elenco ainda faziam parte: Amilton Fernandes, Geórgia Gomide, Meire Nogueira, Elísio de Albuquerque e Isaura Bruno.

Sérgio não decepcionou ao interpretar o médico, um homem completamente deformado fisicamente que esconde seu amor pela bela heroína, enquanto esta, por sua vez, acredita amar um vilão travestido em bonito rapaz. A impressionante caracterização de Sérgio incluía corcunda, faces retorcidas, um esbugalhado olho de vidro e hedionda cicatriz no rosto. A contrapartida de tanta fealdade vinha nas longas tiradas sobre a beleza dos sentimentos profundos – o personagem era a materialização de alguém com os mais belos sentimentos, num envoltório grotesco.

Um sinal do prestígio de Sérgio junto ao grande público e aos patrocinadores era o fato de ele interpretar, além do Dr. Valcourt, o sobrinho do monstruoso médico; assim era possível finalmente compor um bonito par romântico com a heroína, e eles casarem-se no capítulo final. Sérgio gostava desse tipo de desafio artístico: interpretar mais de um personagem ao mesmo tempo.

Tendo em vista que a novela apresentava uma figura tão monstruosa quanto o Dr. Valcourt e um enredo que não poderia mergulhar mais fundo no território do dramalhão, só mesmo o talento do ator para conferir dignidade a esse trabalho. Provavelmente, aí lhe valeram algumas características tantas vezes lamentadas no teatro: seu gosto pela caracterização excessiva, a tendência ao melodramático e o seu, tantas vezes mencionado, mau gosto. Seja como for, sua criação caiu no gosto popular e passou a ocupar um posto de destaque na memória da televisão brasileira. *O preço de uma vida* foi ao ar de 16 de agosto de 1965 até o final de fevereiro de 1966, às 21h30.

A telenovela transformou Sérgio em ídolo popular. Sim, ídolo (no sentido mais vulgar, nem por isso menos verdadeiro do termo), amado e cultuado pela massa de telespectadores. Para o ator, foi o reencontro com a popularidade experimentada no início de sua carreira, em 1948, agora ampliada nacionalmente. Suas habilidades de composição, seu charme de galã maduro, seu indiscutível carisma e sua grande versatilidade lhe garantiram um lugar excepcional na telenovela brasileira, no exato momento em que ela se expandia, atingindo impressionantes índices de audiência, e se preparava para transformar-se numa espécie de mania nacional.

Indagado por um jornalista, de forma provocativa, sobre se a televisão lhe dava boa compensação financeira, o ator respondeu:

> **Sim. Em apenas um ano, ganhei mais do que nos meus 18 anos de teatro. E muitas alegrias também, porque a tevê tornou-me incomparavelmente mais conhecido. Por toda parte sou alvo de expressivas demonstrações de carinho por parte do público.**

Seria tolice imaginar que um ator não almeja o reconhecimento por seu trabalho, quando ele é a consequência lógica deste. Na televisão, Sérgio estava conquistando outro tipo de consagração. Mas nem por esta ser de outra espécie, ou vir de um público menos refinado, era menos expressiva ou valiosa.

É oportuno ver o que Sérgio declarava a respeito de seu novo trabalho e sobre a diferença com aquele realizado no teatro:

> **Sou ator e tenho meios de expressão diversos. Na tevê estou muito mais preso às imposições de ordem técnica do que no teatro, onde elas são mínimas. Na tevê, por outro lado, eu manejo uma linguagem completamente diversa da linguagem teatral, ou seja, muito mais simples, muito mais acessível, porque justamente a finalidade dessas duas atividades são diversas. A tevê destina-se a um público que não tem as mesmas pretensões intelectuais do público de teatro. Enquanto este, quando vai ao teatro, quer encontrar uma linguagem que satisfaça as suas veleidades**

> culturais, o outro prefere uma linguagem simples e bem humana.
> Quanto ao problema da quantidade, gostaria de calar sobre este
> ponto, para não ser injusto com o teatro, que está longe de ter os
> recursos da tevê, capaz de levar nossos trabalhos a todo o país.

Nem todos estavam dispostos a concordar com essas ponderações. Certa vez, Sérgio encontrava-se no interior de uma agência bancária, em São Paulo, quando uma elegante senhora investiu contra ele e, com o dedo em riste, repreendeu-o duramente: "Quem representou *Henrique IV* com tanta genialidade não pode estar fazendo um papelzinho qualquer na televisão. O senhor não tem o direito de abastardar a sua arte, está ouvindo? Não tem o direito!". Em seguida, ela insinuou que ele fazia concessões por dinheiro. Polidamente, como era de seu feitio, Sérgio procurou conter suas próprias emoções, diante de uma cobrança formulada de maneira tão grosseira, e explicou que considerava seu trabalho na televisão tão digno quanto o anterior. Respondia àquela senhora o que teria de responder a muitos. Era do conhecimento geral que as palavras ditas por ela apenas explicitavam a opinião de muitos de seus antigos colegas e dos que se tinham habituado a vê-lo no palco.

Com a tranquilidade que o tempo confere às mais polêmicas questões, Haydée Bittencourt, tendo assistido aos maiores desempenhos de Sérgio sobre o tablado, fez as seguintes considerações:

> A ele precisariam ter sido dados recursos para continuar
> evoluindo, acredito, no teatro. Atrás de todo o sucesso na TV,
> deveria haver uma grande insatisfação. O fato de ele ter se
> encaminhado também para a direção... Eu acho que ele se
> saturou, cansou de fazer praticamente tudo no teatro. Isto é uma
> impressão – nunca conversei com ele sobre isto. Mas, como ator,
> precisaria ter tido mais apoio. Ele se cansou, e foi fazer TV. Mas
> eu não acho que a televisão possa satisfazer a um artista com as
> exigências que o Sérgio Cardoso tinha.

Sobre essa insatisfação, Maria Thereza Vargas contou que, certo dia, encontrando casualmente Sérgio em São Paulo, puseram-se a conversar, e ele confidenciou estar muito deprimido. Maria Thereza retorquiu que ele não tinha motivos para tristeza, porque era um sucesso, um ídolo. E Sérgio, amargo, respondeu: "Ídolo de empregadinhas...". Teria sido apenas uma fala dita num instante de amargura ou um sincero desabafo em um momento privado, sem censura? Difícil dizer ao certo, lembrando que aquela era uma época anterior à do discurso politicamente correto, e se considerava normal dizer coisas desse tipo.

Já a um jornalista, ele declarava, na época do encerramento de *O preço de uma vida*:

> **Não sei, à maneira do velho Machado, se mudou a televisão ou mudei eu. O fato é que eu me encontrei num ambiente inteiramente diverso do que havia conhecido [em seus trabalhos anteriores na TV]. Achei boa vontade, competência, camaradagem, cordialidade sadia – que sempre me pareceu uma condição indispensável de trabalho. Se as condições atuais, na nossa televisão, ainda não são as ideais, permitem, pelo menos, a realização de um trabalho honesto.**

Quando Paulo Autran recebeu um convite da TV Excelsior de São Paulo para fazer sua primeira novela, Sérgio enviou-lhe um bilhete, em que dizia: "Paulo, no princípio dói, mas depois a gente se acostuma". Isso, além da brincadeira carinhosa entre dois grandes atores, mostrava a ambiguidade dos seus sentimentos em relação ao novo campo de atuação.

A atriz Nívea Maria, par romântico de Sérgio na novela (aos 18 anos), contou no livro autobiográfico *Uma atriz real*, de 2008, que Eva Wilma – a grande estrela da Tupi, na época – estava cotada para o papel, mas Cassiano Gabus Mendes preferiu lançar uma nova atriz e, como ele já a conhecia de outros trabalhos, chamou-a para um teste. Quando foi aprovada para interpretar a frágil e romântica Tula, estava temerosa de contracenar com um dos grandes galãs da emissora e um ícone do teatro nacional.

> **Sérgio fazia jus ao título, tinha uma postura de Laurence Olivier nos corredores e nos estúdios. Ele pedia silêncio, passava o texto e, na verdade, era uma pessoa tão insegura quanto todos nós. [...] Ele fazia as cenas de várias formas e você não sabia qual ele usaria na hora de gravar. Isso foi nos primeiros três meses da novela [...] Depois pude ver que Sérgio era a pessoa mais frágil que podia existir. E, de repente, ele passou a me tratar como uma filha.**[73]

Revelando outro aspecto do comportamento de Sérgio, Nívea Maria contou que o relacionamento entre eles deixou de ser cerimonioso quando, numa das

---

[73] Mauro Alencar; Eliana Pace, *Nívea Maria: uma atriz real*, São Paulo: Imprensa Oficial, 2008, p. 71.

manhãs mais emocionantes de que tem memória, ele, ao chegar no estúdio, cumprimentou-a e lhe estendeu uma rosa vermelha, deixando-a completamente encantada. "[...] Ainda vou ver nos vídeos, mas nas fotos está o meu olhar de encantamento para o Sérgio Cardoso como Doutor Valcourt, o monstro e o galã da novela."

Contou ainda que seu pai, homem de princípios morais muito rígidos, só passou a respeitar seu trabalho como atriz a partir da novela *O preço de uma vida*, e isso por ela ter a seu lado Sérgio, o grande ator de teatro.

Aliás, foi exatamente durante esse período que ela se casou pela primeira vez, tendo Sérgio como padrinho. A cerimônia na igreja de Santa Terezinha, no bairro de Higienópolis, foi um acontecimento público comparável a um capítulo final de telenovela, que, além de Sérgio, teve a presença de outros atores conhecidos e, ainda, direito a uma multidão de fãs na entrada, tentando ver de perto seus ídolos.

Calúnia

Após todo o sucesso de seu trabalho em *O preço de uma vida*, não foram necessários novos argumentos para convencê-lo a embarcar imediatamente em outra novela. Assim, Sérgio integrou o elenco de *Calúnia*, uma adaptação feita por Talma de Oliveira, baseada no texto *La mentira*, da autora mexicana Caridad Bravo Adams. A direção ficou a cargo de Wanda Kosmo, com quem o ator já trabalhara na Companhia Nydia Licia-Sérgio Cardoso.

O enredo desenvolve-se em torno da história de Guilherme Correia, um homem rústico procurando vingar a morte do irmão. Ele casa-se com Amália por pensar ser ela a causadora da calúnia que vitimou seu parente. A convivência entre eles é difícil, mas, depois de muito humilhá-la, descobre atordoado que a ama. Na verdade, ama e odeia com a mesma intensidade. Outros personagens participam da trama: a dissimulada e calculista Angélica; Carlos Alberto, um jovem romântico perdidamente apaixonado por Amália; um casal formado por tio Teodoro, um rico industrial, e tia Sara, mulher de imensa bondade; o sócio de Teodoro, senhor Monteiro, e sua mulher, a ansiosa Adélia; Bartira, mulher estranha e mística.

Sérgio interpretava Guilherme, e Fernanda Montenegro fazia Amália. Angélica era mais uma vilã na galeria de Geórgia Gomide. Tio Teodoro e tia Sara eram interpretados por Elísio de Albuquerque e Lélia Abramo. Participavam ainda Lima Duarte e Rolando Boldrin, entre outros, ou seja, uma equipe de atores bastante respeitados num dramalhão impenitente. Apesar do elenco de peso, a novela foi um fracasso de audiência e, por isso, teve o final antecipado. Ficou no ar de março a abril de 1966, no horário das 20h.

Fernanda Montenegro guarda lembranças bastante diversas desse trabalho. Por um lado, ela não se esqueceu, por exemplo, de uma cena em que levou uma bofetada excessivamente realista de Sérgio, e que a deixou zonza por alguns segundos. São circunstâncias que podem surgir quando se contracena com determinado tipo de ator: o ator romântico, caracterizado por mergulhar completamente nas emoções do personagem, perdendo o controle sobre suas ações. Não por esse motivo, mas esse foi o único trabalho a reunir os dois grandes intérpretes.

Por outro lado, ela já o admirava desde o *Hamlet* de 1948, a ponto de considerá-lo o grande ator de sua geração,[74] preferindo recordar o excelente relacionamento que tiveram durante as gravações: "Ele foi muito carinhoso comigo, conversávamos muito. Ele vinha de um sucesso enorme numa novela. [...] A televisão despertou nele um interesse imenso, mas o sucesso que fez o surpreendeu. Ele mesmo me disse que jamais pensara em explodir na televisão como explodiu".

Somos todos irmãos

A telenovela seguinte na carreira de Sérgio estreou no início de maio de 1966. Chamava-se *Somos todos irmãos*, uma adaptação feita por Benedito Ruy Barbosa do livro *A vingança do judeu*, de J. W. Rochester. A novela, aliás, teria o mesmo título do livro, mas manifestações contrárias da colônia judaica levaram à sua alteração. A direção ficou novamente a cargo de Wanda Kosmo.

Nessa novela, Sérgio usava um par de lentes de contato azuis na caracterização do seu personagem. O elenco também contava com Rosamaria Murtinho, Guy Loup, Cacilda Lanuza e Lisa Negri, entre outros.

Trata-se de mais um dramalhão envolvendo um amor impossível e filhos trocados. O judeu Samuel (Sérgio) e a condessa Valéria (Rosamaria) se apaixonam, mas as famílias se opõem e eles se separam. Samuel casa-se com uma moça judia, Ruth (Guy Loup); e a condessa, com alguém de igual grau nobiliárquico, o conde Raul (Wilson Fragoso). Os casais têm filhos no mesmo dia, e os bebês são trocados, dando origem a uma série de conflitos.

Foi um grande êxito e consagrou um novo par romântico: Sérgio Cardoso e Rosamaria Murtinho.

O anjo e o vagabundo

Uma das obsessões das emissoras de televisão naqueles tempos era a formação de casais que funcionassem muito bem no vídeo, pois ganhavam o afeto do público e a preferência dos patrocinadores, sendo repetidos em outras

---

74 Fernanda Montenegro, *op. cit.*

novelas. Assim, para aproveitar a "química" do casal fictício Sérgio e Rosamaria, tratou-se logo de escalá-lo para *O anjo e o vagabundo*, de Benedito Ruy Barbosa, com direção de Geraldo Vietri e Wanda Kosmo.

No enredo, Tininha, menina de 9 anos, descobre que não é filha legítima e quer encontrar os pais biológicos. Enquanto isso, no outro lado da história, dr. Renato (Sérgio) abandona a vida confortável e torna-se um mendigo amante da natureza e da filosofia. Enquanto isso, sua esposa, Geni (Rosamaria Murtinho), procura a filha que desaparecera dias após o nascimento.

Se, na novela anterior, Sérgio usara lentes de contato para alterar a cor dos olhos, nesta fez um personagem cuja aparência sofre uma radical transformação: nos primeiros capítulos, é um homem elegante e sofisticado, mas, após o desaparecimento da filha recém-nascida, desapega-se dos signos distintivos de posição social, tornando-se um mendigo.

A novela esteve no ar de 26 de outubro de 1966 a 18 de março de 1967, de segunda a sexta-feira, às 20h. Mais um sucesso de audiência, para a felicidade profissional de Sérgio.

Paixão proibida

Em 24 de abril de 1967, estreava *Paixão proibida*, de Janete Clair. Tratava-se da adaptação de uma radionovela escrita por ela mesma. A direção foi de Geraldo Vietri. No elenco, estavam Sérgio Cardoso, Miriam Mehler, Juca de Oliveira, Lima Duarte e Lélia Abramo, entre outros, contando com a participação especial de Rosamaria Murtinho.

Uma delação impulsiona a trama, na qual, por motivos familiares, o amor entre Rogério (Sérgio Cardoso) e Doroteia (Miriam Mehler) não é possível. Mais uma história de amor desfeito para deliciar o público da TV Tupi.

Em seu livro *Antes que me esqueçam*, de 1988, Daniel Filho comenta, de passagem, ter sabido do sofrimento de Janete Clair durante essa novela, devido à pressão exercida por Sérgio. Daniel conta que o ator rasgava textos e mandava reescrever tudo. Impunha suas vontades quanto ao que fazer ou não fazer no decorrer dos capítulos; e isso teria acontecido várias vezes. Daniel não teria presenciado essas situações, mas as menciona ao dar razão a Dias Gomes, marido de Janete Clair, na sua prevenção contra Sérgio – o que veremos mais adiante. Na biografia de Geraldo Vietri, encontramos mais informações a respeito: o conflito entre a autora e Sérgio é definido como "uma queda de braços" entre os dois. O clima havia ficado tão tenso que Janete telefonara para Daniel Filho sondando-o sobre a possibilidade de transferir-se para a Globo – o que realmente aconteceu, para o bem da carreira da novelista. A biografia não diz muito sobre a posição de Vietri, mas o autor do livro conclui o assunto com uma frase bastante sintomática: "Não se sabe de que lado ficou, mas Sérgio logo seria o protagonista de duas de suas novelas mais bem-sucedidas".[75]

Sabe-se que Sérgio era uma criatura de extremos, caracterizado tanto pela grande gentileza com que tratava colegas e funcionários como pelas eventuais explosões de ira quando algo lhe parecia errado.

Durante todo esse período, o ator suportou um ritmo de trabalho massacrante, pois as gravações tinham início pela manhã e prolongavam-se até à noite. Sérgio permanecia impecável na elaboração de seus personagens, para os quais chegava ao requinte de planejar a maquiagem, os toques de caracterização e os figurinos. Assim, num personagem surgia com cabelos encaracolados; noutro, com a pele escurecida; noutro, com lentes de contato coloridas – era um ator fascinado pela caracterização, da mesma estirpe de Laurence Olivier ou de Alec Guinness.

O acidente automobilístico

Sérgio não dirigia carros muito bem. Aliás, pelos relatos de pessoas próximas a ele, guiava muito mal. Na verdade, aprendera tardiamente, próximo dos 40 anos de idade. Após obter a sua carteira de motorista, comprou um Karmann Ghia – um veículo de linhas esportivas fabricado pela Volkswagen. Esse foi o primeiro de uma série de carros da mesma marca que possuiu. O fato de preferir um carro esportivo, com um desenho arrojado e jovial, também é bastante significativo da nova fase que estava vivendo.

Uma noite voltava tarde do trabalho, quando já estavam terminando as gravações de *Paixão proibida*, em setembro. Andando em alta velocidade pela pista da esquerda da avenida Doutor Arnaldo – na época mal iluminada e, àquela hora, com pouquíssimo tráfego –, colidiu violentamente com uma viatura de polícia que estava parada na mesma pista, com os faróis apagados. Na colisão, Sérgio foi arremessado contra o espelho retrovisor do seu carro e sofreu um afundamento de maxilar, além de ferimentos por estilhaços de vidro. Por sorte, estava a poucos metros do Hospital das Clínicas e foi imediatamente socorrido. Teve de se submeter a cirurgias para ter o rosto recuperado. Isso o obrigou a um período um pouco mais longo de descanso, de cinco meses.

Enfim o cinema

Durante o período de repouso forçado da televisão, ele pôde realizar um velho sonho, várias vezes adiado: estrear no cinema. A tardia estreia aconteceu em *A madona de cedro*, filme policial baseado no romance homônimo

---

75 Vilmar Ledesma, *Geraldo Vietri: disciplina é liberdade*, São Paulo: Imprensa Oficial, 2010, p. 63.

de Antonio Callado e dirigido por Carlos Coimbra. Tinha um elenco estelar: Leonardo Villar, Leila Diniz, Anselmo Duarte, Cleyde Yáconis, Joffre Soares e Ziembinski, entre outros.

O filme passa-se em Congonhas do Campo, Minas Gerais. Delfino, um pacato comerciante de imagens religiosas, recebe a visita de um suposto cliente, chamado Adriano. Este diz ter um grande negócio a propor-lhe e leva-o para o Rio de Janeiro, a fim de encontrar seu patrão, dr. Vilanova. Na praia, conhece Marta e se apaixonam. Adriano conta-lhe que seu patrão é um colecionador de obras de arte roubadas e está interessado em uma escultura de Aleijadinho – a "madona de cedro" – exposta numa igreja de Congonhas do Campo. Propõe-lhe, então, uma grande soma de dinheiro para que a roube. Delfino concorda e apodera-se da obra, entregando-a em seguida. Casa-se com Marta, mas acaba sendo chantageado por Pedro, o sacristão, que está interessado em sua esposa. De outro lado, o dr. Vilanova descobre que a escultura recebida não é verdadeira.

O personagem que cabia a Sérgio era Pedro, o sacristão coxo, caolho e interessado na mulher alheia – uma composição sob medida para seu talento e para seu gosto pela caracterização.

O filme, de 1968, denso e sóbrio, não chegou a tornar-se sucesso de bilheteria. Assim, ele não repercutia nas salas de cinema o êxito atingido em sucessivas telenovelas, mostrando que não basta um nome em evidência na TV para levar o público ao cinema ou ao teatro.

O santo mestiço

Em fevereiro de 1968, Sérgio atuou pela primeira vez na Rede Globo de Televisão, em *O santo mestiço*, novela de Glória Magadan, sob a direção de Fábio Sabag. Era uma produção da Globo São Paulo, com cenas externas gravadas no Rio de Janeiro. O elenco era formado pelo par Sérgio Cardoso-Rosamaria Murtinho – consagrado na TV Tupi –, contando ainda com Dina Lisboa, Turíbio Ruiz e Vanda Lacerda, entre outros atores. A novela foi apresentada no horário das 21h30, de 5 de fevereiro até o final de maio.

O enredo, ambientado num país fictício da América do Sul, é baseado na história de São Martinho de Porres, o primeiro sul-americano a ser canonizado pela Igreja católica, em 1962. Na trama, Martinho de Porres é padre Ramiro, um cristão caridoso e comprometido com os dogmas da Igreja. Quando uma ditadura toma o poder, o frade dominicano enfrenta uma forte perseguição religiosa, mas resiste e permanece no país para ajudar os fiéis.

Além do padre Ramiro, Sérgio representava dois outros papéis na novela, o que não deve ter lhe causado desagrado. Mas foi sua irritação com a má qualidade do texto que deu início a um movimento contra a autora, a "senhora dos folhetins", até então inatacável, ainda que detestada por muitos. No ano seguinte a Globo a demitiria. Em todo caso, alguns autores classificam *O santo mestiço* como a mais desastrosa experiência do ator em novelas.

Independente disso, o que se nota é que Sérgio não aceitava passivamente qualquer coisa imposta pelas emissoras e suas cúpulas, fazendo valer suas opiniões. E, obviamente, isso lhe rendeu inimizades bastante duradouras.

Antônio Maria

Após a malograda passagem pela TV Globo, Sérgio retornou à TV Tupi, na qual, em julho de 1968, estrearia *Antônio Maria*, interpretando seu mais célebre papel em telenovelas.

A ideia de criar um personagem português de maneiras finas e que trabalhasse como motorista particular de uma família abastada ocorrera a Sérgio logo após *O cara suja*, em 1965, e falara com Geraldo Vietri a respeito. Chegara mesmo a dar-lhe um nome – Antônio Maria Alencastro Figueroa – e escrever uma sinopse (ainda hoje em poder da família, com o título provisório *Os rios correm para o mar...*) listando os mesmos personagens de *Antônio Maria*. Interessante é que a sinopse parece ter sido feita para a TV Globo, como está escrito logo em seu cabeçalho. Não é possível determinar exatamente os caminhos percorridos até a criação da novela *Antônio Maria*. No entanto, sua escrita é creditada a Geraldo Vietri e Walter Negrão.

Antônio Maria tem grande importância na história da telenovela no Brasil, por ter introduzido, com êxito, a linguagem cotidiana e a contemporaneidade da ação num gênero até então dominado por tramas mirabolantes, passadas em épocas e lugares bastante distantes dos espectadores. Assim, é apontada como uma das responsáveis pela modernização do gênero.

A novela mantinha ainda muitas fórmulas folhetinescas, como, de resto, todas as telenovelas, mas dava início a uma nova fase no gênero. Para Sérgio Cardoso, o personagem deu ensejo a que explorasse seu especial talento na arte de dizer, pois constantemente a ação era interrompida para que ele declamasse poemas de Camões ou desfiasse longos monólogos edificantes. Um deles ficou famoso: foi dito na véspera do Natal de 1968, e agradou tanto que Sérgio passou a repeti-lo em todas as apresentações feitas pelo elenco em clubes de cidades interioranas.

A novela foi dirigida por Geraldo Vietri. O elenco contava ainda com Aracy Balabanian, Elísio de Albuquerque, Maria Luíza Castelli, Dennis Carvalho, Tony Ramos, Annamaria Dias, Patrícia Mayo, Paulo Figueiredo, Guy Loup, Marcos Plonka, Elias Gleizer, Geórgia Gomide e grande equipe.

O enredo mostra um português de maneiras refinadas, Antônio Maria (Sérgio), que chega ao Brasil e emprega-se como motorista na casa do dr.

Adalberto Dias Leme, dono de uma cadeia de supermercados em São Paulo. Logo ganha a confiança do patrão e a amizade de suas filhas. Uma delas, Heloísa (Aracy Balabanian), está noiva de Heitor, que comanda os negócios da família, e que acaba por dar um grande golpe no sogro. Antônio Maria assume, então, a posição de conselheiro familiar, estando já apaixonado por Heloísa. Mais tarde, descobre-se que ele é um milionário a esconder-se de Amália, sua madrasta, louca por ele. Amália aparece e apresenta-se como sua esposa, para atrapalhar o amor dele e de Heloísa.

A novela foi um sucesso extraordinário, provavelmente o mais consagrador da carreira de Sérgio na televisão. Sobre o seu par, Aracy Balabanian declarou:

> Ninguém dizia "eu te amo" tão bem quanto Sérgio Cardoso. Era de arrepiar! Que ator esplêndido! Eu era totalmente fã dele. Não vi o primeiro *Hamlet* que interpretou, é claro, porque eu era muito menina. Quando ele remontou o espetáculo, fui todas as terças-feiras, durante três meses. Nunca chegava perto dele, porém; morria de vergonha. Ele era um homem pequeno, mas quando estava no palco era um monstro, um ser que dominava a plateia inteiramente. Um ator que, em qualquer lugar do mundo, teria sempre o seu lugar. Seria considerado como um Laurence Olivier, um John Gielgud, enfim, como um grande ator clássico que era.[76]

Durante o período em que *Antônio Maria* esteve no ar, Sérgio teve de se desdobrar, pois, além dos famosos bailes de debutantes a que ele comparecia para dançar com as jovens de 15 anos, fazia várias aparições em muitas cidades, junto com Aracy Balabanian, seu par na novela. E é justamente o depoimento da atriz que esclarece o que acontecia nessas aparições:

> [...] ganhávamos uma fortuna nos apresentando Brasil afora. Começamos até a ensaiar peças curtas para apresentar. Inventamos uma espécie de *talk show*, no qual nós dois nos revezaríamos fazendo perguntas um para o outro. Nada disso funcionou: o público queria ver o motorista português e sua amada senhorinha Heloísa. Eu colocava o vestido mais lindo que podia conseguir emprestado, me maquiava toda, arrumava o cabelo maravilhosamente e nós fazíamos a seguinte cena: eu entrava de costas, com um cigarro na mão, dava uma tragada.

---

[76] Tania Carvalho, *Aracy Balabanian: nunca fui anjo, op. cit.*, p. 159.

>Sérgio, do outro lado do palco, dizia "senhorinha Heloísa", e se encaminhava para mim, com passadas lentíssimas. E eu, devagarzinho, me aproximava dele. Demorava horas... Nós nos aproximávamos até o momento culminante: o beijo. Que era muito longo. Sérgio cochichava: "Controle, aguente mais um pouco que a segunda fila ainda não teve orgasmo". E era isso mesmo: um grande orgasmo coletivo. As pessoas urravam, aplaudiam freneticamente, e nós íamos embora. Um pouco culpados, é claro, por não termos apresentado um espetáculo de verdade.[77]

A novela permaneceu no ar até o dia 30 de abril de 1969 e, durante sua exibição, Sérgio esteve duas vezes em Portugal, sendo condecorado pelo governo daquele país com o título de Oficial da Ordem do Infante D. Henrique.

Ele já não morava mais, há algum tempo, na praça Roosevelt. Mudara para um apartamento bem mais confortável, na rua Peixoto Gomide, esquina com a avenida Paulista. Apesar de certa instabilidade de temperamento, que o fazia alternar períodos de euforia e depressão, parecia agora encontrar um grande prazer em receber os amigos, artistas ou não, em sua casa, entre bebidas e salgadinhos.

Sylvia, sua filha, contou que em 1968 comemorou seu 16º aniversário com o pai e mais um grupo de amigas no apartamento da Peixoto Gomide. Ao chegarem para a festinha, encontraram dois jovens atores do elenco de *Antônio Maria* que também haviam sido convidados por Sérgio: Dennis Carvalho e Tony Ramos. Pode-se imaginar quantas conversas e quantos risinhos adolescentes esse encontro rendeu nos intervalos do Colégio Dante Alighieri.

Entretanto, sob a aparência feliz de Sérgio, Paschoal Carlos Magno vislumbrava uma certa amargura, que mesmo naquele tempo não o abandonava:

> [...] eu sei o quanto ele sofreu ao largar nossos palcos, nosso teatro, indo trabalhar na televisão. O teatro era sua vida. De uma feita, eu e ele passeávamos por uma avenida de São Paulo, quando dele se aproximou uma jovem e lhe pediu um autógrafo, um autógrafo do estão famosíssimo Antônio Maria. Sérgio pegou o papel, anotou uma dedicatória à moça, assinando a lembrança como Antônio Maria, e escrevendo entre parênteses "ex-Sérgio Cardoso".
>
> É uma pena que tão grande ator tenha obtido ressonância com um papel como Antônio Maria. Não o condeno por isso: dói

---

[77] *Ibidem*, p. 122-3.

> verificar-se que os artistas tenham de se submeter a papéis que não mereciam.
>
> **É hora de os que assistem e aclamam *Antônio Maria* se unirem e darem a Sérgio Cardoso uma sala de teatro, sem ônus, onde possa apresentar a sua arte verdadeira.**[78]

Sabe-se que, infelizmente, esse tipo de apelo não costuma obter qualquer resposta, tendo ficado apenas como mais um desabafo de alguém que tanto lutou pelo teatro brasileiro.

De outro lado, o mínimo que se pode dizer é que a televisão se convertera numa espécie de exílio dourado para o ator, pois a repercussão de *Antônio Maria* transformara-o num dos mais bem pagos profissionais do vídeo.

O certo é que esse foi um momento em que se sentia valorizado, respeitado e, ponto muito importante para ele, ouvido. Ser ouvido e ter sugestões acatadas pela emissora em que trabalhava era fundamental para alguém dotado de múltiplos talentos e que tinha um passado de grandes projetos, na sua companhia e no seu teatro.

Recepção para a rainha

No início de novembro de 1968, aconteceria a primeira e única visita da rainha Elizabeth II, do Reino Unido, ao Brasil, num momento em que estavam acirrados os confrontos entre o governo militar e boa parcela da sociedade civil. Uma das seis cidades visitadas foi São Paulo, onde participou da inauguração da nova sede do MASP.

Dias antes, Nydia Licia recebera um convite do governador do estado, Abreu Sodré, e de sua esposa para uma recepção de gala que seria oferecida à nobre visitante. Pensou que seria bom levar Sylvinha; afinal, uma ocasião assim não acontecia sempre, e seria uma experiência enriquecedora para a filha. A própria Sylvinha ficou muito animada. Então ocorreu-lhe um problema: pelos padrões da época, não poderiam comparecer "desacompanhadas" a um evento tão formal. Então Nydia, depois de pensar muito, chegou à conclusão de que somente uma pessoa seria apropriada para acompanhar Sylvinha nesse seu primeiro compromisso social de importância: o pai.

Entrou em contato com Sérgio e ele imediatamente aceitou. Na noite de 6 de novembro, foi buscá-las em casa e levou-as ao Palácio dos Bandeirantes. Na entrada, foram cercados por fotógrafos e jornalistas. Um repórter da TV Record chegou a anunciar aos seus telespectadores: "Acaba de chegar o grande

---

[78] Paschoal Carlos Magno, "Meus personagens mandam em mim", *Manchete*, Rio de Janeiro, 22 maio 1969, p. 35.

ator Sérgio Cardoso com sua esposa e filha!". Não, não era uma volta do casamento, mas algo bem civilizado entre pessoas que reconheciam a importância que tinham tido na vida um do outro e que, passadas as feridas da separação, decidiram ser amigas.

Na recepção, além de verem de perto a rainha e o príncipe consorte, ainda assistiram a uma apresentação dos cantores Wilson Simonal, Elza Soares e Jair Rodrigues.

Nydia, Sylvinha e Sérgio terminaram a noitada devorando um sanduíche no balcão de um bar da rua Pamplona. Naturalmente vestidos a rigor.

Não é possível dizer ao certo em que momento Nydia e Sérgio voltaram a se falar normalmente, mas essa circunstância em torno da recepção para a rainha deixa bem claro que a tempestade passara há algum tempo.

A cabana do Pai Tomás

Enquanto Sérgio ocupava-se de seus personagens e causava polêmicas ao manifestar suas impressões de artista totalmente envolvido com o seu campo de atuação, o alto escalão das emissoras de televisão promovia uma grande movimentação, montando e executando estratégias com o objetivo de ampliar a audiência e, com isso, atingir a hegemonia sobre as demais. Na TV Globo, especificamente, conforme relato de José Bonifácio de Oliveira Sobrinho em *O livro do Boni*, de 2011, avaliava-se o fato de a emissora já dominar o Rio de Janeiro e, em São Paulo, haver passado do quinto para o segundo lugar: "O problema continuava a ser as nossas novelas, que não emplacavam em São Paulo. Na competição, tínhamos um osso duro de roer: o Sérgio Cardoso, que explodia em todas as novelas do Geraldo Vietri, na TV Tupi. Tirá-lo de lá era vital".

Diante desse quadro, é inevitável pensar na radical disparidade entre, de um lado, a figura romântica do artista às voltas com a sacralidade do seu ofício, além de sua vaidade pessoal, e, de outro, a inevitável ascensão dos artífices da cultura de massa. Duas visões de mundo completamente diferentes, convivendo num momento particularmente sensível da nossa história: o final da década de 1960.

E Boni prosseguia, ainda falando sobre Sérgio: "Para demonstrar versatilidade, ele tinha o prazer de fazer vários papéis em uma mesma história. Na Globo já havia se dado mal em *O santo mestiço*, vítima de um texto horroroso da Glória Magadan". Então, para convencê-lo a trocar a TV Tupi de São Paulo pela emissora carioca, era preciso vencer, antes de mais nada, a péssima impressão que a primeira passagem pela Globo deixara no ator. Era necessário elaborar uma proposta muito sedutora para conquistá-lo.

Ao mesmo tempo que análises e planos eram estabelecidos em escritórios da Rede Globo, Sérgio aproveitava a fase de sucesso e viajava por Portugal na companhia da mãe, em visita a parentes.

Quando voltou ao Brasil, acalentava o projeto de fazer uma novela baseada no romance *A cabana do Pai Tomás* (da escritora norte-americana Harriet Beecher Stowe, publicado originalmente em 1852), um melodrama de muito sucesso. Estava interessado em interpretar três personagens da trama. Boni afirma que Sérgio já havia até conseguido convencer seu patrocinador habitual – a multinacional Colgate-Palmolive – de que a novela seria um marco. Enxergando aí uma boa oportunidade de conquistá-lo, a Globo de São Paulo encampou o projeto e garantiu ao ator as condições para a sua realização, conseguindo dessa forma levar o grande ídolo da TV Tupi.

Uma condição imposta por Sérgio, porém, foi a de que só iria para a Globo se pudesse gravar em São Paulo. A importância da sua contratação era tal que, para satisfazê-lo, um estúdio foi especialmente montado em um prédio na rua das Palmeiras, no bairro de Santa Cecília.

Entretanto, logo que a novela e o seu elenco foram divulgados, surgiu um movimento de protesto contra o fato de se utilizar um ator branco, com a pele escurecida por uma espessa camada de maquiagem, para interpretar o negro escravizado Pai Tomás. O movimento, liderado pelo dramaturgo Plínio Marcos, chegou a promover uma reunião de atores negros em São Paulo e teve alguma repercussão na imprensa. Hoje uma caracterização desse tipo é impensável, mas naquela época ainda era considerada aceitável por boa parte da população. Do ponto de vista de Sérgio, tratava-se apenas de mais um personagem que considerava apaixonante, um novo desafio artístico. A sensibilidade a temas sociais, políticos e étnicos ainda não tinha atingido o devido grau de maturação, e os grandes atores daquela geração não se pautavam por eles, como aconteceria com os atores que viriam logo em seguida. Exemplo de artista engajado social e politicamente, Plínio Marcos atacou duramente Sérgio em sua coluna no jornal paulista *Última Hora*, de 2 de maio de 1969, acusando-o de insensibilidade ante a falta de boas oportunidades para atores negros e de ter em vista apenas o seu brilho pessoal: "O Sérgio Cardoso é o cara que vai se prestar ao triste papel de se pintar de preto pra fazer o Tomás. E vai, na mesma novela, fazer mais dois outros papéis. O de Lincoln e um outro branco. Vai dar seu *show*. Vai satisfazer sua vaidade". E seguia listando alguns atores pretos que, em sua opinião, poderiam interpretar o Pai Tomás, mas que permaneciam fadados a fazer empregados domésticos ou escravizados, raramente dotados de complexidade humana.

A Globo, temendo pelo comprometimento de sua estratégia para conquistar a praça de São Paulo, argumentava que a novela, sendo encabeçada por Sérgio, com a força de sua reputação, propiciava a contratação de dezenas de atores negros, contando inclusive com Ruth de Souza no mais importante papel feminino: Cloé, a esposa de Pai Tomás. E, além disso, a opção era defendida pela agência de publicidade Colgate-Palmolive, uma das subsidiárias da empresa norte-americana que patrocinava a produção do gênero no Brasil nos anos 1960.

O certo é que o incidente trouxe à baila uma questão: a possibilidade e a necessidade do protagonismo de atores negros – que somente décadas mais tarde começaria de fato a ser enfrentada.

A novela, escrita a princípio por Hedy Maia, mescla a adaptação do romance de Harriet Beecher Stowe com trechos de *E o vento levou*, de Margaret Mitchell. Com isso, mostra as desventuras de Pai Tomás, um negro escravizado, de bom coração, que passa por vários senhores, cada um mais cruel que o anterior. Aborda também o panorama político, social e econômico da época da Guerra de Secessão nos Estados Unidos. Estreou no dia 7 de julho de 1969. Tanto a escrita dos capítulos quanto a direção da novela mudaram de mãos várias vezes. Inicialmente o diretor era Fábio Sabag; depois, sucessivamente, Daniel Filho, Régis Cardoso e Walter Campos.

Além do protagonista, Sérgio interpretava o presidente Abraham Lincoln e um galã muito próximo ao personagem de Clark Gable em E o vento levou, num esforço de caracterização que muito lhe agradava. Faziam parte do elenco Ruth de Souza, Miriam Mehler, Maria Luíza Castelli, Jacyra Silva, Gésio Amadeu, Edney Giovenazzi, Eloísa Mafalda, entre outros.

Ruth de Souza acrescentou uma informação muito importante sobre a novela, ao registrar em sua biografia que A cabana do Pai Tomás ocupou uma posição de destaque em sua carreira na televisão, e que devia sua indicação para o papel a Sérgio: "[...] um ator incrível, uma pessoa com uma lisura como poucas vezes encontrei. Era muito correto e de uma generosidade imensa. [...] Foi ele quem me escolheu para fazer a Cloé de *A cabana do Pai Tomás*. Era o principal papel feminino da novela".[79]

Mas uma sequência de acontecimentos inesperados veio retirar a polêmica racial dos holofotes: seis dias após a estreia, um incêndio destruiu os estúdios da TV Record; no dia seguinte, foi a vez de o edifício da Globo em São Paulo ser devastado pelas chamas. O fogo queimou os cenários e os figurinos de *A cabana do Pai Tomás*. Como precisavam continuar as gravações da novela, os dirigentes da Globo pediram ajuda à direção da TV Bandeirantes, e conseguiram a cessão de um estúdio. Mas, três dias depois,

---

[79] Maria Angela de Jesus, *Ruth de Souza: estrela negra*, Coleção Aplauso, São Paulo: Imprensa Oficial, 2007, p. 97.

quando ainda estava sendo estudada a mudança, a TV Bandeirantes também foi destruída pelo fogo. Essa sequência de incêndios criminosos atingindo, em menos de uma semana, as três emissoras de televisão em São Paulo nunca foi plenamente investigada. O país vivia tempos difíceis de radicalização política, sobretudo após a promulgação do Ato Institucional n. 5, em dezembro de 1968.

A direção da TV Globo optou por centralizar a produção de novelas no Rio de Janeiro, transferindo todo o elenco de *A cabana do Pai Tomás* para a capital carioca. Antes de qualquer providência nesse sentido, Boni foi ao apartamento de Sérgio para convencê-lo a mudar-se para o Rio. Ele relutava e queria parar a gravação da novela. Argumentava que, como a novela já não ia bem, o incêndio seria uma boa desculpa para parar de gravá-la. Boni usou o argumento clássico: *"the show must go on"* [o show deve continuar]. E Sérgio, por fim, concordou em continuar a novela no Rio. Mas impôs a condição de que não iria de forma alguma para um hotel, e sim para um apartamento perto da praia. Na longa negociação, Boni convenceu-o a ficar num hotel por trinta dias, prazo durante o qual encontrariam um apartamento para ele.

Com o apoio de Sérgio, Boni reuniu todo o elenco, expôs a situação e pediu o apoio de todos. A aceitação foi unânime e, como tinham apenas cerca de dez capítulos gravados, foi preciso agilizar a mudança.

Os figurinos e os cenários foram refeitos em 72 horas. Um ônibus especial de turismo foi alugado para transportar o elenco. Boni providenciou passagem de avião para Sérgio, mas ele preferiu ser solidário com os colegas e embarcou no mesmo ônibus.

Com o elenco instalado no Rio, reiniciaram-se as gravações. Porém aconteceram várias trocas de autores, tumultuando mais ainda a novela. Em meio a uma situação caótica, até Sérgio teve de escrever alguns capítulos, e tomou a iniciativa de conversar com Walter Negrão, pedindo-lhe que pusesse ordem na trama, pois a troca de autores a tornara bastante confusa.

Como se vê, seu envolvimento superou os limites do simples ator contratado por uma grande emissora. Num momento de necessidade, ele soube colaborar de várias formas para que o trabalho avançasse. Não foi à toa que Boni incluiu seu nome na dedicatória de seu livro de memórias, entre outros "amigos e companheiros de aventura".

Ao final da novela, Sérgio declarou ao jornalista Yan Michalski como conseguia interpretar tantos personagens e, num raro desabafo, como o trabalho afetava sua vida pessoal:

> Trago comigo um pouco de cada um dos personagens que interpretei, sem que há muito tempo me encontre comigo. O

ator me fez esquecer um pouco o homem. Como pessoa, ando meio perdido. [...] Um sujeito que vai para o palco, se veste de rei, mendigo, médico, de crápula ou de padre, é psicologicamente anormal. A arte e a loucura vivem tão perto que é impossível separá-las. Não sei quem escreveu que o teatro corrompe o caráter. Não no mau sentido, mas na acepção de deturpar a personalidade.[80]

Os herdeiros

Em 1970, Sérgio Cardoso fez seu segundo filme: *Os herdeiros*, do diretor Cacá Diegues. O roteiro narra, com toques teatrais e épicos, a saga de uma família brasileira e suas relações com os diferentes governantes do país num período compreendido entre a Revolução de 1930 e o golpe militar de 1964.

Sérgio interpretava o protagonista do filme: Jorge Ramos, um jornalista ambicioso que se casa com a filha de um fazendeiro de café arruinado, mas que se transforma, aos poucos e à custa de várias traições, num político poderoso.

Completavam o elenco: Paulo Porto, Isabel Ribeiro, Mário Lago, Jean-Pierre Léaud, Daniel Filho, Wilza Carla, Hugo Carvana, Ferreira Gullar, Odete Lara, Oswaldo Loureiro, Grande Otelo, Anecy Rocha, Afonso Stuart, Caetano Veloso e Nara Leão, entre outros. Fazendo números musicais apareciam Dalva de Oliveira e Carlos Gil, imitando Carmen Miranda.

O filme ganhou o troféu Coruja de Ouro – prêmio criado pelo Instituto Nacional de Cinema (INC) no final da década de 1960 – nas categorias Melhor Roteiro, Melhor Fotografia e Melhor Figurino. E recebeu também o Prêmio Adicional de Qualidade do INC 1970.

Para Sérgio, estar presente em dois filmes de prestígio – *A madona de cedro* e *Os herdeiros* – serviu como consolo por tantas experiências frustrantes no cinema.

Pigmaleão 70

De volta à televisão, no mesmo ano, Sérgio protagonizou, juntamente com Tônia Carrero, a novela *Pigmaleão 70*, de Vicente Sesso, uma versão contemporânea do mito grego de Pigmaleão e Galateia, assim como da peça de Bernard Shaw e do musical *My Fair Lady*. Foi o primeiro trabalho na TV Globo em que Sérgio se sentiu realmente feliz. Ele interpretava Nando, um feirante, dono de uma barraca de frutas, que passa a ser lapidado por uma grã-fina até ser transformado num homem da alta sociedade.

---

80 Yan Michalski, "Sérgio Cardoso", *Jornal do Brasil*, Rio de Janeiro, 22 abr. 1970, n.p.

Tudo começa quando o feirante, que trabalha com a mãe (conhecida como Baronesa) e os amigos Gino e Guiomar, bate no carro da rica viúva Cristina Guimarães, proprietária de um badalado salão de beleza. O que acontece é, literalmente, um choque entre dois mundos completamente diferentes. A partir desse momento, a vida de Nando passa por uma transformação, motivada por uma aposta que Cristina faz com algumas amigas. Mas a aposta vira amor, e Nando encanta-se com o novo mundo.

Diferente do mito grego e de suas adaptações anteriores, nas quais uma figura masculina comanda a transformação de uma mulher, nessa versão, invertem-se os papéis, e um homem é transformado por uma mulher.

Era uma novela leve, quase uma comédia. Foi uma das obras que instauraram um tom mais coloquial no gênero e definiram o formato das novelas do horário das 19h na Globo. Foi dirigida por Régis Cardoso, reunindo em seu elenco: Tônia Carrero, Marcos Paulo, Susana Vieira, Célia Biar, Edney Giovenazzi, Betty Faria, Eloísa Mafalda, Maria Luíza Castelli, Wanda Kosmo, Felipe Carone, Jacyra Silva, Ruth de Souza, Íris Bruzzi e Adriano Reys, entre outros.

O alcance da novela foi tal que o corte de cabelo usado por Tônia Carrero virou uma febre entre as telespectadoras, recebendo o nome de "corte Pigmaleão".

Sérgio estava no auge de seu sucesso. E, exatamente por isso, a revista *Manchete* reuniu várias personalidades, de diversas áreas, para entrevistá-lo. Na entrevista, Sérgio Britto perguntou-lhe se não se achava na obrigação de fazer ao menos um espetáculo teatral por ano. Veio a resposta, em que se nota uma crítica ao uso do teatro como forma de renda complementar, bem como sua certeza da transitoriedade da fama:

> Gostaria muito. Como gostaria! Mas como é que posso fazer isso? Gravo terça, quarta, quinta, às vezes sexta, de seis da manhã (sou pontualíssimo) sem hora para acabar. Como é que ia ensaiar? Há muito tempo venho planejando a conciliação das duas coisas. Mas está difícil. Existem muitos colegas nossos fazendo teatro e tevê. Mas você não quer que eu faça teatro de qualquer jeito, não é? Olha, como todo mundo na tevê, também tenho uma decidida vocação para Joana D'Arc: mais cedo ou mais tarde, vamos todos para a fogueira. Seremos queimados. Então, quando o público se desinteressar do meu trabalho, volto correndo pro teatro.[81]

---

81   "A morte não atendeu Sérgio", *Manchete*, Edição especial, Rio de Janeiro, 1972, p. 36.

Outra pergunta, formulada pelo cronista de televisão Artur da Távola, mostra que a crítica especializada não lhe era totalmente favorável:

> Artur da Távola – Sérgio, sou seu admirador, sinceramente. No teatro. Por isso, não entendo por que você ainda não assimilou o comportamento cênico adequado à TV. Você ainda faz teatro, só que com uma lente dando seu rosto em *close-up* na casa da gente. O Sérgio Cardoso ator de TV ainda não nasceu?
> Sérgio Cardoso – Nunca esperei que alguém me fizesse uma pergunta dessa. Porque [...] depois de sete anos na crista da onda, acho que assimilei pelo menos alguma coisa da linguagem de TV. Talvez eu não a domine – acho que sim –, talvez seja um ator eminentemente teatral, como o saudoso Paul Muni era no cinema. Mas confesso a você que meu comportamento num estúdio de TV é completamente diferente do que tenho no palco. A mímica, a gesticulação, a própria voz (seria um rugido na TV). [...] Tive dificuldades iniciais [...] a parte técnica me embaraçava e tudo. Acredito que superei isso e respondo muito francamente que o Sérgio Cardoso ator de TV já nasceu e tem precisamente 7 anos de idade. Se possível, vai chegar ao dobro.

Apegava-se à televisão, através da qual recobrara a popularidade e conquistara os aplausos de um público muito mais amplo e diversificado. Se perdera ao sair do palco, também ganhara. E respondendo a outra pergunta de Artur da Távola, demonstrava grande lucidez e pouca disposição à demagogia: "Não concordo que a telenovela seja 'um passo coletivo para a chegada do teatro, em sua plenitude, ao povo'. Acho que o teatro tem o seu caminho, como também a TV. Não vejo por que a novela vai acostumar o público a ir ao teatro".

Quando o ator Luís Gustavo lhe perguntou se estava fazendo TV porque o teatro estava morto, respondeu:

> Quem sou eu para falar da morte do teatro? Ele está aí, talvez mais vivo do que nunca, porque se defendendo com unhas e dentes de muitos problemas que o envolveram nos últimos anos. [...] Pertenci a uma época do teatro que tinha esses problemas latentes. Vi-os explodir e, honesta e sinceramente, só lamento não estar hoje no teatro, para participar dessa batalha por uma sobrevivência mais serena, segura, produtiva e menos angustiada.

Essa resposta demonstra o quanto lhe parecia problemática, ainda que heroica, a situação do teatro brasileiro: uma situação intranquila, insegura. Não era, certamente, um panorama convidativo para quem já vivera uma história tão atribulada.

Sobre os agitados ventos da renovação que sacudiam o teatro, declarou, diplomaticamente, considerar "válidas todas as experiências", uma vez que elas traziam "sua contribuição para as leis imutáveis do teatro". Uma resposta diplomática, como era de seu temperamento em entrevistas...

Pigmaleão 70 ficou no ar entre 2 de março e 23 de outubro de 1970. Foi apontada por José Bonifácio de Oliveira Sobrinho, em sua autobiografia *O livro do Boni*, como uma das cinco melhores novelas das 19h produzidas durante os mais de trinta anos em que esteve na direção da TV Globo.

A próxima atração

Após *Pigmaleão 70*, Sérgio engajou-se em *A próxima atração*. A novela conta a história de Rodrigo, um gaúcho solitário que se instala numa mansão do Jardim América, em São Paulo, onde já se encontram sete mulheres, todas em busca de um marido milionário.

Sérgio interpretava o gaúcho; as sete mulheres eram: Renata Sorrah, Betty Faria, Susana Vieira, Célia Biar, Irene Singery, Jacyra Silva e Eloísa Mafalda. Também faziam parte do elenco: Marcos Paulo, Armando Bógus, Paulo Gracindo, Edney Giovenazzi e Silvio de Abreu, entre outros.

O autor, Walter Negrão, comenta que o ator, com muita habilidade, procurara envolvê-lo, com o objetivo de influenciá-lo na conformação do personagem que lhe caberia. Em meio a almoços, visitas e telefonemas cordiais, fizera finca-pé em que Rodrigo – o papel que deveria interpretar – teria de ser a concretização da imagem mais tradicional do gaúcho: um homem dos pampas, viril como o Capitão Rodrigo da obra de Erico Verissimo, e com um forte sotaque.

A composição de Rodrigo feita por Sérgio, e sobretudo o sotaque utilizado, provocou críticas dos gaúchos. Segundo Walter Negrão, ele não se saiu muito bem nessa novela. Mas, por ser uma comédia, pôde carregar nas tintas, conseguindo um resultado final razoável.

Anteriormente, as relações entre autor e intérprete haviam ficado estremecidas, por certo tempo. Isso em virtude de Walter ter publicado, num jornal de São Paulo, uma crítica aos excessos de caracterização utilizados pelo ator, excessos chamados de "as muletas de Sérgio Cardoso". Mas tudo ocorrera antes de trabalharem juntos em *Antônio Maria*.

Por mais que os críticos e os diretores manifestassem seu desagrado para com os exageros do ator, o público o adorava. Como disse Geraldo Vietri:

"Os outros atores estavam na televisão; ele estava num palco. Mas o público o aceitava como ele era. Ele era um astro".

Nem sempre era muito pacífica a convivência com Sérgio num *set* de gravação. Quando algo o desagradava, tinha repentes de estrela, jogava objetos ao chão, ia à diretoria da empresa reclamar em altos brados. Mas, ainda de acordo com Walter Negrão, ele tinha consciência do que fazia e procurava valorizar-se enquanto profissional; tanto é que, certa vez, Negrão perguntou-lhe se não considerava arriscado tomar atitudes tão impulsivas, obtendo a seguinte resposta do ator: "Eles gostam. Só tendo estrelas é que eles podem se sentir em Hollywood".

Outras vezes, as gravações tinham de ser suspensas porque ele estava tendo palpitações. E não se sabia, ao certo, até onde as perturbações de saúde eram reais. Ainda assim, era muito estimado pelo pessoal técnico e pelos funcionários da emissora – para quem Sérgio promovia frequentes almoços de confraternização –, bem como pelos atores em princípio de carreira, com os quais não se importava de passar e repassar o texto. A propósito, é interessante falar do grande número de afilhados e compadres colecionados por ele, o que prova o quanto era querido e respeitado em seu ambiente de trabalho.

Geraldo Vietri, que o dirigiu várias vezes, afirmava que, quando ele não confiava na equipe técnica ou na direção, tornava-se absolutamente incontrolável, chegando a interromper "tomadas de cena" porque achava que não estava bem, o que significa que passava a autodirigir-se enquanto atuava.

A próxima atração foi apresentada às 19h – horário que se havia transformado no território do ator –, entre 26 de outubro de 1970 e 17 de abril de 1971.

Episódio *Bandeira 2*

Para seu trabalho seguinte, Sérgio queria deixar o horário das 19h, território das narrativas leves e cômicas, e trabalhar numa novela escrita para o horário das 20h, mais prestigiado e no qual era possível ousar mais. Segundo Daniel Filho, ele queria, especificamente, uma novela escrita por Dias Gomes, um autor consagrado no teatro, no cinema e na televisão. Ainda segundo seu relato, "Sérgio Cardoso era boa pessoa, um bom ator e um bom amigo, mas na televisão tinha que ser tratado com muito cuidado".[82]

Mesmo hesitante, Dias Gomes aceitou o pedido e, algum tempo depois, apresentou a sinopse de *Bandeira 2*. Sérgio não gostou do que leu, achou-a muito "americanizada". Disse que era perfeitamente capaz de fazer o personagem Tucão, mas o considerava "muito corriqueiro, muito policial, um personagem sem alma". Mais ainda: ele não via qualquer possibilidade de o

---

82 Daniel Filho, *Antes que me esqueçam*, Rio de Janeiro: Guanabara, 1988, p. 141.

público ter empatia por Tucão e afirmava que pretendia fazer uma grande criação, não um personagem tão antipático. O ator habituara-se, nos anos de televisão, a interpretar personagens exemplares, com mensagens positivas para o telespectador, e não lhe agradava a ideia de fazer um anti-herói.

Uma questão que também lhe desagradava era o destaque reservado a outra personagem: a motorista de táxi e porta-bandeira de escola de samba, papel que seria interpretado por Marília Pêra. Sempre segundo Daniel Filho, ele achava que a personagem poderia ofuscá-lo. "Ele queria ser o astro absoluto da novela." Com efeito, foi em vão a tentativa da direção da Globo de convencê-lo das possibilidades da novela, de sua importância renovadora.

Após o encerramento das gravações de *A próxima atração*, Sérgio viajou à Europa, em companhia de Sylvinha e de Nydia. Com elas foi à Itália: visitaram Perúgia, onde moravam os tios de Nydia; Canazei, uma pequena comuna nos Alpes; e Trieste, cidade natal de Nydia, onde conheceram a casa em que ela vivera na infância e à qual não voltava desde 1939. Foram também a Veneza, Florença e Roma. Nesse ponto, Sylvinha e Nydia retornaram ao Brasil, enquanto ele estendeu a viagem a Nápoles, seguindo depois para a Alemanha. Lá, um grupo de funcionários da Globo fazia estágios de cenografia, indumentária e maquiagem para TV em cores – próximo passo dado pela televisão brasileira. Sérgio foi ao encontro deles para também aprender técnicas específicas de maquiagem, já que sempre cuidara de sua caracterização. Da Alemanha, viajou ainda para Bélgica, Holanda, Espanha e Portugal.

Enquanto Sérgio viajava pela Europa, acontecia uma mudança de posição de Dias Gomes – que já tinha alguma prevenção contra o ator pelos problemas que criara para Janete Clair, na TV Tupi: o escritor comunicava que só aceitaria Sérgio no papel se ele o aceitasse incondicionalmente; só faria uma novela com ele caso gostasse realmente dela. Não aceitava escrever sob pressão.

De volta ao Brasil, e talvez percebendo que havia agido de modo pouco razoável, Sérgio anunciou que mudara sua posição a respeito da novela, dizendo que já tinha até algumas ideias a respeito da caracterização que usaria para o personagem e que gostaria de mostrá-las. Ao mesmo tempo, Dias Gomes radicalizou mais ainda sua opinião, dizendo que chegara à conclusão de que Sérgio não era o ator certo para o papel do bicheiro.

A situação tornou-se constrangedora quando o ator passou a mostrar os elementos de composição que pensara para o personagem. Sylvia fala de uma barbicha e um cabelo diferente que notara na sua volta da Europa; Daniel Filho fala de "um bigode comprido, uma peruca e um monte de guias no pescoço". De qualquer modo, as ideias propostas foram consideradas um "ridículo sem limites" por Boni, que, diplomaticamente, convidou Sérgio para um almoço. Durante a refeição, entre outros assuntos, disse-lhe que era melhor pensar bem sobre a possibilidade de ele fazer o papel. Ao retornar, Daniel Filho e Dias Gomes foram à sua sala, dizendo preferir Paulo Gracindo para o papel de Tucão e que, caso ele insistisse em Sérgio, estavam dispostos a pedir demissão. Diante disso, Boni limitou-se a responder: "Ótimo. O Paulo é perfeito". Pouco depois, Sérgio foi comunicado que o papel não seria dele e que não faria *Bandeira 2*, o que deve ter sido um grande golpe para o ator. Talvez tenha sido um golpe tão certeiro que sinalizou para Sérgio que alguma coisa havia mudado, e talvez um outro momento estivesse começando em sua carreira.

Aproximadamente nessa época, Sérgio mudou-se para uma cobertura no bairro do Leblon. O apartamento tinha piscina e jardins projetados por Burle Marx. A decoração foi feita pelo próprio ator. Tudo revelava o desafogo econômico conquistado graças à sua atuação frequente nas telenovelas.

Entretanto, a nostalgia do palco aumentava cada vez mais, e ele passou a planejar mais objetivamente o retorno. Várias peças o atraíram (como *Cyrano de Bergerac* e *O homem de la Mancha*), mas ele não conseguiu viabilizar sua montagem. De acordo com Sábato Magaldi – com quem Sérgio mantinha contato há longo tempo –, era firme a sua decisão. Disse o crítico: "De vez em quando falávamos por telefone, e ele sempre me transmitia o seu propósito de retornar ao teatro". Talvez se mostrasse cada vez mais palpável a hipótese de não lhe oferecerem bons papéis na televisão. Ou, para ser mais direto, papéis de protagonistas. Talvez lhe ocorressem pensamentos como aqueles que Juca de Oliveira tão bem externou:

> **O indivíduo que deixa o teatro, que é sua pátria, por um longo período corre o risco de perder seus meios de expressão e desafinar seus instrumentos de trabalho de tal forma que tenha dificuldade de retomá-los. A diferença entre televisão e teatro é que o teatro constrói, no sentido ascensional. Você vai subindo como intérprete e aprimorando seus instrumentos expressivos e se valorizando profissionalmente. Com a televisão acontece exatamente o contrário. Depois de atingir um certo estágio na tevê, a tendência é descer...**[83]

Juca diz que Sérgio Cardoso era o exemplo perfeito para sua tese de que a TV é uma engrenagem bem pouco propícia ao ator. Em sua opinião, no final da carreira, e após alguns anos de dedicação exclusiva ao vídeo, Sérgio tinha dificuldades de contracenar com os outros atores e de gesticular com desenvoltura. Essa atrofia seria um resultado da obrigação, imposta pela câmera,

---

83 **Juca de Oliveira** *apud* **Simon Khoury**, *Atrás da máscara*, *op. cit.*, p. 311.

de reduzir os meios de expressão. Cita ainda, em defesa de seu ponto de vista, vários outros atores que, após um promissor início no teatro, passaram a dedicar-se exclusivamente à televisão e, para adequar-se às limitações da linguagem, foram pouco a pouco despojando-se de seus recursos dramáticos, até parecerem insatisfatórios à própria TV. Acredita ele que o veículo acabaria por expelir Sérgio Cardoso, após tê-lo levado ao auge da popularidade e de pagá-lo regiamente.

Diametralmente oposta é a opinião de Geraldo Vietri, que, em seu depoimento, afirmou: "A TV vencia os atores teatrais, e Sérgio Cardoso foi o único que a venceu. Ele não se amoldou. Ele era muito forte".

Muito já foi dito sobre o comportamento social mais gregário e festivo de Sérgio nessa fase da sua vida. Do seu gosto em receber pessoas para almoços, jantares e reuniões sociais de todo tipo. Desde que ele se mudara definitivamente para o Rio de Janeiro, sua mãe, dona Esther, aparecia constantemente nessas ocasiões. Até que, num certo dia, num almoço reunindo pessoas da direção da Rede Globo, ela disparou, com a autoridade de mãe: "A Globo está matando o meu filho!". Frase profética, mas pela qual foi discretamente afastada de almoços ou jantares com pessoas desse grupo.

Casos Especiais

A partir de setembro de 1971, uma nova atração foi incluída na programação da Globo: *Caso Especial,* um programa mensal com duração média de uma hora, apresentando, com linguagem bem mais moderna do que a dos antigos teleteatros, uma bem produzida dramatização de histórias originais ou adaptações de obras de autores brasileiros e estrangeiros.

No dia 14 de outubro, foi ao ar o episódio *O crime do silêncio*, escrito por Dias Gomes e dirigido por Régis Cardoso. Trata-se da história de uma moça esfaqueada na frente de um prédio com 38 moradores. Todos eles permanecem indiferentes, por diversas razões, aos seus gritos de socorro. Sérgio Cardoso estava no elenco – provavelmente feliz por estar fazendo um texto de Dias Gomes. Também estavam nesse *Caso Especial* Betty Faria, Glória Menezes e José Wilker, entre outros.

No *Dicionário da TV Globo*, volume 1, consta um outro episódio do programa, sem data, apenas fazendo menção ao ano de exibição: 1972. O título é *O trio*. O texto foi escrito por Sérgio Cardoso, o que indica a sua dificuldade de manter-se restrito a uma só função, ou seja, de ser somente um ator. A direção também era de Sérgio, acompanhado por Reynaldo Boury. A trama mostra uma mulher rica que paga os estudos do namorado e que, no dia de sua formatura, compra uma caneta de ouro para dar-lhe de presente. Porém, o moço termina o namoro. Desesperada, ela sai com o automóvel, sofre um acidente e morre. A caneta vai parar nas mãos de um escrivão, mudando o rumo de sua vida. A informação parece incompleta, porque o título faz alusão a três histórias, e só estão registradas duas. Além de escrever e dirigir, Sérgio também aparecia no programa. No elenco estavam Célia Biar, Cláudio Cavalcanti, Léa Garcia, Mário Lago, Maysa, Milton Gonçalves, Roberto Pirillo e Tony Tornado, entre outros.

No dia 31 de março de 1972, foi ao ar *Meu primeiro baile*, adaptação de Janete Clair da peça de Jacques Prévert *Un carnet de bal*, com direção de Daniel Filho. Esse episódio é mais conhecido por ser o primeiro programa da TV brasileira gravado inteiramente em cores. O enredo é sobre uma jovem que relembra seu baile de formatura e quer encontrar seus antigos amores, com os quais havia dançado. A cada reencontro, ela tem uma alegria ou uma decepção. No elenco, liderado por Glória Menezes, estavam Sérgio Cardoso, Tarcísio Meira, Francisco Cuoco, Paulo José e Marcos Paulo, entre outros. Não deixa de ser significativa a sua participação num programa marcante como esse.

O episódio *O médico e o monstro*, apresentado no dia 5 de maio de 1972, é uma adaptação de Domingos de Oliveira do romance homônimo de Robert Louis Stevenson, com direção de Ziembinski. Na trama, um médico respeitável descobre uma droga capaz de transformá-lo temporariamente num ser monstruoso. Mas ele perde o controle da situação, e o monstro passa a cometer uma série de assassinatos. Essa foi uma das melhores atuações de Sérgio Cardoso na televisão, se não a melhor. No elenco também estavam Elizângela e Lúcia Alves, entre outros.

Todos esses programas foram produzidos por Daniel Filho, que emitiu um juízo bastante negativo a respeito do ator:

> **Quando me refiro a astros, estou falando no mau sentido. Chamo os principais artistas de estrelos. E a diferença para mim é a seguinte:** *estrelo* **é aquele bom ator, altamente profissional, que tem uma grande empatia com o público.** *Astro* **é aquele que possui empatia mas acaba pedindo um sem-fim de regalias, motivado por problemas pessoais, emocionais.** [84]

O primeiro amor

Em janeiro de 1972, Sérgio foi escalado para mais uma novela: *O primeiro amor*, de Walter Negrão, com direção de Régis Cardoso e Walter Campos. Estava de volta ao horário das 19h...

---

84 Daniel Filho, *Antes que me esqueçam, op. cit.*, p. 141.

A trama é simples e juvenil: o professor Luciano chega à cidade de Nova Esperança para assumir a direção do principal colégio local. Sendo viúvo, contrata a jovem Paula para tomar conta de seus quatro filhos. O professor e a jovem acabam por apaixonar-se, mas o romance encontra forte resistência dos filhos. Luciano também se vê diante de dificuldades no colégio: sua antiga namorada, a professora Maria do Carmo, está tentando roubar-lhe o cargo de diretor. Paralelamente, ele vem enfrentando uma turma de alunos desajustados. O professor Luciano contrata então uma psicóloga para ajudá-lo a lidar com eles. Mas a psicóloga acaba formando um triângulo amoroso com Paula e o professor. Há ainda, na cidade, uma dupla de trapalhões que trabalha numa oficina de bicicletas e passa os dias inventando objetos estranhos.

O elenco registrava o reencontro de Sérgio com suas mais célebres parceiras: Rosamaria Murtinho, Aracy Balabanian, Tônia Carrero e até Nívea Maria. Paulo José e Flávio Migliaccio compunham a dupla cômica Shazan e Xerife. Curiosamente, dessa vez Sérgio aparecia de rosto limpo, isto é, despido de qualquer caracterização.

Sobre esse reencontro com o antigo parceiro e padrinho de casamento, anos depois do enorme sucesso de *O preço de uma vida*, Nívea Maria disse que, ao chegar à Globo, já havia uma intimidade maior entre eles, pois já haviam partilhado muitas coisas – viagens, bailes de carnaval, conversas pela madrugada: "Eu já conhecia um Sérgio Cardoso mais solto, com seus segredos, suas fragilidades, suas fraquezas. [...] Ele me protegia e eu, de certa forma, também a ele".

Aracy Balabanian também revelou algumas recordações desse período e de como Sérgio era atencioso e protetor. Contou que, quando foi para a Globo, ele a recebeu com muito carinho, algo muito importante para ela naquele momento, pois o ambiente que encontrou no elenco de *O primeiro amor* não era dos mais amistosos. Ele aproveitou também para aproximá-la de Guta Mattos, diretora do departamento de elenco da Globo, que era uma de suas maiores amigas – e que, segundo Aracy, "morria de ciúmes de quem se aproximava de Sérgio".[85]

A respeito dessa proximidade, ele e Guta haviam se conhecido nos bastidores da novela *Pigmaleão 70*, sendo que ela supervisionava a produção; ficaram amigos, a confiança e o respeito mútuo foram crescendo e, algum tempo depois, Sérgio a convidou para morar em um dos andares do seu apartamento no bairro do Leblon.

Apesar do estafante trabalho de gravação da novela, ele simultaneamente preparava o roteiro de *Sérgio Cardoso em prosa e verso*, coletânea de monólogos, poemas e informações autobiográficas com a qual pretendia

---

[85] Tania Carvalho, *Aracy Balabanian: nunca fui anjo*, op. cit, p. 137 e 161.

excursionar pelo país, tão logo se encerrasse a novela. Contratou o ator Milton Carneiro para que, juntamente com Maria Luiza Carneiro, sua esposa, cuidasse da agenda do espetáculo, entrando em contato com os administradores dos teatros de várias cidades para a reserva de datas para apresentações. E assim estava sendo feito. A estreia nacional seria em Belo Horizonte, no Teatro Marília, onde aconteceriam sete apresentações, de 25 a 28 de agosto. A capital do Espírito Santo seria visitada logo a seguir, de 1º a 3 de setembro. Goiânia era outra cidade já programada.

Aracy Balabanian falou a respeito desse recital em seu livro biográfico: "[...] estava preparando um espetáculo com textos de Sófocles, Shakespeare, algumas pessoas riam um pouco dele, diziam que ele estava velho, ultrapassado. E ele tinha apenas 47 anos!". Essa observação também é muito significativa do reiterado processo de criação e destruição de mitos no Brasil, e é pouco provável que não chegassem até ele ecos desses comentários depreciativos.

Em meados do ano, numa espécie de prévia de seu retorno aos palcos, inaugurou um novo teatro em Maceió, apresentando a tantas vezes retomada versão de *O homem da flor na boca*.

Sobre sua saúde frágil, Aracy também comentou: "De vez em quando, nas gravações da novela, ele passava mal. Um dia, chamou um médico, que chegou na locação de ambulância. As pessoas ironizavam um pouco, que era fita. Eu me metia: se for psicológico, é tão sério quanto ele estar doente do coração. E ele estava realmente doente."[86]

Sérgio Britto relatou que, no início de agosto, Sérgio apareceu uma noite no Teatro Tereza Rachel para assistir à peça *Tango* (em que Britto atuava), e, após o espetáculo, foi conversar com o velho amigo. Entre um assunto e outro, revelou estar largando a televisão, que nunca fora feliz ali como tinha sido no teatro. Disse ainda que havia ingressado na área, a princípio, pela garantia de uma renda que lhe permitisse pagar as dívidas do Teatro Bela Vista e assegurar o sustento da filha. Agora queria voltar ao teatro. E acrescentou, ao se despedir: "Preciso falar com você".[87]

---

86   *Ibidem*, p. 159.
87   Sérgio Britto, *O teatro & eu: memórias*, *op. cit.*, p. 71.

O cara suja. **TV Tupi**, **São Paulo**, **1965**. Acervo NL-SC.

O preço de uma vida.
TV Tupi, São Paulo, 1965.
Acervo NL-SC.

Com Fernanda Montenegro e
Elísio de Albuquerque em cena
da novela *Calúnia*. **TV Tupi**,
1966. Acervo Arquivo Público

Somos todos irmãos.
TV Tupi, São Paulo,
1966. Acervo NL-SC.

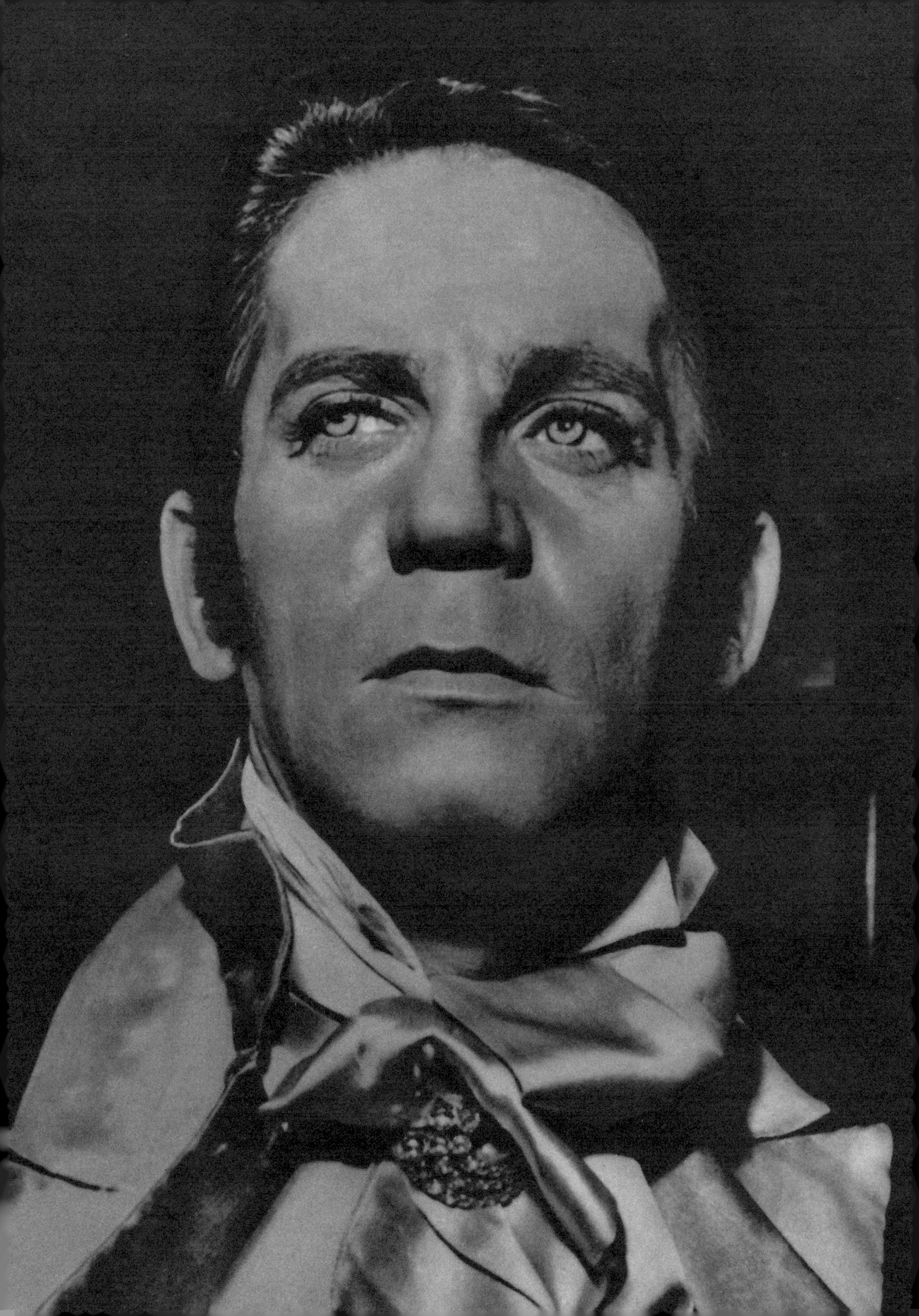

Posando ao lado de uma pessoa em situação de rua para divulgação da novela *O anjo e o vagabundo*. TV Tupi. 1966. Acervo Arquivo Público do Estado de São Paulo.

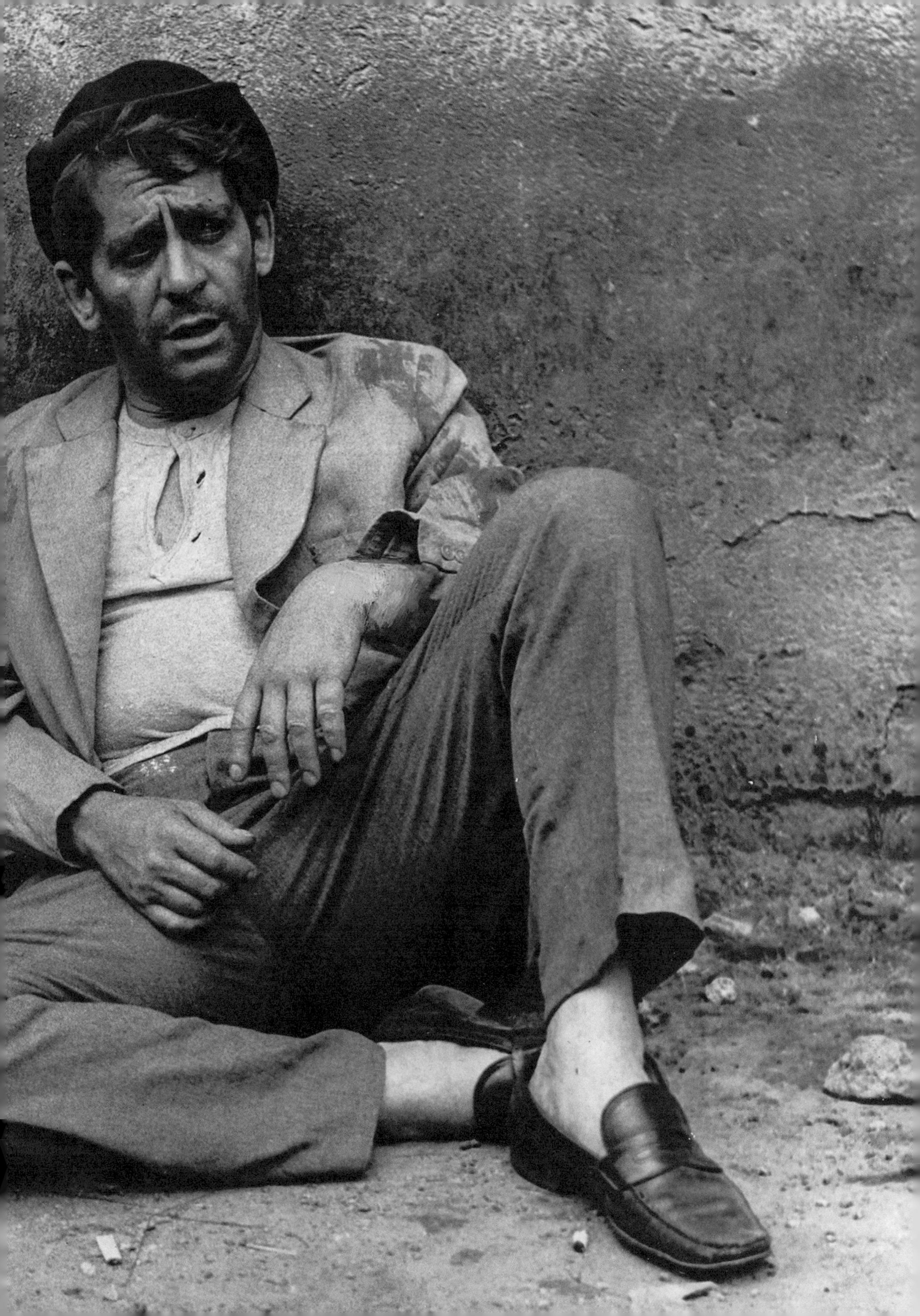

O santo mestiço. **TV Globo, Rio de Janeiro, 1968.** Acervo NL-SC.

Antônio Maria.
TV Tupi São Paulo, 1968.
Hemeroteca digital -
Biblioteca Nacional.

Pigmaleão 70. TV Globo,
Rio de Janeiro, 1970.
Acervo NL-SC.

O médico e o monstro. TV Globo 1972.
Conteúdo Globo.

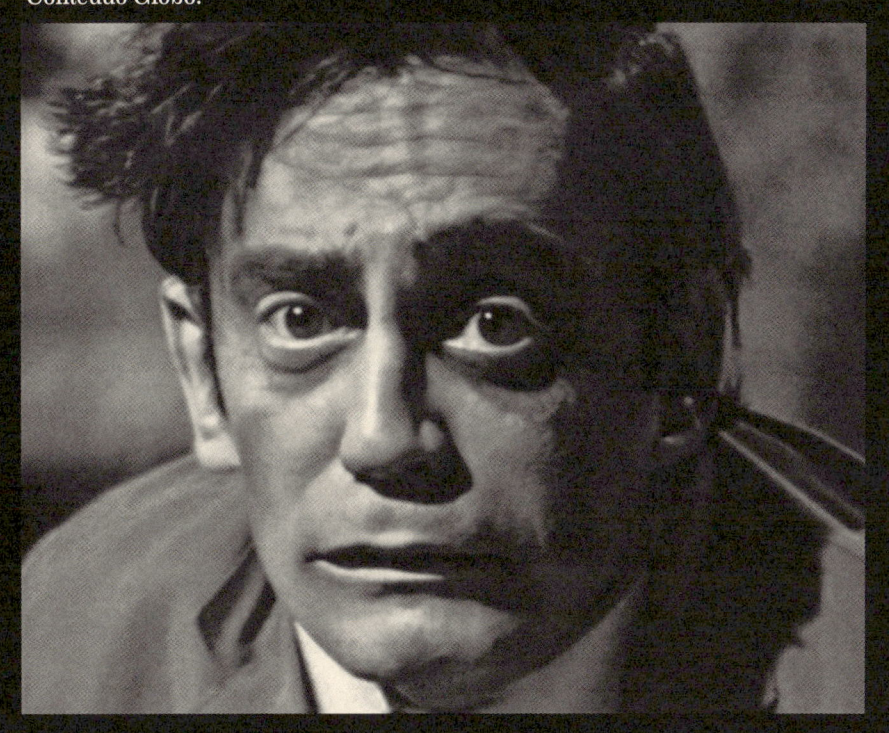

epílogo

A morte súbita

No dia 13 de agosto, um domingo, Sérgio foi ao *Programa Sílvio Santos*, no auditório da TV Globo em São Paulo. Iria declamar o poema "Cântico negro", de José Régio. Mas, pouco antes de entrar no palco, sentiu-se mal: queixou-se de uma forte dor no peito. Ele recusou, entretanto, a vinda de um médico, preferindo ficar deitado, atrás do cenário; e então, com um sorriso, disse: "Um ator morre em sua trincheira". Quando se sentiu em boas condições, levantou-se com algum esforço e, entrando no estúdio, declamou com toda a emoção os versos do poeta português:

> "Vem por aqui" – dizem-me alguns com olhos doces
> Estendendo-me os braços, e seguros
> De que seria bom que eu os ouvisse
> Quando me dizem: "Vem por aqui!"
> Eu olho-os com olhos lassos,
> (Há, nos olhos meus, ironias e cansaços)
> E cruzo os braços.
> E nunca vou por ali...

Essa foi sua última apresentação em público.

A um jornalista do *Diário de São Paulo* que lá estava, Sérgio ainda disse que escrevesse em sua coluna que ele iria deixar a televisão, por algum tempo. Falou do recital que estava montando e com o qual pretendia viajar pelo Brasil. Prometeu inclusive mandar fotografias de divulgação, logo na semana seguinte. Procurava parecer jovial, mas tinha o semblante contraído. No ano anterior, ele declarara:

> Se é que há alguma coisa de bonita na morte, gostaria de morrer como a minha saudosa e querida Cacilda Becker, com a cara maquiada, no palco. Um soldado gostaria de morrer no campo de batalha, e para os atores a carreira nada mais é do que um campo de batalha. Quando chegar o momento, gostaria de estar na trincheira.[88]

Na segunda-feira, já no Rio de Janeiro, retomou normalmente suas atividades. Na sexta-feira, dia 18 de agosto, após as gravações, ainda esteve com o poeta Vinicius de Moraes, tratando de assuntos relacionados ao seu recital, e visitou a cantora Dalva de Oliveira no hospital em que estava internada. Chegando

---

88 "A morte de um grande ator", *Diário de São Paulo*, São Paulo, 22 ago. 1972, n.p.

a casa, avisou à empregada que tomaria um banho, para relaxar. Pretendia assistir, naquela noite, ao *show* que sua colega e afilhada de casamento Jacyra Silva apresentava numa boate carioca. Antes de entrar no chuveiro, ainda telefonou para o músico e compositor Roberto Rosemberg para falar sobre a trilha sonora do espetáculo *Sérgio Cardoso em prosa e verso*.

Algum tempo depois, estranhando que ele não se comunicasse com ela, a vizinha e amiga Guta Mattos procurou-o e, ao verificar que ele estava há tanto tempo trancado no banheiro, sem atender aos chamados, pediu ao porteiro do edifício que abrisse a porta com uma chave-mestra. Encontraram Sérgio caído no chão do banheiro, já sem vida. Guta chamou rapidamente uma equipe médica, que, após examiná-lo, constatou que não havia mais nada a fazer. Um colapso cardíaco o atingira de surpresa.

Sylvia estava em casa esperando tranquilamente o início de mais um capítulo de *O primeiro amor* quando o telefone tocou. Nydia atendeu. Era Guta ligando para avisar que Sérgio acabara de falecer. O choque foi absoluto. Enquanto confortava a filha, Nydia tomava providências para que viajassem ao Rio.

Às 22h15, o *show* dos Jackson Five estava sendo exibido pela TV Globo, quando foi interrompido com a notícia lida por um locutor: "Vitimado por um enfarte, acaba de falecer, em sua casa, o ator Sérgio Cardoso". A notícia foi dada duas vezes e, pouco depois, uma edição especial do noticiário da emissora reproduzia as últimas cenas gravadas pelo ator, naquela tarde.

Às 22h30, Sylvia e Nydia chegaram ao apartamento de Sérgio, no Leblon. Lá encontraram alguns parentes, amigos e funcionários da Rede Globo tomando as providências necessárias.

Duas viaturas policiais foram chamadas para impedir a entrada dos repórteres no edifício, enquanto circulavam informações contraditórias sobre sua morte e sepultamento.

Já era madrugada quando o corpo chegou à Capela Real Grandeza, no Cemitério São João Batista, para ser velado. Um grande número de pessoas aguardava, na maioria artistas e funcionários de teatro e televisão: Paschoal Carlos Magno, Sérgio Britto, Sadi Cabral, Paulo Gracindo e Felipe Carone, entre outros.

Às 10h da manhã, quando aconteceu a missa de corpo presente, a Capela Real Grandeza já estava lotada. A mãe de Sérgio permaneceu todo o tempo ao lado do caixão. Longas filas de pessoas anônimas, fãs e curiosos formavam-se do lado de fora da capela. A família permitiu a entrada, desde que não fizessem fotos. Mas não conseguiu impedir um fotógrafo profissional de capturar, com uma teleobjetiva potente, uma imagem de Sérgio no caixão – foto que foi vendida para muitos jornais. Era tal o número de pessoas que se acotovelavam nas estreitas alamedas do cemitério que o capelão declarou que nem mesmo no enterro de Carmen Miranda houvera tantas pessoas presentes.

No início da tarde, começaram os gritos e empurrões, culminando com a invasão da sala onde estava o corpo. A Polícia Militar precisou usar de violência para retirar a multidão da sala. Sylvia e Nydia, ao chegarem, tiveram de ser escoltadas até o caixão.

Uma compacta multidão ocupava todos os espaços disponíveis no interior do cemitério quando, no final da tarde, o corpo foi levado, lentamente, ao jazigo familiar.

O enterro foi acompanhado por Rosamaria Murtinho, Célia Biar, Tônia Carrero, Walter Clark (representando a direção da Rede Globo), Renata Sorrah, Paulo José, Guta Mattos, Felipe Carone, Francisco Cuoco, Edney Giovenazzi, Rubens de Falco, Paulo Goulart, Leonardo Villar, Marco Nanini, Osmar Prado, Ruth de Souza, Walter Negrão, Daniel Filho, Chacrinha, Emiliano Queiroz, Tereza Rachel, Zilka Salaberry e muitos outros companheiros de trabalho e admiradores. A multidão no interior do cemitério foi calculada em 15 mil pessoas. Foram necessários dois batalhões da Polícia Militar para garantir um mínimo de ordem durante as cerimônias fúnebres e impedir que a família e o grande número de artistas presentes fossem molestados pela compacta multidão. A difícil situação se transformou num trauma para um dos atores presentes: Marco Nanini, impressionado com o misto de dor e histeria coletiva, com a multidão de fãs acotovelando-se em todos os espaços, buscando e pedindo autógrafos aos artistas, atropelando a privacidade da família, decidiu nunca mais comparecer a um enterro. Mais ainda, como afirma Mariana Filgueiras na biografia do ator, depois de tudo o que viu e sentiu naquele dia, "todas as mortes em cena teriam um pouco da carga trágica do fim de Sérgio Cardoso".[89]

Através da imprensa, críticos, jornalistas e admiradores manifestaram-se sobre a morte de Sérgio Cardoso. Yan Michalski, o respeitado crítico carioca, escreveu:

> Mais uma perda irreparável, nessa década tão cruel para o teatro brasileiro. Mais um dos poucos mitos dos nossos palcos se vai de repente, numa idade em que um ator justamente costuma atingir a plena posse dos seus meios expressivos. No caso de Sérgio Cardoso, o que torna a perda particularmente dolorosa é a

---

89 Mariana Filgueiras, *O avesso do bordado: uma biografia de Marco Nanini*, São Paulo: Companhia das Letras, 2023, p. 94-96.

consciência de que ele deu ao teatro muito menos do que poderia ter dado. [...]

Nos últimos 10 anos, Sérgio Cardoso ficou virtualmente absorvido pela televisão, que lhe proporcionou uma popularidade e uma situação econômica que o teatro nunca lhe poderia ter dado. [...]

Mas a televisão, que algumas vezes tem sido forte aliada do teatro, neste caso revelou-se também sua inimiga: ela roubou ao teatro um dos seus mais brilhantes talentos naturais, esmagou na sua engrenagem grande parte da sua capacidade criativa, impediu-o de participar de uma etapa particularmente vital e decisiva da nossa vida teatral, etapa na qual Sérgio Cardoso poderia talvez ter encontrado estímulo para renovar o seu repertório de recursos, que na televisão – não obstante o sucesso popular de muitos dos seus papéis de novela – vinham se estratificando e estagnando, impedindo-o nesta última década de cumprir todas as maravilhosas promessas do seu *Hamlet* de 1948.[90]

Unindo o sentimento pessoal à análise crítica, Regina Helena assim se manifestou:

Acho que, no fundo, nunca perdoei a Sérgio Cardoso o fato de ter abandonado o teatro. Suas interpretações marcaram época. [...] Lembro-me de cada uma delas, com detalhes. Na verdade, o teatro não perdeu Sérgio Cardoso agora. Perdeu, foi há dez anos, quando a televisão o chamou, e ele foi, e ficou mostrando no vídeo apenas 10% do seu imenso talento. Infelizmente, nossa televisão ainda não está aparelhada para permitir a um ator como Sérgio Cardoso que se mostrasse de corpo inteiro, com toda a plenitude de seu talento. [...] Dizem as notícias que perto de 15 mil pessoas foram ao seu enterro. Essa multidão compareceu para dizer adeus ao seu ídolo e também para pedir autógrafos aos outros ídolos que fatalmente lá estariam. [...] A gente, que o viu fazendo teatro, sabe que ele merecia mais do que 15 mil pessoas no seu enterro. Ele foi, indiscutivelmente, no palco, muito mais do que os personagens que fazia na TV. Foi um dos maiores atores que já apareceram no Brasil. [...] Este é um adeus que tenho a obrigação de dar. [...] Mas há uma outra palavra que, como jornalista e

---

90 Yan Michalski, "O itinerário de um grande ator", *Jornal do Brasil*, Rio de Janeiro, 22 ago. 1972, n.p.

> crítica de teatro, não teria obrigação de dizer. E digo, agora, com lágrimas nos olhos: obrigada, Sérgio.[91]

São longas citações, mas necessárias, para registrar o impacto emocional do desaparecimento de Sérgio.

Um jornalista anônimo, seguramente jovem, assim exprimiu seu pesar:

> **Nunca cheguei a ver Sérgio Cardoso num palco. Conheci-o dois anos atrás, como entrevistador. [...] Sérgio acabava de ganhar, não sei de qual revista especializada em tevê, o Troféu Limão, uma bobagem qualquer, mas que fazia com que eu temesse não ser bem recebido. Afinal, monstro sagrado do TBC, estrela da Globo... [...] Vem me receber, um dos homens mais educados, mais gentis, mais adoráveis que conheci em minha vida, talvez um dos últimos cavalheiros. [...] Tornamo-nos amigos. Sérgio recebia muito. Em sua casa conheci pessoas sempre do melhor nível humano do meio artístico. [...] Mais penoso do que falar da morte de um artista é falar da morte de um amigo. [...] Gostaria apenas de contar que Sérgio tinha planos definidos de voltar ao teatro ainda esse ano. Não estou falando só do recital que ia estrear em excursão. Estava lendo peças e escolhendo. Tenho um livro dele aqui ao lado. Eu lhe prometera dar minha opinião sobre a oportunidade da montagem de *The Entertainer*, de John Osborne, um de seus sonhos. [...] O livro, à minha frente, é um pesadelo. Quando tiver coragem, devolvo-o à Sylvinha, a filha de São Paulo, que estava sempre aqui. [...] O brilho nos olhos dos que viram, quando falam de *Hamlet*, de *Seis personagens à procura de um autor*, dá uma ideia do que perdemos. Esta é uma desvantagem do teatro em relação ao cinema e à tevê. Nós nunca vamos ver Sérgio num palco. É tudo muito triste.**[92]

Lamento não só de jovens que não o viram no palco, mas também daqueles que, tendo tido essa oportunidade, culpavam a precariedade do teatro brasileiro pela ida do ator para a televisão, como se nota nesta declaração de Austregésilo de Athayde, jornalista e então presidente da Academia Brasileira de Letras:

---

91 Regina Helena, "Meu adeus para Sérgio Cardoso", *A Gazeta*, São Paulo, 22 ago. 1972, n.p.

92 "Um dos últimos cavalheiros", *O Globo*, Rio de Janeiro, 22 ago. 1972, n.p.

> Sérgio viveu com uma intensidade além das forças humanas, multiplicando-se em personagens e dando a cada uma parcela de vida tiradas de seu próprio coração. Não espanta que esse tenha esgotado tão cedo as suas energias. [...] Considerando a vida que agora se extingue, lamento as condições em que ainda se faz teatro no Brasil. Sérgio Cardoso teve que voltar-se para a televisão, que não oferece largos horizontes a um ator da sua estirpe. A sua vocação para o teatro clássico, tão bem revelada logo no primeiro lance, não teria como alimentar-se na pobreza do teatro brasileiro.[93]

O crítico Clóvis Garcia relembrou a distinção feita por Louis Jouvet entre ator e intérprete (*acteur* e *comédien*), aplicando-a assim a Sérgio Cardoso:

> O ator impõe sua personalidade aos personagens que representa. O intérprete assume todas as características de cada personagem. Sérgio Cardoso era no palco um intérprete, porém, como observou Fernando Peixoto, na televisão foi-se tornando ator, possivelmente para suprir com as qualidades naturais de sua personalidade as deficiências dos papéis superficialmente criados pelos autores de telenovelas, fixando-se, inclusive, num certo tipo de modulação de voz característica, que vinha desde o segundo *Hamlet*.[94]

Em meio a tantas expressões de consternação, vale destacar, ainda, a do ator e amigo Sérgio Britto. Suas palavras sintetizam seu pensamento a respeito do trabalho de Sérgio Cardoso na televisão e apontam um possível sentimento de culpa, nutrido silenciosamente por aquele que havia abandonado o palco:

> Ele foi o maior ator da minha geração. Era um ator muito forte, de personalidade vigorosa. Ele era maior e mais forte que a TV. Era um burilador do gesto. O veículo de televisão não conseguiu mostrar todo o seu talento e banalizou sua força. A própria crítica de televisão achava que, para o estilo de representação exigido na TV, uma certa naturalidade, ele superinterpretava. O público porém o adorava. Mas, como seu amigo, fiquei frustrado no dia

---

93 Austregésilo de Athayde, "Boa noite, amável Príncipe!", *Diário de Pernambuco*, Recife, 22 ago. 1972, n.p.

94 Clóvis Garcia, "Antes intérprete, depois ator", *O Estado de S. Paulo*, São Paulo, 22 ago. 1972, n.p.

do seu enterro. Minha tristeza aumentava quando repórteres me perguntavam o que eu achava de seu trabalho, do Dr. Valcourt, de Antônio Maria, todos só lembravam de sua carreira na televisão, tinham esquecido o excepcional ator de teatro. Para mim, que vi seu começo, afinal começamos a sonhar juntos, ele não falava se sentia saudades do palco. Ele se fechava, não falava em teatro. Só na semana de sua morte, quando foi assistir à peça que eu fazia, *Tango*, ele me convidou para conversarmos sobre teatro. Marcamos encontro. Não pude ir, adiei, mas a morte chegou antes.[95]

A substituição de Sérgio Cardoso

Ainda em meio à comoção causada pelo falecimento do ator, a direção da Rede Globo convocou uma reunião de emergência para decidir o destino da novela *O primeiro amor*. Walter Negrão, chamado de São Paulo, também compareceu; ele conta que foram feitas várias sugestões, mas a pior de todas, a mais mórbida, foi a de que o personagem, o professor Luciano, morresse, e que cenas gravadas do enterro do próprio ator fossem utilizadas na telenovela. Acrescenta, ainda, que a ideia só foi abandonada em função do argumento de que o professor vivia numa pequena cidade interiorana e que era um homem tímido e discreto, não se justificando a presença de milhares de pessoas em seu sepultamento.

A novela devia prosseguir: havia cerca de vinte capítulos já gravados, faltando 28 para o final da história. Leonardo Villar, velho amigo de Sérgio, foi o ator escolhido para substituí-lo.

A substituição foi feita com todo o elenco reunido no palco do Teatro Fênix, onde todos os *shows* da emissora aconteciam. A última cena gravada de Sérgio foi mostrada. Nela, ele saía por uma porta. Essa imagem foi congelada e, nesse instante, apareceu todo o elenco, tendo à frente o ator Paulo José, que passou a ler um texto relembrando a trajetória do ator no teatro e na televisão e, também, explicando a sua substituição. No momento seguinte, a cena foi retomada, e Leonardo Villar entrou caracterizado como o personagem. Dessa maneira, a novela pôde continuar.

---

[95] Sérgio Britto, "Tempo de saudade", publicação não identificada, Arquivo Cenacen, Pasta Sérgio Cardoso, Rio de Janeiro.

Sobre aquele momento da carreira

Como estava a carreira de Sérgio Cardoso quando de sua morte? Ele estava fazendo uma novela que nada acrescentava à sua trajetória, ao passo que pretendia retomar o seu lugar no teatro dentro de poucos dias.

Na televisão não vivia um grande momento: apesar de interpretar o protagonista de *O primeiro amor*, o maior destaque da novela era a dupla cômica Shazan (Paulo José) e Xerife (Flávio Migliaccio). Os dois personagens fizeram tanto sucesso que ganharam, logo em seguida, um seriado próprio, enquanto o professor Luciano é lembrado apenas pelo falecimento de Sérgio na época em que o interpretava.

A televisão o seduzira pela segurança, pela garantia de uma ótima remuneração e pela conquista da fama, tornando-o um ídolo popular. Nela, interpretou papéis absolutamente inverossímeis, carregando nas tintas, como teria feito no palco, e, apesar disso, alcançou uma popularidade consagradora. Mas a telenovela já não era a mesma, vinha passando por muitas mudanças, buscando afastar-se cada vez mais das origens folhetinescas e aproximar-se mais da realidade brasileira, tanto em temas quanto em personagens. Nesse tempo dedicado à televisão, Sérgio havia se habituado a papéis de galãs positivos, exemplares, que permitiam uma minuciosa caracterização; mas esse tipo de personagem começava a escassear, ao menos para ele. Pode-se supor que, em muito pouco tempo, os papéis de protagonistas, de galãs, não lhe seriam mais oferecidos. Como seria isso para ele? Era um homem inteligente, apesar de vaidoso, e certamente deve ter percebido a mudança em curso. Já foi dito que no próprio elenco de *O primeiro amor* havia quem o considerasse um ator velho, antiquado – apesar de ter somente 47 anos. É interessante notar que, nos anos de 1971 e 1972, Sérgio participara de quatro programas da série *Caso Especial* (*O crime do silêncio*, *O trio*, *Meu primeiro baile*, *O médico e o monstro*), considerados mais experimentais, e apenas de uma novela. Em um desses teledramas foi, pela primeira vez oficialmente, autor e diretor (*O trio*, 1972). Fica a impressão de que a TV Globo já estava preocupada em oferecer alternativas para um artista do nível de Sérgio.

A decisão de retornar ao teatro nesse momento também pode ser vista como significativa dessa nova situação. Entretanto, o teatro também passara por mudanças drásticas durante o período em que ele se ausentara dos palcos. Em 1972, vivia-se sob rigorosa censura, e o teatro, ainda assim, mostrava-se extremamente vigoroso; como exemplo, o crítico Sábato Magaldi classificava a temporada paulista daquele ano como "a de mais alto nível artístico desde a criação do Teatro Brasileiro de Comédia".[96] Nela, destacam-se realizações como *A viagem* (baseada em *Os Lusíadas*, de Luís de Camões, sob a direção inovadora de Celso Nunes), *Terceiro demônio* (criação coletiva do Tuca, altamente experimental, dirigida por Mário Piacentini), *Missa leiga* (contundente cerimônia sacropolítica, de Chico de Assis, dirigida por Ademar Guerra), *A capital federal* (de Artur Azevedo, direção primorosa de Flávio Rangel), *O homem de La Mancha* (musical de Dale Wasserman, Mitch Leigh e Joe Darion, com Paulo Autran e Bibi Ferreira), *O casamento do pequeno-burguês* (de Brecht, num espetáculo de grande vitalidade, dirigido por Luís Antônio Martinez Corrêa), entre outras. Como se vê, havia um conjunto de grandes e interessantíssimas montagens, com produção à altura, elencos de peso e propostas afinadas com o momento histórico.

Em meio a esse panorama de inquietação artística, anunciava-se o retorno de Sérgio com uma espécie de recital de poemas e textos de diversos autores, num roteiro criado, dirigido e interpretado por ele mesmo. Chama a atenção o fato de Sérgio ter optado por um solo absoluto, em vez de produzir uma peça que mobilizasse o talento de vários artistas, com quem pudesse dialogar. Digna de nota também é a semelhança entre a estrutura de *Sérgio Cardoso em prosa e verso* e o seu último trabalho, apresentado na temporada de 1964: *O resto é silêncio* – um espetáculo que não foi exatamente bem-sucedido. Em ambos, o que se oferecia ao público era o trabalho de um artista solitário. Cabe lembrar a declaração de Leonardo Villar, de que o acúmulo de funções, assim como a ausência de uma voz se levantando contra seus eventuais equívocos, prejudicou o trabalho de Sérgio. Dito isso, o retorno dele ao teatro, dessa forma, parecia não ser muito auspicioso, e sim a repetição de uma fórmula que não tinha dado certo antes.

Um ator obcecado pelo seu trabalho, Sérgio lutou muito para poder mostrar o melhor do seu talento, mas, ao eliminar todos os obstáculos a isso, acabou vitimado por uma terrível solidão.

Boato macabro

Infelizmente, não foram só homenagens e palavras tocantes que sucederam a morte de Sérgio Cardoso. Uma notícia falsa teve o poder de penetrar de forma duradoura na memória e nas fantasias doentias de muitas pessoas.

Apenas dois meses após seu falecimento, o jornal *A Notícia*, de Manaus, publicou uma matéria com a manchete "Desencarne terrível". Nela, o jornalista afirmava que o ator sofria de catalepsia, e a prova disso seriam declara-

---

[96] Sábato Magaldi; Maria Thereza Vargas, *Cem anos de teatro em São Paulo*, São Paulo: Senac, 2000, p. 396-7.

ções de um empregado de sua confiança, que teria presenciado um ataque sofrido por Sérgio com a duração de 72 horas consecutivas. Segundo as palavras do jornalista, a catalepsia de Sérgio teria sido apontada por um médico alemão. Após essa denúncia, Sérgio teria sido exumado, sendo encontrado de bruços, no caixão, com o nó da gravata desfeito e o rosto cheio de arranhões.

O boato sobre o enterro prematuro de Sérgio difundiu-se rápida e insistentemente por todo o país, sobretudo no Rio e em São Paulo. Na época, a família optou por não desmentir de forma mais veemente o boato, tanto por estar demasiado abatida para isso como para poupar a mãe de Sérgio de mais essa tristeza. Porém, a persistência da falsa narrativa obrigou a família a abandonar a postura discreta e vir a público desmenti-la, através da imprensa.

Vamos aos fatos: catalepsia é uma palavra empregada para designar uma série de fenômenos de natureza físico-mental. Através dos tempos, e com a ajuda da literatura de terror, ela misturou-se a um universo de crendices e mistificações, assim como aos nossos pesadelos mais terríveis. Como explicou o neurologista Olavo Nery, em artigo publicado pela revista *Fatos e Fotos*, há uma modalidade chamada catalepsia histérica, que pode fazer o doente mergulhar num sono profundo por dias. No entanto, suas funções vitais são mantidas e podem ser verificadas. Desse modo, a catalepsia não engana um médico cuidadoso, enquanto a morte de Sérgio Cardoso foi atestada por três equipes médicas que o examinaram.

Em segundo lugar, o corpo de Sérgio nunca foi exumado, sendo a descrição macabra totalmente fantasiosa. Essa notícia absolutamente falsa vendeu jornais e propagou-se à custa de mais sofrimento para a família e para as pessoas que o amavam.

O fato de uma história assim tão inverossímil ter resistido ao tempo e a vários desmentidos indica sua ligação com processos profundos da psicologia coletiva.

Em última análise, uma das mais nobres e mais perigosas funções do ator é a de oferecer um reflexo da alma de seus semelhantes, purgando-os, libertando-os, aplacando-os e consolando-os. Como expressou o escritor Jean Duvignaud, o ator pode ser visto como "o revelador ativo dos elementos menos confessados e confessáveis das sociedades humanas". Tendo encarnado tantas paixões e tantos temores, caberia ainda a Sérgio Cardoso um derradeiro papel, após o último ato: espelhar, num epílogo de gosto duvidoso, o ancestral pavor diante da morte.

Sérgio em seu apartamento da rua Peixoto
Gomide, na cidade de São Paulo, em 1968.
Acervo NL-SC.

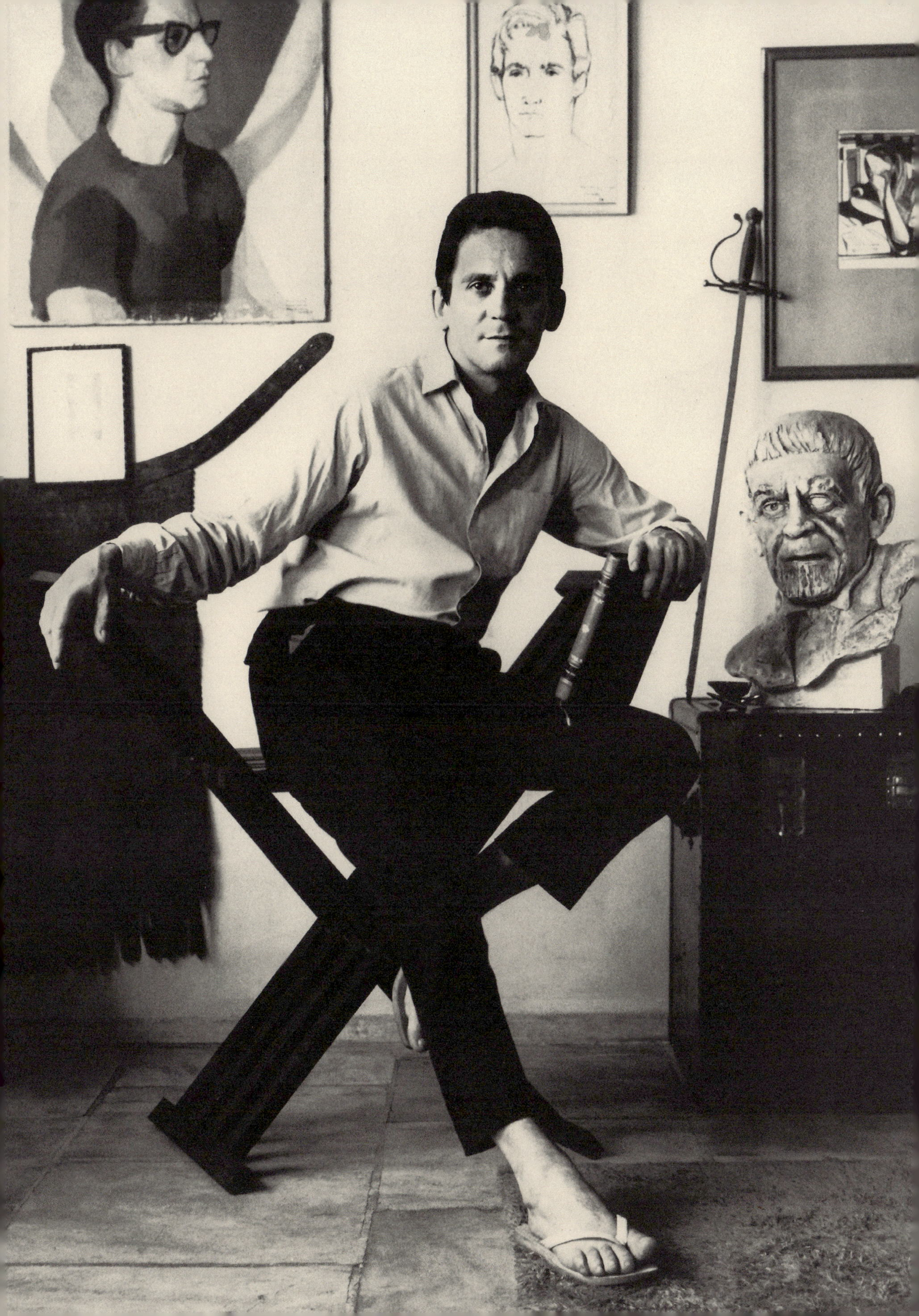

prêmios e títulos

1948 Prêmio da Associação Brasileira de Críticos Teatrais, de Maior Revelação de Ator, por *Hamlet*, de Shakespeare – TEB.

1954 Prêmio da Prefeitura do Distrito Federal (Rio de Janeiro), de Maior Ator Cômico, por Esopo (*A raposa e as uvas*) e Jacquot (*Canção dentro do pão*) – CDN.
Prêmio Governador do Estado (São Paulo), de Melhor Diretor, por *Canção dentro do pão* – CDN.
Prêmio Saci (*O Estado de S. Paulo*), de Melhor Ator, por *A raposa e as uvas* e *Canção dentro do pão* – CDN.

1956 Medalha de ouro da Associação Paulista de Críticos Teatrais, de Personalidade Teatral do Ano, pela inauguração do Teatro Bela Vista e pela direção e interpretação de *Hamlet*.
Prêmio Governador do Estado (São Paulo), de Melhor Ator, por *Hamlet* – Companhia Nydia Licia-Sérgio Cardoso.
Prêmio Saci Especial (*O Estado de S. Paulo*) pelas realizações do Teatro Bela Vista/Companhia Nydia Licia-Sérgio Cardoso.

1957 Medalha de ouro da Associação Paulista de Críticos Teatrais, de Melhor Diretor, por *Chá e simpatia* – Companhia Nydia Licia-Sérgio Cardoso.
Prêmio Governador do Estado (São Paulo), de Melhor Ator, por *Henrique IV* – Companhia Nydia Licia-Sérgio Cardoso.
Prêmio Saci (*O Estado de S. Paulo*), de Melhor Diretor, por *Chá e simpatia* – Companhia Nydia Licia-Sérgio Cardoso.
Prêmio Saci (*O Estado de S. Paulo*), de Melhor Ator, por *Henrique IV* – Companhia Nydia Licia-Sérgio Cardoso.

1958 Prêmio da Prefeitura do Distrito Federal (Rio de Janeiro), de Maior Ator Dramático, por *A raposa e as uvas* – Companhia Nydia Licia-Sérgio Cardoso.

1959 Medalha de Ouro de *A Gazeta*, de Ator de Teatro Mais Popular em São Paulo.

1965 Prêmio Governador do Estado (São Paulo), de Melhor Ator de Televisão, por *O cara suja* e *O preço de uma vida* – TV Tupi.

1966 Prêmio Governador do Estado (São Paulo), de Melhor Ator de Televisão, por *Somos todos irmãos* e *O anjo e o vagabundo* – TV Tupi.

1968 Troféu Roquete Pinto, de Melhor Ator de Televisão, por *Antônio Maria* – TV Tupi.
Troféu Imprensa, de Melhor Ator de Televisão, por *Antônio Maria* – TV Tupi.

1969 Título de Oficial da Ordem do Infante D. Henrique, do Governo de Portugal, por *Antônio Maria* – TV Tupi.
Título de Cidadão Honorário de várias cidades brasileiras.*

* *Sérgio Cardoso também se tornou nome de ruas e logradouros públicos em dezenas de cidades de estados como São Paulo, Rio de Janeiro, Rio Grande do Sul, Bahia, Espírito Santo, Minas Gerais, Pernambuco, Paraná e Santa Catarina.*

produção artística

	TEATRO	TELEVISÃO	CINEMA
1948	*Hamlet*, de William Shakespeare (ator: Hamlet); direção Hoffmann Harnisch; TEB		
	A família e a festa na roça, de Martins Pena (ator: Inácio); direção Dulcina de Moraes; SNT		
1949	*Hamlet* (ator, empresário, cenógrafo e figurinista); direção Hoffmann Harnisch; Teatro dos Doze		
	Arlequim, servidor de dois amos, de Carlo Goldoni (ator: Arlequim; empresário); direção Ruggero Jacobbi; Teatro dos Doze		
	Tragédia em New York, de Maxwell Anderson (ator: Milo Romagna; empresário); direção Ruggero Jacobbi; Teatro dos Doze		
	Simbita e o dragão, de Lucia Benedetti (ator: Simbita; empresário, cenógrafo e figurinista); direção Ruggero Jacobbi; Teatro dos Doze		
	O mentiroso, de Carlo Goldoni (ator: Lélio dos Bisonhos); direção Ruggero Jacobbi; TBC		
1950	*Entre quatro paredes*, de Jean-Paul Sartre (ator: Joseph Garcin); direção Adolfo Celi; TBC		
	Pedido de casamento, de Anton Tchekhov (ator: Lomov); direção Adolfo Celi; TBC		
	Os filhos de Eduardo, de Marc-Gilbert Sauvajon (ator: Jan Latzaresko); direção Ruggero Jacobbi e Cacilda Becker; TBC		
	A ronda dos malandros, de John Gay (ator: Capitão MacHeath); direção Ruggero Jacobbi; TBC		
	A importância de ser Prudente, de Oscar Wilde (ator: Prudente Worthing); direção Luciano Salce; TBC		

	TEATRO	TELEVISÃO	CINEMA
1950 (cont.)	*Anjo de pedra*, de Tennessee Williams (ator: Archie Kramer; assistente de direção); direção Luciano Salce; TBC		
	O homem da flor na boca, de Luigi Pirandello (ator: homem da flor na boca); direção Zbigniew Ziembinski; TBC		
	Do mundo nada se leva, de George S. Kaufman e Moss Hart (ator: Tony Kirby); direção Luciano Salce; TBC		
	O inventor do cavalo, de Achille Campanile (ator: Poeta Maledetto; cenógrafo e figurinista); direção Luciano Salce; TBC		
1951	*Seis personagens à procura de um autor*, de Luigi Pirandello (ator: Pai); direção Adolfo Celi; TBC		
	Convite ao baile, de Jean Anouilh (ator: Horácio e Frederico); direção Luciano Salce; TBC		
	Arsênico e alfazema, de Joseph Kesselring (ator: reverendo Harper); direção Adolfo Celi; TBC		
	Ralé, de Máximo Gorki (ator: o Ator); direção Flamínio Bollini Cerri; TBC	*Ralé*, transmissão direta do TBC; produção Cassiano Gabus Mendes; TV Tupi, São Paulo	
1952	*Diálogo de surdos*, de Clô Prado (ator: Juvenal); direção Flamínio Bollini Cerri; TBC		
	O mentiroso (remontagem) (ator: Lélio dos Bisonhos); direção Ruggero Jacobbi; TBC		
	Inimigos íntimos, de Pierre Barillet e J. P. Grédy (ator: Alexandre); direção Luciano Salce; TBC		
	Antígone, de Sófocles (ator: Mensageiro); direção Adolfo Celi; TBC		
	Antígone, de Jean Anouilh (ator: Mensageiro); direção Adolfo Celi; TBC		

	TEATRO	TELEVISÃO	CINEMA
	Vá com Deus, de John Murray e Allen Boretz (ator: Gordon Miller); direção Flamínio Bollini Cerri; TBC		
1953	*A falecida*, de Nelson Rodrigues (ator: Tuninho); direção José Maria Monteiro; CDN		
	A raposa e as uvas, de Guilherme Figueiredo (ator: Esopo); direção Bibi Ferreira; CDN		
	Canção dentro do pão, de Raimundo Magalhães Júnior (ator: Jacquot; diretor); CDN		
	Improviso, de diversos autores, criação coletiva; Teatro Íntimo Nicette Bruno		
	A ceia dos cardeais, de Júlio Dantas (ator: cardeal de Montmorency); direção Bibi Ferreira; Comédia Municipal, Rio de Janeiro		
1954		*Um personagem no ar* (ator, produtor e diretor); TV Record, São Paulo	
		Romance (ator, produtor e diretor); TV Record, São Paulo	
	Leonor de Mendonça, de Gonçalves Dias (ator: Antonio Alcoforado); direção Adolfo Celi; TBC		
	A filha de Yorio, de Gabriele D'Annunzio (ator: Aligi); direção Ruggero Jacobbi; Comissão do IV Centenário, São Paulo		
	Lampião, de Rachel de Queiroz (ator: Lampião; diretor e empresário); Cia. Nydia Licia-Sérgio Cardoso (NL-SC)		
	Sinhá Moça chorou, de Ernani Fornari (ator: Leocádio; diretor); Cia. NL-SC		
		A ceia dos cardeais (remontagem); espetáculo televisionado pela TV Record, São Paulo	

	TEATRO	TELEVISÃO	CINEMA
1955	*O homem da flor na boca*, de Luigi Pirandello (ator e empresário); direção Zbigniew Ziembinski; Pen Club do Rio de Janeiro		
		O homem da flor na boca, de Luigi Pirandello (ator e empresário); direção Zbigniew Ziembinski; TV Record, São Paulo	
		Grande Teatro Royal (ator: vários personagens); direção Ruggero Jacobbi; produção Cacilda Becker; TV Record, São Paulo	
	A ceia dos cardeais (remontagem) (ator: cardeal de Montmorency); direção Bibi Ferreira; Cia. Jayme Costa		
		Cor de rosa – Teatro Cacilda Becker, série de programas encenando novelas e contos; direção Ruggero Jacobbi; TV Record, São Paulo	
		Toi et moi, apresentação diária de uma poesia do livro *Toi et moi*, de Paul Geraldy (ator); TV Record, São Paulo	
1956	*Hamlet*, de William Shakespeare (ator: Hamlet; diretor e empresário); Cia. NL-SC – Teatro Bela Vista		
	Quando as paredes falam, de Ferenc Molnár (ator: Turay; empresário); direção Ruggero Jacobbi; Cia. NL-SC – TBV		
	A raposa e as uvas (remontagem) (ator: Esopo; empresário); direção Bibi Ferreira; Cia. NL-SC – TBV		
1957	*O comício*, de Abílio Pereira de Almeida (ator: Amin Fuad Filho; diretor e empresário); Cia. NL-SC – TBV		
	Chá e simpatia, de Robert Anderson (diretor e empresário); Cia. NL-SC – TBV		

TEATRO	TELEVISÃO	CINEMA
Henrique IV, de Luigi Pirandello (ator: Henrique IV; empresário); direção Ruggero Jacobbi; Cia. NL-SC – TBV		
Três anjos sem asas, de Albert Husson (ator: Júlio; diretor e empresário); Cia. NL-SC – TBV		

1958

TEATRO	TELEVISÃO	CINEMA
O casamento suspeitoso, de Ariano Suassuna (ator: Cancão; empresário); direção Hermilo Borba Filho; Cia. NL-SC – TBV		
Uma cama para três, de Claude Magnier (ator: Cláudio Masure; cenógrafo, diretor e empresário); Cia. NL-SC – TBV		
Vestido de noiva, de Nelson Rodrigues (cenógrafo, diretor e empresário); Cia. NL-SC – TBV		
Amor sem despedida, de Daphne du Maurier (ator: Ivan; diretor e empresário); Cia. NL-SC – TBV		

1959

TEATRO	TELEVISÃO	CINEMA
Nu com violino, de Noël Coward (ator: Sebastien; diretor e empresário); Cia. NL-SC – TBV		
	Grande Teatro Mercedes Benz, adaptações de textos de autores internacionais (ator e diretor); TV Record, São Paulo	
Trio (espetáculo com três peças em um ato): *Antes do café*, de Eugene O'Neill (cenógrafo, diretor e empresário), *O homem da flor na boca* (remontagem) (ator, cenógrafo, diretor e empresário) e *Lembranças de Berta*, de Tennessee Williams (cenógrafo, diretor e empresário); Cia. NL-SC – TBV		
Sexy, de Vicente Catalano e Enrico Simonetti (ator: Leopoldo; diretor e empresário); direção Sérgio Cardoso		
	Sexy, transmissão do espetáculo diretamente do Teatro Bela Vista; TV Record, São Paulo	

TEATRO	TELEVISÃO	CINEMA
1959 (cont.) *Hughie*, de Eugene O'Neill (ator: Hughie; diretor); 5ª Bienal de São Paulo		
O soldado Tanaka, de Georg Kaiser (ator: Tanaka; diretor e empresário); Cia. NL-SC – TBV		
1960 *Quando as paredes falam* (remontagem) (ator: Turay; empresário); direção Ruggero Jacobbi; Cia. NL-SC – TBV		
Sexy (remontagem) (ator: Leopoldo; diretor e empresário); Cia. Sérgio Cardoso		
Uma cama para três (remontagem) (ator, cenógrafo, diretor e empresário); Cia. Sérgio Cardoso		
A raposa e as uvas (remontagem) (ator, ensaiador e empresário); Cia. Sérgio Cardoso		
Trio (espetáculo com três peças em um ato): *O homem da flor na boca* (remontagem) (ator, cenógrafo, ensaiador e empresário), *Enganado, ferido e satisfeito*, de Alejandro Casona (ator, diretor e empresário) e *Retrato de uma madona*, de Tennessee Williams (cenógrafo, diretor e empresário); Cia. Sérgio Cardoso		
1961 *Calígula*, de Albert Camus (ator: Calígula); direção Martim Gonçalves; Escola de Teatro da Universidade Federal da Bahia		
Um estranho bate à porta, de Mel Dinelli (ator e diretor); Cia. Henriette Morineau – Teatro Dulcina		
1962 *A terceira pessoa*, de Andrew Rosenthal (ator: Kip); direção Walmor Chagas; Teatro Cacilda Becker		

	TEATRO	TELEVISÃO	CINEMA
	A visita da velha senhora, de Friedrich Dürrenmatt (ator: Schill); direção Walmor Chagas; Teatro Cacilda Becker, Teatro Record (São Paulo) e Theatro Municipal (Rio de Janeiro)		
		Teleteatro Brastemp (ator: vários personagens); direção Antunes Filho; produção Bibi Ferreira; TV Excelsior, São Paulo	
		Caminhos da medicina (ator: vários personagens); TV Excelsior, São Paulo	
	Calígula, de Albert Camus (ator: Calígula; diretor); Sociedade de Auxílio à Juventude Estudantil (Saje) – Teatro Cacilda Becker		
1963	*Júlio César*, de William Shakespeare (ator: Júlio César; diretor); Ginásio Estadual de Cambuí (MG)		
		Porque tenho fé no Brasil (apresentador e produtor); TV Paulista, São Paulo	
1964	*Sonho de uma noite de verão*, de William Shakespeare (diretor); Clube Hebraica, São Paulo		
	Gog e Magog, de Roger Mac Dougall e Ted Allan (ator: Júlio e Davi); direção Alberto D'Aversa; TBC		
	O resto é silêncio, trechos de peças de William Shakespeare (ator, cenógrafo, figurinista, diretor e empresário); Teatro Aliança Francesa, Teatro de Arte Israelita Brasileiro (Taib)		
		O sorriso de Helena, de Walter George Durst, baseada em original do roteirista argentino Abel Santa Cruz (ator: Fernando); direção Geraldo Vietri; TV Tupi, São Paulo	
1965	*Vestido de noiva* (remontagem); direção Sérgio Cardoso; Comissão do IV Centenário do Rio de Janeiro – Theatro Municipal		

	TEATRO	TELEVISÃO	CINEMA
1965 (cont.)		*O cara suja*, de Walter George Durst, baseada em original de Roberto Valente (ator: Ciccilo); direção Geraldo Vietri; TV Tupi, São Paulo	
		O preço de uma vida, de Talma de Oliveira, baseada em original do roteirista cubano Félix Caignet (ator: dr. Valcourt); direção Henrique Martins; TV Tupi, São Paulo	
1966		*Calúnia*, de Talma de Oliveira, baseada em *La Mentira*, de Caridad Bravo Adams (ator: Guilherme); direção Wanda Kosmo; TV Tupi, São Paulo	
		Somos todos irmãos, adaptação de Benedito Ruy Barbosa do romance *A vingança do judeu*, de J. W. Rochester (ator: Samuel); direção Wanda Kosmo; TV Tupi, São Paulo	
		O anjo e o vagabundo, de Benedito Ruy Barbosa (ator: dr. Renato); direção Geraldo Vietri e Wanda Kosmo; TV Tupi, São Paulo	
1967		*Paixão proibida*, de Janete Clair (ator: Rogério); direção Geraldo Vietri; TV Tupi, São Paulo	
1968			*A madona de cedro* (ator: sacristão); direção Carlos Coimbra; produção Oswaldo Massaini
		O santo mestiço, de Glória Magadan, baseada na história real do peruano São Martinho de Porres (ator: Martin de Porres e padre Ramiro); direção David Grindberg; TV Globo, Rio de Janeiro	
		Antônio Maria, de Geraldo Vietri e Walter Negrão (ator: Antônio Maria; idealizador da novela); direção Geraldo Vietri; TV Tupi, São Paulo	

	TEATRO	TELEVISÃO	CINEMA
1969		*A cabana do Pai Tomás*, de Hedy Maia, Walter Negrão e outros, livre adaptação do livro homônimo de Harriet Beecher Stowe (ator: Pai Tomás, Abraham Lincoln e Dimitrious; coautor); Rede Globo de Televisão, Rio de Janeiro	
1970			*Os herdeiros* (ator: chefe político da época getulista); direção Cacá Diegues; produção Luiz Carlos Barreto e Jarbas Barbosa
		Pigmaleão 70, de Vicente Sesso (ator: Nando); direção Régis Cardoso; Rede Globo de Televisão, Rio de Janeiro	
		A próxima atração, de Walter Negrão (ator: Rodrigo); direção Régis Cardoso; Rede Globo de Televisão, Rio de Janeiro	
1971		*O crime do silêncio*, Caso Especial escrito por Dias Gomes (ator); direção Régis Cardoso; Rede Globo de Televisão, Rio de Janeiro	
1972		*O trio*, Caso Especial escrito por Sérgio Cardoso (ator e codiretor); direção Sérgio Cardoso e Reynaldo Boury; Rede Globo de Televisão, Rio de Janeiro	
		Meu primeiro baile, Caso Especial, adaptação de Janete Clair da peça *Un carnet de bal*, de Jacques Prévert (ator); direção Daniel Filho; Rede Globo de Televisão, Rio de Janeiro	
		O médico e o monstro, Caso Especial, adaptação de Domingos de Oliveira do romance homônimo de Robert L. Stevenson (ator); direção Zbigniew Ziembinski; Rede Globo de Televisão, Rio de Janeiro	
		O primeiro amor, de Walter Negrão (ator: prof. Luciano); direção Régis Cardoso; Rede Globo de Televisão, Rio de Janeiro	

índice onomástico

A

Abramo, Lélia: 291, 293
Abreu, Sílvio de: 307
Adams, Caridad Bravo: 291, 350
Affonso, Ruy: 58, 61, 63, 100, 137
Aimée (Haidée Salles Lemos): 38
Aires, Percy: 284
Albuquerque, Elísio de: 40, 287, 291, 296, 296, 318
Alencar, Mauro: 290
Allan, Ted: 269, 349
Almeida, Abílio Pereira de: 190-2, 346
Almeida, Guilherme de: 55, 58, 70, 182-3
Alves, Castro: 147, 207
Alves, Castro (teatro): 207, 278
Alves, Lúcia: 312
Alves, Moussia Pinto: 177
Amadeu, Gésio: 302
Amado, Genolino: 15
Anderson, Maxwell: 41, 16, 343
Anderson, Robert: 194, 346
Anouilh, Jean: 78, 89, 114, 344
Ararigboia: 24
Assis, Chico de: 335
Assis, Machado de: 165
Assumpção, Paulo: 84
Athayde, Anita de: 162
Athayde, Austregésilo de: 125, 331-2
Autran, Paulo: 12, 65, 74-7, 81-2, 87, 90-1, 137-8, 151-2, 191, 219, 259, 261, 263, 272, 335, 365
Azevedo, Artur: 216, 335, 367

B

Balabanian, Aracy: 269, 296-7, 313-4, 320
Balzac, Honoré de: 363
Barbosa, Benedito Ruy: 165
Barbosa, Jarbas: 292-3, 350
Barcelos, Jaime: 40
Bardi, Lina [Bo]: 257
Barillet, Pierre: 89, 344
Barrault, Jean-Louis: 69, 70, 94, 132, 150, 165, 216, 219
Barreto, Lima: 156
Barreto, Luiz Carlos: 351
Barros, Adhemar de: 190, 193
Barroso, Inezita: 81, 94
Barroso, Maurício: 63-4, 72, 84, 91, 93-4, 100, 112
Batista, Xandó: 81
Becker, Cacilda: 12, 14, 33, 38, 42, 49, 56, 58-9, 60-1, 67-9, 73, 75-6, 79-81, 85, 87, 92-4, 98, 103, 105, 130, 152-3, 163, 165, 174, 185, 204, 218, 250, 260, -63, 266-7, 327, 343, 346
Becker, Cacilda (teatro): 185, 204, 260-2, 264-5, 276, 346, 348-9
Belinky, Tatiana: 187
Benedetti, Lucia: 41-2, 70, 207, 343
Berrettini, Célia: 17
Bevilácqua, Clóvis: 23
Biar, Célia: 61, 104, 305, 307, 312, 329
Bittencourt, Haydée: 77, 79, 289, 365
Boal, Augusto: 194, 253
Bógus, Armando: 307
Boldrin, Rolando: 291
Bonadei, Aldo: 157, 166, 177
Boni (José Bonifácio de Oliveira Sobrinho): 300-1, 303, 307, 309-10, 364
Borba Filho, Hermilo: 184, 202-3, 239, 268, 347
Boretz, Allen: 91, 345
Borghi, Renato: 209-10
Boury, Reynaldo: 311, 351
Brazão, Eduardo: 119
Brecheret, Victor: 177
Brecht, Bertolt: 64, 204, 267, 335
Britto, Sérgio: 12, 26-7, 31, 34-5, 38, 40, 42, 61, 305, 314, 328, 332-3
Bruno, Isaura: 287
Bruno, Nicette: 26, 137, 345
Bruzzo, Íris: 305
Bulhões (marido de Glauce Rocha): 257

C

Cabral, Sadi: 38, 328
Caetano, João: 32, 270, 286
Caignet, Félix: 287, 350
Callado, Antônio: 167, 295
Calvet, Aldo: 91

Calvo, Aldo: **56, 153, 197**
Camargo, Joracy: **125**
Camargo, Maria Célia: **284**
Caminha, Delorges: **120-1**
Camões, Jerusa: **26**
Camões, Luís de: **296, 335**
Campanile, Achille: **74, 106, 344**
Campbell, Joseph: **19**
Campos, Walter: **302, 312**
Camus, Albert: **26, 29**
Capanema, Gustavo: **73**
Capra, Frank: **73**
Cardoso, Francisco da Silva Mattos: **20**
Cardoso, Lúcio: **256, 264**
Cardoso, Maria Esther da Fonseca Mattos: **20**
Cardoso, Régis: **302, 305, 311-2, 351**
Carla, Wilza: **304**
Carneiro, Maria Luiza: **313**
Carneiro, Milton: **313**
Carone, Felipe: **305, 328-9**
Carrero, Tônia: **87, 304-5, 313, 329**
Carvalho, Dennis: **296, 298**
Carvalho, Maria José de: **159-60, 194, 365**
Carvalho, Paulo Machado de: **147**
Carvalho, Tania: **164, 268, 297, 313**
Carvana, Hugo: **304**
Casona, Alejandro: **252, 348**
Castelli, Maria Luíza: **296, 302, 305**
Catalano, Vicente: **212, 214, 347**
Cavalcanti, Alberto: **80**
Cavalcanti, Cláudio: **312**
Celi, Adolfo: **53, 58, 60-1, 73, 75-6, 83, 92, 94, 122, 151, 196, 343-5**
Cerri, Flamínio Bollini: **82, 185, 344-5**
Chacrinha (José Abelardo Barbosa de Medeiros): **329**
Chagas, Walmor: **91, 165, 260-2, 348-9, 365**
Chase, Mary: **84**
Chopin, Frédéric: **195**
Cícero, padre: **256, 264**
Civelli, Carla: **64, 66**

Civelli, Pola: **285**
Clair, Janete: **293, 309, 312, 350-1**
Clark, Walter: **329**
Cléos, Rita: **175, 215, 219, 224, 242-3, 252, 285**
Coelho Neto, Henrique M.: **23**
Coimbra, Carlos: **295, 350**
Colli, Walter: **265**
Consorte, Renato: **137**
Constantino, Manuel: **177**
Copeau, Jacques: **33**
Corinaldi, Emanuele: **178**
Corrêa, Guilherme: **178, 215, 217, 224, 241, 244, 246, 252, 274-5**
Corrêa, Luís Antônio Martinez: **335**
Cortez, Raul: **182**
Costa, Jayme: **26, 33, 66, 119-20, 138-9**
Costa, Maria Della: **15, 82, 204**
Couto, Carlos: **40**
Coward, Noel: **212, 347**
Cravo, Mario: **166, 177, 257**
Cruz e Sousa, João da: **64**
Cruz, Carmélio: **157, 177**
Cuoco, Francisco: **312, 329**

D

D'Amico, Silvio: **60**
D'Annunzio, Gabriele: **152, 345**
D'Aversa, Alberto: **269, 349**
Daniel Filho, João Carlos: **293, 302, 304, 308-9, 312, 329, 351**
Dantas, Júlio: **138, 192, 345**
Darion, Joe: **335**
De Fuccio, sr.: **149**
Delacy, Monah: **81**
Delamare, Manoelina Cardoso: **39, 365**
Di Cavalcanti, Emiliano: **166**
Dias Gomes, Alfredo de Freitas: **264, 293, 308-9, 311, 351**
Dias, Annamaria: **296**
Dias, Gonçalves: **151, 345**
Dickens, Charles: **80**
Diderot, Denis: **129**
Diegues, Cacá: **304, 351**
Dinelli, Amélio "Mel": **260, 348**

Diniz, Leila: 295
Dona Yayá: v. Freire, Sebastiana de Melo
Donato, Hernani: 78
Dostoiévski, Fiódor: 165
Duarte, Anselmo: 295
Duarte, Lima: 291, 293
Ducis, Jean-François: 32
Duprat, Raymundo: 178, 215, 241
Durães, Manuel: 139
Dürrenmatt, Friedrich: 260-1, 349
Durst, Walter George: 264, 283-5, 349-50, 365
Duvignaud, Jean: 336

E
Ega, João da: 124
Elizângela (Elizangela do Amaral Vergueiro): 312
Escobar, Ruth: 12, 268
Eurípedes: 86

F
Falco, Rubens de: 72, 84, 156, 329
Falzoni, Luciano: 167
Farc, Abrahão: 262, 280-1
Faria, Betty: 305, 307, 311
Fattori, sr.: 149
Faulkner, William: 217
Fernanda, Maria: 38, 258
Fernandes, Amilton: 287
Fernandes, Hélio: 125
Fernandes, Ismael: 283-4, 365
Ferreira, Bibi: 11, 38-9, 66-7, 90, 122, 125-7, 130, 134-5, 138-9, 144, 147-8, 185, 189, 218, 262, 264, 335, 346, 349, 365
Ferreira, Procópio: 11-2, 26, 29, 38, 66, 72, 119-21, 123, 126-7, 138-9, 149, 187, 189, 196
Figueiredo, Guilherme: 122, 126-8, 130, 155, 167, 190, 209-10, 345
Figueiredo, Paulo: 296
Filho, Antunes: 12, 264, 349
Filho, Jardel: 67
Fischer Júnior, Jorge: 178, 195, 202, 209-10
Fomm, Artur: 260
Fomm, Joana: 260
Fontana, Emílio: 262
Fornari, Ernani: 155, 162, 345
Fragoso, Wilson: 292
Fregolente, Ambrósio: 38
Freire, Marina: 63, 238
Freire, Sebastiana de Melo (Dona Yayá): 211
Freitas, Érico de: 263

G
Garcez, Lucas Nogueira: 15, 154, 161
Garcia, Clóvis: 66, 91-2, 94, 159, 164, 180, 184, 191, 194, 199, 202, 257, 332, 332n, 365
Garcia, Léa: 312
Garrido, Alda: 66, 138
Gassman, Vittorio: 80, 83, 150, 216, 219
Gay, John: 64, 343
Genauer, Beyla: 40
Geraldy, Paul: 346
Gidali, Marika: 212, 215
Gielgud, John: 297
Gil, Carlos: 304
Gillon, Jean: 262
Giorgi, Bruno: 166, 177
Giovenazzi, Edney: 302, 305, 307, 329
Gleizer, Elias: 296
Gogol, Nikolai: 88
Goldoni, Carlo: 41, 53, 55-6, 73, 343
Gomes, Roberto: 138
Gomide, Geórgia: 284, 287, 291, 296
Gonçalves, Delmiro: 184
Gonçalves, Eros Martim: 256, 258
Gonçalves, Milton: 312
Gonçalves, Paulo: 155
Gorki, Máximo: 82, 344
Goulart, João: 260
Goulart, Paulo: 329
Graciano, Clóvis: 177
Gracindo, Paulo: 307, 309, 328
Grédy, J. P.: 89, 344
Grey, Wilson: 38
Grindberg, David: 350
Guarnieri, Gianfrancesco: 194, 203

Guerra, Ademar: 335
Guerreiro, Josef: 93
Guinness, Alec: 294
Guiser, Ismael: 215
Gullar, Ferreira: 304
Gustavo, Luís: 306
Gutlich, Johann: 177
Guzik, Alberto: 82, 82n

H
Hammerstein, Oscar: 212
Harnisch, Wolfgang Hoffmann: 32, 34-6, 40-1, 178, 181, 343
Hart, Moss: 73, 344
Hauptmann, Elisabeth: 268
Helena, Regina (Regina Helena de Paiva Ramos): 330, 331n
Hellman, Lilian: 204
Henreid, Elizabeth: 87, 104, 137
Hipócrates: 264
Holanda, Chico Buarque de: 64
Husson, Albert: 199, 347

I
Ignez, Helena: 259

J
Jacintha, Maria: 31
Jacobbi, Ruggero: 40-1, 53, 55-6, 59, 62-6, 92, 94, 129, 152, 159, 164-5, 180, 185-6, 197, 343-8
Jesus, Maria Angela de: 302n
Jobim, Tom: 190
José, Paulo (Paulo José Gómez de Sousa): 312-3, 329, 333-4
Jouvet, Louis: 58, 332
Junqueira, Nieta: 175, 199

K
Kaiser, Georg: 218, 348
Kantor, Joe: 72
Kaufman, George S.: 73, 344
Kesselring, Joseph: 81, 344
Khoury, Simon: 28, 203, 310
Kleemann, Fredi: 58, 63, 96-8, 100-5, 108, 110-5, 165, 174, 280
Korowaiczik, Alexandre: 195
Kosmo, Wanda: 153, 206, 209, 213, 218, 236, 238, 241, 291-3, 305, 350
Kubitschek, Juscelino: 208
Kusnet, Eugênio: 262

L
Lacerda, Carlos: 72
Lacerda, Vanda: 26-28, 27n, 295
Lago, Mário: 304, 312
Lanuza, Cacilda: 292
Lara, Odete: 191, 304
Leão, Esther: 27-8
Leão, Nara: 304
Leão, Sylvia Luisa Cardoso (Sylvinha): 3, 5, 17, 87, 90, 122, 134, 149, 205, 209, 211, 254-5, 261, 298-300, 309, 328-9, 331
Léaud, Jean-Pierre: 304
Ledesma, Vilmar: 294n
Leigh, Mitch: 335
Levi, Rino: 72
Licia, Nydia: 12, 14, 17-8, 30, 53-4, 58-75, 77, 80-2, 84, 86-7, 89-94, 98-9, 101, 106-7, 109, 117-9, 122, 128, 131, 133-4, 138, 141, 143, 147-50, 153-7, 161-3, 165, 167-8, 170-1, 174-5, 177-8, 181, 183-9, 191, 193-200, 203, 206-7, 209-21, 223, 227, 231, 233, 240, 241, 291, 299-300, 309, 328-9, 341, 345, 365
Lima, Carlos de Araújo: 208
Lima, Iolanda Faria: 193
Lima, J. C. Cavalheiro: 93-4, 93n, 136
Linhares, Luís: 31, 40
Lisboa, Dina: 153, 264, 269, 276-7, 295
Lobato, Monteiro: 135, 187
Lotto, Jarbas: 207
Loup, Guy: 292, 296
Loureiro, Oswaldo: 304

M
Mac Dougall, Roger: 269, 349
Machado, Lourival Gomes: 74
Machado, Ney: 132, 132n
Mafalda, Eloísa: 302, 305, 307
Magadan, Glória: 287, 295, 300, 350

Magaldi, Sábato: **11, 37, 85, 164, 177, 179-80, 179n, 180n, 184, 187, 310, 334, 335n, 365**
Magalhães Júnior, Raimundo: **30, 122, 129-31, 132n, 136, 167, 345**
Magalhães, Juracy: **259**
Magnier, Claude: **203, 251, 347**
Magno, Paschoal Carlos: **29, 30-5, 36n, 39-40, 85-6, 120, 125, 133, 202, 208, 210, 215, 272, 298, 299n, 328**
Maia, Francisco Prestes: **190**
Maia, Hedy: **302, 351**
Maia, Irênio: **189, 215**
Malvil, Annik: **262**
Mamberti, Sérgio: **12, 262, 280-1**
Maquiavel, Nicolau: **263**
Marcos, Plínio: **301**
Maria, Nívea: **287, 290, 290n, 313**
Maria, Zilah: **40, 97**
Marinho, Roberto: **86, 125, 210**
Mário (irmão de Sérgio Cardoso): **21-2, 43-4**
Mariutti, Germano: **166**
Marivaux, Pierre: **130**
Marlene (Victória Bonaiutti de Martino): **125**
Martins, Aldemir: **156-7, 166, 177**
Martins, Henrique: **287, 350**
Marx, irmãos: **91**
Marx, Burle: **177, 310**
Marx, Groucho: **23, 91**
Massaini, Oswaldo: **350**
Matarazzo, Ciccillo: **66, 70**
Mattos, Guta: **313, 328-9, 365**
Maugham, Somerset: **213**
Maurício, Augusto: **28n**
Maurier, Daphne du: **207, 213, 347**
Mayer, Rodolfo: **38, 189**
Mayo, Patrícia: **284, 296**
Mayor, Carolina Sotto: **38**
Maysa: **312**
Mehler, Miriam: **293, 302**
Meinberg, Otto: **163, 177, 250**
Meira, Tarcísio: **247, 251, 265, 312**
Meireles, Cecília: **31**
Mello Neto, João Cabral de: **125**
Melo, Renato Vieira de: **125n**
Mendes, Cassiano Gabus: **84, 199, 283, 290, 344**
Mendes, Rocha: **128**
Mendonça, Paulo: **180**
Menezes, Ademir: **124**
Menezes, Glória: **311-2**
Mesquita, Alfredo: **66, 79, 79n, 156, 163-4, 180**
Michalski, Yan: **270, 303, 304n, 329, 330n**
Migliaccio, Flávio: **313, 334**
Miller, Gordon: **91, 345**
Miranda, Carmen: **22, 304, 329**
Miranda, Edgar Rocha: **130**
Miranda, Nicanor: **136, 136n**
Mitchell, Margaret: **302**
Moacyr, Raquel: **75**
Molière: **130**
Molnár, Ferenc: **167, 186, 188, 346**
Monteiro, José Maria: **122-3, 125, 130, 345**
Montenegro, Fernanda: **12, 37, 37n, 180, 180n, 291-2, 292n, 318-9**
Montoro, Franco: **184**
Moraes, Dulcina de: **26, 29, 38-9, 66, 119, 162, 189, 343**
Moraes, Eneida de: **210**
Moraes, Vinicius de: **190, 327**
Moreno, Francisco: **120**
Morineau, Mme. Henriette: **42, 66, 125, 209, 260, 348**
Moutinho, padre: **23**
Muni, Paul: **306**
Murray, John: **91, 345**
Murtinho, Rosamaria: **292-3, 295, 313, 329**
Musset, Alfred de: **130**

N
Nabuco, Ana Maria: **206**
Nanini, Marco: **329, 329n**
Nascimento, Abdias do: **38**
Navarro, Olga: **38**
Negrão, Walter: **296, 303, 307-8, 312, 329, 333, 350-1**
Negri, Lisa: **292**
Negri, Suzana: **260**
Nery, Olavo: **336**
Nogueira, Meire: **287**

Novaes, Guiomar: 195
Nunes, Alceu: 218, 242
Nunes, Celso: 345
Nunes, Mário: 125, 126n

O

O'Neill, Eugene: 166, 213, 217, 347-8
Olinto, Antonio: 125
Oliveira, Araçari de: 156, 172-3
Oliveira, Dalva de: 304, 327
Oliveira, Domingos de: 312, 351
Oliveira, Juca de: 263, 293, 310, 310n, 365
Oliveira, Pernambuco de: 35
Oliveira, Talma de: 287, 291, 350
Oliveira Sobrinho, José Bonifácio de (Boni): 300-1, 303, 307, 309-10, 364
Olivier, Laurence: 150, 178, 180, 216, 219, 290, 294, 297
Olympio, José: 163, 167, 177
Orlanda (irmã de Paschoal Carlos Magno): 35
Osborne, John: 331
Oscarito (Oscar Lorenzo Jacinto de la Inmaculada Concepción Teresa Díaz): 72
Otelo, Grande (Sebastião Bernardes de Souza Prata): 304

P

Pace, Eliana: 290n
Pacheco, Mattos: 57n, 136, 184
Padin, Dom Cândido (nascido Rubens Padin): 23
Padin, Rubens (Dom Cândico Padin): 23
Paulo, Marcos: 305, 307, 312
Paz, Porfírio da: 177
Pedreira, Brutus: 84
Peixoto, Fernando: 332
Pellegrino, Hélio: 125
Pena, Martins: 31, 38-9, 253, 343
Penna, Nilson: 38, 131
Penteado, Yolanda: 66, 70
Pêra, Marília: 309
Pereira, Santos: 166
Petti, Odavlas: 262
Philipe, Gérard: 154

Piacentini, Mário: 335
Picchia, Menotti Del: 163
Pincherle, Alice (mãe de Nydia Licia): 62, 209, 215
Pinheiro, Gustavo: 178, 189
Pinho, Zé Luiz: 207
Pinto, Walter: 26
Pirandello, Luigi: 70-1, 75-6, 76n, 85, 122, 166, 196, 213, 252, 344, 346-7
Pirillo, Roberto: 312
Piscator, Erwin: 182
Pitoëff, Georges: 196
Piza, Wladimir de Toledo: 184
Plonka, Marcos: 284, 296
Polloni, Sandro: 204
Pompeu, Maria: 252
Pongetti, Henrique: 122, 125
Porres, São Martinho de: 295, 350
Porto, Paulo: 304
Portoalegre, Walter Schultz: 35
Prado, Clô: 87-8, 344
Prado, Décio de Almeida: 33, 68, 81, 127, 127n, 132, 136, 136n, 151, 158-9, 158n, 164, 180, 182, 182n, 195, 196n, 206, 206n, 226-7, 232, 262, 269, 269n, 270, 273, 273n, 365
Prado, Osmar: 329
Prete, Danilo di: 177
Prévert, Jacques: 132, 312, 351
Prudente, Carmen: 218
Púchkin, Aleksandr: 165

Q

Quadros, Jânio: 184, 260
Queirós, Dinah Silveira de: 31
Queiroz, Emiliano: 329
Queiroz, Rachel de: 155-7, 345

R

Rachel, Tereza: 314, 329
Raia (senhores): 149
Ramos, Jorge: 304
Ramos, Péricles Eugênio da Silva: 182
Ramos, Tony: 296, 298
Rangel, Flávio: 335

Régio, José: **327**
Reinhardt, Max: **32, 182**
Renard, Jules: **74**
Renato, José: **81, 84**
Renaud, Madeleine: **69, 165**
Resende, Otto Lara: **125**
Restier, Renato: **133, 142**
Rey, Geraldo Del: **258**
Reynolds, Laura: **195, 210**
Reys, Adriano: **305**
Ribeiro, Agildo: **138**
Ribeiro, Isabel: **304**
Rocha, Anecy: **304**
Rocha, Glauber: **267**
Rocha, Glauce: **257**
Rochester, J. W.: **292**
Rodgers, Richard: **212**
Rodrigues, Jair: **300**
Rodrigues, José dos Santos: **24**
Rodrigues, Nelson: **12, 26, 122-3, 136-7, 155, 167, 204-5, 345, 347**
Rosa (irmã de Paschoal Carlos Magno): **86, 125**
Rosa, Noel: **80, 94**
Rosa Jr., Tomás Santa: **38, 126, 166, 177, 204**
Rosemberg, Roberto: **328**
Rosenthal, Andrew: **261, 348**
Roulien, Raul: **42**
Rudska, Yanka: **212**
Ruggeri, Ruggero: **196**
Ruiz, Turíbio: **295**
Ruth (esposa de Décio de Almeida Prado): **81**

S

Sá, Estácio de: **24**
Sá, Mem de: **24**
Sabag, Fábio: **295, 302**
Sachs, Hans: **33**
Salaberry, Zilka: **329**
Salce, Luciano: **67-70, 74, 85, 92, 94, 129, 343-4**
Sampaio, Silveira: **38, 125, 130**
Santa Cruz, Abel: **283, 349**
Santoro, Cláudio: **153**
Saraceni, Paulo César: **256**

Sartre, Jean-Paul: **58-9, 61-2, 343**
Sauvajon, Marc-Gilbert: **63, 343**
Savoir, Alfred: **167**
Schiller, Friedrich: **41, 218**
Schubert, Franz: **213**
Schumann, Robert: **195**
Scofield, Paul: **79**
Segall, Lasar: **69, 166, 177**
Sesso, Vicente: **304, 351**
Shakespeare, William: **12, 14, 27, 29, 31-2, 37-8, 73, 88, 127, 166, 168, 181-2, 204, 266-7, 268, 270-71, 286, 314, 341, 343, 346, 349**
Shaw, George Bernard: **304**
Silva, Adalberto: **252**
Silva, Evandro Lins e: **208**
Silva, Jacyra: **302, 305, 307, 328**
Silva, Palmeirim: **38**
Silva, Wilson: **256**
Silveira, Miroel: **89-90, 89n, 92n, 151, 151n, 159, 184, 187, 191, 195, 214, 226-7, 365**
Simões Filho, Ernesto: **118**
Simonal, Wilson: **300**
Simonetti, Enrico: **182, 214-5, 347**
Singery, Irene: **307**
Soares, Elza: **300**
Soares, Joffre: **295**
Sodré, Abreu: **299**
Sófocles: **33, 90, 115, 217, 256, 314, 344**
Solari, padre José: **23**
Sorrah, Renata: **307, 329**
Souza, Ruth de: **38, 54, 54n, 86, 88, 88n, 206, 217, 233, 258, 302, 302n, 305, 329, 365**
Spencer, Nilda: **258, 278-9**
Stanislavski, Constantin: **63, 82**
Stefanini, Fúlvio: **218, 252**
Steinbeck, John: **147, 264**
Stevenson, Robert Louis: **312, 351**
Stewart, James: **73**
Stowe, Harriet Beecher: **302, 351**
Stuart, Afonso: **304**
Suassuna, Ariano: **202-3, 239, 347**
Sued, Ibrahim: **209**
Suhr, Eduardo: **170, 182**

T

Tarso, Paulo de: 184
Távola, Artur da: 305-6
Tchekhov, Anton: 58, 61, 343
Teixeira Filho, Antônio: 287
Timberg, Nathalia: 26, 138
Tito, Luiz: 209
Todor, Eva: 26, 66, 119
Tornado, Tony: 312
Torres, Fernando: 26

U

Ullman, Chinita: 65

V

Vaccarini, Bassano: 177
Valente, Antonio José Capote: 177
Valente, Ricardo Capote: 163, 177, 250
Valente, Roberto: 285, 350
Vargas, Getúlio: 22, 24-5, 29, 84, 120, 121-3, 151-3
Vargas, Maria Thereza: 37, 37n, 90, 136, 263, 289, 335n, 365
Veloso, Caetano: 304
Vergueiro, Carlos: 75, 96
Vergueiro, Zilah: 65, 75, 96, 178, 270, 365
Veríssimo, Érico: 307
Verneuil, Louis: 152
Verônica, Carmen: 251, 274
Vieira, Susana: 305, 307
Vietri, Geraldo: 285, 293, 294n, 296, 300, 307-8, 311, 349-50
Vilar, Jean: 196, 206
Villar, Leonardo: 12, 81, 119, 129, 133, 133n, 149, 153, 156, 161, 172, 175, 209, 220, 295, 329, 333, 335, 365
Villaret, João: 138-9, 144
Vincent, Claude: 30, 31-2, 34, 72, 75
Voltaire (François Marie Arouet): 128

W

Wainer, Samuel: 125
Warchavchik, Gregori: 69, 72, 164
Wasserman, Dale: 335
Weill, Kurt: 268
Wey, Waldemar: 61, 63, 93
Wilde, Oscar: 31, 67-8, 165, 343
Wilder, Thornton: 258
Wilker, José: 311
Williams, Emlyn: 167
Williams, Tennessee: 53, 69-70, 213, 252, 344, 347-8
Wilma, Eva: 290
Winemiller, Alma: 69

Y

Yáconis, Cleyde: 82-3, 87, 112-3, 151-2, 165, 174, 295

Z

Zampari, Deborah: 206
Zampari, Franco: 14, 53, 61-2, 65-7, 70, 72-3, 80, 82, 86-7, 91-2, 94, 149, 151, 204, 206, 269
Zara, Carlos: 12, 153, 156, 164, 164n, 171, 175, 208, 218, 222
Zemel, Berta: 12, 166, 166n, 168-9, 178, 180-1, 189, 192, 197, 199-200, 237, 262, 264-5, 286, 365
Ziembinski, Zbigniew: 26, 70-1, 82, 84, 88, 90-4, 129, 157, 165, 185, 204, 206, 264, 295, 312, 344, 346, 351
Zilber, Sylvio: 262, 265, 280-1
Zorrilla, José: 207

referências bibliográficas

ALENCAR, Mauri; PACE, Eliana. *Nívea Maria: uma atriz real*. Coleção Aplauso. São Paulo: Imprensa Oficial, 2008.

ALMEIDA PRADO, Décio de. *Apresentação do teatro brasileiro moderno*. São Paulo: Martins, 1955.

____. *Teatro em progresso*. São Paulo: Martins, 1964.

____. *O teatro brasileiro moderno*. São Paulo: Perspectiva, 1987.

____. *Exercício findo*. São Paulo: Perspectiva, 1987.

ARQUIVO CENACEN. Pasta Sérgio Cardoso. Rio de Janeiro.

BRITTO, Sérgio. *O teatro & eu: memórias*. Rio de Janeiro: Tinta Negra, 2010.

CARDOSO, Sérgio. *Sérgio Cardoso em prosa e verso*, texto mimeografado. Rio de Janeiro, 1972.

CARVALHO, Tania. *Rosamaria Murtinho: simples magia*. Coleção Aplauso. São Paulo: Imprensa Oficial, 2004.

____. *Aracy Balabanian: nunca fui anjo*. Coleção Aplauso. São Paulo: Imprensa Oficial, 2005.

____. *Carlos Zara: paixão em quatro atos*. Coleção Aplauso. São Paulo: Imprensa Oficial, 2006.

DIONYSOS. Teatro do Estudante/Teatro Universitário. Rio de Janeiro: Ministério da Educação e Cultura/DAC – Funarte/Serviço Nacional de Teatro, set. 1978, n. 23.

____. Teatro Brasileiro de Comédia. Rio de Janeiro: Ministério da Educação e Cultura/Seac – Funarte/Serviço Nacional de Teatro, set. 1980, n. 25.

FERNANDES, Ismael. *Memória da telenovela brasileira*. São Paulo: Brasiliense, 1987.

FERRARA, J. A.; SARKIS, Lilian. *Sérgio Cardoso*. São Paulo: Secretaria de Estado da Cultura/Rádio e Televisão Cultura, 1980.

FILGUEIRAS, Mariana. *O avesso do bordado: uma biografia de Marco Nanini*. São Paulo: Companhia das Letras, 2023.

FILHO, Daniel. *Antes que me esqueçam*. Rio de Janeiro: Guanabara, 1988.

GUZIK, Alberto. *TBC: crônica de um sonho*. São Paulo: Perspectiva, 1986.

JESUS, Maria Angela de. *Ruth de Souza: estrela negra*. Coleção Aplauso. São Paulo: Imprensa Oficial, 2007.

KASSAB, Ygor. *Ruth de Souza: a menina dos vaga-lumes*. São Paulo: Giostri, 2021.

KHOURY, Simon. *Atrás da máscara*: segredos pessoais e profissionais de grandes atores brasileiros. Rio de Janeiro: Civilização Brasileira, 1983, vols. 1 e 2.

LICIA, Nydia. *Ninguém se livra de seus fantasmas*. São Paulo: Perspectiva, 2002.

____. *Sérgio Cardoso: imagens de sua arte*. São Paulo: Imprensa Oficial, 2004

LEDESMA, Vilmar. *Geraldo Vietri: disciplina é liberdade*, São Paulo: Imprensa Oficial, 2010.

____. *Eu vivi o TBC*. Coleção Aplauso. São Paulo: Imprensa Oficial, 2007.

MAGALDI, Sábato; VARGAS, Maria Thereza. *Cem anos de teatro em São Paulo*. São Paulo: Senac, 2000.

OLIVEIRA SOBRINHO, José Bonifácio de. *O livro do Boni*. Rio de Janeiro: Casa da Palavra, 2011.

PRADO, Luís André do. *Cacilda Becker: fúria santa*. São Paulo: Geração Editorial, 2002.

SILVEIRA, Miroel. *A outra crítica*. São Paulo: Símbolo, 1976.

Foram consultadas as coleções de periódicos da Biblioteca Nacional, Biblioteca Mário de Andrade, Arquivo Cedoc-Funarte, Biblioteca da ECA-USP, Biblioteca da Faculdade de Direito-USP.

depoentes

Bárbara Heliodora – 15 abr. 1988
Berta Zemel – 14 abr. 1988
Bibi Ferreira – 7 jan. 1988
Célia Biar – 5 maio 1988
Clóvis Garcia – 25 ago. 1988
Décio de Almeida Prado – 25 ago. 1988
Geraldo Vietri – 6 jun. 1990
Guta Mattos – 4 maio 1988
Haydée Bittencourt – 21 jan. 1988
Ismael Fernandes – 11 abr. 1990
Juca de Oliveira – 4 jun. 1990
Leonardo Villar – 6 maio 1988
Manoelina Cardoso Delamare – 3 mar. 1989
Maria José de Carvalho – 27 abr. 1988
Maria Lúcia Pereira – 28 abr. 1988
Maria Thereza Vargas – 23 abr. 1987 e 28 abr. 1988
Miroel Silveira – 29 abr. 1987
Nydia Licia – 19 jul. 1986, 3 nov. 1986 e 30 nov. 1986
Paulo Autran – 8 dez. 1988
Ruth de Souza – 5 maio 1988
Sábato Magaldi – 11 out. 1986
Walmor Chagas – 29 jul. 1986
Walter George Durst – 7 jun. 1990
Walter Negrão – 6 jun. 1990
Zilah Vergueiro – 25 out. 1988

Todos os esforços foram realizados com o intuito de obtermos a permissão dos detentores dos direitos autorais das fotos que compõem o livro. Caso recebamos informações complementares, elas serão devidamente creditadas na próxima edição.

Jamil Dias nasceu em São Paulo, em 10 de agosto de 1956. Professor, diretor de teatro e pesquisador, graduou-se em artes cênicas (direção teatral) pela Escola de Comunicações e Artes da Universidade de São Paulo. Na mesma escola concluiu o mestrado (em história do teatro brasileiro), o doutorado (em pedagogia da direção teatral) e o pós-doutorado (em história do teatro musical no Brasil). Desde 2005 ministra aulas das disciplinas interpretação, montagem teatral, história do teatro e história do teatro musical em escolas técnicas de formação de atores. Coautor de *Iluminação cênica: fragmentos da história* (2005) e consultor da série de obras *O teatro musical na cidade de São Paulo* (com publicação iniciada em 2023), dirigiu espetáculos teatrais, de dança e óperas, entre os quais destacam-se: *A conferência dos pássaros*, de Farid Uddin Attar (1983-1984), *Bastião e Bastiana*, de Mozart (1988), *O filho pródigo*, de Claude Debussy (1988), *Guaiú: a ópera das formigas*, de Silvio Ferreira Leite e Marcos Arthur (1989-1992), *Fim de jogo*, de Samuel Beckett (2006), *A capital federal & Outros bichos*, de Artur Azevedo (2007-2008), *A maldição do Vale Negro*, de Caio Fernando Abreu e Luiz Arthur Nunes (2008-2009) e *Cartas portuguesas*, de Soror Mariana Alcoforado (2010). É jurado do Prêmio Bibi Ferreira e curador do Festival Paulista de Teatro Musical.

Fonte Clarendon e Eames Century Modern
Papel Supremo Alta Alvura 250 g/m², Pólen Natural 80 g/m²
Impressão Maistype
Data dezembro de 2024

MISTO
Papel | Apoiando o manejo
florestal responsável
FSC® C041155
www.fsc.org